El ALCA y las cumbres de las Américas: ¿una nueva relación público-privada?

Diana Tussie - Mercedes Botto
(coordinadoras)

El ALCA y las cumbres de las Américas: ¿una nueva relación público-privada?

SEDE ACADÉMICA DE ARGENTINA

Editorial Biblos

Índice

327 El ALCA y las cumbres de las Américas: ¿una nueva relación público-privada?
ELA / Mercedes Botto... [et al.]; coordinado por Diana Tussie y Mercedes Botto.
– 1ª ed. – Buenos Aires: Biblos, 2003.
295 pp.; 23 x 16 cm. – (Estudios sociales)

ISBN 950-786-378-8

I. Tussie, Diana, coord. II. Botto, Mercedes, coord. – 1. Política Internacional

Diseño de tapa: *Michelle Kenigstein*
Armado: *Ana Souza*
Coordinación: *Mónica Urrestarazu*

© Los autores, 2003
© FLACSO – Argentina, 2003
Ayacucho 551, C1026AAC Buenos Aires
www.flacso.org.ar
© Editorial Biblos, 2003
Pasaje José M. Giuffra 318, C1064ADD Buenos Aires
editorialbiblos@velocom.com.ar / www.editorialbiblos.com
Hecho el depósito que dispone la Ley 11.723
Impreso en la Argentina

Esta primera edición de 1.000 ejemplares
fue impresa en Indugraf,
Sánchez de Loria 2251, Buenos Aires,
República Argentina,
en agosto de 2003.

Índice de cuadros

Acrónimos y siglas

AADS	Asociación Argentina de Dirigentes de Sistemas
ABA	Asociación de Bancos Argentinos
ABDE	Associação Brasileira de Instituições Financeiras de Desenvolvimento
ABDIB	Associação Brasileira da Infra-Estrutura e Indústrias de Base
AEB	Associação de Comércio Exterior do Brasil
ABINEE	Associação Brasileira da Indústria Elétrica e Eletrônica
ABIQUIM	Associação Brasileira da Indústria Química
ABIT	Associação Brasileira da Indústria Têxtil
ABONG	Associação Brasileira de Organizações Não Governamentais
ACCAN	Acuerdo de Cooperación Ambiental de América del Norte
ACDI	Agence Canadien de Dévéloppement Internationelle
ACJR	Alianza Chilena por un Comercio Justo y Responsable
AFL-CIO	American Federation of Labor-Congress of Industrial Organizations
AG	Asociación Gremial
AGAPAN	Associação Gaúcha de Proteção ao Ambiente Natural
AICD	Agencia Interamericana para la Cooperación y el Desarrollo
ALCA	Área de Libre Comercio de las Américas
ALOP	Asociación Latinoamericana de Organizaciones de Promoción
AMPPI	Asociación Mexicana para la Protección de la Propiedad Intelectual
ANEF	Agrupación Nacional de Empleados Fiscales
ANIT	Asociación Nacional de Industriales de la Transformación (México)
ANPOCS	Associação Nacional de Pós-Graduação e Pesquisa em Ciências Sociais
APC	Autoridad para la Promoción del Comercio
APDH	Asamblea Permanente por los Derechos Humanos
APEC	Asia-Pacific Economic Cooperation Forum (Foro de Cooperación Económica del Asia Pacífico)
APILA	Asociación de Peruanos por la Integración de Latinoamérica
APyME	Asamblea de Pequeños y Medianos Empresarios de la Argentina
Argenjus	Argentina Justicia
ART	Alliance for Responsible Trade
ASC	Alianza Social Continental
Asocode	Asociación de Organizaciones Campesinas Centroamericanas para la Cooperación y el Desarrollo

ASONG	Asociación de Organismos No Gubernamentales
ASPAN	Associação Pernambucana de Proteção da Natureza
ATM	Organización Nacional de Trabajadores Administrativos, Técnicos y Manuales
ATTAC	Asociación por una Tasa sobre las Transacciones Financieras Especulativas para Ayuda de los Ciudadanos
BDAN	Banco de Desarrollo de América del Norte
BEP	Border Ecology Project
BID	Banco Interamericano de Desarrollo
BM	Banco Mundial
BMD	Bancos multilaterales de desarrollo
Cabase	Cámara Argentina de Bases de Datos y Servicios en Línea
CAC	Cámara Argentina de Comercio
CAES	Comité Asesor Económico y Social
CAJ	Comisión Andina de Juristas
CAMMA	Conferencia Anual de Ministerios de Minería de las Américas
CARI	Consejo Argentino para las Relaciones Internacionales
Caricom	Caribbean Community and Common Market (Comunidad del Caribe)
CAS	Country Assistance Strategy (Estrategia con el país)
Cavedi	Cámara Argentina de Venta Directa
CBJP	Comissão Brasileira Justiça e Paz
CCA	Comisión para Cooperación Ambiental
CCC	Corriente Clasista y Combativa
CCEA	Consejo Consultivo Empresarial Andino
CCLA	Consejo Consultivo Laboral Andino
CCS	Conselho da Comunidade Solidária
CCSCS	Coordinadora de Centrales Sindicales del Cono Sur
CCSOO	Concerned Civil Society Organizations Office
CDR	Consejo de las Regiones
CE	Comunidad Europea
CEA	Confederación de Educadores Americanos
CEAS	Conferencia Episcopal de Acción Social (Perú)
CEB	Coalizão Empresarial do Brasil
CEDEC	Centro de Estudos de Cultura Contemporánea
CEDES	Centro de Estudios del Estado y la Sociedad
CEDHA	Centro de Derechos Humanos y Ambiente
CEE	Centro de Estudios Educativos
CEFIR	Centro de Formación para la Integración Regional
CEGCI	Comisión Especial de Gestión de Cumbres Interamericanas
CEJ	Corporación Excelencia en la Justicia (Colombia)
CEJA	Centro de Estudios de Justicia de las Américas
CEJIL	Centro por la Justicia y el Derecho Internacional
CEJyP	Centro de Estudios de Justicia y Participación
CELS	Centro de Estudios Legales y Sociales (Argentina)
CEMDA	Centro Mexicano de Derecho Ambiental
CENDA	Centro de Estudios Nacionales de Desarrollo Alternativo (Chile)
CENEP	Centro de Estudios de Población

CEPAL	Comisión Económica para América Latina y el Caribe
CEPIA	Cidadania, Estudo, Pesquisa, Informação e Ação
CERA	Cámara de Exportadores de la República Argentina
CESE	Comité Económico y Social Europeo
CFONGA	Consejo Federal de Organizaciones No Gubernamentales Ambientalistas
CGH	Comité General de Huelga
CGI	Confederación General de la Industria
CGT	Confederación General del Trabajo
CGT	Confederação Geral dos Trabalhadores
CICA	Cámara de Industriales Cítricos de la Argentina
CICAD	Comisión Interamericana para el Control del Abuso de Drogas
CICOMRA	Cámara de Informática y Comunicaciones de la República Argentina
CICyP	Consejo Interamericano de Comercio y Producción
CIDE	Centro de Investigación y Desarrollo de la Educación
CIDEAL	Centro de Comunicación, Investigación y Documentación Europa-América Latina
CIDES	Centro de Investigación de Derecho y Sociedad
CIDH	Comisión Interamericana de Derechos Humanos
CIDHEM	Centro de Investigación y Docencia en Humanidades del Estado de Morelos
CIDI	Comisión Interamericana para el Desarrollo Integral
CIDS	Comisión Interamericana para el Desarrollo Sostenible
CIEL	Center for International Environmental Law
CIEPLAN	Corporación de Investigaciones Económicas para Latinoamérica
CIID	Centro Internacional de Investigaciones para el Desarrollo
CILAS	Centro de Investigación Laboral y Asesoría Sindical
CIM	Consejo Industrial del Mercosur
CINDE	Corporación de Investigaciones para el Desarrollo
CINPE	Centro Internacional de Política Económica para el Desarrollo Sostenible
Cinvestav	Departamento de Investigaciones Educativas del Centro de Investigación y Estudios Avanzados del Instituto Politécnico Nacional
CIOLS	Confederación Internacional de Organizaciones Sindicales Libres
CIPMA	Centro de Investigación y Planificación del Medio Ambiente
CIRA	Cámara de Importadores de la República Argentina
CIS	Center for International Studies
CIS 1°M	Coordinadora Intersindical Primero de Mayo
CISO	Centro de Investigación y Solidaridad Obrera (México)
CIVES	Associação Brasileira de Empresários pela Cidadania
CLAC	Convergencia de Luchas Anti-capitalistas
CLACSO	Consejo Latinoamericano de Ciencias Sociales
CLAEH	Centro Latinoamericano de Economía Humana
CLAES	Centro Latinoamericano de Ecología Social
CLD	Comisión Latinoamericana para el Desarrollo
CLOC	Coordinadora Latinoamericana de Organizaciones del Campo
CMDPDH	Comisión Mexicana de Defensa y Promoción de los Derechos Humanos
CNA	Confederação da Agricultura e Pecuária do Brasil
CNC	Confederación Nacional Campesina
CNC	Confederação Nacional do Comercio

CNC	Comité de Negociaciones Comerciales
CND	Coordinadora Nacional de Derechos Humanos (Perú)
CNF	Confederação Nacional das Instituições Financieras
CNI	Confederação Nacional da Indústria
CNIF	Confederação Nacional das Instituições Financieras
COCEF	Comisión de Cooperación Ecológica Fronteriza
Codehutab	Comité de Derechos Humanos de Tabasco
COECE	Coordinadora de Organismos Empresariales de Comercio Exterior
Comedes	Centro Mexicano para el Desarrollo Sustentable
Conadecus	Corporación Nacional de Consumidores y Usuarios
CoNATO	Confederación Nacional de Trabajadores Organizados
CONAMA	Cámara del Mercosur del Consejo Nacional de Medio Ambiente
Concamin	Confederación de Cámaras Industriales
Concanaco-Servytur	Confederación de Cámaras Nacionales de Comercio, Servicios y Turismo
Conicet	Consejo Nacional de Investigaciones Científicas y Técnicas
Contag	Confederação Nacional dos Trabalhadores na Agricultura
CO.P.A.A.R.A.	Consejo Profesional Analistas Ambientales de la República Argentina
Coparmex	Confederación Patronal de la República Mexicana
CPC	Confederación de la Producción y el Comercio (Chile)
CPI	Corte Penal Internacional
COPoED	Colegio de Posgraduados e Investigadores en Estudios del Desarrollo
CRG	Comité de Representantes Gubernamentales sobre la Participación de la Sociedad Civil
CSIS	Centre for Strategic and International Studies
CTA	Central de los Trabajadores Argentinos
CTERA	Confederación de Trabajadores de la Educación de la República Argentina
CTM	Confederación de Trabajadores de México
CUSFTA	Canada-United States Free Trade Agreement Implementation Act
CUT	Central Única dos Trabalhadores
DAS	Desarrollo, Ambiente y Sociedad
DEMA	Divisão do Meio Ambiente
Diproe	Dirección de Proyectos de Evaluación
Direcon	Dirección General de Relaciones Económicas Internacionales
DPFL	Due Process of Law Foundation (Fundación del Debido Proceso Legal)
EcoIntAl	Lista de Información y Discusión en Integración y Ecología en América Latina
Ecosoc	Consejo Económico y Social de la Organización de las Naciones Unidas
Eletros	Associação Nacional de Fabricantes de Produtos Eletroeletrônicos
EZLN	Ejército Zapatista de Liberación Nacional
FAA	Federación Agraria Argentina
FACA	Federación Argentina de Colegios de Abogados
FAEMG	Federação da Agricultura do Estado de Minas Gerais
FAM	Federación Argentina de la Magistratura
FAM	Foro de Apoyo Mutuo
FARN	Fundación Ambiente y Recursos Naturales
FASE	Federação de Órgãos para a Assistência Social e Educacional
FAT	Frente Auténtico del Trabajo

FCES	Foro Consultivo Económico-Social
FDA	Frente por el Derecho a la Alimentación
FEA	Foro Empresarial de las Américas
Febraban	Federação Brasileira dos Bancos
FECSEM	Federación de Comunidades Sindicales y de Estudiantes de México
FESESP	Federação de Serviços do Estado de São Paulo
FESPAD/CEPES	Fundación de Estudios para la Aplicación del Derecho/Centro de Estudios Penales (El Salvador)
FFL	Fundación Futuro Latinoamericano
FGV	Fundação Getúlio Vargas
FIEL	Fundación de Investigaciones Económicas Latinoamericanas
FIEMG	Federação das Indústrias do Estado de Minas Gerais
FIERGS	Federação das Indústrias do Estado do Rio Grande do Sul
FIESP	Federação das Indústrias do Estado de São Paulo
Finjus	Fundación Institucionalidad y Justicia
Firjan	Federação das Indústrias do Estado do Rio de Janeiro
FLACSO	Facultad Latinoamericana de Ciencias Sociales
FMI	Fondo Monetario Internacional
FOCAL	Fundación Canadiense para las Américas
FOCO	Foro de Consulta para la Participación Ciudadana
FORES	Foro de Estudios sobre la Administración de Justicia (Argentina)
FORJA	Fundación Jurídica para la Acción
FS	Força Sindical
FSM	Foro Social Mundial
FSS	Foro del Sector Social
FunAG	Fundação Alexandre de Gusmão
Funcex	Fundação Centro de Estudos do Comércio Exterior
Fundejus	Fundación de Estudios para la Justicia
GATT	General Agreement on Tariffs and Trade (Acuerdo General sobre Aranceles Aduaneros y Comercio)
GCCS	Government Committee on Civil Society (Comité Gubernamental de la Sociedad Civil de las Américas)
GE Fund	General Electric Fund
GEA	Grupo de Estudios Ambientales
GEA	Grupo de Estudios Agrorregionales
GETS	Global Environment and Trade Study
GIFE	Grupo de Institutos, Fundações e Empresas
GN	Grupos de Negociación
GRIC	Grupo de Revisión e Implementación de Cumbres
GTH	Grupo de Trabajo Hemisférico
G-11	Grupo de Seguimiento del Plan de Acción Educativo
GTONG	Grupo de Trabajo de ONG sobre el Banco Mundial
HSI	Haití Solidarité Internationale
IAD	The Inter-American Dialogue
IAP	Instituto de Análisis y Propuestas Sociales
IBASE	Instituto Brasileiro de Análises Sociais e Econômicas
Ibccrim	Instituto Brasileiro de Ciências Criminais
ICIC	Iniciativa Civil para la Integración Centroamericana
ICCPG	Instituto de Estudios Comparados en Ciencias Penales

IDAC	Instituto de Ação Cultural
IDEA	Instituto para el Desarrollo Empresarial de la Argentina
IDEC	Instituto Brasileiro de Defesa do Consumidor
IDEMI	Instituto para el Desarrollo de la Micro y Mediana Empresa
IDES	Instituto de Desarrollo Económico y Social
IDL	Instituto de Defensa Legal
IDRC	International Development Research Centre
IE	Internacional de la Educación
IEA-USP	Instituto de Estudos Avançados da Universidade de São Paulo
IELR	International Environmental Law Reports
IEP	Instituto de Ecología Política
IEPD	International Environmental Policy and Development
IFES	International Foundation for Election Systems
IICA	Instituto Interamericano de Cooperación para la Agricultura
IIE	Institute for International Economy
IISD	Instituto Internacional para el Desarrollo Sustentable
INAVEC	Instituto Nacional de Apoyo a Víctimas y Estudios en Criminalidad
INAH	Instituto Nacional de Antropología e Historia (México)
INE	Instituto Nacional de Ecología
INECIP	Instituto de Estudios Comparados en Ciencias Penales y Sociales
INESC	Instituto de Estudos Socioeconómicos
INEP	Instituto Nacional de Estudos e Pesquisas Educacionais
INVESP	Instituto Venezolano de Estudios Sociales y Políticos
IPERJ	Instituto de Previdência do Estado do Rio de Janeiro
IPSA	International Political Science Association
Irela	Instituto de Relaciones Europeo-Latinoamericanas
Isejus	Instituto Superior por la Justicia
ISEN	Instituto del Servicio Exterior de la Nación
ISER	Instituto de Estudos da Religião
ISP	Estrategia Interamericana para la Promoción de la Participación Pública en la Toma de Decisiones sobre Desarrollo Sostenible
ISPN	Instituto Sociedade, População e Natureza
ITAC	International Trade Advisory Committee
ITAM	Instituto Tecnológico Autónomo de México
IUPERJ	Instituto Universitário de Pesquisas do Rio de Janeiro
JID	Junta Interamericana de Defensa
Jufejus	Junta Federal de Cortes y Superiores Tribunales de Justicia de las Provincias Argentinas
LABES	Latin American Basic Education Summit (Cumbre Latinoamericana de Educación Básica)
LACC	Latin American and Caribbean Center
LACRO	Latin American and Caribbean Regional Office
LASA	Latin American Studies Association
LATN	Latin American Trade Network (Red Latinoamericana de Comercio)
LCIAS	Leadership Council for Inter-American Summitry
MCD	Movimiento Ciudadano por la Democracia
MDIC	Ministério do Desenvolvimento, Indústria e Comércio Exterior
Mercosur	Mercado Común del Sur

Mideplan	Ministerio de Planificación y Cooperación
MIT	Massachussets Institute of Technology
Mosicam	Movimiento Sindical por los Cambios
MPI	Movimiento Proletario Independiente
MRECIyC	Ministerio de Relaciones Exteriores, Comercio Internacional y Culto
MST	Movimento dos Trabalhadores Rurais Sem Terra
MTA	Movimiento de Trabajadores Argentinos
NALCA	Núcleo de Coordenação da ALCA
NRDC	Natural Resources Defense Council
NWF	National Wildlife Federation
OCB	Organização das Cooperativas Brasileiras
ODECU	Organización de Consumidores y Usuarios de Chile
OEA	Organización de los Estados Americanos
OIT	Organización Internacional del Trabajo
OLADE	Organización Latinoamericana de Energía
OMC	Organización Mundial de Comercio
ONG	Organización No Gubernamental
ONU	Organización de las Naciones Unidas
ONUDI	Organización de las Naciones Unidas para el Desarrollo Industrial
OREALC	Oficina Regional para América Latina y el Caribe
ORIT	Organización Regional Interamericana de Trabajadores
OSAL	Observatorio Social de América Latina
OSC	Organización de la Sociedad Civil
PAC	Comité Asesor del Proyecto
PET	Programa de Economía del Trabajo
PGB	Producto Geográfico Bruto
PIDHDD	Plataforma Interamericana de Derechos Humanos, Democracia y Desarrollo
PIEI	Programa de Estudios sobre Instituciones Económicas Internacionales
PIIE	Programa Interdisciplinario de Investigaciones en Educación
PNUD	Programa de las Naciones Unidas para el Desarrollo
PNUMA	Programa de las Naciones Unidas para el Medio Ambiente
PPP	Plan Puebla-Panamá
PRD	Partido de la Revolución Democrática
PREAL	Programa de Promoción de la Reforma Educativa en América Latina y el Caribe
PREDE	Programa Regional de Desarrollo Educativo
PRI	Partido Revolucionario Institucional
PT	Partido dos Trabalhadores
PUC-Rio	Pontifícia Universidade Católica do Rio de Janeiro
PyME	Pequeñas y Medianas Empresas
RAC	Resolución Alternativa de Conflictos
RAPAM	Red de Acción sobre Plaguicidas y Alternativas en México
Rebrip	Rede Brasileira pela Integração dos Povos
Rechip	Red Chile de Acción por una Iniciativa de los Pueblos
Redinter	Red Interamericana para la Democracia
REIH	Red Empresarial para la Integración Hemisférica
Red SEPA	Red Social para la Educación Pública en las Américas

REMJA	Reuniones de Ministros de Justicia o de Ministros o Procuradores Generales de las Américas
REMTE	Red Latinoamericana de Mujeres Transformando la Economía
Renace	Red Nacional de Acción Ecologista
Renageco	Red Nacional de Género y Comercio
RIGC	Red Internacional de Género y Comercio
RITS	Rede de Informações para o Terceiro Setor
RMALC	Red Mexicana de Acción Frente al Libre Comercio
RMS	Red de Mujeres Sindicalistas
RQIC	Réseau Québécois sur l'Intégration Continentale
SAA-SP	Secretaria de Estado da Agricultura e Abastecimento do Governo do Estado de São Paulo
SAGIT	Special Advisory Committee on International Trade
SAPRIN	Red Internacional de la Sociedad Civil para la Revisión Participativa del Impacto del Ajuste Estructural
SCFAIT	Standing Committee on Foreign Affairs and International Trade
SEBRAE	Serviço Brasileiro de Apoio às Micro e Pequenas Empresas
SECOFI	Secretaría de Comercio y Fomento Industrial
SECON	Secretaría de Economía
SER	Secretaría de Relaciones Exteriores (México)
Semarnat	Secretaría de Medio Ambiente y Recursos Naturales
SME	Sindicato Mexicano de Electricistas
SENALCA	Seçao Nacional de Coordenação dos Assuntos Relativos al ALCA
SEP	Secretaría de Educación Pública (México)
SER	Secretaría de Relaciones Exteriores
Serpaj	Servicio Paz y Justicia
SGT-6	Subgrupo de Trabajo de Medio Ambiente
SICA	Sistema de la Integración Centroamericana
SICA-AL	Sistema de Información en Comercio y Ambiente para América Latina
SIMCE	Sistema Nacional de Medición de la Calidad de la Educación
SIPRO	Servicios Informativos Procesados
SITUAM	Sindicato Independiente de Trabajadores de la Universidad Autónoma Metropolitana
SME	Sindicato Mexicano de Electricistas
SNTE	Sindicato Nacional de Trabajadores de la Educación (Chile)
SOAC	Summit of the Americas Center
SRA	Sociedad Rural Argentina
SRB	Sociedade Rural Brasileira
SER	Secretaría de Relaciones Exteriores
STRM	Sindicato de Telefonistas de la República Mexicana
STUNAM	Sindicato de Trabajadores de la Universidad Nacional Autónoma de México
TIAR	Tratado Interamericano de Asistencia Recíproca
TLC	Tratado de Libre Comercio
TLCAN	Tratado de Libre Comercio de América del Norte
UBA	Universidad de Buenos Aires
UCAM	Universidade Candido Mendes
UDSMA	Unidad de Desarrollo Sostenible y Medio Ambiente de la OEA
UE	Unión Europea

UGAM	Unión de Grupos Ambientalistas
UIA	Union of International Associations
UIA	Unión Industrial Argentina
UICN	Unión Internacional para la Conservación de la Naturaleza y sus Recursos Naturales
UNAM	Universidad Nacional Autónoma de México
Unesco	United Nations Educational, Scientific and Cultural Organization (Organización de las Naciones Unidas para la Educación, la Ciencia y la Cultura)
Unicef	Fondo de las Naciones Unidas para la Infancia
UNCTAD	United Nations Conference on Trade and Development (Conferencia de las Naciones Unidas sobre Comercio y Desarrollo)
UNLA	Universidad Nacional de Lanús
UOI	Unidad Obrera Independiente (México)
UPD	Unidad para la Promoción de la Democracia
USAID	U.S. Agency for International Development (Agencia de los Estados Unidos para el Desarrollo Internacional)
USAL	Universidad del Salvador
USITC	United States International Trade Commission
USTR	Office of the United States Trade Representative
WOLA	Washington Office on Latin America
WRI	World Resources Institute
WWF	World Wild-Life Foundation (Fondo Mundial para la Naturaleza)

Prefacio

Este libro es el resultado de un trabajo en equipo, del tiempo y la dedicación de investigadores que siguieron el tema durante dos años y acompañaron un proceso de discusión. La investigación se inició en un ambiente de escepticismo no sólo respecto del ALCA sino principalmente sobre los espacios y oportunidades de participación que esta nueva agenda abriría en América Latina. Este escepticismo se anclaba en la presencia del caso chileno como una excepción a la regla. Hoy en día, la situación es bien otra: como lo demuestran y describen cada uno de los capítulos, uno de los principales frutos de las llamadas cumbres de las Américas es la creciente internacionalización de una agenda que abre paso a nuevas formas de vinculación público-privada. Con este aporte, esperamos contribuir al entendimiento de la compleja relación entre las discusiones internacionales y nacionales.

Las personas e instituciones que hicieron posible la publicación de este libro son muchas. Un reconocimiento especial a la Fundación Ford, y a la persona de Augusto Varas, que a través de su apoyo hicieron posible el desarrollo y la continuidad a largo plazo. También queremos agradecer a la Secretaría de Ciencia y Técnica de la República Argentina, que por medio de un subsidio contribuyó a la publicación y difusión de los trabajos en sus etapas previas de elaboración. Un especial agradecimiento a las sedes de FLACSO en la Argentina, Chile y México, al Diálogo Interamericano en Washington D.C. y al North-South Center de la Universidad de Miami, que en las distintas reuniones regionales nos hospedaron e hicieron posible el intercambio y el debate académico con instituciones y colegas locales. También queremos agradecer a la Universidad de York y al North-South Center de Canadá, por su aporte a la formación y capacitación de algunos miembros del programa. A los investigadores y a cada uno de la larga lista de entrevistados que, con su tiempo, experiencia y dedicación, hicieron posible la recopilación de este valioso y novedoso material. Por último, va nuestro agradecimiento a los más estrechos y silenciosos colaboradores, Andrea Bianculli, Cintia Quiliconi y Gabriela Rodríguez López así como a Celsa Domínguez, que acompañaron con paciencia todas las etapas del proyecto.

DIANA TUSSIE y MERCEDES BOTTO

PRIMERA PARTE

INTRODUCCIÓN
La internacionalización de la agenda de participación: el debate regional

Mercedes Botto y Diana Tussie

La sociedad civil es la niña mimada de los años 90, una década en la que primó una visión optimista y entusiasta en torno del multilateralismo y del crecimiento económico, producto de los logros iniciales de la apertura comercial y política a nivel global. Mandatos como participación, transparencia y fiscalización se han constituido en la base del entendimiento en toda conferencia internacional, organismo multilateral y, de manera más reciente, entre las corporaciones a través de la llamada "responsabilidad social" de las empresas. El involucramiento directo de las organizaciones de la sociedad civil (OSC), en especial de las organizaciones no gubernamentales (ONG), es visto como el mejor antídoto para superar las deficiencias del sistema democrático liberal, reducir la brecha de representación que distancia a los ciudadanos respecto de sus gobiernos y suplir la debilidad regulatoria de los Estados frente a las prácticas abusivas de las empresas.

Los procesos de integración comercial no son ajenos a este fenómeno. La mayoría de los regionalismos, incluso aquellos diseñados bajo un esquema de baja "densidad institucional" –como el Tratado de Libre Comercio de América del Norte (TLCAN)– han ido abriendo instancias y espacios de participación a los actores no gubernamentales en el seguimiento y monitoreo de las reglas y regulaciones convenidas por los gobiernos nacionales. Sin embargo, en 1994, el proceso de las cumbres de las Américas innova esta modalidad ya que, hasta entonces, la apertura de canales de participación y consulta había sido posterior a la firma de los acuerdos. En el proceso de integración hemisférica –conocido comúnmente como Área de Libre Comercio de las Américas (ALCA)–, en cambio, la participación se sustanciaría a lo largo de la negociación intergubernamental, es decir, durante el mismo proceso de definición de las reglas entre los Estados miembros.

De esta manera, la propuesta de profundizar la participación no gubernamental llega de la mano de uno de los procesos de integración más asimétrico y ambicioso hasta ahora conocidos. No sólo por el número de países y las desigualdades existentes entre ellos sino por la diversidad de agendas y de temas tratados. El ALCA es una de las tantas cuestiones dentro de una amplia agenda regional en la que se incluye la seguridad, la estabilidad democrática y el desarrollo, entre otras. La iniciativa de incluir a los actores de la sociedad civil en el proceso de negociación provino del gobierno de Clinton (1993-2001) como parte de una estrategia bifronte tendiente a cerrar filas en torno de una nueva agenda hemisférica. Sin embargo, desde un comienzo el alcance y el resultado de la propuesta estuvieron teñidos de gran incertidumbre. Por una parte, se trataba de un esquema de negociación multilateral, en el que la agenda y la continuidad del proceso dependería de la voluntad mayoritaria de los gobiernos latinoamericanos, que veían con desconfianza la idea. Por la otra, la innovación abriría una ventana de oportunidades no sólo para las organizaciones que apoyaban la apertura sino también para aquellos que se oponían.

En este libro analizamos los alcances y el impacto que esta iniciativa ha tenido sobre la agenda regional. Por la diversidad y pluralidad de temáticas, actores y niveles de acción involucrados, las cumbres de las Américas constituyen un escenario para identificar los mecanismos y las formas de interdependencia entre los fenómenos internacionales y los nacionales; y entre los actores estatales y los no estatales, que la literatura contemporánea denomina "multilateralismo complejo".[1] La investigación aquí reflejada tuvo inicialmente dos objetivos: hacer un mapeo de los actores no gubernamentales que participan del proceso de las cumbres de las Américas e identificar los factores que favorecen o inhiben la nacionalización de las agendas transnacionales y viceversa.

Para aprehender la riqueza que caracteriza el proceso de negociación y discusión en el marco de las cumbres de las Américas, nos introdujimos en la temática de la participación desde tres enfoques o perspectivas distintas: los estudios nacionales, los temáticos y los actorales. En los primeros, se privilegia la descripción del Estado y la evolución de las vinculaciones horizontales –entre las organizaciones pares– y las verticales –con el Estado– de la sociedad civil en cada país, y en términos de la negociación del ALCA. Los estudios temáticos, en cambio, fijan su atención en la descripción y el análisis del estado de las agendas no comerciales a nivel regional y nacional, focalizando sobre los avances logrados en materia de apertura y participación de los actores no estatales. Por último, el enfoque actoral se centra en la caracterización de la acción colectiva transnacional –redes–, sus vinculaciones con las organizaciones nacionales, los gobiernos y otros organismos internacionales. No obstante las diferencias entre los distintos enfoques, todos estos estudios de casos comparan y buscan dar respuesta a los mismos interrogantes, que básicamente fueron:

- ¿Qué sectores o actores participan de la agenda regional?
- ¿Cuáles son sus recursos y estrategias de acción colectiva?
- ¿Cuáles han sido sus impactos en términos de influencia en la agenda gubernamental?

El cruce y la colateralidad de las temáticas y perspectivas contribuirían, como veremos más adelante, a armar un cuadro completo de la situación actual de la participación en la región y a hacer proyecciones futuras sobre sus impactos en el corto y mediano plazo.

---

1. Este nuevo enfoque supera los límites de la llamada "interdependencia compleja" (Keohane y Nye, 1977) y la concepción tradicional del "multilateralismo" (Ruggie, 1993), según la cual la coordinación pasa exclusivamente por los Estados. También muestra los límites aún existentes en la visión utópica del "multilateralismo societal" (Cox, 1999), centrado en el protagonismo de las OSC.

1. La participación de la sociedad civil en la agenda global

Desde los años 70 se ha ido construyendo la agenda internacional de los llamados "bienes públicos globales", entendidos como derechos de los cuales pueden disfrutar todos los habitantes del planeta sin exclusividades y de manera simultánea. El acceso a estos bienes sólo se alcanza a través de la cooperación y coordinación de todos los actores involucrados –gobiernos, mercados y sociedad civil–. En un comienzo, estos bienes se circunscribieron a la defensa del medio ambiente y la igualdad de género. Hoy la lista de estos derechos es mucho más extensa e incluye temas como la eliminación de la pobreza, el acceso a la información y la seguridad humana, entre otros. Sin embargo, mientras algunas de estas cuestiones siguen generando desacuerdos y oposición entre los gobiernos, la consigna de abrir la participación a la sociedad civil en las decisiones públicas recoge un gran número de adeptos, tanto en los círculos estatales nacionales e internacionales como entre los actores no estatales. Distintas razones contribuyen a su amplio debate y difusión; entre las más importantes se encuentra el contrapunto producido por la aparición de las comunidades epistémicas, que marcaron los límites de la democracia liberal e identificaron los bienes públicos globales, y la misma ambigüedad en los alcances del término "participación". Éstos se analizan a continuación.

1. 1. *La emergencia de una sociedad civil global*

La primera de estas razones se vincula con el contexto histórico y con la crisis de la democracia representativa liberal. Hasta la década de los 70, el concepto de democracia se identificaba básicamente con un conjunto de procedimientos, reglas e instituciones que permitieran el involucramiento de la mayoría de los ciudadanos no en los asuntos como tales, sino en la selección de sus representantes, quienes en definitiva tomarían las decisiones. Este conjunto de reglas y procedimientos incluía la existencia de gobiernos legítimos, elecciones libres y competitivas, sufragio universal, libertad de conciencia, información y libre expresión, el derecho de los ciudadanos a oponerse o a dar continuidad a sus gobiernos, así como el derecho a formar asociaciones independientes. En síntesis, la definición clásica y más difundida de la democracia ubica en su centro al ciudadano activo y la presenta como el resultado de fuerzas que operan dentro de un territorio, el Estado-nación (Held, 1995).

Este ideal de democracia que se desarrolló conceptualmente durante el siglo XIX y alcanzó su concreción en Occidente durante el siglo XX como resultado de las luchas sindicales y de género, entraría en crisis en los años 70, momento en el que surge con fuerza una visión alternativa de democracia: la democracia participativa. Lejos de identificarse con una forma de gobierno, la democracia participativa se asocia con la igualdad y la posibilidad de hacer extensivos los derechos y la participación. Este nuevo concepto de democracia viene de la mano de las ONG que se constituyen en comunidades epistémicas (Haas, 1992). A diferencia de otras redes transnacionales –sindicales, profesionales o empresariales– estas comunidades se articulan a partir de una causa común y un conjunto de valores políticos, entre los que sobresale la convicción de que su causa, hecha política, mejorará el bienestar de todos los habitantes sin distinción de clases ni nacionalidades. En tanto entienden que la mejor estrategia es la influencia sobre los organismos internacionales y el "empoderamiento" de la opinión pública, inicialmente las ONG dirigieron su acción colectiva hacia la Organización de las Naciones Unidas (ONU), en especial hacia su Consejo Económico y Social (Ecosoc). El carácter multilateral y temático de los foros de la ONU contribuyó en gran medida al lanzamiento de estos nuevos actores y sus nuevas ideas democráticas. En 1968, la ONU define el status consultivo de las ONG en el Ecosoc y en los cuerpos subsidiarios (Resolución del Ecosoc 1296); en 1992 y como consecuencia de la activa movilización de las ONG en el marco de la Conferencia de las Naciones Unidas sobre Medio Ambiente y Desarrollo que tuvo lugar en Río de Janeiro, se inicia un proceso de revisión de los mecanismos de participación de estas organizaciones (Resolución 1996/31 y Decisión 1996/297). Este proceso dará lugar a una redefinición de los criterios de elegibilidad: a partir de la nueva norma no sólo se aseguraba la presencia de las organizaciones nacionales y regionales en los foros sino que además se ampliaban los ámbitos de injerencia, con algunas excepciones clave como el Consejo de Seguridad (Adams, 1999).

Sin embargo, el ideal de democracia que las ONG propagarían por el mundo, principalmente a través de la ONU, no rompía del todo con la visión anterior y liberal de la democracia, que miraba con desconfianza al Estado (Grugel, 2002). En efecto, para ambas visiones el Estado nacional representa una forma de autoridad, entendida únicamente como control social, exclusión y arbitrariedad. El Estado lleva consigo, de manera inherente, la amenaza del exceso y reproduce los intereses estrechos y egoístas de la elite en el poder, provengan ellas de los partidos políticos, de las burocracias estatales o de las corporaciones subsidiadas por el Estado. La única manera de romper con este círculo vicioso es por medio de la participación y el monitoreo de actores internacionales, que estén por fuera y por encima de las instituciones y de los poderes nacionales.

En los años 80, esta visión crítica del Estado que lo caracteriza como un actor económico inherentemente ineficaz, es retomada por los organismos multilaterales de crédito. En esta confluencia entre los paradigmas de las redes de ONG y de los organismos multilaterales de crédito en torno del rol del Estado es donde se encuentra la clave para entender la expansión del debate sobre la sociedad civil a escala global. El Fondo Monetario Internacional (FMI) y el Banco Mundial (BM) tenían, por sobre otros organismos de foro,[2] dos ventajas. La primera, vinculada con sus capacidades institucionales: en vez de un discurso moralista y de persuasión como el que caracterizaba a la ONU, los organismos multilaterales de crédito podían imponer sus visiones a cambio del financiamiento de servicios −préstamos y asesorías técnicas− a los países prestatarios a través de las denominadas "condicionalidades". La segunda, referida a los cambios de la economía mundial, ya que en la década del 90

---

2. Las organizaciones internacionales pueden dividirse en dos amplias categorías de acuerdo con sus funciones y cómo las ejercen. Así, las "organizaciones foro" actúan como un marco a partir del cual los Estados miembros desarrollan diferentes actividades, que van desde el intercambio de ideas y opiniones hasta la negociación de documentos legales vinculantes, mientras que las "organizaciones de servicio" tienen como objetivo la provisión de servicios y al desembolso de fondos (Cox y Jacobson, 1973).

la pérdida de centralidad de los Estados, aun los más poderosos, dejó en las organizaciones multilaterales, en especial en el trinomio FMI, BM y Organización Mundial de Comercio (OMC), el rol de principales garantes de la *governance* global.

1. 2. *El concepto de participación y sus interpretaciones múltiples*

Otra clave que explica la rápida difusión y adopción del mandato de la participación, incluso por parte de los gobiernos, se vincula con la ambigüedad de significantes que abre el concepto "participación". En concreto, por participación pueden interpretarse situaciones tan diversas como la participación "sustantiva", que se traduce en la apertura de canales de influencia efectiva sobre las decisiones públicas, o la participación "adjetiva" en la que el objetivo primordial de los gobiernos es legitimar sus acciones a través del diálogo y el intercambio de información (Quijano, 2002). En ambos casos, la convocatoria puede ser sistemática o esporádica, dependiendo del nivel y grado de institucionalización de los canales de participación. Es en el marco de esta segunda interpretación que el mandato de la participación es introducido por los gobiernos en los procesos de integración regional. En efecto, estas nuevas formas de regulación y de autoridad que están por encima de los Estados nacionales han ido abriendo progresivamente canales de participación y consulta a los actores y organizaciones regionales. Para muchos de los países incluidos en estos procesos de integración regional, estas prácticas innovaban las tradiciones y la modalidad de toma de decisión a escala nacional.

La experiencia más conocida y exitosa en la materia es la de la Unión Europea (UE). Desde su origen y como lo establece el Tratado de Roma (1957), los gobiernos europeos habilitaron dos canales de participación: uno de carácter corporativo, el Comité Económico y Social Europeo (CESE); otro de representación ciudadana, el Parlamento Europeo. Sin embargo, es recién en los años 80, cuando se profundiza la integración, que estos espacios se amplían, adquieren mayor voz y representatividad. En 1979, los parlamentarios pasan a ser elegidos directamente por la ciudadanía y en 1993, a través del Tratado de Maastricht, se fortalece el carácter consultivo del CESE, dándole derecho de iniciativa, un presupuesto y una Secretaría General propia, al tiempo que se crea el Consejo de las Regiones.

En gran medida esta experiencia sirvió de modelo para los regionalismos de América Latina, aunque no obtuvieron el mismo alcance. El caso que más se aproxima es el de la Comunidad Andina de Naciones, creada en 1969 bajo el nombre de Pacto Andino: desde su fundación, se establece el Comité Asesor Económico y social (CAES) y el Parlamento Andino; en 1983 el CAES es reemplazado por dos consejos consultivos: el Consejo Consultivo Empresarial Andino y el Consejo Consultivo Laboral Andino; y en 1997, de acuerdo con el Protocolo Adicional sobre Elecciones Directas y Universales de sus representantes, se establece un plazo de hasta cinco años para que los miembros del Parlamento Andino sean elegidos directamente por los ciudadanos.[3] En la región centroamericana, en cambio, la apertura ha sido reciente y aún queda mucho por hacer. La Comunidad del Caribe, creada en 1973,

---

3. Venezuela puso en práctica el mecanismo de las elecciones directas y universales de los representantes ante el Parlamento Andino el 8 de noviembre de 1998.

sólo cuenta desde 1993 con la Asamblea de Parlamentarios elegidos de manera indirecta, por los Estados y los Parlamentos. Ese mismo año, el Sistema de la Integración Centroamericana también crea un Comité Consultivo permanente con la sociedad civil en el que participan organizaciones sindicales, empresariales, cooperativistas, universidades, pueblos indígenas, ONG, entre otros. A pesar de su reciente creación, el Mercado Común del Sur (Mercosur) ha sido modesto en términos de apertura y de influencia (Botto, 2002). En 1994 se institucionalizan dos instancias de consulta: el Foro Consultivo Económico-Social y la Comisión Parlamentaria Conjunta. En ambas, la representación se encuentra sesgada por un protagonismo de las centrales empresariales y sindicales en perjuicio de otros sectores y por la elección indirecta de los parlamentarios regionales que en vez de ser elegidos por la ciudadanía representan a sus respectivos congresos nacionales.

Paradójicamente, la experiencia que más ha avanzado en términos de participación de la sociedad civil es el TLCAN. Ella pone de manifiesto la mayor capacidad de innovación y de condicionamiento que presentan las negociaciones asimétricas que vinculan países desarrollados con países en desarrollo. A diferencia del resto, este proceso de integración no se proponía inicialmente la creación de instituciones supranacionales o intergubernamentales, sino tan sólo la apertura comercial y financiera entre países de muy desigual desarrollo económico y social, como lo son Estados Unidos y México. Sin embargo, la presión de las organizaciones laborales y medioambientales que pugnaban por defender y proteger sus estándares nacionales –en especial las estadounidenses, a través del recurso institucional del veto parlamentario conocido comúnmente con el nombre de *fast track* o vía rápida– obligó a los gobiernos a incluir temas e instituciones que no habían sido previstos en su diseño inicial. De esta manera, el TLCAN inauguraba una institucionalidad inédita para los tratados de libre comercio: el acuerdo de un marco que obligaba a los gobiernos miembros a hacer cumplir la letra de las propias leyes nacionales en materia de protección laboral y medioambiental, bajo apercibimiento de una sanción comercial en caso de su violación;[4] la creación de una Comisión para la Cooperación Laboral y otra Comisión para la Cooperación Ambiental, que incluían en este último caso la participación y el monitoreo de ONG y académicos; la fundación de una Comisión de Cooperación Ecológica Fronteriza y, por último, el establecimiento del Banco de Desarrollo de América del Norte para promover la inversión y la cooperación técnica en proyectos de infraestructura ambiental en el área de frontera entre Estados Unidos y México.

Si bien en la mayoría de los casos señalados la apertura fue fruto de la presión de los actores económicos y sociales que pedían voz y voto en las decisiones, la respuesta de los gobiernos regionales se limitó a la creación de espacios institucionalizados de consulta y de diálogo, a fin de dotar de legitimidad y transparencia a estas nuevas formas de gobierno supranacional. Por otra parte, la insti-

---

4. En caso de violación de los derechos laborales –que comprenden la salud y seguridad en el trabajo y excluyen cuestiones como el trabajo infantil o el derecho a las negociaciones colectivas– o de las normas medioambientales –vinculadas al uso de sustancias tóxicas o contaminantes, sin considerar el manejo de los recursos naturales o la conservación de la flora y la fauna–, la pena máxima es muy leve y compromete sólo el 000,7 por ciento del comercio entre las partes (Lee, 2001).

tucionalización de estos canales de participación se sustanció una vez consolidado el acuerdo y convenidos, entre los gobiernos miembros, las modalidades y los alcances de la integración. Es justamente en este aspecto donde el proceso de las cumbres de las Américas, y en particular el ALCA, rompen definitivamente con este paradigma anterior. Como veremos en el apartado que sigue, la negociación de una nueva agenda hemisférica abrió espacios y mecanismos de consulta y participación a los actores privados y de la sociedad civil a escala regional. De esta manera, lejos de legitimar y participar en la implementación de las reglas previamente consensuadas entre los gobiernos, las organizaciones empresariales y de la sociedad civil tendrían la oportunidad de influir en la discusión interguber-namental e, incluso, de instalar el debate sobre nuevas agendas no previstas por los gobiernos.

2. Las negociaciones hemisféricas: oportunidades y límites

La propuesta de abrir la participación a las ONG en la discusión de la nueva agenda regional provino del gobierno de Clinton. Con ello pretendía alcanzar dos objetivos. En el frente nacional, neutralizar la resistencia de los actores nacionales perjudicados por la apertura comercial, en especial la de los sindicatos y organizaciones medioambientalistas, que en el TLCAN habían logrado poner en jaque los logros de la negociación en su fase ulterior —aquella de la aprobación parlamentaria— presionando sobre los congresistas y amenazando al Poder Ejecutivo con el rechazo del texto que se venía negociando con Canadá y México desde hacía tres años. En el frente externo, en cambio, se proponía abrir el debate e involucrar en la discusión a actores no estatales, generando confianza y promoviendo alianzas múltiples entre ellos, a fin de que persuadieran sobre la bondad del acuerdo a los sectores y gobiernos más reacios a la apertura.

De esta forma, la profundización de la apertura y participación de la sociedad civil en los acuerdos de comercio venía de la mano del proyecto de integración más ambicioso y asimétrico hasta entonces conocido, no sólo por las diferencias preexistentes en el nivel de desarrollo económico, político y social, sino por la desigual capacidad de negociación y de conocimiento técnico sobre los temas tratados en la agenda de las cumbres. En efecto, se trataba de un proyecto ambicioso y controvertido por tres aspectos fundamentales. El primero, el número de países involucrados: con la única excepción de Cuba, participan de la negociación todos los países del hemisferio. En tal sentido, el ALCA es un "megaacuerdo" en el que están presentes desde el comienzo treinta y cuatro países; cifra muy superior a los seis con que se negoció el nacimiento de la UE, los tres del TLCAN o los cuatro del Mercosur. En segundo lugar, estos países están separados por realidades económicas, políticas y sociales muy diferentes. Esta distancia podría profundizarse aun más por el tipo de acuerdo, el cual no prevé políticas comunes de compensación o ayuda financiera tendientes a equilibrar tales asimetrías, sino que las deja en manos de los propios Estados nacionales y de su capacidad económica y regulatoria. En los hechos, esta responsabilidad terminaría ampliando la brecha entre los países con capacidad de promover políticas de conversión industrial y administrar subsidios a los sectores afectados por la apertura y a los países en desarrollo, donde las capacidades y "poder infraestructural"[5] de los Estados nacionales estaban fuertemente recortados. Por último, el número y la diversidad de las agendas negociadas pondrían de manifiesto las asimetrías entre los países en términos de la capacidad técnica y de recursos humanos. La agenda de las cumbres no sólo abarcaba el área comercial sino temáticas tan diversas como seguridad, democracia, desarrollo social, entre otras. Además, cada una de estas problemáticas involucraría no sólo a las distintas agencias gubernamentales e instituciones políticas sino también a los actores no gubernamentales, cuyos intereses y consensos superaban las mismas fronteras. Sin ir más lejos, la agenda del ALCA incluyó doce temas, algunos de ellos vinculados directamente con disciplinas tradicionalmente relacionadas al comercio de bienes: acceso a mercados, defensa comercial, agricultura.

Varios son los interrogantes que se abren en este punto. Si bien se trata de un proceso de negociación asimétrico, ¿qué posibilidades concretas tendría Estados Unidos de llevar adelante su propuesta en el plano multilateral hemisférico, donde el tema de la participación de la sociedad civil es particularmente sensible para los gobiernos latinoamericanos, con lo cual, a pesar de su mayor poder económico y político, su posición era numéricamente minoritaria?

Siguiendo con una tendencia mundial, la política internacional en la región se caracteriza por la aparición y sobreoferta de reuniones periódicas entre presidentes y jefes de gobiernos, conocidas como cumbres: cumbres iberoamericanas, cumbres del Foro de Cooperación Económica del Asia Pacífico (APEC, Asia-Pacific Economic Cooperation Forum), cumbres centroamericanas, cumbres del Mercosur, cumbres del Grupo de Río, cumbres Unión Europa-América Latina y el Caribe, cumbres de las Américas, entre otras. Si bien la problemática considerada cambia de cumbre en cumbre, el tema que atraviesa a la mayoría de estas instancias es la integración comercial y/o la democracia. De todas ellas, la única que reuniría a los presidentes del hemisferio en torno de la agenda regional, con la única excepción de Cuba, se llamó cumbres de las Américas. Desde 1994 hasta la fecha, los presidentes se han reunido en cuatro oportunidades y cada uno de estos encuentros lleva el nombre de la ciudad que lo acogió: Cumbre de Miami (1994), Cumbre de Santa Cruz (1996), Cumbre de Santiago (1998) y Cumbre de Quebec (2001), como lo muestra el siguiente cronograma.

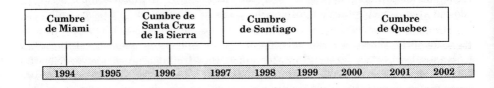

---

5. Este concepto remite a la dimensión relacional del poder, en tanto entiende que el Estado interactúa con los actores sociales a fin de lograr sus objetivos y, a través de ella, la sociedad civil puede controlar al Estado (Mann, 1993).

La llamada "diplomacia presidencial o de cumbres" se define básicamente por su oposición a la diplomacia parlamentaria, que estructuró predominantemente el diálogo internacional desde el Congreso de Viena hasta el fin de la Guerra Fría. Tanto la diplomacia parlamentaria como la presidencial hacen referencia a reuniones de carácter multilateral e intergubernamental, pero las primeras tienen una institucionalización propia que las identifica con organizaciones internacionales –como la ONU y la Organización de los Estados Americanos (OEA), para citar los casos más familiares– con funcionarios que representan a los gobiernos miembros y con técnicos y burocracias contratadas para tal fin. Sus procedimientos siguen la lógica de los parlamentos y las decisiones consensuadas a nivel regional deben ser luego ratificadas por los congresos nacionales para su implementación y cumplimiento. Las cumbres presidenciales, en cambio, son reuniones o conferencias que reúnen a las más altas autoridades estatales, sin que medien instituciones y burocracias específicas, salvo para las cuestiones de protocolo. En cuanto a los procedimientos, el cumplimiento estaría garantizado por la envergadura del cargo presidencial, su compromiso personal con la iniciativa, su capacidad de decisión y de aunar voluntades a nivel nacional.

Esta nueva forma de diplomacia multilateral tiene la virtud de quebrar la inercia de las instituciones de carácter parlamentario y resulta también más funcional para resolver los desafíos de una realidad cambiante e incierta, como la que caracteriza los tiempos de la globalización y los avances en la comunicación (Rojas Aravena, 2000a). Esta funcionalidad se hace manifiesta al menos en dos aspectos. En primer lugar, las cumbres y los ejecutivos son más permeables a incluir a los nuevos actores transnacionales –empresas y ONG– para agilizar y colaborar con la implementación de sus agendas y decisiones domésticas. Esto es especialmente válido en los Estados más débiles, donde las ONG y los empresarios constituyen un soporte técnico y especializado, que contribuye a su posicionamiento y participación en los escenarios de los organismos internacionales. En segundo lugar, las cumbres tienen una mayor capacidad de innovación temática y de abordaje frente a las cuestiones emergentes de la nueva agenda internacional. A diferencia de los técnicos o los burócratas, los jefes de Estado y de gobierno asumen el riesgo político y, a su vez, tienen mayor capacidad de hacer prevalecer la voluntad política, superando las diferencias y concertando voluntades.

En este sentido, las cumbres son el escenario perfecto para identificar una agenda de intereses compartidos e impulsar alianzas de carácter estratégico sobre las cuales construir diagnósticos, compartir percepciones y hacer recomendaciones para el diseño de políticas y el establecimiento de recursos de acción. En el caso de las cumbres de la Américas, siete son los ejes consensuados por los gobiernos y en torno de ellos se inscriben más de una centena de iniciativas: democracia, derechos humanos, seguridad, integración económica, desarrollo social, modernización del Estado, desarrollo sostenible (ver "Análisis de contenido" en Anexos). Algunos de estos temas –como seguridad y participación de la sociedad civil, entre otros– habían dividido las aguas en el marco de la OEA. Sin embargo, reaparecían en el marco de las cumbres formando parte de una agenda de cooperación. Este cambio de actitud por parte de los gobiernos respondía fundamentalmente a los realineamientos cambiantes e inciertos del nuevo orden mundial, que convertían a las opciones multilaterales en la estrategia más segura, sobre todo para los países más débiles y que podían quedar aislados de acuerdos bilaterales, especialmente en materia de regímenes comerciales. A esto hay que sumar otras ventajas que las cumbres traían consigo: la oportunidad del encuentro mediático con los pares y la posibilidad de construir alianzas intergubernamentales que, a la manera de anillos burocráticos de carácter transnacional, fortalecen su propia posición y recursos técnicos a escala nacional y *vis à vis* sus correligionarios.

De esta manera, la agenda de intereses compartidos no presuponía la desaparición de intereses conflictivos y opuestos entre los Estados de la región sino que abría la posibilidad de ubicar intereses superiores por medio de la coordinación de políticas que fueran beneficiosas para el conjunto. Pero por sobre todo, la construcción de una agenda de cooperación regional no suponía, al menos en teoría, mecanismos de condicionamiento y compulsión alguna. Si bien esta participación contribuía a cerrar circuitos de compromisos personales y de cooperación entre los Estados miembros, su diseño e implementación a nivel nacional dependería en última instancia de la voluntad de las partes o, al menos, de la existencia de incentivos o de sanciones que persuadan al Estado de hacerlo, ya que ningún Estado, ni siquiera el más débil, está dispuesto a resignar sus capacidades de decisión soberana sin compensaciones o beneficios que lo justifiquen. En ese sentido, podemos concluir que a pesar de las importantes diferencias descriptas, la dinámica de las cumbres mantuvo un elemento fundamental de continuidad con la diplomacia parlamentaria.

2. 1. *La ambigüedad de los gobiernos de América Latina*

La forma en que el tema de la sociedad civil reaparece en las cumbres de las Américas es un ejemplo paradigmático de las oportunidades y limitaciones abiertas por esta nueva forma de diplomacia multilateral. Al igual que la cuestión de la seguridad, la agenda de la participación no gubernamental no era nueva en la discusión regional, sino que había sido incluida en la carta orgánica de la OEA, siguiendo el camino marcado por su contrapartida global, la ONU. Sin embargo, salvo raras excepciones y contextos muy específicos, como fueron las últimas dictaduras militares que atentaron contra los derechos humanos más básicos como el derecho a la vida, las ONG no tuvieron espacios ni reconocimiento efectivo de parte de los funcionarios y gobiernos representados en la OEA (Bianculli, 2002). En efecto, los gobiernos de América Latina veían con desconfianza y temor la inclusión de actores no estatales en las decisiones de alcance regional, básicamente por dos razones. La primera tenía que ver con el temor a perder la exclusividad y su competencia en la toma de decisiones; la segunda, porque entendían que a través de estas organizaciones se convalidaría una sobrerrepresentación de los intereses de los países desarrollados de la región. En efecto, la superioridad numérica y financiera de las ONG de Canadá y Estados Unidos por sobre las latinoamericanas terminaría por asegurar una mayor influencia de las organizaciones del norte sobre la agenda regional y una expansión de las discusiones internas de estos países al resto del continente.

El tema reaparece con fuerza en las cumbres de las Américas de la mano de Estados Unidos. La propuesta de incluir y dar participación a las organizaciones no estatales en la negociación fue puesta en la agenda regional como un *fait accompli*. En su rol de anfitrión de la Cumbre de Miami (diciembre de 1994) y con anterioridad a la conferencia presidencial, el gobierno de Clinton convocó a las OSC, en especial a las ONG medioambientalistas, de desarrollo, derechos humanos, género, entre otras, de su país y también a las más reconocidas, por sus vinculaciones transnacionales, del resto del continente. El objetivo de la convocatoria era que cada una de ellas, y dentro de su propia competencia y conocimiento, hiciera llegar sus recomendaciones sobre las iniciativas concretas que los gobiernos debían encarar para alcanzar las prioridades fijadas en cada área o "canasta". Para evitar que esta consulta quedara limitada a las ONG locales, el gobierno de Estados Unidos intentó vanamente persuadir a sus contrapartidas latinoamericanas de que llevaran consultas semejantes en el ámbito nacional.

Esta estrategia de apertura unilateral se repitió con motivo de la I Reunión Ministerial, que también tuvo lugar en Estados Unidos (Denver, junio de 1995) (ver "Cronograma" en Anexos). En este caso, se convocó a algunas organizaciones empresariales del continente que veían con agrado e interés la apertura y liberalización propuestas, pero a quienes, a diferencia de la convocatoria a la sociedad civil, se las invitaba a presenciar y acompañar a los propios gobiernos en los primeros pasos de las negociaciones comerciales. Esta propuesta contó con el beneplácito del resto de los gobiernos, muchos de los cuales contribuyeron a identificar a los posibles contactos nacionales. Con respecto a la participación de la sociedad civil, la respuesta de los gobiernos de las Américas demostró que la construcción de consensos sería ardua y lenta. Finalmente, quedó incluida en la agenda de las cumbres de las Américas como el Cuarto Mandato, dentro de un total de treinta y tres iniciativas establecidas en el Plan de Acción de la Cumbre de Miami. Sin embargo, en los hechos, sólo era una inclusión formal ya que restringía la participación de la sociedad civil al ámbito nacional y condicionaba su cumplimiento a la decisión exclusiva de los gobiernos:

> Los gobiernos promoverán, con la participación de la sociedad civil, el desarrollo de principios y recomendaciones para que dentro de los marcos institucionales se estimule la formación de organizaciones responsables, transparentes y sin fines de lucro y otras organizaciones de la sociedad civil, incluidos, cuando proceda, los programas de voluntarios y fomenten, de acuerdo con las prioridades nacionales, diálogos y alianzas sector público-sociedad civil en la áreas que consideran relevantes en este Plan de Acción. En este contexto, la OEA puede servir de foro para el intercambio de experiencias e información. (Mandato N° 4 del Plan de Acción de la I Cumbre de las Américas, Miami, Florida, 9-11 de diciembre de 1994)

El debate en torno del tema no acabaría allí, ni tampoco quedaría reducido a una discusión exclusiva entre los gobiernos. Fueron los gobiernos del norte y los actores no estatales organizados de manera transnacional quienes presionaron para profundizar la apertura y la participación. Uno de los factores que contribuyó a darles voz y visibilidad a estos actores no estatales fue la existencia de una densa rutina burocrática, que caracterizó a las negociaciones del ALCA. A diferencia del resto de los temas de la agenda de las cumbres, los gobiernos previeron desde un comienzo una agenda de acción inmediata, con un objetivo y con una fecha precisa: 2005. La existencia de un cronograma de reuniones futuras sería clave para mantener el *momentum* de la negociación, aun cuando no se alcanzaran consensos sobre cuestiones de fondo ni se cumplieran los objetivos en los plazos previstos.

En efecto, en la Cumbre de Miami los presidentes convocaron a la I Reunión Ministerial de Denver, en la cual debían discutirse un informe preliminar sobre la situación del comercio, los principales problemas y el estado de la negociación en materia comercial en otros foros. Además, se estableció una nueva reunión de ministros de comercio para 1996, donde se debía discutir el informe final sobre las cuestiones abordadas en el encuentro anterior y establecer también un calendario de trabajo. De ahí en más se inició una rutina de reuniones periódicas y con una densidad burocrática sin precedentes en la historia de las negociaciones comerciales. Siguiendo una estructura jerárquica que involucra a más de novecientos representantes gubernamentales, los presidentes se reúnen cada tres o cuatro años para convalidar lo consensuado por sus ministros de comercio o economía; estos últimos se reúnen como mínimo una vez al año y los negociadores y técnicos lo hacen, dependiendo del Grupo de Negociación (GN), entre dos y cuatro veces por año (ver "Organigrama" en Anexos).

Desde el inicio de las negociaciones hasta la fecha es posible identificar tres etapas. En la etapa preparatoria –período 1995-1998– se formaron los grupos de trabajo: a los grupos creados en la I Reunión Ministerial de Denver –Acceso a Mercados; Procedimientos Aduaneros y Reglas de Origen; Inversión; Normas y Barreras Técnicas al Comercio; Medidas Sanitarias y Fitosanitarias; Medidas de Defensa Comercial y Economías Más Pequeñas– se suman luego otros cuatro grupos establecidos en la II Reunión Ministerial de Cartagena (marzo de 1996) (ver "Cronograma" en Anexos). Éstos incluyeron Compras del Sector Público; Derechos de Propiedad Intelectual; Servicios y Política de Competencia. Finalmente, en la III Reunión Ministerial de Belo Horizonte (mayo de 1997) (ver "Cronograma" en Anexos) se agregará el grupo de Solución de Controversias. Estos grupos devinieron en GN en la segunda etapa del proceso, a excepción del grupo de Pequeñas Economías que se convirtió en consultivo, y el de Medidas Sanitarias y Fitosanitarias que se reconvirtió en Agricultura. Durante esta primera etapa se avanzó en la búsqueda, recopilación y organización de información, incluyendo la identificación de las principales medidas que afectan el comercio en el hemisferio y la elaboración de inventarios de regulaciones previstas en las legislaciones nacionales sobre compras gubernamentales, derechos de propiedad intelectual y solución de controversias, entre otros. Todos los grupos debían formular recomendaciones específicas acerca de cómo podía proceder la negociación. También se creó una Secretaría Administrativa y un Comité Tripartito –integrado por la OEA, el Banco Interamericano de Desarrollo (BID) y la Comisión Económica para América Latina y el Caribe (CEPAL)– cuyo objetivo principal sería el de asegurar el avance de las negociaciones, brindando apoyo técnico a todas las delegaciones nacionales, en especial a las economías más pequeñas (ver "Organigrama" en Anexos). El principal consenso alcanzado en esta primera etapa se refiere a los principios generales que guiarían las negociaciones.[6]

---

6. Estas reglas especifican distintos aspectos relativos a las negociaciones: 1) la toma de decisiones es por consenso; 2) rige el principio del *single undertaking* –se debe acordar en todo o no se acuerda en nada–; sin embargo, se deja abierta la posibilidad de que, de existir consenso, se puedan implementar anticipadamente los acuerdos logrados –*early harvest*–; 3) el ALCA puede coexistir con acuerdos bilaterales y subregionales, en la medida en que los derechos y obligaciones bajo tales acuerdos no estén cubiertos o excedan los derechos y obligaciones del ALCA; 4) los paí-

La segunda etapa se inicia con el lanzamiento formal de las negociaciones en la II Cumbre de las Américas (Santiago de Chile, 1998) y se extiende hasta 2000. Concluido el intercambio sustancial de información, en esta etapa debía avanzarse en las modalidades y propuestas del acuerdo. Sin embargo, a medida que los países fueron presentando sus posiciones en cada GN surgieron disidencias y los consensos se hicieron cada vez más dificultosos. Se decidió entonces que, para lograr borradores del acuerdo, todas las propuestas de los países serían incluidas entre corchetes para luego discutir su incorporación, eliminación o modificación en el texto final del acuerdo. De esta manera, se logró trabajar sobre un borrador de acuerdo, dejándose para etapas posteriores los aspectos más sustanciales de la negociación. El único avance concreto que los GN pudieron presentar a los ministros en la VI Reunión Ministerial de Buenos Aires (abril de 2001) (ver "Cronograma" en Anexos) se limitó a definir las medidas de facilitación de negocios, a partir de las cuales se homologarían las prácticas aduaneras y burocráticas en la región.

La tercera etapa se abre en la III Cumbre de las Américas (Quebec, abril de 2001). En esa ocasión y aprendiendo de la experiencia acumulada, los presidentes dieron instrucciones más precisas a los negociadores para avanzar en el proceso. Se reestructuró el cronograma de actividades y se redefinieron los objetivos, de modo que fueran menos ambiciosos. También se establecieron plazos y se dividió la agenda en dos partes, dándole prioridad a los temas más controvertidos: acceso a mercados, agricultura, servicios, inversiones y compras gubernamentales. En materia de desgravación arancelaria y de reducción de barreras paraarancelarias, se instruyó a los técnicos y negociadores para que antes de agosto de 2002 estuviera listo un primer cronograma de reducción.

2. 2. *El impulso de las redes transnacionales*

Los primeros actores en articularse en las negociaciones gubernamentales fueron los actores empresariales que, como señalamos antes, fue el único sector convocado por el gobierno de Estados Unidos en ocasión de la I Reunión Ministerial de Denver. Los sindicatos también lo hicieron pero, a diferencia de los primeros, por fuera de la convocatoria oficial. A pesar de que ambos sectores tenían visiones e intereses opuestos respecto del libre comercio, recurrieron a los mismos mecanismos de acción colectiva, que basados en la acción transnacional buscaban no sólo influir sobre las decisiones de los gobiernos, promover la confianza y la coordinación hacia el interior del propio sector, sino además impactar sobre la opinión pública en general.[7]

---

ses pueden negociar y adherir al ALCA individualmente o como miembros de un grupo de integración subregional que negocie como una unidad, y 5) debe acordarse especial atención a las necesidades, condiciones económicas y oportunidades de las economías más pequeñas, a fin de asegurar su plena participación en el proceso de negociación (declaraciones ministeriales de Belo Horizonte y de San José, 1997 y 1998, respectivamente).

7. Sobre el origen, la evolución y los posibles escenarios futuros de estas redes transnacionales, ver Botto (2002).

La activación empresarial provino de los asistentes a la reunión de Denver, en su mayoría representantes de empresas y cámaras con fuertes intereses en el avance y la concreción del acuerdo. Disconformes con el mero rol de observadores y, al mismo tiempo, a fin de garantizar la convocatoria a futuro, los empresarios rápidamente llamaron a los distintos representantes del sector de todo el continente a discutir la agenda gubernamental en el Foro Empresarial de las Américas (FEA), que se realizaría en ocasión de las reuniones ministeriales. En la III Reunión Ministerial de Belo Horizonte, los empresarios formalizaron su acción transnacional en la Red Empresarial para la Integración Hemisférica (REIH) con el objetivo de cerrar filas entre las empresas de la región y crear vínculos de confianza. De esta manera, los propios actores nacionales convencerían a sus gobiernos, reacios al ALCA, sobre los beneficios de la apertura. En esa oportunidad, la REIH exigió a los gobiernos una mayor participación en las decisiones y negociaciones del ALCA, en calidad de observadores de las mismas reuniones ministeriales y de los grupos de trabajo.

La respuesta de los gobiernos estuvo muy por debajo de las aspiraciones de la REIH: si bien se reconoció la importancia del sector en el proceso de negociación y se incorporó al FEA como parte del organigrama del ALCA, su participación quedó circunscrita a una contribución de carácter consultivo y no vinculante. Esta respuesta ponía de manifiesto los límites de la acción transnacional para alterar los ritmos y ciclos de la interacción público-privada que caracterizan a las negociaciones comerciales. En efecto, todo proceso de negociación comercial comprende la existencia de al menos cuatro etapas –la etapa de la decisión (de abrir), la de la formulación de reglas, la de las concesiones y, finalmente, la de la implementación– y en cada una de ellas la forma e intensidad de consulta con el sector empresarial varía en sentido opuesto al protagonismo de los gobiernos. Así por ejemplo, el rol de los gobiernos es alto en las dos primeras etapas del proceso, mientras cede espacio a las iniciativas y demandas del sector privado en las siguientes, ya que en definitiva son estos sectores productivos quienes deberán adaptarse a las nuevas reglas de juego resultantes de las negociaciones previas. Siguiendo este esquema, las negociaciones del ALCA se encuentran actualmente en la etapa de definición de reglas, momento en el que se establecen los métodos y las modalidades de la apertura, con lo cual es previsible que la participación del sector privado, aun cuando provenga de poderosas redes transnacionales, sea vista como una intromisión por parte de muchos de los gobiernos de la región.

Las centrales sindicales encontraron mayores obstáculos que los empresarios para organizarse a nivel regional. El principal obstáculo proviene de los gobiernos, dada su resistencia a reconocerlas como actores transnacionales y a abrirles canales institucionalizados de participación. En efecto, ellas fueron las principales ausentes en la agenda de las cumbres de las Américas: no estaban comprendidas, como las ONG, en la convocatoria previa a la Cumbre de Miami, ni tampoco como observadoras de las reuniones ministeriales. El único espacio del cual dispondrían para hacer escuchar su posición y propuestas se recortaría al ámbito nacional, por medio de los canales institucionales, en caso de que los hubiera. Pero aquí, los contrastes regionales eran muy amplios y separaban a los países desarrollados –Estados Unidos y Canadá– de América Latina. En los primeros, existía no sólo mayor experiencia del sector en temas de comercio exterior, sino también canales para expresar e influir sobre la elaboración de la política exterior o demandar a sus gobiernos políticas de reparación o de reconversión, capaces de compensar a los sectores afectados por la apertura comercial. En América Latina, por el contrario, la experiencia e involucramiento de las centrales sindicales en temas de política exterior era, de existir, muy reciente y en general los sistemas institucionales no disponían de canales efectivos que permitieran a estos actores influir sobre las políticas relativas al comercio exterior o a sus implicancias sociales. Por otra parte, la experiencia del TLCAN había enseñado a los sindicatos del norte que la mejor manera de hacer escuchar su voz y obtener el apoyo de la opinión pública era a través de una acción colectiva de carácter transnacional, que superara los límites sectoriales y nacionales. En tal sentido, la III Reunión Ministerial de Belo Horizonte fue clave para consolidar esta estrategia ya que posibilitó el encuentro de las dos centrales más poderosas del hemisferio –American Federation of Labor-Congress of Industrial Organizations (AFL-CIO, Estados Unidos) y la Central Única dos Trabalhadores (CUT, Brasil)– con las principales redes de ONG de medio ambiente y de derechos humanos de la región. Allí se sentaron las bases de lo que más tarde se llamaría Alianza Social Continental (ASC). Para hacerse escuchar y generar el apoyo de la opinión pública, la ASC, siguiendo el esquema de la diplomacia presidencial y de los mismos empresarios, organizó una reunión paralela a la de los gobiernos: las cumbres de los Pueblos.

Interesante de recalcar es el efecto de polarización y arrastre que generó la discusión del ALCA en la sociedad civil. Si bien la convocatoria del gobierno de Estados Unidos marcó una clara divisoria de aguas entre una agenda comercial, en la que colaborarían los empresarios, y otra social y política, a la que se invitó a participar a las ONG, con el tiempo esta separación se fue apocando. En efecto, un gran número de ONG, especialmente las medioambientalistas y de derechos humanos, que habían participado de las primeras consultas previas a las cumbres de las Américas, terminan formando parte de la ASC porque consideran que la división temática es artificial y que la cuestión comercial, la única que avanza en definitiva, tiene efectos directos sobre otros temas tales como el medio ambiente y la pobreza, y exigen entonces una agenda ampliada. Éste es el comienzo de un desdoblamiento de la sociedad civil entre los así llamados sectores incluidos y excluidos de la convocatoria gubernamental a nivel regional. Entre ambos segmentos de la sociedad civil transnacional se ha generado una fuerte lógica de polarización, en gran medida fomentada por los Estados de la región, que como veremos en el apartado que sigue, crean canales de participación para unos con el objetivo de neutralizar el protagonismo de los otros.

A pesar de la diversidad interna que existía entre los sectores y nacionalidades que formaban parte de la ASC, todos sus miembros coincidían en dos demandas básicas: el reconocimiento oficial del foro social y la inclusión de nuevos temas en la agenda oficial: protección laboral, derechos humanos, medio ambiente y restricciones a la explotación de los recursos no renovables. El distinto tenor de estas demandas rompió en gran medida las posiciones bipolares que hasta entonces habían separado a los países desarrollados de los países en desarrollo en torno de la participación de la sociedad civil, identificando tres alineamientos entre los gobiernos. Por un lado, Estados Unidos y Canadá justificaron la participación de este actor como parte necesaria del proceso de negociación, no sólo a través de la creación de un grupo de trabajo, sino mediante la adopción de cláusulas de protección laboral y medioambiental en el texto del acuerdo. Por otro lado, Chile, los países del Mercosur y algunos países del Caribe admitieron la necesidad de reconocer instancias de participación a través de un grupo de estudio sobre temas laborales y medioambientales o un foro económico y social similar al del Mercosur, donde representantes de la sociedad civil se sentaran a dialogar con los representantes gubernamentales. Finalmente, México, Honduras, Colombia y Perú se mostraron reacios a cualquiera de las dos innovaciones y rechazaron cualquier vinculación posible entre trabajo, medio ambiente y relaciones comerciales.

2. 3. *Los alcances de la apertura a escala regional*

El gobierno mexicano fue el que más categóricamente se opuso, aduciendo que la incorporación de la sociedad civil sería como expandir un debate interno de Estados Unidos a todo el hemisferio. A pesar de estas variaciones, la posición oficial fue presa del llamado "efecto convoy", según el cual los avances en la materia nunca podrían ser superiores a la posición del país más reacio a la apertura de la sociedad civil y, en tal sentido, las demandas de los sectores excluidos fueron rechazadas. No obstante ello y por efecto de la presión de estas redes transnacionales, los negociadores se vieron obligados a dar señales positivas sobre su predisposición a favor del diálogo. Los distintos espacios de participación abiertos –canales *top down*– contribuyeron a fortalecer la presencia de los grupos incluidos y a reforzar la dicotomía presente en los actores no gubernamentales. El primero de ellos fue la inclusión de los académicos, *think tanks* y consultores a través de un coloquio académico, que tiene lugar antes de las reuniones ministeriales. Se aspira así a contribuir al proceso a través de una ampliación del debate público y del intercambio de ideas porque, aun cuando se tratara de una mirada crítica, estos actores apoyaban los principios básicos de la apertura. De todas maneras, este canal funciona como un espacio de participación esporádica e institucionalizada, ya que solamente tuvo lugar en las reuniones ministeriales previas a las cumbres de Santiago y de Quebec. Si bien cuenta con un consenso implícito de parte de los gobiernos, la iniciativa es promovida especialmente por el BID y la OEA, y ha sido apoyada por los países anfitriones.

El segundo espacio de participación se materializó con la creación del Comité de Representantes Gubernamentales sobre la Participación de la Sociedad Civil (CRG) en el organigrama del ALCA (IV Reunión Ministerial, San José, 1998) (ver "Cronograma" y "Organigrama" en Anexos). Si bien este Comité está formado por funcionarios gubernamentales, fue creado con el objetivo de pensar y proponer estrategias que signifiquen una mejora en el diálogo entre los gobiernos y la sociedad civil. Fue recién en 2000 y como consecuencia de la alta convocatoria que tuvo la I Cumbre de los Pueblos (Santiago, abril de 1998) (ver "Cronograma" en Anexos), cuando los ministros de economía ordenaron al CRG poner en marcha una consulta sobre el ALCA. La convocatoria se materializó a través de la internet, en lo que peyorativamente se conoció como "el buzón del ALCA", al cual todas las OSC podían hacer llegar sus sugerencias relacionadas con el proceso de negociación comercial en curso. Durante los seis meses en que la convocatoria estuvo abierta, sólo se recibieron setenta y dos respuestas, provenientes principalmente de centros académicos, fundaciones empresariales y algunas ONG, mayoritariamente del norte y de América Central. Esta respuesta estuvo tan por debajo de las expectativas gubernamentales que finalmente se decidió prolongar los plazos y abrir la convocatoria a la ciudadanía en general.

Las razones de este fracaso son probablemente muchas, entre las que podemos citar el rechazo de la ASC a participar del proceso, o la disconformidad de las ONG por la imposibilidad de realizar un monitoreo sobre el impacto de sus propuestas. Sin embargo, el principal defecto fue la falta de compromiso de los gobiernos latinoamericanos –incluso de aquellos que se pronuncian públicamente a favor de los principios de la participación de la sociedad civil en los ámbitos regionales– en asegurar una adecuada difusión de la convocatoria a nivel doméstico. Entre ellos sobrevolaba una profunda desconfianza y disenso en torno de la iniciativa y sus posibles impactos sobre la agenda de la negociación. Finalmente, primó la posición más conservadora y los resultados obtenidos a través de la encuesta no fueron elevados a los GN específicos sino que quedaron archivados en la Secretaría Administrativa. Algunos de los errores iniciales –difusión y fiscalización– fueron superados en las dos convocatorias siguientes –2001 y 2002–; sin embargo, su alcance siguió siendo reducido. Esta dinámica repetiría de manera constante lo que ya se había hecho manifiesto en la discusión sobre el Cuarto Mandato: la mayoría de los gobiernos latinoamericanos se resistiría a convalidar a nivel interno cualquier iniciativa supranacional que tuviera efecto vinculante a escala nacional.

Un tercer espacio de participación abierto por los gobiernos a escala regional se estableció de cara a la V Reunión Ministerial de Toronto (noviembre de 1999) (ver "Cronograma" en Anexos), si bien en este caso la convocatoria estuvo reducida al sector empresarial y en gran medida marcada por la lentitud de las negociaciones y la ausencia de resultados concretos (Bouzas y Svarzman, 2001). En esta ocasión, los ministros convocaron a la REIH, en representación del sector privado, y a los organismos multilaterales para identificar y consensuar el contenido y los alcances de las medidas de facilitación de negocios. Sin embargo, esta inclusión fue circunstancial y se justificó básicamente por la especificidad de la temática y del conocimiento técnico del sector, ya que son los empresarios los principales afectados por las prácticas aduaneras y la superposición de normativas entre los países de la región. En efecto, el tema ya había sido objeto de una reunión organizada previamente en Washington con el auspicio del Council of the Americas y que llevara el nombre de "Facilitación de negocios en las Américas: una perspectiva del sector privado". En nada se modificó, en cambio, la negativa de los ministros y negociadores de abrir la participación del sector, en calidad de observadores, a las reuniones ministeriales y de los GN, pedido que formaba parte del cabildeo empresarial desde el inicio de las negociaciones.

La Cumbre de Quebec dio un importante paso hacia adelante en términos de transparencia y fiscalización respecto de la ciudadanía en general, al hacer públicos los borradores de la negociación del ALCA. Hasta entonces estos documentos se mantenían secretos y sólo algunas OSC, dependiendo de la voluntad de los propios gobiernos, tenían acceso a ellos. Esta demanda contaba con múltiples apoyos, no sólo entre algunos gobiernos –de Canadá y la Argentina, por ejemplo–, sino también entre las distintas redes transnacionales, como la REIH y la ASC. Al igual que otros temas que también fueron incluidos en la nueva cumbre –la responsabilidad social de las empresas y la definición de la cláusula democrática que asegure la continuidad del estado de derecho–, existía consenso y concordancia entre la REIH y la ASC. Los temas de protección laboral, medioambiental y social, en cambio, siguen siendo materia de controvertidas disputas y negociaciones entre los gobiernos y avanzan de manera desigual en las agendas nacionales.

Por último, en junio de 2003 se abrió un quinto espacio de participación a los actores no gubernamentales. A partir de las instrucciones dadas por los ministros de comercio en la Reunión Ministerial de Quito (noviembre de 2002) (ver "Cronograma" en Anexos) y con un fuerte aval del Mercosur, se organizó la Primera Reunión Temática con la Sociedad Civil cuyo objetivo explícito es incrementar la vinculación entre esta última y los negociadores del ALCA. En esta oportunidad, el diálogo giró en torno de la agenda agrícola y se prevé una segunda reunión sobre el tema servicios: industrias culturales, telecomunicaciones, servicios profesionales, salud, educación y seguridad social. No obstante, este proceso es embrionario y aún muestra la resistencia de algunos gobiernos de América Latina. En efecto, en São Paulo sólo estuvieron presentes catorce delegaciones gubernamentales,[8] y representantes no gubernamentales de ocho países, algunos de los cuales tomaron conocimiento del evento por medio de sus pares y sus vinculaciones transnacionales.

Pero más allá de los canales de participación y transparencia consensuados entre los gobiernos, la dinámica de las cumbres de las Américas abriría cierto margen y libertad para que los gobiernos anfitriones innovaran en la materia, generando así una competencia entre los Estados por ver quién se quedaría con las banderas del diálogo y la democratización del proceso. A este grupo de iniciativas corresponde, en primer lugar, la propuesta de Estados Unidos, anteriormente descripta, de abrir una consulta a la sociedad civil previa a la reunión de Miami y la invitación a los sectores empresariales. Este mecanismo se repitió en las tres cumbres sucesivas, con el apoyo financiero de los gobiernos y de las OSC, provenientes principalmente de Estados Unidos y Canadá. También a este grupo pertenecería la invitación del gobierno de Canadá a una treintena de ONG regionales –entre las cuales estaban tanto la ASC como la REIH– a entregar sus recomendaciones a los representantes gubernamentales reunidos en la Cumbre de Quebec. Dentro de esta misma estrategia de acercamiento, el gobierno de Canadá asistió financieramente a la ASC para la organización de la II Cumbre de los Pueblos (Quebec, 2001) (ver "Gobiernos y organizaciones de la sociedad civil en las Américas: espacios de participación oficial y no oficial" en Anexos).

Para concluir esta descripción, podemos señalar dos características que comparten por igual todos los canales descriptos. En primer lugar, todos ellos son esporádicos, lo que significa que su apertura y convocatoria no están institucionalizadas sino que son *ad referendum* de la voluntad de los gobiernos de la región. En segundo lugar, abren ventanas de oportunidades desiguales en términos de sectores y en el interior de cada uno de ellos. En tal sentido, los principales beneficiados han sido los empresarios y las ONG, para quienes la convocatoria oficial significó no sólo la posibilidad de potenciar su voz y demandas a escala regional, sino también de articularse a la maquinaria de reuniones y de rutinas burocráticas, con el consecuente acceso a la información, así como a fuentes de financiamiento internacional. Queda aún por dilucidar, y en gran medida éste es el objetivo del libro,

---

8. Las delegaciones gubernamentales que estuvieron presentes fueron: Argentina, Bahamas, Brasil, Canadá, Costa Rica, Chile, Ecuador, Estados Unidos, México, Panamá, Paraguay, Perú, República Dominicana y Venezuela.

qué efectos ha generado esta política hemisférica de participación y transparencia sobre la agenda regional y sobre las propias agendas nacionales.

3. La estructura del libro

Antes de entrar de lleno en la descripción y el análisis de los casos de estudios temáticos y nacionales, consideramos importante introducir al lector en los contenidos y los alcances de dos conceptos que recorren de manera transversal el libro: uno es el de participación y el otro el de la sociedad civil, dos conceptos muy manipulados sobre los que sobrevuelan distintas y, a veces, contradictorias interpretaciones. Por el primero, entendemos toda forma de acción colectiva que tiene por interlocutor a los Estados y que intenta –con éxito o no– influir sobre las decisiones de la agenda pública. De esta manera, participación no significa necesariamente "influencia", sino la voluntad de influir y los recursos institucionales para lograrlo (Tussie y Lengyel, 2002). En cuanto al concepto de sociedad civil, optamos en cambio por una definición recortada que excluye del mismo a las organizaciones empresariales y a las de origen estatal. No obstante ello, todos los estudios de casos hacen un especial esfuerzo por describir el comportamiento de las organizaciones empresariales y de los mercados, porque consideramos que ellos son, sin lugar a dudas, la punta de lanza y los principales benefactores de los procesos de integración y globalización en marcha (Strange, 1988).

El orden de presentación de los estudios va de lo general a lo particular. En la primera parte, *Roberto Patricio Korzeniewicz y William C. Smith* identifican y analizan el rico y variado universo de redes transnacionales de la sociedad civil, que se han estructurado en torno del proceso de las cumbres de las Américas. Su principal hallazgo es el de demostrar que la estrategia de acción colectiva debe ser interpretada con relación al Estado. En tal sentido, el clivaje principal que corta a las redes regionales no se plantea en los términos tradicionales sino entre *insiders/outsiders*. Las primeras, caracterizadas como colaboracionistas, participan de los espacios y tareas que les delegan los gobiernos; las segundas, en cambio, se caracterizan por un comportamiento hostil hacia los gobiernos al menos en el marco regional, su oposición a la agenda comercial y el reclamo de su inclusión en el proceso.

La segunda parte del libro está dedicada a los estudios temáticos. *Marisa von Bülow* inicia la serie con la descripción de una agenda muy cara para las ONG: la protección del medio ambiente y su inclusión en la agenda regional. La autora describe de manera detallada y concisa las dificultades y desafíos que esta agenda genera entre los gobiernos, dadas sus vinculaciones con el comercio. Resistencias que finalmente han terminado por redireccionar el trabajo de las propias ONG hacia foros de decisión más relevantes. *Marcela Gajardo* es bastante crítica respecto de los avances alcanzados en la implementación de la agenda. Si bien desde comienzos de los años 90 el tema es incluido en la agenda global por los organismos multilaterales y en la agenda regional por los gobiernos de América Latina, su puesta en marcha es aún un desiderátum más que un hecho concreto. La falta de recursos y la resistencia de las corporaciones gremiales son sus principales obstáculos. Tal como lo demuestran *Carlos H. Acuña y Gabriela Alonso*, la reforma judicial se en-

cuentra en una *impasse* semejante. Incluida en la agenda de los países latinoamericanos como parte de las condicionalidades de los organismos de crédito multilateral, las cumbres de las Américas no han significado un plus en términos de implementación efectiva. Los autores de este estudio demuestran que uno de los principales obstáculos ha sido la falta de voluntad política de los propios gobiernos, re-
ticentes a abrir la participación de los actores no estatales en temas que hasta entonces han sido monopolio de su accionar, así como a promover una mayor autonomía judicial, la cual redundaría en la pérdida de su supremacía política.

En la tercera parte del libro se caracteriza el estado del debate sobre el ALCA
en cuatro diferentes países de América Latina, cuyo rasgo en común es presentar
un nivel de desarrollo semejante y haber pasado por experiencias de integración
previas. El caso argentino, analizado por *María Clelia Guiñazú*, se ha caracterizado por un marcado desinterés de parte de las OSC en el tema y por la ausencia de
canales institucionalizados que faciliten la comunicación e intercambio entre el gobierno y los actores de la sociedad civil. Recién a finales de 2001 aparecen las primeras señales de cambio. También el caso brasileño muestra una activación tardía
de la sociedad civil. En este sentido, *Antonio José Junqueira Botelho* es claro al
marcar el cálculo racional que los actores estatales hacen de esta herramienta. Sin
embargo, la descripción de este caso pone en evidencia la importancia de las redes
transnacionales de la sociedad civil en el proceso de aprendizaje en temas que, como el comercio internacional, eran hasta entonces ajenos a las organizaciones. El
caso mexicano introduce un nuevo elemento que no hace sino reforzar el papel de
los gobiernos como articuladores o como freno a la participación de la sociedad civil. En efecto, *Alejandro Natal y Tonatiuh González* destacan el contraste entre la
política de consulta y de participación de la sociedad civil que el gobierno de México promovió durante las negociaciones del TLCAN. Temeroso de perder la exclusividad de los beneficios que este acuerdo le confiere, el gobierno ha mostrado una actitud ambigua frente al ALCA: si bien no manifiesta una abierta oposición, desactiva toda demanda de participación proveniente de las OSC. El estudio de Chile, realizado por *Francisco Rojas Aravena y Coral Pey*, se presenta en la región como el
caso de apertura y participación de la sociedad civil más exitoso. Esta apertura
que, en el comienzo de las negociaciones parecía excepcional, con el tiempo se tras-
ladaría progresivamente al resto de los países latinoamericanos.

Redes transnacionales de la sociedad civil: entre la protesta y la colaboración

Roberto Patricio Korzeniewicz y William C. Smith

La crisis de los modelos de desarrollo "estadocéntricos" y la creciente globalización de la producción, el comercio y las finanzas han sido acompañadas por nuevos patrones de representación dentro de la sociedad civil. En este contexto, sindicatos, movimientos sociales, organizaciones no gubernamentales (ONG) y redes transnacionales han desarrollado estrategias, a veces simultáneas, a veces secuenciales, que van desde la colaboración y participación dentro de los arreglos institucionales existentes hasta la oposición a lo que se percibe como fuerzas motrices de la globalización. Así, la expansión global de los mercados se ha visto secundada por lo que Polanyi (1957) identificó como un "doble movimiento" de presiones para regular la expansión de los mercados. "Desde arriba", las elites y las burocracias gubernamentales buscan crear, a través de cumbres bilaterales y multilaterales o foros "privados", nuevos acuerdos institucionales favorables a la expansión y globalización de los mercados. "Desde abajo", iniciativas de la sociedad civil buscan influir o transformar esos nuevos acuerdos globalizantes. Las cumbres de las Américas y el Área de Libre Comercio de las Américas (ALCA) ofrecen un marco diferente para el análisis del surgimiento de sujetos sociales transnacionales y nuevos modos de articulación *sui generis* en las relaciones sociales y políticas en las Américas. Este trabajo analiza nuevas formas de acción colectiva desarrolladas por redes transnacionales de organizaciones de la sociedad civil (OSC) en la región y aborda cinco preguntas principales:

- ¿Cuáles son las *organizaciones centrales* que se constituyen como redes regionales clave?
- ¿Qué *lazos* han entablado con los gobiernos nacionales? ¿Con las organizaciones supranacionales? ¿Con otros actores sociales que operan en el ámbito nacional y regional?
- ¿Cuáles son las principales *estrategias* de las redes más propensas a la colaboración o *insiders* y las redes más contestatarias o *outsiders*? ¿Cómo pueden caracterizarse las *relaciones estratégicas* entre las distintas redes?
- ¿Existe una tendencia hacia una *mayor polarización* o una *creciente convergencia* entre los diferentes tipos de redes?
- ¿Qué tan exitosas han sido las redes regionales de OSC para *alcanzar sus propias metas e influir en las agendas oficiales* de las cumbres de las Américas y del ALCA?

1. Sociedad civil global, Estados y redes

Desde principios de los años 70, el derrumbe del sistema monetario internacional de Bretton Woods, la erosión del Estado de bienestar en los países avanzados y la crisis de los modelos de desarrollo estadocéntricos en la periferia y la semiperiferia promovieron la búsqueda de nuevos patrones de consenso y coordinación internacional (Cerny, 1995; Prakash y Hart, 1999). Las nuevas instancias de representación que emergieron constituyen "un acuerdo paralelo de interacción política, centrado en las construcciones autoconscientes de redes de conocimiento y acción por actores locales descentralizados, quienes cruzan las glorificadas fronteras espaciales como si no existieran" (Lipschutz, 1992: 390). Dentro del proceso de gestación de una embrionaria "sociedad civil global", algunas OSC han orientado sus esfuerzos hacia estrategias más opositoras o de confrontación, operando al margen de los acuerdos institucionales existentes (Smith, Chatfield y Pagnucco, 1997; O'Brien *et al.*, 2000; Florini, 2000; Martens, 2000). Otros movimientos sociales globales y redes se han encontrado con obstáculos para llevar a cabo intercambios con los gobiernos nacionales y participar a través de las instituciones nacionales e internacionales, y han optado entonces por abrazar un "nuevo internacionalismo izquierdista" expresado a través de "comunidades transnacionales de resistencia" (Drainville, 1995 y 2001). De este modo, en el caso de las cumbres de las Américas y del ALCA, las redes de OSC han expresado diversas posiciones estratégicas, incluyendo tanto la cooperación y la participación, así como modos más militantes de contestación que rechazan los canales institucionales. En ambas orientaciones, redes transnacionales de la sociedad civil coordinan una constelación de actores ligados por valores compartidos, un discurso común y densos intercambios de información y servicios.

Algunos analistas argumentan que estas redes regionales representan formas de organización distintas de las jerarquías burocráticas en tanto cuentan con patrones voluntarios, recíprocos y horizontales de intercambio y comunicación (Keck y Sikkink, 1998). Cabe reconocer, sin embargo, que muchas redes y OSC se caracterizan por un grado alto de burocratización. El potencial transformador de las redes regionales estaría dado por su capacidad para utilizar ventajosamente políticas de presión, información, apelación simbólica y fiscalización. La articulación de actores estatales y sociales tradicionales con los nuevos actores y organizaciones supranacionales públicas y privadas juega un rol vital, aunque incipiente, en los debates políticos sobre la integración hemisférica.

Aunque la apertura comercial forma parte del proceso de las cumbres de las Américas desde 1994, las negociaciones se han cristalizado en una división de agendas en dos vías paralelas, aunque entrelazadas. Estas dos vías han dado lugar a diversos modos o trayectorias de participación y contestación de las OSC. La vía cumbres de las Américas ha sido conducida mayoritariamente por los ministros de relaciones exteriores de los treinta y cuatro gobiernos participantes, centrándose en temas amplios que involucran la gobernabilidad democrática y cuestiones sociales como la igualdad de género, la educación, la reforma judicial y el desarrollo ambientalmente sostenible. En esta vía, surgió un proceso *ad hoc* con estructuras formales de interacción e incentivos, para que las redes regionales proporcionaran apoyo técnico y recomendaciones a los gobiernos y agencias multilaterales. Dependiendo del tema y la coyuntura, la vía cumbres de las Américas se ha caracterizado por cierto grado de transparencia, consulta y colaboración entre estas redes y los gobiernos. En cambio, la vía de las negociaciones del ALCA es menos porosa e incluye temas monopolizados en gran parte por los ministerios de comercio y finanzas. Este proceso tecnocrático de negociación ha desalentado las iniciativas de una mayor participación de actores de la sociedad civil. Dentro de este contexto, las redes de OSC tomaron posiciones mucho más contestatarias frente a los actores oficiales y algunas buscaron fortalecer sus lazos con los electorados locales y los sindicatos para promover una estrategia más amplia en contra del libre comercio. Muchas de las redes más contestatarias interesadas en las negociaciones del ALCA encuentran en las cumbres oportunidades para una mayor movilización contra la apertura y la globalización, si bien no niegan la importancia del proceso de integración comercial hemisférico. Sin embargo, generalmente conceden una mayor prioridad a las cuestiones de gobernabilidad, medio ambiente y a la problemática social, favoreciendo, consecuentemente, estrategias diseñadas para maximizar su influencia *vis à vis* los gobiernos. Así, organizaciones y redes como Corporación PARTICIPA, Fundación Grupo Esquel y la Fundación Futuro Latinoamericano (FFL) buscan ampliar las oportunidades de participación a través de investigaciones y consultas políticas. Marisol Pagés, ex miembro de la Fundación Esquel, se refiere a los grupos que favorecen la cooperación y la participación como *insiders* y a aquellos que apoyan estrategias más contestatarias como *outsiders*.

> Los *insiders* son aquellos que intentan trabajar de manera cercana al proceso oficial, comprometiendo a veces sus demandas con el fin de hacerlas más viables políticamente. Los *outsiders* son aquellos que ejercen presión externa, articulando sus demandas de manera más explícita y muchas veces en contraposición con las posiciones de gobierno. La apertura del proceso de negociación del ALCA indudablemente necesitará de la continuación de esfuerzos de estos dos tipos: los *outsiders* presionan y fuerzan la apertura o tendencias a la apertura en el sistema, mientras que los *insiders* aprovechan estas pequeñas brechas para impulsar los temas hacia una mayor profundidad. (Pagés, 2000: 172; traducción de los autores)

Anticipando nuestro argumento, una de las diferencias fundamentales entre las redes de *insiders* y *outsiders* se relaciona con sus posiciones programáticas y estratégicas. Aun cuando los grupos *insiders* favorecen una eventual unificación entre las vías cumbres de las Américas y ALCA, a corto y mediano plazo están dispuestos a subordinar los asuntos comerciales y económicos, fijando como prioridad el fortalecimiento de la participación a través de los canales oficiales ofrecidos en la primera de estas vías. Los *outsiders*, en contraste, privilegian el ALCA porque están convencidos de que las cuestiones de comercio e inversión son las fuerzas motrices de la integración hemisférica. Desde esta perspectiva, las demás cuestiones son cuando mucho una distracción, si no un esfuerzo deliberado por desviar la atención de las cuestiones "reales", que se negocian a puerta cerrada entre las elites políticas y los intereses empresariales y financieros transnacionales.

Desde luego, no siempre es fácil determinar si una organización adopta una posición u otra. Lo que unos entienden como participación puede constituir contestación para otros y las organizaciones pueden alterar sus estrategias con el tiempo o incluso adoptar ambas estrategias simultáneamente. Las organizaciones y redes en cuestión a menudo perciben su propia orientación como a medio camino entre las estrategias *insiders* y *outsiders,* y rechazarían estas etiquetas por considerarlas caracterizaciones esquemáticas de estrategias, más complejas y comprensivas. Aquí utilizamos la distinción entre *insiders* y *outsiders* para referirnos a un espectro de posiciones estratégicas que intentan sea reformar o subvertir las reglas y procedimientos institucionales de las negociaciones. De hecho, pocas organizaciones y redes se encuentran en uno de los dos extremos del espectro, ya que la mayoría adopta prácticas que buscan utilizar y transformar los acuerdos existentes simultáneamente.

Las redes transnacionales tienden a articularse cuando los Estados promueven la *delegación* de autoridad o de competencias limitadas a grupos sociales o bien cuando fomentan un grado de *autorregulación* política entre las ONG y las redes transnacionales. Por ello, es necesario no ignorar o minimizar el rol del Estado y de las organizaciones internacionales en la formación de redes transnacionales. En otras palabras, los Estados y los acuerdos institucionales son vitales para entender a las organizaciones que, funcionando por encima de las fronteras, logran acceder a los procesos de toma de decisiones de los gobiernos y ejercer influencia sobre las negociaciones internacionales.

La delegación y la autorregulación son incentivos particularmente relevantes para la operación de redes *insiders*. En lugar de intentar resolver ciertos problemas directamente desde el Estado, los líderes políticos asumen el costo de organizar y financiar a actores transnacionales, si creen que éstos pueden ofrecer soluciones más eficaces o efectivas en la implementación o monitoreo de ciertas normas. En este sentido, en lugar de conflicto, los incentivos estatales pueden promover la formación y cooperación con redes, superando así problemas de acción colectiva. El mismo razonamiento se aplica en el caso de los grupos *outsiders*, pero con una diferencia. Los incentivos que impulsan a las organizaciones locales a buscar aliados externos para formar coaliciones transfronterizas se vinculan con la *exclusión* o la negativa del Estado a permitir el acceso a la participación a ciertos grupos sociales. En consecuencia, las redes, en este caso, ejercerán presión internacional para exigir un cambio en las políticas estatales. De este modo, la exclusión de grupos de oposición a nivel nacional que da lugar a coaliciones transnacionales puede, a través del "efecto bumerang", obligar a los Estados a otorgar a los actores locales un mayor acceso en las negociaciones internacionales (Keck y Sikkink, 1998).

1. 1. *Las organizaciones y redes* insiders

Algunas de las organizaciones involucradas en las negociaciones hemisféricas fueron establecidas hace mucho y simplemente decidieron hacer de las cumbres de las Américas una parte importante de sus intereses, ya sea aprovechando los canales existentes o bien creando nuevos mecanismos de diálogo con los gobiernos. Los parámetros de acción de estas redes *insiders* se insertan en la lógica de la delegación y autorregulación mencionada anteriormente. Así, con un rol distintivo, desde incluso antes de la Cumbre de Miami (diciembre de 1994) (ver "Cronograma" en Anexos), estas organizaciones trabajaron en coordinación con los miembros de la "Troika" formada por el Grupo de Trabajo sobre la Sociedad Civil, la Oficina de Seguimiento de Cumbres de la Organización de los Estados Americanos (OEA) y el Grupo de Revisión e Implementación de cumbres.

El Grupo Esquel fue fundado en Estados Unidos en 1986, como miembro de la red del Grupo Esquel, compuesta por organizaciones que promueven el desarrollo sostenible y equitativo en la Argentina, Bolivia, Brasil, Chile, Ecuador, Perú y Uruguay. Esquel se involucró en el proceso de las cumbres de las Américas desde sus comienzos: fue una de las primeras organizaciones invitadas a formar parte del grupo de consulta, creado por la Agencia de Estados Unidos para el Desarrollo Internacional (USAID) y el Departamento de Estado de Estados Unidos con el objetivo de redactar una propuesta para la Cumbre de Miami (Pagés, 2000). Además, participó brevemente en el intento de promover la participación de la sociedad civil en las negociaciones del ALCA, también por invitación de USAID.

El North-South Center de la Universidad de Miami es un centro de estudios de políticas públicas independiente, que cuenta con financiamiento del Departamento de Estado de Estados Unidos, instituciones multilaterales y del sector privado. Este centro promueve la expansión de la participación de la sociedad civil en las cumbres de las Américas. Su iniciativa más reciente fue la creación del Leadership Council for Inter-American Summitry para evaluar los avances en el proceso de construcción del ALCA y los proyectos de cooperación hemisférica relacionados con éste.

Fundación Canadiense para las Américas (FOCAL) es una ONG independiente, financiada por el gobierno de Canadá, agencias multilaterales y el sector privado. La misión de FOCAL es fortalecer las relaciones entre Canadá y América Latina y el Caribe a través de la discusión y el análisis político. FOCAL asumió un rol de liderazgo en la participación de la sociedad civil en la Cumbre de Quebec (abril de 2001) (ver "Cronograma" en Anexos).

Corporación PARTICIPA es una organización chilena que busca profundizar los valores y procedimientos democráticos para promover "una forma de organización social basada en el desarrollo de una ciudadanía fuerte, organizada y expresiva" (Corporación PARTICIPA, 2000a: 4). Al igual que el Grupo Esquel, PARTICIPA recibió fondos de USAID durante la preparación de la Cumbre de Santiago (abril de 1998) (ver "Cronograma" en Anexos) y colaboró con el Ministerio de Relaciones Exteriores de Chile y las oficinas oficiales de la cumbre en un proceso de consulta con OSC. Esta colaboración se repetiría luego, durante la preparación de la Cumbre de Quebec.

La FFL fue creada en Ecuador en 1993 como una organización sin fines de lucro, dedicada a promover el desarrollo sostenible a través del mejoramiento de "un proceso de toma de decisiones participativo" (FFL, 1995: 367). La FFL tuvo un rol fundamental en la preparación de la Cumbre de Santa Cruz de la Sierra (diciembre de 1996) (ver "Cronograma" en Anexos).

The Inter-American Dialogue (IAD), fundado en 1982, en Washington, DC, es un centro independiente para el análisis de políticas. Reúne a cien líderes de todas las Américas, incluyendo antiguos presidentes y oficiales gubernamentales, referentes empresariales, académicos y de la sociedad civil organizada. Ha llevado a cabo varias actividades relacionadas con las cumbres de las Américas, particularmente en cuestiones de igualdad social y educación a través del Programa de Promoción de la Reforma Educativa en América Latina y el Caribe (ver Gajardo en este volumen).[1] IAD también lanzó el Women's Leadership Council of the Americas, que se reunió por primera vez en 2000. Estas dos áreas de trabajo se originan en las recomendaciones hechas por un comité de consulta de USAID, comité que en 1993 creó además el Grupo de Apoyo a la Sociedad Civil (Civil Society Task Force) previamente a la Cumbre de Miami.

Las trayectorias de estas OSC ilustran las consideraciones anteriores sobre el impacto de los incentivos institucionales creados por los Estados, en la formación de redes regionales. Particularmente notable es el caso de las agencias del gobierno estadounidense, tales como USAID y el Consejo de Seguridad Nacional y, en menor medida, de los gobiernos de Chile y Canadá, que han tenido un papel clave en el financiamiento y apoyo a los esfuerzos de colaboración con la sociedad civil. El apoyo oficial persigue dos objetivos: por un lado, aprovechar el conocimiento especializado de los *insiders* para la elaboración y eventual monitoreo de los mandatos de las cumbres de las Américas y, por otro lado, fortalecer a los actores de la sociedad civil que comparten prioridades y objetivos comunes con los gobiernos. En consecuencia, las estrategias gubernamentales ayudan indirectamente a superar los problemas de acción colectiva, favoreciendo la articulación regional de redes *insiders*, asumiendo "un claro sentido de responsabilidad compartida" (Thorup, 1995: xiv). Éste fue el caso del Grupo de Apoyo a la Sociedad Civil, que ha funcionado "como un vehículo para coordinar las recomendaciones y las acciones de monitoreo de la sociedad civil" durante las cumbres (Esquel Group Foundation, 1999a: 386). Un segundo ejemplo es el caso de Partners for the Americas, que a partir de 1995 recibió subvenciones de USAID para el desarrollo de la Red Interamericana para la Democracia. Una red más reciente surgió del proyecto "Participación ciudadana: de la Cumbre de Santiago a la de Canadá", que reunió a FOCAL, Esquel y Corporación PARTICIPA. Dejando de lado el ALCA, este proyecto se centró exclusivamente en el proceso de las cumbres de las Américas. Su propósito fue coordinar la colaboración entre sectores gubernamentales y no gubernamentales en cada país, para facilitar un mejor intercambio de información entre la sociedad civil y los oficiales de las cumbres y, promover la implementación de los mandatos firmados por los presidentes y jefes de Estado.

El Leadership Council for Inter-American Summitry creado en 1997 por el North-South Center, en colaboración con el Institute for International Economy de la Universidad de California (San Diego, Estados Unidos) y FOCAL, representa otra red clave y con pautas similares, aunque a una escala más modesta. Financiado principalmente por varias fundaciones –como la Fundación Ford– y con recursos del sector privado, los informes del Council analizan la participación de la sociedad civil, principalmente como una necesidad para asegurar la viabilidad política de las negociaciones del ALCA.

La Estrategia Interamericana para la Promoción de la Participación Pública en la Toma de Decisiones sobre Desarrollo Sostenible (ISP) es otra de las iniciati-

---

1. El Programa de Promoción de la Reforma Educativa en América Latina y el Caribe fue creado en 1994 con fondos de USAID, International Development Research Centre de Canadá, el Banco Interamericano de Desarrollo y General Electric Fund (GE Fund), entre otros. Su administración está a cargo de la Corporación de Investigaciones para el Desarrollo en Santiago de Chile.

vas con respaldo oficial. Ésta se originó en la Declaración de la Cumbre de Santa Cruz y fue luego desarrollada por la OEA. La Unidad de Desarrollo Sostenible y Medio Ambiente de esta organización regional encabezó el esfuerzo de desarrollar la ISP, creando dos espacios de participación. El primero consistió en un Grupo Técnico que incluía a ONG y formulaba recomendaciones ante el director de la unidad relevante dentro de la OEA (Seymoar, 1999). El segundo espacio fue el Comité Asesor del proyecto, en el cual se destacaron organizaciones como FOCAL, el North-South Center, el Grupo Esquel y Corporación PARTICIPA, entre otras (ver Von Bülow en este volumen).

Luego de la V Reunión Ministerial de Toronto (noviembre de 1999) (ver "Cronograma" en Anexos) y la derrota del ciclo inicial de consultas, el Comité de Representantes Gubernamentales sobre la Participación de la Sociedad Civil (CRG) en el proceso del ALCA, resolvió iniciar una segunda ronda de consultas. Pero esta vez, cuando el Departamento de Estado estadounidense se acercó nuevamente a Esquel para coordinar el proceso, su invitación fue rechazada dados los límites que el proceso de consulta anterior había demostrado (Pagés, 2000). Estos fracasos fueron interpretados tanto por las redes *outsiders* como por cierto número de *insiders* como una prueba de la inutilidad de participar en los canales oficiales. También confirmaron la visión de algunos críticos respecto de las redes *insiders* como poco más que agentes de los gobiernos de sus países.

1. 2. *Las organizaciones y redes* outsiders

Los orígenes de las redes *outsiders* están arraigados en la oposición que surgió a principios de los 90 en México, Canadá y Estados Unidos contra el Tratado de Libre Comercio de América del Norte (TLCAN). Opositores de organizaciones sindicales y ambientalistas, junto con activistas de derechos humanos, articularon coaliciones transnacionales en rechazo a la integración económica. Durante la Cumbre de Miami, la oposición tomó fuerza, reaccionando contra el lanzamiento de las negociaciones del ALCA. La Alianza Social Continental (ASC) es la más interesante y significativa de las redes regionales. Es una red amplia y heterogénea que agrupa a coaliciones de ciudadanos y sindicatos a lo largo de las Américas. Comprende un grupo central y estable de organizaciones afiliadas bien organizadas y una gama más amplia de organizaciones periféricas cuya participación en la red es menos intensa y más esporádica. Oficialmente fundada en 1999, apareció informalmente por primera vez en 1997. Sin embargo, varias de las organizaciones nacionales que forman parte de la red ya estaban en actividad, incluso antes de la Cumbre de Miami. En las movilizaciones pos Miami, algunas de estas organizaciones sirvieron como puntos focales para la articulación de una amplia gama de redes formales e informales de grupos *outsiders*.

Desde sus orígenes, la ASC ha reflejado un mosaico de posturas. Mientras que algunos elementos "más radicales" no participan de ninguna manera en los procesos de las cumbres de las Américas y del ALCA; otros, "más moderados", originalmente buscaron formar parte de estos procesos y se han empeñado en presentar demandas muy detalladas con la esperanza de establecer un diálogo fructífero. Esta distinción entre moderados y radicales se ha ido diluyendo de manera progresiva luego de la "batalla de Seattle" (noviembre de 1999), cuando "el grupo Nader", encabezado por Public Citizen y su proyecto "Global Trade Watch", adoptó una posición opositora totalizadora contra la globalización y los proyectos de integración hemisférica (Wallach y Sforza, 1999; Wallach, 2000).

Las diferencias entre los *outsiders* están ligadas a las estrategias seguidas por aquellas organizaciones más radicales y aquellas que reconocen que oponerse no significa romper el diálogo político. Esta última es fundamentalmente la posición de los sindicatos. Desde un comienzo, la problemática sindical ha sido central para el debate de las cumbres, tanto como para las negociaciones del ALCA. Los gobiernos de la región, siguiendo a Estados Unidos, prefieren tratar las cuestiones laborales y del medio ambiente como parte de "canastas" desvinculadas del comercio, relegando estos asuntos a *side agreements* o acuerdos laterales con status secundario (Jay, 2001). Frente a la postura oficial, las centrales sindicales más influyentes vienen desplegando una sofisticada política que articula tácticas de movilización con actividades de *lobby*. Siguiendo el ejemplo de la central estadounidense American Federation of Labor-Congress of Industrial Relations (AFL-CIO), el movimiento sindical boicoteó parcialmente la Cumbre de Miami, pero mantuvo una estrategia gradualista a fin de aprovechar los canales de participación abiertos por las cumbres de las Américas.

En ocasión de la Cumbre de Santiago, AFL-CIO, Canadian Labour Congress, la Organización Regional Interamericana de Trabajadores (ORIT) y las organizaciones sindicales más fuertes de América Latina, como la Central Única dos Trabalhadores (CUT) de Brasil, tuvieron un rol importante en el debate público sobre cuestiones de comercio y lograron incluso incorporar algunas de sus reivindicaciones en la agenda oficial de las negociaciones. Durante el proceso, las organizaciones sindicales forjaron lazos formales e informales con otros activistas y ONG en el hemisferio, a través de la ASC. La relación entre los dos grandes segmentos de las fuerzas *outsiders* —sindicatos y movimientos sociales— fue alterando el equilibrio hacia una mayor militancia.

Otras OSC no directamente asociadas con cuestiones laborales han tenido un papel importante, tamizando la división entre estos dos grupos de outsiders. En el ámbito internacional, éste el caso de International Center for Human Rights and Democratic Development, generalmente denominado Rights and Democracy, creado en 1988 por el parlamento canadiense para promover valores universales como los derechos humanos y la democracia. Este centro, además de ser miembro de Common Frontiers, goza de status consultivo ante el Consejo Económico y Social de la Organización de las Naciones Unidas y también mantiene fuertes lazos con la Organización Internacional del Trabajo (OIT).

En el ámbito nacional, existen varias organizaciones significativas. Alliance for Responsible Trade (ART) es una red estadounidense multisectorial creada en 1991 y de la cual participa un gran número de grupos, como International Labor Rights Fund, The Development Gap junto con Institute for Policy Studies, todos con sede en Washington, DC. La Red Mexicana de Acción Frente al Libre Comercio (RMALC), fundada en 1991 dentro del contexto de las negociaciones del TCLAN, también se orienta a crear esfuerzos conjuntos entre sindicatos y activistas laborales en Estados Unidos y Canadá.

En este último país funcionan dos fuertes organizaciones afiliadas a la ASC. La primera, Common Frontiers, es una red canadiense multisectorial que creció a partir del movimiento de oposición al tratado de libre comercio entre Canadá y Estados Unidos y el reconocimiento de que los opositores deben cooperar a través de las fronteras.[2] Common Frontiers tuvo un papel estratégico al lograr reunir la oposición contra el TCLAN y, posteriormente, contra el ALCA. En este sentido, fue clave en la V Reunión Ministerial de Toronto, en la Reunión de la Asamblea General de la OEA en Windsor (junio de 2000) y en la Cumbre de Quebec. Al igual que otras ONG canadienses, Common Frontiers recibe un subsidio del gobierno de su país, pero el origen de estos fondos no ha afectado su postura crítica hacia el ALCA. La segunda de estas organizaciones, Réseau Québécois sur l'Intégration Continentale (RQIC), aunque menos visible que Common Frontiers, también ha jugado un papel clave dentro de la ASC.[3] La RQIC asumió un papel de alta visibilidad en las movilizaciones enmarcadas en la Cumbre de Quebec.

La Alianza Chilena por un Comercio Justo y Responsable (ACJR) es otra de las redes nacionales de temprana formación que se afilió a la ASC. Fue creada en el Chile pos Pinochet, por una variedad de grupos críticos del status de su país como "modelo" de reestructuración económica neoliberal. La ACJR apoya vigorosamente la incorporación de cláusulas ambientales y sociales en los acuerdos comerciales regionales (ver Rojas Aravena *et al.* en este volumen).

La Rede Brasileira pela Integração dos Povos (Rebrip) es uno de los miembros más recientes y menos institucionalizados de la ASC. La Rebrip surgió en relación a la I Cumbre de los Pueblos (Chile, 1998) (ver "Cronograma" en Anexos) y cuenta con el apoyo de diversas organizaciones sociales y sindicales.[4] Dada la resistencia del gobierno brasileño a la posición estadounidense en las negociaciones del ALCA, la presencia de Rebrip en estas reuniones ha sido incompatible con su posición de *outsider*.[5] Esta red también mantiene buenos contactos con el Congreso y los partidos de centro-izquierda, principalmente con el PT. En este sentido, comparte la postura de la CUT y apoya la integración regional a través del Mercosur, que aparece como una opción frente al ALCA (ver Botelho en este volumen).

A fin de aumentar su perfil en la Argentina, durante 2000, la ASC realizó una serie de encuentros en preparación de la VI Reunión Ministerial que tendría lugar en Buenos Aires en abril del año siguiente (ver "Cronograma" en Anexos). Esta iniciativa dio lugar a la organización de un Foro Multisectorial sobre el ALCA para movilizar el apoyo popular contra las negociaciones. Varias organizaciones argentinas, como el Foro para la Participación Ciudadana en las Políticas de Desarrollo, Diálogo 2000, El Grito de los Excluidos, la filial argentina de la Asociación por una Tasa

---

2. Véase www.web.net/comfront/ para datos sobre organizaciones que componen la red.

3. Sobre los orígenes de la RQIC, las relaciones con la RMALC y el desarrollo de una perspectiva trinacional, véase el sitio de *Alternatives,* www.alternatives.ca/rqic/pages/anglais/doc.

4. Algunas de estas organizaciones son: Federação de Órgãos para a Assistência Social e Educacional (FASE); Associação Brasileira de Organizações Não Governamentais (ABONG); Rede de Informações para o Terceiro Setor; la Rede Brasil Sobre Instituições Financeiras Multilaterais y el Fórum Brasileiro de ONG e Movimentos Sociais para o Meio Ambiente e Desenvolvimento. Rebrip también mantiene relaciones cooperativas con la CUT, aliada con el Partido dos Trabalhadores (PT) y otras fuerzas izquierdistas y progresistas.

5. Entrevista con Fátima Mello, Asesora del Área de Relaciones Internacionales de FASE, Río de Janeiro, 22 de febrero de 2001.

sobre las Transacciones Financieras Especulativas para Ayuda de los Ciudadanos (ATTAC) y las Madres de Plaza de Mayo-Línea Fundadora participaron en algunas de estas actividades. En contraste con la relación generalmente estrecha entre la ASC y el sindicalismo en otros países, en la Argentina la politización y fragmentación de los sindicatos en tres confederaciones de trabajo competitivas –la Confederación General del Trabajo (CGT) oficial, la CGT disidente y la más opositora, la Central de los Trabajadores Argentinos (CTA)– han planteado obstáculos significativos para el establecimiento de una filial de la ASC (ver Guiñazú en este volumen).

La ASC también tiene como afiliadas a otras redes multisectoriales activas en varios países. A modo de ejemplo, vale mencionar la Coordinadora Latinoamericana de Organizaciones del Campo (CLOC), una red regional con sede en Quito, Ecuador, que coordina las organizaciones de campesinos y trabajadores rurales, las comunidades indígenas y los pequeños y medianos productores rurales. Las actividades de la CLOC tienen como objetivo fomentar la solidaridad y la "unidad y diversidad" entre organizaciones rurales a fin de promover la justicia social, la igualdad económica, la autosuficiencia alimentaria y el desarrollo agrícola sostenible y equitativo. La Asociación de Organizaciones Campesinas Centroamericanas para la Cooperación y el Desarrollo es uno de los miembros centrales de CLOC y fue responsable del lanzamiento, en 1993, de la Iniciativa Civil para la Integración Centroamericana (ICIC), cuyas campañas se articulan a escala hemisférica con la ASC.

2. Cumbres, redes y movilizaciones

Desde el comienzo, las cumbres de las Américas y el ALCA han avanzado sobre dos vías diferentes. Las organizaciones *insiders* dedicaron esfuerzos considerables a la coordinación de consultas y la canalización de reivindicaciones hacia el proceso de las cumbres. Por su parte, las *outsiders* no formaron parte de estas consultas, ni participaron en la preparación de documentos dirigidos a las reuniones de los presidentes del hemisferio. Sin embargo, progresivamente, algunas de las redes activas en una vía u otra comenzaron a participar en ambos juegos. De todas maneras, y en términos generales, las *outsiders* se muestran decepcionadas respecto del proceso de las cumbres de las Américas y su participación en el ALCA se ha vuelto cada vez más contestataria, concentrándose en la movilización de apoyos para la organización de cumbres paralelas o alternativas a las reuniones oficiales de presidentes, jefes de Estado y ministros de comercio o finanzas.

La Cumbre de Miami

En ocasión de la Cumbre de Miami, se establecieron tres vías centrales de consulta con la sociedad civil. La primera, sobre Calidad del Medio Ambiente, fue creada por el National Security Council (Consejo de Seguridad Nacional) dependiente de la Casa Blanca. A fin de fomentar la participación de este actor, se organizó y financió el Grupo de Apoyo a la Sociedad Civil, con el cual interactuaron varias organizaciones que luego se constituirían como las principales *insiders*. La segunda vía está dada por las consultas iniciadas por el North-South Center, también en coordinación con la Casa Blanca y el Departamento de Estado estadounidense. Estas consultas fueron realizadas en colaboración con varias universidades latinoamericanas –The University of the West Indies en Jamaica, la Pontificia Universidad Javeriana en Colombia y la Universidad de Belgrano en la Argentina–, dando lugar a una serie de documentos sobre gobernabilidad democrática, medio ambiente y desarrollo sostenible, comercio e inversiones. Finalmente, la FFL también llevó a cabo su propio proceso de consulta en catorce países, aunque sus recomendaciones tuvieron poco impacto sobre la planeación de la cumbre.

Las organizaciones ambientalistas de Estados Unidos, coordinadas por la Oficina de Políticas Ambientales de la Casa Blanca, tuvieron un rol fundamental en la promoción de recomendaciones de la sociedad civil. Entre estas OSC, que habían apoyado al gobierno de Bill Clinton (1993-2001) en su lucha por la legislación que implementaba el TCLAN, varias fueron las más influyentes: la National Audubon Society, Nature Conservancy y Environmental Law Institute (Rosenberg y Stein, 1995a). Además, la delegación estadounidense alentó a sus socios latinoamericanos a realizar consultas con las OSC de sus propios países. En Estados Unidos, esta idea dio lugar a la creación del Grupo de Apoyo a la Sociedad Civil, liderada por la Fundación Grupo Esquel. En los restantes países de la región, se fomentó la participación compartiendo su propia experiencia, dando instrucciones a los embajadores para que expresaran su apoyo e incorporando a varias OSC ambientalistas en las consultas bilaterales y multilaterales.

Desde una posición más crítica, Concerned Civil Society Organizations Office (Oficina de Organizaciones de Sociedad Civil Interesadas, véase CCSOO, 1995), un brazo de Church World Service/Lutheran World Relief (Servicio Mundial de la Iglesia/Ayuda Mundial Luterana), produjo un documento respaldado, entre otros, por la Fundación Grupo Esquel, el Servicio de Paz y Justicia (Serpaj) relacionado con la Iglesia Católica (Uruguay y Argentina), la Washington Office on Latin America (Estados Unidos), Common Frontiers (Canadá) y RMALC (México). Luego se produciría una escisión entre estas organizaciones: mientras algunas de estas OSC seguirían apoyando las cumbres posteriores desde una postura crítica, otras, como Common Frontiers y RMALC, se convertirían en miembros centrales de la ASC.

La posición del sindicalismo fue compleja. Algunos líderes de AFL-CIO y ORIT deseaban evitar una ruptura abierta con el gobierno de Clinton y los grupos de OSC más moderados, mientras que otros presionaron por una postura más crítica desde el comienzo. El resultado fue un boicot parcial a los procedimientos oficiales de la cumbre, que se expresó en una declaración donde se exigía la inclusión más amplia de cuestiones laborales, incluyendo estándares más estrictos que los del TCLAN en materia de trabajo y medio ambiente (AFL-CIO y ORIT, 1995: 363). La postura crítica de los sindicatos se volvería crucial más adelante: el peso político de AFL-CIO en Estados Unidos y la fuerte representatividad de ORIT les dio a estas organizaciones una base de apoyo local fundamental para expresar sus fuertes protestas contra los acuerdos de libre comercio. Esta temprana oposición de los actores sindicales fue un elemento crucial para el fortalecimiento de los vínculos con muchas OSC *outsiders*. En este sentido, cabe mencionar que en ocasión de la Cumbre de Miami, organizaciones como Sierra Club, Public Citizen y otros grupos estadounidenses importantes que eventualmente adoptarían una política mucho más crítica, todavía mantenían lazos con la coalición pro TCLAN. Muchos de éstos todavía creían que los "acuerdos laterales" sobre trabajo y medio ambiente del TCLAN podrían ser incorporados en un proyecto más amplio de integración hemisférica.

Desde una perspectiva optimista, la apertura generalizada hacia la participación de la sociedad civil en la Cumbre de Miami sobrevivió a varios desafíos y se plasmó en componentes claves del documento final: el Plan de Acción. En general, los documentos de Miami "llevan la huella de una participación sin precedentes de actores no gubernamentales", incorporando en algunas iniciativas oficiales "palabra por palabra, partes de algunos de los documentos entregados" por la sociedad civil organizada (Rosenberg y Stein, 1995a: vi). Por otro lado, Morden plantea que las "consultas que llevaron a la cumbre produjeron una dilución progresiva de acciones inicialmente contempladas sobre una serie de asuntos" (1995: 217). De igual forma, la National Audubon Society expresó su decepción sobre la falta de enlaces entre los "planes de expansión de comercio" y las metas ambientalistas, así como por la "resistencia continua de muchos gobiernos a la participación de la sociedad civil" (Rogers, Minette y Murray, 1995: 306). Por otra parte, la FFL presentó una evaluación bastante optimista sobre esta cumbre, indicando que el proceso había mantenido un ímpetu notable en la generación de "valores colectivos y mecanismos participativos desde su fase preparatoria en adelante". Sin embargo, también reconoció que la declaración final se había "quedado corta" en áreas como el medio ambiente, por lo que hizo un llamado a que las cumbres futuras mostraran la "materialización de las esperanzas inscriptas en Miami" (FFL, 1995: 370). En resumen, la Cumbre de Miami ya mostraba una división significativa entre distintas OSC desde el punto de vista de roles, posiciones y estrategias frente al proceso de las cumbres de las Américas.

La Cumbre de Santa Cruz

Dos mecanismos fueron creados para la consulta con la sociedad civil en la Cumbre de Santa Cruz: uno fue coordinado por la FFL, en cooperación con el North-South Center; y el otro, por el Grupo de Apoyo a la Sociedad Civil. La consulta coordinada por la FFL no recibió suficiente financiamiento y "los resultados fueron presentados directamente a la plenaria de la OEA", socavando la efectividad de la consulta (Shamsie, 2000: 19). Sin embargo, dado el papel clave que tuvo el North-South Center, las OSC estadounidenses lograron que se incluyeran varias de sus posiciones en la presentación oficial de Estados Unidos, que fue el documento *de facto* para la negociación.[6]

El segundo mecanismo de consulta con la sociedad civil, con el apoyo oficial de la OEA y USAID, fue realizado en Montevideo bajo la coordinación del Grupo Esquel y el Grupo de Apoyo a la Sociedad Civil.

Con la participación de veintinueve delegaciones oficiales y cuarenta y cinco OSC regionales, [la conferencia] redactó una recomendación clara para la cumbre –que los jefes de Estado autorizaran dentro de la OEA la crea-

---

6. Agradecemos a Robin Rosenberg, vicedirector de North-South Center, la entrevista que nos concedió en Miami el 7 de diciembre de 2001 sobre el proceso de toma de decisiones en la Cumbre sobre Desarrollo Sostenible.

ción de un espacio institucional y una estrategia para promover y sistematizar esta participación ciudadana–. Esta recomendación sobrevivió intacta a las arduas negociaciones y fue firmada como parte del Plan de Acción de la Cumbre de Bolivia. (Esquel Group Foundation, 1999a: 386; traducción de los autores)

Basándose en esta recomendación, a partir de 1997 el Grupo de Apoyo a la Sociedad Civil emprendería la implementación de tal estrategia dentro de la OEA. Con posturas más críticas, en la Cumbre de Santa Cruz los grupos *outsiders* ya tenían una presencia significativa.

La Reunión Ministerial de Belo Horizonte

La III Reunión Ministerial de Belo Horizonte (Brasil, mayo de 1997) (ver "Cronograma" en Anexos) fue un evento catalítico para la formación de una red de *outsiders*, abiertamente crítica al proceso de las cumbres de las Américas. Con el liderazgo de la mayor confederación de trabajadores de Brasil –la CUT– e importantes OSC de ese país, como ABONG y FASE, más de cincuenta organizaciones nacionales y regionales y setecientos activistas de la sociedad civil se reunieron en Belo Horizonte para cuestionar el carácter cerrado de las negociaciones oficiales del ALCA y el status especial concedido a los intereses empresariales organizados en el Foro Empresarial de las Américas (FEA). De hecho, el lugar privilegiado de los empresarios en las negociaciones oficiales parece haber contribuido a la profundización de las divisiones entre las OSC más moderadas de los grupos sindicales y los sectores locales más progresistas, que se observó en la decisión de los sectores más moderados de participar directamente en los talleres y demás eventos organizados por el FEA.

En contraste con las cumbres de Miami y Santa Cruz, en Belo Horizonte fue mucho mayor la participación de los grupos progresistas de todo el hemisferio, incluyendo a importantes OSC de Estados Unidos, Canadá, México y Chile. A partir de una oposición común al neoliberalismo, la exclusión social y el predominio de los intereses empresariales transnacionales, su meta fue fortalecer a la sociedad civil y proponer un modelo alternativo de integración económica: más democrático, participativo, igualitario y ambientalmente sostenible. La premisa subyacente que defendían estas organizaciones era que, para ser legítimas, las negociaciones del ALCA tenían que promover los derechos de la gente sobre la base de una agenda social y ambientalmente sólida, en lugar de basarse exclusivamente en principios de mercado que sólo favorecen a las empresas internacionales (ASC, 1999a). El foro alternativo –posibilitado por la CUT– sembró la semilla de lo que luego sería la ASC.

La Reunión Ministerial de San José

Numerosas organizaciones *insiders* y *outsiders* se movilizaron para la IV Reunión Ministerial de San José (marzo de 1998) (ver "Cronograma" en Anexos). Esta reunión significó un momento difícil para los grupos más moderados. La organización estadounidense National Audubon Society patrocinó, con el apoyo del North-South Center y la FFL, un foro hemisférico en el cual se involucraron alrededor de cuarenta OSC ambientalistas, las cuales entregaron a los ministros de comercio un informe, que contenía una fuerte crítica al proceso oficial. Dada la decisión del gobierno de Costa Rica de limitar la discusión de la agenda oficial del ALCA a temas de comercio e inversión, hubo pocas oportunidades para debatir las ideas propuestas por la sociedad civil. Como en el pasado, esta negativa a discutir problemas de interés para muchas OSC confirmó la creencia de que poco se podía ganar con la moderación de las propuestas.

La preocupación por la indiferencia oficial en San José provocó la decisión de las OSC y de movimientos sociales más militantes, de aprovechar la fuerza acumulada para construir formalmente la ASC. Ésta se presentó como "un foro donde las organizaciones y movimientos progresistas de todas las Américas pueden reunirse, trazar estrategias, compartir datos y planear acciones conjuntas. Conforme crece la base y la fuerza de este movimiento, estaremos en una posición aun más ventajosa para luchar por un modelo de desarrollo democrático alternativo para nuestras sociedades" (ASC, 1999a). La constitución formal de la ASC también dio la oportunidad para una transformación fundamental en lo que, hasta aquel entonces, habían sido operaciones de red relativamente informales. La RMALC fue designada como la secretaría de la ASC. La responsabilidad para la planeación estratégica fue confiada a un Consejo de Coordinadores, el cual se reuniría al menos una vez al año y estaba compuesto por representantes de las organizaciones centrales de la red: RMALC, Common Frontiers, ICIC, RQIC, ART, CLOC, Rebrip, ORIT, CUT y Canadian Labour Congress.[7]

Luego de la reunión ministerial de San José y ante la polarización y enajenación cada vez más profundas, USAID pidió a la Fundación Grupo Esquel que organizara un proceso de consulta sobre el ALCA. Si bien se recibieron setenta presentaciones con recomendaciones, el representante estadounidense en el CRG no logró el acuerdo entre sus pares regionales para incorporarlas. Este fracaso impactó tanto en las redes *insiders* como en las *outsiders*, confirmando la existencia de dos vías separadas para la participación de la sociedad civil, una para las cumbres de las Américas y otra para el ALCA. Las organizaciones *insiders* sufrieron una pérdida de legitimidad y la derrota de San José reforzó la línea endurecida de las *outsiders*. Esta polarización fortaleció la percepción de que los gobiernos de la región no tomaban en serio la participación de la sociedad civil en el ALCA, que el CRG —constituido únicamente por representantes gubernamentales— no tenía poder, que el proceso de negociación permanecería cerrado y que la intransigencia de los gobiernos para proporcionar información sobre el progreso de las negociaciones seguiría intacta.[8]

Estas lecciones deben ubicarse en el marco más amplio de la derrota que sufrió el gobierno de Clinton ante el rechazo del Congreso a concederle el *fast track* —o vía rápida— en 1997 y 1998. Para la AFL-CIO, los activistas laborales y los am-

---

7. Más allá de este grupo central, la ASC contaba con el apoyo de unos trescientos grupos adicionales de diferentes países del hemisferio. Para más detalles, véase el sitio de ART, www.art-us.org/liberatetxt.html y de Common Frontiers, www.web.net.comfront.

8. Podría sugerirse una hipótesis contrafáctica: si la iniciativa de incorporar efectivamente las recomendaciones de la sociedad civil en las negociaciones del ALCA hubiera prosperado, se hubiera creado una sola vía para la participación de las OSC. Esto, a su vez, podría haber disminuido o bien anulado la creciente polarización, creando entre los *outsiders* un mayor incentivo para aceptar canales de participación patrocinados oficialmente.

bientalistas esta negación significó una victoria sobre aquellos que apoyaban el ALCA. Particularmente, fortaleció a grupos como Public Citizen y ART, quienes profundizaron sus lazos con la ASC y grupos de *outsiders* similares en Canadá y América Latina. La derrota del *fast track* también disminuyó el interés de los gobiernos de Brasil y Chile en el proyecto de integración hemisférica y aminoró significativamente el ritmo de las negociaciones.[9]

La Cumbre de Santiago

Más allá de las organizaciones activas en Miami y Santa Cruz, grupos adicionales –tanto *insiders* como *outsiders*– lograron una mayor visibilidad en la Cumbre de Santiago, reunión que significó un momento de división cada vez mayor y más cercano al quiebre entre las dos categorías de OSC.

Entre los *insiders*, FOCAL organizó cinco consultas regionales con la sociedad civil en Canadá, en vistas de la Cumbre de Santiago, que dieron lugar a un informe de síntesis con diversas recomendaciones (FOCAL, 1999). FOCAL fue criticada fuertemente por otras OSC canadienses por patrocinar esta consulta: esencialmente se la culpó de actuar como instrumento del gobierno y pretender representar a la sociedad civil canadiense. Esto llevaría años después a que FOCAL se rehusara a coordinar una consulta nacional en Canadá en preparación para la Cumbre de Quebec.

Paralelamente al evento de FOCAL, Corporación PARTICIPA, con el apoyo de USAID, organizó dos reuniones en las que participaron varios representantes de la sociedad civil y del gobierno. Según los organizadores, la primera reunión "sumó a cincuenta y cinco representantes de las organizaciones de la sociedad civil de veintidós países por todo el continente" y la segunda a setenta representantes de OSC, cincuenta y uno de gobiernos y diez de organizaciones internacionales y/o regionales (Corporación PARTICIPA, 1999b: 571- 572). Según un testigo, "la mayoría de las [organizaciones de la sociedad civil] que participaban habían mostrado previamente la voluntad de trabajar estrechamente con los gobiernos. Éstas eran un grupo distinto de las que después organizarían la Cumbre de los Pueblos paralela" (Shamsie, 2000: 20). Las propuestas que resultaron de estas consultas fueron compartidas con los negociadores del gobierno en las reuniones preparatorias y eventualmente fueron publicadas como recomendaciones normativas más específicas para los gobiernos de la región (Corporación PARTICIPA, 1999b).[10]

Notablemente, Santiago representó un cambio significativo en cuanto a la posición de los *outsiders*. La I Cumbre de los Pueblos materializó una identidad "opo-

---

9. Nuevamente una hipótesis contrafáctica: si se hubiera aprobado la "vía rápida", una trayectoria muy distinta podría haber llevado a una mayor colaboración entre *insiders* y *outsiders*. En cualquier caso, el gobierno estadounidense –y probablemente el canadiense, como anfitrión de la Cumbre de Quebec– parecieron aprender la lección de que la participación de la sociedad civil es importante para que el proceso del ALCA sea políticamente viable. Esto puede explicar, al menos en parte, la iniciativa de USAID, a través de la Fundación Grupo Esquel, de estimular una vía de consulta para el ALCA.

10. Algunos observadores opinan que la Cumbre de Santiago representó un revés para la participación de la sociedad civil y, específicamente, para Corporación PARTICIPA (Pagés, 2000).

sitora" y una estrategia de parte de las organizaciones miembros de la incipiente ASC. Representantes de sindicatos, organizaciones ambientalistas, de derechos humanos, grupos de mujeres, pueblos indígenas, académicos, entre otros, se encontraron en diez talleres y foros sectoriales para debatir un modelo social y económico alternativo para el hemisferio.[11] El seguimiento a esta cumbre se cristalizó en la difusión del documento de la ASC, "Alternativas para las Américas: hacia la construcción de un acuerdo hemisférico de los pueblos" (ASC, 1999b), el cual le dio mayor sustancia a las propuestas presentadas anteriormente en Belo Horizonte y en San José. Este documento expuso la plataforma programática básica de los *outsiders*, incipiente, pero mejor organizada:

> Los representantes de la sociedad civil quieren ser escuchados en este debate [sobre el ALCA] porque la propia esencia de la autodeterminación democrática está en riesgo. Los gobiernos deben mantener el derecho de imponer reglas para los inversionistas extranjeros, de resolver disputas de inversión bajo leyes nacionales y de controlar capitales efímeros y especulativos para que la integración económica sea sólida ambientalmente y benéfica para todos los ciudadanos de las Américas, especialmente los grupos históricamente marginados como las mujeres, los pueblos indígenas y la gente de color. (ASC, 1999b: 15; traducción de los autores)

Afirmaciones como ésta simbolizaron una convergencia significativa entre las perspectivas del "norte" y del "sur", particularmente en cuanto al déficit democrático que caracterizó a los procesos de negociaciones. Como muchos de los sindicatos afiliados en la AFL-CIO y organizaciones progresistas estadounidenses –Development Gap, Public Citizen y el Sierra Club–, numerosas OSC latinoamericanas también expresaron su profunda decepción sobre los eventos posteriores a 1994, en la I Cumbre de los Pueblos. Consecuentemente, muchos grupos progresistas fueron tomando distancia del proceso de las cumbres de las Américas. El cierre de canales de acceso facilitó la aceleración de las actividades de estas redes y fortaleció una identidad opositora común entre los grupos *outsiders*. Aun así, sería un error exagerar el grado de consenso dentro de la ASC. Por un lado, existían diferencias significativas respecto a derechos laborales y protección ambiental entre los miembros del norte y del sur. Por otro lado, algunos activistas del sur acusaron a sus pares del norte de aprovechar su mayor experiencia y el acceso a los gobiernos y a los medios para favorecer sus propios intereses nacionales o sectoriales, inclinando así las posiciones de la ASC en su propio favor. Estas diferencias, sin embargo, eran secundarias comparadas con el fuerte consenso en relación con la problemática central.

La Reunión Ministerial de Toronto

La V Reunión Ministerial de Toronto fue poco usual. En primer lugar, y tal como se había dado anteriormente, los organizadores canadienses del FEA concen-

---

11. Véase, por ejemplo, la iniciativa que se presentó en el Foro Ambiental realizado durante la Cumbre de los Pueblos (ACJR, 1998a y 1998b) (ver Von Bülow en este volumen).

traron la discusión en temas fuera de la agenda de los grupos de negociación oficiales, dando por lo tanto poco lugar a los intereses laborales, ambientalistas y de gobernabilidad democrática que reclamaban muchas de las OSC. Segundo, en contraste con la práctica de reuniones ministeriales anteriores, el gobierno canadiense proporcionó apoyo logístico y financiero relativamente generoso para realizar paralelamente un Foro de la Sociedad Civil de las Américas. Además, en un gesto de apertura hacia los grupos *outsiders*, concedió el liderazgo en la organización de este foro a Common Frontiers, uno de los miembros centrales y más militantes de la ASC.

La participación de Common Frontiers –e, indirectamente, de la ASC– en este foro tuvo un impacto significativo en el futuro papel de los grupos *outsiders* en las negociaciones hemisféricas. En el momento de la reunión de Toronto, la ASC exhibía ya algunas señales de mayor moderación y había articulado una serie de medidas que buscaban reconciliar los orígenes de la red, arraigados en la movilización popular y la identidad opositora, con mayores esfuerzos para lograr influencia sobre un público más amplio. El apoyo del gobierno canadiense al foro y sus esfuerzos para desarrollar una política "alternativa" distinta de la de Washington incentivaron este cambio de estrategia. A través de la apertura del gobierno canadiense, la ASC podría continuar con su estrategia de movilización popular y buscar, al mismo tiempo, ejercer mayor influencia en las negociaciones por medio del diálogo.

Una semana de eventos, incluyendo el Foro de la Sociedad Civil de las Américas y la conferencia "Our Americas: Toward a Peoples' Vision of the Hemisphere", fueron organizados con la participación de representantes de más de cuarenta organizaciones afiliadas y pertenecientes a veinte países de América Latina y el Caribe. Durante estos eventos, la ASC presentó dos documentos programáticos para la consideración de los representantes de los gobiernos hemisféricos: "La exclusión social, el empleo y la pobreza en las Américas" (ASC, 1999c) y "La inversión, las finanzas y la deuda en las Américas" (ASC, 1999d). De modo similar, el documento anterior de la ASC, "Alternativas para las Américas", fue actualizado y distribuido ampliamente a los ministros de gobierno y negociadores del ALCA.

Simultáneamente, los líderes de la ASC buscaron entablar un diálogo con los negociadores involucrados en las cumbres de las Américas y en el ALCA. Esta estrategia capitalizó las capacidades organizacionales de redes nacionales como RMALC, ACJR, ART y Common Frontiers. El optimismo fue claro luego de asistir a una reunión con un grupo de representantes de alto nivel de los gobiernos latinoamericanos: este encuentro le dio a la ASC la oportunidad de presentar sus posiciones detalladas sobre una amplia variedad de temas, incluyendo el documento "Alternativas para las Américas". Éste sería el ápice de sus esfuerzos por involucrar a los interlocutores del gobierno en discusiones sobre la estrategia y el contenido de la integración hemisférica. Sin embargo, los representantes gubernamentales sólo ofrecieron comentarios vagos. En la Declaración Final, donde se hace mención específica sobre la participación del FEA, los ministros ignoraron completamente a la ASC y al Foro de la Sociedad Civil. Para la ASC, incluso para sus miembros más moderados, esta omisión fue la gota que colmó el vaso (Jay, 2001). Aun cuando algunos miembros de la ASC dieron señales de querer posicionarse como interlocutores legítimos en un diálogo con organizaciones más centristas, el fracaso de la reunión con los representantes del gobierno reforzó la identidad de la red como *outsider*, opuesta radicalmente a la agenda oficial del ALCA. El conflicto entre las OSC se hizo público cuando algunos de los grupos más intransigentes de la ASC intentaron impedir que representantes más moderados participaran en el foro paralelo. La razón para ello fue que el status de *insiders* las convertía en apoderadas *de facto* del gobierno.[12]

Windsor, Porto Alegre y Buenos Aires y la "Sociedad No Muy Civil"

La ambigüedad estratégica demostrada por Common Frontiers y la ASC en Toronto anticipó las dificultades para la participación de la sociedad civil. Los conflictos que allí se dieron, pisándole los talones a las protestas antiglobalistas de la "batalla de Seattle" durante la reunión de la Organización Mundial de Comercio y las protestas en Washington, DC durante la reunión anual del Fondo Monetario Internacional y el Banco Mundial (abril de 2001), fomentaron un endurecimiento de las actitudes tanto de los *outsiders* como de muchas delegaciones gubernamentales.[13] Incluso aquellos diplomáticos y organizadores de las cumbres de las Américas, quienes, como los canadienses, habían apoyado previamente una mayor participación de la sociedad civil en las negociaciones hemisféricas, comenzaron a adoptar una actitud defensiva y cada vez más dura ante lo que percibían como la "intolerancia" de una "sociedad no muy civil".[14] La reunión de la OEA en Windsor reflejó estas preocupaciones. Si bien hubo una reunión de líderes de la ASC, la presencia de grupos de la sociedad civil, particularmente de América Latina, fue menor a lo esperado.

En este contexto, la campaña de la ASC –exigiendo hacer públicos los textos de los nueve grupos de negociación del ALCA– recibió una excelente cobertura de prensa, aunque no tuvo impacto entre los ministros de comercio. Paralelamente, la polarización entre *insiders* y *outsiders* seguía intensificándose. Por ejemplo, Rights & Democracy International Centre for Human Rights and Democratic Development logró llevar ante el proceso de las cumbres de las Américas a los grupos de derechos humanos que desde hacía mucho tiempo venían ya trabajando con la Comisión Interamericana de Derechos Humanos y que nunca antes habían participado en el proceso hemisférico. Los *insiders* vieron esta iniciativa como un logro muy importante (Pagés, 2000). Rights & Democracy también organizó un taller con patrocinio oficial para discutir con la ASC y los grupos FOCAL, Fundación Grupo Esquel y Corporación PARTICIPA, preocupaciones comunes y coordinar estrategias respecto de las cumbres de las Américas y del ALCA. Sin embargo, este esfuerzo resultó en un fracaso, dado que la ASC cuestionó la legitimidad de los *insiders* y declaró su falta de interés en colaborar con los grupos más dialoguistas.

Cuando a mediados de 2000, la ASC y grupos más militantes comenzaron a planear la próxima Cumbre de Quebec, las cuestiones de seguridad y represión policíaca se sumaron como preocupaciones centrales. Estas preocupaciones crecieron luego del Foro Social Mundial "anti Davos" de Porto Alegre (FSM) (enero de 2001) y de

---

12. Entrevista con Robin Rosenberg. Este mismo argumento lo plantea también Pagés (2000).

13. Para el análisis de Seattle y del contexto más amplio de las protestas antiglobalización, véase Drainville (2001), Faux (1999) y Seoane y Taddei (2001b).

14. Entrevista con Robin Rosenberg.

la VI Reunión Ministerial de Buenos Aires (abril de 2001). El FSM fue considerado un éxito en su denuncia en contra del ALCA y de los aspectos "predatorios" de la globalización. Además del apoyo organizacional del influyente periódico francés *Le Monde Diplomatique*, el FSM recibió apoyo político y financiero del Estado de Río Grande do Sul y del gobierno municipal de Porto Alegre, ambos controlados por el PT.[15]

> La Reunión Ministerial de Buenos Aires, apenas dos meses después del Foro Social Mundial, siguió atrayendo la movilización contra el ALCA. Las huelgas, reuniones masivas y las marchas de miles de manifestantes fueron organizadas por las tres principales confederaciones sindicales argentinas –la CGT oficial, la CGT disidente y la CTA– y contó también con una presencia significativa de líderes sindicales de los otros miembros del Mercosur, junto con una amplia gama de grupos de la sociedad civil quienes esperaban crear un "Seattle del sur". La reunión de Buenos Aires se realizó en este marco, mientras policía altamente armada confrontaba a los manifestantes. El tono de las protestas fue impuesto por João Felício, el secretario general de la CUT brasileña, quien condenó el ALCA como un "área de explotación libre", y llamó a los trabajadores de las Américas a oponerse a este proceso de integración hemisférica, "sea cual sea la fecha que escojan, 2003, 2005 ó 2010 [porque] con el ALCA tenemos todo que perder y nada que ganar". Líderes de varios movimientos sociales también exigieron que, además de la ratificación de los parlamentos de la región, el ALCA debería someterse a una votación popular en cada país. (*Página 12*, 5 de abril de 2001)

La organización de las movilizaciones de Buenos Aires contra el ALCA comenzó en 2000 y la que tuvo un rol central en esto fue la Coordinadora de Centrales Sindicales del Cono Sur. De todas maneras, las disputas entre las tres confederaciones sindicales argentinas, que llevaron a movilizaciones separadas, probablemente aumentaron la magnitud de las protestas (ver Guiñazú en este volumen).[16]

La Cumbre de Quebec

Después de los disturbios de Toronto y especialmente en la reunión de Windsor, el gobierno canadiense hizo un importante esfuerzo para sanear la brecha que se había abierto con los activistas de la sociedad civil. Miami había sido la Cumbre del Comercio y Chile había sido anfitrión de la Cumbre de la Educación. ¿Cuál sería el tema de la Cumbre de Canadá? Motivados en parte por la lógica interna

---

15. Los organizadores brasileños del FSM incluyeron a ABONG, ATTAC, la Comissão Brasileira Justiça e Paz, la Associação de Empresários pela Cidadania, la CUT, Instituto Brasileiro de Análises Sociais e Econômicas, el Centro de justiça global y el Movimento dos Trabalhadores Rurais Sem Terra (MST). Véase el sitio oficial del FSM (www.forumsocialmundial.org.br) y también Seoane y Taddei (2001b), donde se analiza este foro desde una perspectiva histórica más amplia.

16. Este punto fue señalado por Claudio Lozano, director del Instituto de Estudios y Formación de la CTA, y Jorge Carpio, director del Instituto para el Desarrollo de la Micro y Mediana Empresa, durante las entrevistas realizadas en Buenos Aires el 27 y 23 de febrero de 2001, respectivamente.

de su propia política nacional, los canadienses decidieron ser los anfitriones de una cumbre que dejara una herencia importante. Mientras que el ritmo del ALCA con miras a 2005 se había paralizado, varios países latinoamericanos –como Perú, Ecuador y Venezuela– parecían haber sufrido un retroceso democrático y surgían controversias sobre el Plan Colombia y el impacto de la "guerra contra la droga". Los canadienses decidieron designar a Quebec como la Cumbre de la Democracia con la intención de darle un significado tanto sustancial como simbólico. El cambio de enfoque de una agenda, hasta entonces dominada por el comercio, también aminoraría la oposición de los activistas locales ambientalistas y anticomercio (Cooper, 2001; Dymond, 2001; FOCAL, 2000b). Los canadienses presionaron para ampliar las discusiones e incluir tres "canastas" de cuestiones interrelacionadas: fortalecimiento de la democracia, fomento de la prosperidad y realización del potencial humano. De esta manera, el "fortalecimiento de la democracia" –que ya era parte de la agenda de las cumbres de las Américas– quedaría ligado directamente con el objetivo de "fomentar la prosperidad" –el enfoque de la agenda del ALCA– y esto moderaría, al mismo tiempo, a los grupos de la sociedad civil. Con estas preocupaciones en mente, el gobierno federal de Canadá y el gobierno provincial de Quebec patrocinaron una serie de conferencias académicas y reuniones con la sociedad civil en los meses previos a la realización de la cumbre. Asimismo, las autoridades provinciales federales otorgaron 300 mil dólares para apoyar las actividades de la II Cumbre de los Pueblos, que se desarrollaría de manera paralela a los eventos oficiales (ver "Cronograma" en Anexos).

Además del propio compromiso del gobierno canadiense, había otras razones para augurar éxito. La inclusión de los estándares laborales y ambientalistas en el cuerpo general del texto preliminar, en lugar de en "acuerdos laterales" y separados, aumentaba las esperanzas. La causa de los derechos laborales también avanzaba en otros frentes. Por ejemplo, los esfuerzos por promover los derechos sociales y laborales dentro del Mercosur parecían prometedores y el fin de siete décadas de dominio del Partido Revolucionario Institucional (PRI) en México también generaba expectativas. Si bien el compromiso del presidente chileno Ricardo Lagos (2000-actual) y del presidente estadounidense George W. Bush (2001-actual) de negociar un acuerdo de comercio bilateral era un motivo de preocupación para los activistas sociales, el mismo gobierno chileno promovió un debate público sobre las implicancias sociales del comercio. En síntesis, los derechos de los trabajadores parecían haberse impuesto en la agenda oficial de las negociaciones comerciales hemisféricas (Jay, 2001). Pero el optimismo fue templado por los recuerdos de los disturbios de Toronto, Windsor, Buenos Aires y las importantes movilizaciones en Porto Alegre. En consecuencia, los canadienses tomaron amplias precauciones para asegurar el control de las manifestaciones. Estas medidas incluían una operación masiva de seguridad llevada a cabo por el Servicio de Inteligencia de Seguridad Canadiense y la Real Policía Montada de Canadá, respaldados por más de seis mil oficiales de policía, con varios miles de tropas de ejército desplegados para realizar tareas logísticas. La opinión pública y los críticos describieron esto como un "muro de vergüenza", un perímetro de tres metros de altura y 4,5 kilómetros de largo, construido de alambre y barricadas de concreto para resguardar el área de convenciones de la ciudad de Quebec.

Los *insiders* participaron en sus propios preparativos para la Cumbre de Quebec. Corporación PARTICIPA, junto con FOCAL y el Grupo Esquel, coordinaron una serie de consultas nacionales y regionales con la sociedad civil para redactar propuestas específicas a ser incluidas en la agenda oficial de la cumbre. El producto fue un informe final denominado "Propuestas de organizaciones de la sociedad civil para la Cumbre de las Américas 2001 de la ciudad de Quebec" (Corporación PARTICIPA, 2001). Este informe fue difundido en marzo de 2001 e incluía una amplia gama de recomendaciones específicas sobre participación, cuestiones de género, corrupción, educación, desarrollo sostenible, derechos humanos, cuestiones indígenas, microempresas y comercio. La insistencia de algunos participantes para incluir cuestiones relativas al ALCA en la agenda provocó cierta controversia. De hecho, las cuestiones de comercio apenas se enunciaban en este documento final. Por otra parte, el North-South Center, en asociación con el Institute for International Economics (Washington, DC), FOCAL y el APEC[17] Study Center de la Universidad de California, San Diego, continuó el trabajo iniciado por Leadership Council for Inter-American Summitry (LCIAS, 1999). En este sentido, el informe que difundieran en marzo de 2001, "Advancing Toward Quebec City and Beyond", ofreció un repaso de las lecciones derivadas de las experiencias de Miami y Santiago, junto con algunas recomendaciones respecto de la Cumbre de Quebec (LCIAS, 2001).

Los sindicatos y grupos *outsiders* se abocaron plenamente a los preparativos previos a esta cumbre. Encabezados por Common Frontiers y la RQIC, la ASC priorizó las protestas contra los eventos oficiales y la activa participación en un foro donde, durante tres días, se debatirían cuestiones relacionadas con la democracia social y formas alternativas de integración hemisférica. Estos eventos culminarían con una protesta educativa, un concierto y la "toma de las calles" con una gran manifestación. Esta estrategia apuntaba a prevenir que sus miembros y otros grupos de activistas cayeran en el "juego de simulación" que, desde su punto de vista, representaba la participación de grupos de la sociedad civil en la Cumbre de los Pueblos oficialmente patrocinada. Este espíritu se materializó en la declaración que difundieran la noche anterior a la inauguración oficial de la cumbre: "Alianza Social Continental dice NO al ALCA. ¡¡¡OTRAS AMÉRICAS SON POSIBLES!!!".[18] La ASC estaba también plenamente involucrada en los debates políticos. Por ejemplo, ART preparó un amplio documento titulado "America's Plan for the Americas: A Critical Analysis of the U.S. Negotiating Positions on the FTAA" (Anderson y Hansen-Kuhn, 2001) para ser difundido poco antes de la cumbre. Junto con otros grupos, la Alianza también insistió en hacer públicos los documentos de negociación del ALCA. Como lo señalara el secretario general de la ASC, Héctor de la Cueva, "año tras año, uno por uno, les damos nuestros documentos, nuestras resoluciones, nuestras propuestas... y hasta la fecha no tenemos ninguna respuesta a ninguno de esos documentos". En un todo de acuerdo con esta posición, la ASC y otros sesenta grupos, incluyendo representantes del Canadian Labour Congress y líderes de grupos indígenas, exigieron una reunión pública con los presidentes y jefes de Estado, y que

---

17. APEC corresponde a Asia-Pacific Economic Cooperation Forum (Foro de Cooperación Económica del Asia Pacífico).

18. De acuerdo con lo señalado por Héctor de la Cueva, secretario general de la ASC, los eventos posteriores a la reunión de Toronto habrían llevado a la ASC a oponerse a todo diálogo e incluso a la participación en las consultas "simuladas", como las que patrocinaban los representantes de gobierno ante el ALCA y la OEA. También comentó que en septiembre de 2000, la ASC había decidido expulsar a cualquier miembro de la red que participara en tales consultas (entrevista realizada en México DF, 5 de febrero de 2001).

ésta fuera cubierta por los medios de comunicación. Sin embargo, sólo algunos grupos sindicales fueron invitados a participar de una mesa redonda con cuatro ministros del gabinete de Canadá y sin prensa. Esto llevó a la ASC y a otros grupos *outsiders* a rechazar la invitación del gobierno y a solidarizarse con las organizaciones que coordinaban la II Cumbre de los Pueblos.

En la parte baja de la ciudad, donde tuvo lugar la cumbre, se realizaron protestas educativas y conciertos, donde cientos de grupos proclamaron pacíficamente sus puntos de vista. Si bien alrededor de 30 mil personas marcharon en señal de protesta y de manera pacífica, se produjeron algunos hechos de violencia protagonizados por pequeños grupos anarquistas afines al Black Bloc y Convergencia de Luchas Anti-capitalistas, el cual llamó a una "ofensiva revolucionaria". Otros grupos de acción directa, definidos por un periodista como "izquierda jurásica", agitaban banderas rojas, negras y cubanas mientras se enfrentaban con la policía, que contaba con coches blindados, camiones hidrantes y gas lacrimógeno para usar contra aquellos que amenazaban con derribar el "muro de la vergüenza". Fue en este confuso contexto cuando los treinta y cuatro presidentes y jefes de Estado dieron por finalizada la Cumbre de Quebec el 21 de abril. Como había ocurrido en las cumbres de Miami y Santiago, la reunión de Quebec también produjo una larga Declaración Final, documentos y decenas de propuestas de acción, dándole un nuevo ímpetu al proceso de formación del ALCA. El presidente de Estados Unidos, George W. Bush, indicó que haría gestiones ante el Congreso para conceder a su gobierno la autoridad de negociar el *fast track* antes de fines de 2001. Incluso el presidente de Brasil, Fernando Henrique Cardoso (1995-2002), quien había expresado sus dudas sobre la creación de una zona de libre comercio hemisférica durante la reunión de Quebec, finalmente acordó continuar con las negociaciones. Más allá de la retórica, la Cumbre de la Democracia se centró principalmente en el libre comercio.

A pesar de que grupos empresariales se mostraron decepcionados al considerar que el camino propuesto llevaría a un "ALCA *light*", para los defensores de las cumbres de las Américas y del ALCA sí existió un progreso significativo, especialmente a través de la inclusión de la "cláusula democrática", que limita la participación en el proceso a gobiernos democráticos. Por su lado, algunos de los *insiders* criticaron el débil respaldo a los derechos laborales, la protección ambiental y al resto de la agenda social defendida por la mayoría de los activistas de la sociedad civil. El sindicalismo y la mayoría de los *outsiders* consideraron la reunión de Quebec y el proceso de las cumbres de las Américas como una "clonación del TCLAN" y fueron categóricos en su condena a la Declaración Final. Inmediatamente después, el sindicalismo emprendió una ofensiva política contra la Cumbre de Quebec y el ALCA, tal como quedó demostrado en el XV Congreso Continental que la Confederación Internacional de Organizaciones Sindicales Libres –con sede en Bruselas– y la ORIT organizaron en Washington, DC.

AFL-CIO atacó duramente las ambigüedades del presidente George W. Bush sobre los estándares laborales y el medio ambiente, y declaró que las suyas eran "palabras sin sustancia" y que "el ALCA, tal y como está redactado actualmente, es un desastre" (AFL-CIO, 2001b y 2001c). Esta posición de línea dura fue consistente, sin embargo, con la iniciativa perseguida por los grupos laborales y los afiliados de la ASC en toda América Latina: presionar frente a los parlamentarios progresistas y promover referendos populares en toda la región sobre las implicancias de sumarse al ALCA para la soberanía nacional.

3. Relaciones estratégicas: ¿convergencia o polarización?

El *racconto* anterior demuestra que tanto los *insiders* como los *outsiders* han creado redes. Sin embargo, mientras que los primeros están mucho más ligados a las autoridades gubernamentales y organismos internacionales, en los *outsiders*, en cambio, el grado de institucionalización es generalmente menor. Éstos se encuentran más propensos a articularse entre grupos e individuos que trabajan internacionalmente y comparten valores, un discurso común e intercambios de información. Las redes ejemplifican lógicas organizacionales muy distintas de las del mercado y las jerarquías burocráticas. En este sentido, tienden a funcionar como asociaciones voluntarias caracterizadas por patrones recíprocos y horizontales de intercambio y comunicación. Sin embargo, cabe una aclaración respecto de la definición de redes *outsiders*. Si bien las OSC son fuertemente "movimientistas" por su ideología y acciones más contestatarias, mientras que los sindicatos tienen un *modus operandi* más jerárquico, la combinación de elementos "participativos" y "burocráticos" ofrece ciertas ventajas significativas a estas coaliciones. Por ejemplo, los activistas de la red pueden utilizar sus conexiones con los sindicatos para lograr mayor legitimidad y representación. Como explicó un representante de RMALC, a diferencia de las *insiders*, las alianzas de los *outsiders* con el sindicalismo les permite crear bases sociales masivas y con una legitimidad democrática mayor.[19] De modo similar, sin sacrificar su retórica de movimiento social, a través de los lazos con los sindicatos, los activistas de estas redes pueden contar con importantes recursos materiales y un mejor acceso a las elites políticas, los medios e incluso a las empresas. Además, la burocracia sindical puede resultar esencial para asegurar el éxito en las campañas y movilizaciones. Esta flexibilidad permite una acomodación entre los dos tipos de *outsiders*: ante circunstancias cambiantes, pueden desarrollar estrategias alternativas que varían entre el gradualismo, la moderación o la negociación, o bien estrategias de oposición más militantes.

La cuestión de la representación es compleja y con frecuencia enturbia las relaciones entre las redes y los sindicatos, dado que presentan amplias divergencias en términos de su perfil político y de los discursos de representación a los que apelan para legitimarse. Estas diferencias pueden y suelen crear frecuentes tensiones. Por ejemplo, algunos líderes sindicales internacionales se refieren a las ONG de manera peyorativa y califican a los activistas de estas redes como "individuos no gubernamentales". Especialmente en América Latina, numerosos líderes sindicales consideran que las redes no poseen representación de base popular. Del mismo modo, muchos de los activistas muestran recelo y frustración respecto de sus aliados "burócratas sindicales".

Es de prever que las diferencias entre las redes y el sindicalismo continúen creando tensiones. Más aún, las batallas entre facciones o ramas dentro del sindicalismo, como en el caso de la Argentina, claramente dificultan el establecimiento de alianzas viables. Éste es el desafío que debe enfrentar la ASC en ese país. De todas maneras, en general, frente a la globalización, tanto los líderes sindicales como otras organizaciones sienten una gran presión a favor de la cooperación y del estableci-

---

19. Ídem.

miento de alianzas en el ámbito nacional y en el transnacional. Así, a pesar de los obstáculos, los activistas y líderes sindicales están aprendiendo a trabajar juntos.

Otra de las dificultades enfrentadas por los *outsiders* se relaciona con las enormes asimetrías en términos de recursos financieros y enlaces con fundaciones, *think tanks* y otros organismos, a favor de los miembros establecidos en Estados Unidos y Canadá. Sin embargo, todavía no se han analizado adecuadamente los efectos que estas asimetrías generan en el ejercicio del poder en el interior de las redes. Dadas las complejidades de las redes y reflexionando sobre los eventos de Miami a Quebec, ¿cómo pueden describirse las relaciones estratégicas entre las redes *insiders* y *outsiders*? ¿Sus trayectorias institucionales muestran una tendencia hacia una mayor convergencia en cuanto a estrategias, tácticas y objetivos? ¿O ha prevalecido más bien la polarización?

Está claro que las redes han ido especializando sus estrategias y tácticas de manera creciente. En este sentido, la participación en la vía de las cumbres de las Américas o del ALCA requiere capacidades y recursos significativamente distintos y especializados. Por ejemplo, en la Cumbre de Miami, algunas OSC ambientalistas, que luego se volverían *insiders*, fueron particularmente efectivas en el momento de hacer oír sus voces durante la preparación de la agenda oficial dado que "contaban con los recursos requeridos –tanto humanos como financieros– para dedicarse al proceso [...], el conocimiento político para determinar donde concentrar mejor sus esfuerzos" y el "lenguaje de la política burocrática" (Thorup, 1995: xvii). En cambio, allí donde las OSC son menos organizadas y los arreglos institucionales funcionan de manera elitista y excluyente, como es el caso de América Latina, existe una menor capacidad para movilizar el apoyo local y asegurar el acceso a los ámbitos de poder, dejando margen a las autoridades gubernamentales para aislar a los grupos *outsiders*.

Esta diferenciación necesariamente debe inscribirse en un análisis de lógicas de acción colectiva más amplio, donde la articulación de redes transnacionales responde a incentivos creados por el Estado, las estructuras e instituciones nacionales. El Estado cuenta con fuertes incentivos para proporcionar apoyo, incluyendo recursos materiales, a esos actores sociales que poseen una experiencia especializada o la capacidad de supervisar o participar en el proceso de implementación de políticas (Pratt, 2001). En lugar de actuar por sí mismos, con frecuencia, los Estados encuentran más eficiente abordar ciertas cuestiones internacionales a través de la delegación en esos actores sociales. Esta lógica estaría ilustrada por las agencias gubernamentales de Estados Unidos, tales como el Departamento de Estado y USAID, que han subsidiado actividades de las OSC *insiders* con sede en ese país –Fundación Grupo Esquel y el North-South Center, entre otras– y también extranjeras –Corporación PARTICIPA y FOCAL–. Estas últimas también han recibido apoyo de fundaciones privadas y de sus propios gobiernos. Incluso organizaciones internacionales como la OEA y el Banco Interamericano de Desarrollo (BID) han patrocinado la participación de la sociedad civil a través de éstas y de otras OSC. Estas redes generalmente se orientan a la provisión de bienes colectivos o públicos: la promoción de la democracia, educación, igualdad de género, transparencia, aplicación de la ley, temas centrales en la vía de las cumbres de las Américas.

De modo similar, las estructuras de oportunidad nacional y los acuerdos institucionales también afectan la formación y las actividades de los *outsiders*. Sin embargo, aquí el equilibrio en términos de los incentivos del Estado generalmente fluye en sentido contrario. Desde la Cumbre de Miami, el estilo cerrado y poco transparente de este proceso no ha favorecido la participación de la sociedad civil de manera significativa, bloqueando el acceso a ciertos grupos sociales y minando así opciones de delegación y autorregulación. A diferencia de lo observado en las cumbres de las Américas, las cuestiones más contenciosas del ALCA –inversión extranjera, flujo de capital especulativo, barreras arancelarias y no arancelarias, propiedad intelectual, entre otras– no han sido sometidas a un debate democrático. De hecho, son estas temáticas las que generan ganadores y perdedores, dadas las consecuencias que plantean en términos de distribución del ingreso. En vista de estas diferencias fundamentales, no sorprende que la vía del ALCA haya dado lugar a estrategias militantes y contestatarias por parte de las redes *outsiders*. En sintonía con sus agendas programáticas e impulsados por su exclusión de las negociaciones, algunas redes de OSC han sido obligadas a superar sus problemas de acción colectiva y fortalecer sus lazos con el movimiento sindical y los electorados locales, tanto en sus propios países como en el ámbito regional.

Bajo estas condiciones, ¿es posible la convergencia o la polarización entre redes? Algunos sostienen que, más allá de sus percepciones, las actividades de las redes *insiders* y *outsiders* son complementarias entre sí y que, por lo tanto, "es esencial que mantengan los canales de comunicación abiertos y... que actúen de manera coordinada" (Pagés, 2000: 172). Sin embargo, como hemos visto, progresivamente se ha ido perfilando una división significativa entre las organizaciones involucradas en las consultas oficiales de las cumbres, donde "algunas OSC fueron aprobadas por estar estrechamente alineadas con sus gobiernos", mientras que otras participaron en eventos contestatarios alternativos tales como la Cumbre de los Pueblos (Seymoar, 1999: 403). El cuadro 1.1 nos muestra en qué medida las redes regionales convergen o divergen entre sí en función de sus estructuras, estrategias de acción y el impacto que generan.

Este patrón sugiere que decisiones estratégicas tomadas por distintos tipos de redes se combinan en el tiempo y van configurando trayectorias de *path dependence* institucional. Las redes regionales de *insiders*, cuyos orígenes parten de lazos estrechos con agencias gubernamentales comprometidas con las cumbres de las Américas, tienden a desarrollar marcos de acción colectiva de "colaboración". Sus estrategias se orientan a la búsqueda de políticas alternativas, la preparación de documentos de trabajo normativos, la organización de consultas con la sociedad civil y la articulación en redes similares de otros países. En contraste, los marcos de acción colectiva de las redes *outsiders* ponderan la política opositora, la movilización de apoyo local, la difusión de manifiestos críticos, las protestas educativas para el público y marchas. Buscan también vincularse en red con organizaciones de otros países, con historias institucionales y cosmovisiones similares. Por ello, las estrategias de las redes regionales en temas relacionados con la integración hemisférica podrían estar determinadas por la polarización. Como corolario, y a partir de lo evidenciado en las cumbres de las Américas y las negociaciones del ALCA, trayectorias de acción divergentes podrían obstaculizar acciones conjuntas para maximizar su capacidad de influencia (Pagés, 2000). De ser así, las redes *insiders* seguirán priorizando sus acciones *vis à vis* las elites políticas, aun cuando esto signifique sacrificar estrategias más abarcadoras tendientes al logro de apoyo popular amplio. En contraste, los *outsiders* profundizarán su estrategia sobre la base de un apoyo popular considerable, al costo de maximizar oportunidades para influenciar la agenda política. Este dilema entre participación y efectividad ha sido un elemento importante desde la Cumbre de Miami, ha estado presente en la reciente Cumbre de Quebec y seguramente será recurrente conforme se aproxima la concreción del ALCA en 2005.

Cuadro 1.1
Convergencia/divergencia en las redes regionales de la sociedad civil

	Redes *insiders*	Redes *outsiders*
Estructuras institucionales e incentivos políticos	– Privilegian las relaciones con agencias gubernamentales y organizaciones internacionales en temas de las cumbres de las Américas. – La política nacional y los acuerdos institucionales facilitan la delegación y autorregulación de las OSC.	– Privilegian las relaciones con los sindicatos de trabajadores y los movimientos sociales locales. – Desarrollan estrategias contestatarias e identidades de oposición frente al ALCA y la globalización. – La política nacional y los acuerdos institucionales bloquean el acceso a los canales de diálogo y participación.
Repertorio de acción colectiva	– Estrategias de cooperación y colaboración. – Investigación normativa dirigida a elites políticas influyentes. Las consultas se concentran en la agenda oficial. – Priorizan la reforma gradual de instituciones existentes.	– Estrategias de confrontación, contestación y movilización. – Investigación orientada hacia la acción, manifiestos críticos dirigidos a activistas clave y a un público masivo amplio. Construcción de coaliciones con otros grupos de la sociedad civil, protestas educativas, protestas callejeras y manifestaciones. – Priorizan la acumulación de fuerzas y la transformación sistémica.
Impactos sobre la agenda política del hemisferio	– Han logrado un éxito relativo en su capacidad de influir en la agenda y declaraciones de las cumbres de las Américas.	– Han alcanzado un éxito relativo en la movilización de los actores locales contra el ALCA, pero son propensos a ejercer influencia sólo indirecta en la formación de la agenda de integración hemisférica.

Fuente: Elaboración propia.

4. El impacto de las redes y formas emergentes de regulación y gobernabilidad

¿Qué tan efectivas han sido las redes regionales de la sociedad civil en términos de su influencia –y tal vez de transformación– sobre las agendas de integración hemisférica, nacionales y regionales? Ciertamente, evaluar la influencia e impacto de los movimientos sociales es una tarea compleja que requiere algunas consideraciones teóricas y metodológicas.[20] En gran medida, las respuestas dependen del modo en el que se formulan las preguntas. Comencemos con una pregunta especulativa, contrafáctica. ¿Qué pasaría si no hubiesen existido las redes de activistas de la sociedad civil? En su ausencia, ¿cómo se vería la trayectoria de las cumbres de las Américas y las negociaciones del ALCA después de Miami?

Así planteada, la pregunta lleva a una inferencia evidente. Esto es, sin el despliegue intensivo de miles de personas y la articulación de redes desde 1994, el proceso de integración hemisférica hubiera tenido un desenlace completamente distinto. Incluso, es posible pensar que la zona de libre comercio de las Américas ya sería una realidad. Pero ¿qué aspecto tendría? ¿Qué pasaría con los estándares laborales y la protección ambiental? ¿Qué sería de los compromisos, aunque en gran medida retóricos, ofrecidos por los presidentes y jefes de Estado sobre cuestiones como la educación, la igualdad de género, la transparencia y la corrupción, la aplicación de la ley y tantos otros temas? En ausencia de los activistas de la sociedad civil y las coaliciones transnacionales, ¿en qué medida los oficiales de gobierno y los líderes corporativos, abandonados a sus propias estratagemas y a puertas cerradas, hubieran ignorado la mayoría de estas cuestiones que son "ajenas al comercio"?

En este punto, resulta interesante considerar la siguiente cita tomada de un artículo titulado "Hemispheric Free Trade Is Still a World Away", publicado inmediatamente después de la Cumbre de Quebec:

> ¿A quién le toca escribir las reglas de la globalización, si es que le toca a alguien? ¿Cómo se implementarían esas reglas? ¿Quién pierde y quién gana? Ése fue el debate real en las barricadas y dentro de las salas de reunión en Quebec. ¿Los ganadores serán los campesinos que subsisten de su cosecha en Guatemala y los empleados de las maquiladoras en México, o las corporaciones multinacionales de los Estados Unidos y Canadá? ¿O el proceso de globalización avanzará autónomamente, sin reglas?[21] (traducción de los autores)

Éstas son, de hecho, las preguntas clave. Si bien son frecuentemente ridiculizados, son los "globalifóbicos" –de todos los colores y matices representando a muchos, aunque no a todos, los *outsiders* y, a unos cuantos, pero no a la mayoría de los *insiders*, junto con los opositores más radicales– quienes con razón podrían recibir cierto crédito por haber ayudado a incorporar estas cuestiones en la agenda hemisférica: ¿Quién gobierna? ¿Quién tiene el poder de establecer y hacer cumplir las reglas? ¿Quién se beneficia? ¿Cómo puede la integración regional implementarse de modo de servir a la mayoría de la población de las Américas?

No faltan propuestas para enfrentar esta problemática. El problema consiste en que muchas de las propuestas diseñadas para compatibilizar la globalización e integración con una mayor democracia y justicia social no son consideradas o decre-

---

20. Para bibliografía sobre la evaluación del impacto de los movimientos sociales, véase Giugni, McAdam y Tilly (1999).

21. Extraído de la nota "Hemispheric Free Trade Is Still a World Away" en *Business Week Online*, www.businessweek.com, sitio visitado el 23 de abril de 2001.

tadas oficialmente. Por lo menos en el corto plazo, las reglas escritas para promover el comercio y proteger los derechos de propiedad parecen imponerse por sobre otras necesidades urgentes, como la inversión en la educación básica y la extensión de los servicios sociales. De modo similar, las exigencias de mercados laborales flexibles ganan por sobre la provisión de seguros de desempleo y de oportunidades para que aquellos que fueron desplazados, como consecuencia de privatizaciones, desregulación y modernización tecnológica, puedan actualizar sus capacidades. Más aún, las garantías para el libre flujo de capitales se consideran esenciales, mientras que el derecho de los trabajadores de migrar no ha sido planteado formalmente. El problema es que los mercados globales y el libre comercio no son realmente "libres". Intereses políticos son capaces de construir toda clase de protecciones estatales a favor de los acuerdos de libre comercio. ¿Están estas prioridades escritas en piedra o codificadas en la lógica inexorable de la globalización? ¿O se ajustan en realidad al poder y las preferencias de los acuerdos institucionales específicos que favorecen a algunos grupos, mientras les niegan expresión a otros?

El poder –y los acuerdos institucionales en los cuales se inscribe y se reproduce– opera en una esfera donde *ambas* redes –*insiders* y *outsiders*– parecen estar en significativa desventaja en la medida en que interactúan con gobiernos y sectores corporativos, actores dominantes en la política hemisférica. Las redes no manejan mucho poder, al menos no en términos convencionales. No son partidos políticos, ni ejercen mandatos legitimados por elecciones democráticas y, sin dudas, no disponen de recursos materiales significativos. Sin embargo, detentan un poder diferente, derivado de su conocimiento especializado, sus valores, sus ideas y sus convicciones morales y éticas (Keck y Sikkink, 1998; Risse-Kappen *et al.*, 1999).

En el caso de las *insiders*, su poder y habilidad para ejercer influencia sobre las agendas nacionales y regionales parte principalmente de su conocimiento y especialización. Este conocimiento les ha permitido acceder, aunque limitadamente, a ámbitos decisorios donde se debaten las cuestiones de las cumbres de las Américas y se formulan las agendas de acción para su posterior implementación. Su influencia es considerable y, en cierta medida, descansa sobre ideas e intereses compartidos por muchas elites políticas. A pesar de las frustrantes experiencias, las redes *insiders* fundamentalmente se proponen mejorar y reformar las instituciones gubernamentales, no derribarlas.

La capacidad de las redes *outsiders* de influir sobre las agendas nacionales y regionales es más incierta. Éstas se distinguen con frecuencia por una crítica que subraya el cinismo, las contradicciones y la miopía de las elites gubernamentales y corporativas, y llama la atención sobre las tibias propuestas de sus pares *insiders*. La crítica de los *outsiders* –y en un sentido más general de todos aquellos que resisten la aparente inexorabilidad de la globalización– va contra la idea de que no existiría ninguna "alternativa que funcione". El refrán que se escucha a menudo es que los activistas de la sociedad civil –particularmente, los *outsiders* más militantes– deben producir planes alternativos completamente ajustados o dejar su agitación política a un lado y permitir que avance la integración. Visto desde la perspectiva de *longue durée*, sin embargo, esta visión malinterpreta el papel que los grupos antisistémicos o contrahegemónicos han tenido en la historia. Su tarea consiste en criticar lo que existe, dudar de las propuestas elitistas para la reforma e impulsar visiones y escenarios más democráticos, incluyentes y, seguramente, utópicos.

SEGUNDA PARTE

El medio ambiente y la participación de la sociedad civil

*Marisa von Bülow**

Es cada vez más evidente que en las negociaciones internacionales en materia de medio ambiente, los Estados nacionales se ven obligados a compartir espacios con actores no gubernamentales, sea en la construcción de consensos políticos como en la búsqueda de soluciones técnicas. Sin embargo, esos procesos involucran complejas redes de actores e intereses, que cuentan con una gran diversidad de estrategias y patrones muy desiguales de poder. De ahí que los acuerdos alcanzados impliquen bajos niveles de compromiso. La reciente polémica alrededor de la implementación del Protocolo de Kyoto es un ejemplo claro de las dificultades para encontrar consensos multilaterales. El caso que nos ocupa –las negociaciones en materia ambiental en las cumbres de las Américas– no es una excepción.

El objetivo general de este trabajo es analizar la actuación de las organizaciones de la sociedad civil (OSC) de la Argentina, Brasil, Chile y México en el ámbito de las cumbres de las Américas y en relación con la temática del medio ambiente. Dos cuestiones principales orientan el estudio. En primer lugar, se busca comprender por qué en ciertos países algunas OSC se movilizan más para participar en las cumbres que en otros. En segundo lugar, se analiza de qué manera actúan estas organizaciones, es decir, cuáles son sus recursos y estrategias; y finalmente, cuáles han sido los impactos de tal participación. A fin de alcanzar estos objetivos, se abordan dos ámbitos: el nacional y el multilateral. En el primer caso, se analiza la formación de redes nacionales de OSC y su interacción con los gobiernos. En el segundo caso, el ámbito multilateral, es decir, las negociaciones en el proceso de las cumbres de las Américas, la interacción entre OSC de diferentes países y su participación en la implementación de las iniciativas aprobadas.

A diferencia de otros puntos dentro de la amplia agenda de las cumbres, la temática ambiental forma parte de negociaciones multilaterales desde hace al

* Agradezco los comentarios de Mercedes Botto, Gabriela Rodríguez López, Diana Tussie, Miguel Pellerano, Everton Vieira Vargas, Antonio Azuela y Ricardo Gutiérrez a versiones anteriores de este trabajo. Agradezco también a Jaime Aparicio por haberme facilitado el acceso a los documentos de la Cumbre de Santa Cruz de la Sierra. Sin la amable disponibilidad de todos los entrevistados, no hubiera podido hacer este trabajo.

menos tres décadas. A lo largo de esos años, el tema fue institucionalizándose a nivel internacional de manera progresiva, a través de la creación de agencias especializadas y de la realización de reuniones multilaterales. Asimismo, se fue incorporando en las agendas de los organismos internacionales, aunque con diferente peso o importancia. También se dio un fuerte incremento en el número de organizaciones no gubernamentales (ONG) ambientalistas, que actúan tanto en la esfera nacional como en la transnacional. En este sentido, entendemos que las negociaciones en materia ambiental en las cumbres de las Américas muestran las dificultades que se han presentado para la construcción de una agenda de este tipo en el ámbito hemisférico, pero son también un reflejo de los problemas enfrentados a nivel global.

Los cuatros casos nacionales estudiados presentan un rasgo común: tanto el proceso de creación de agencias gubernamentales especializadas y la implementación de políticas públicas específicas sobre medio ambiente, como el incremento en el número de OSC dedicadas a luchar por la preservación ambiental, datan de los últimos quince años. La creciente importancia de la temática ambiental se ha dado en paralelo a profundas transformaciones políticas que, pese a las diferencias históricas entre estos países, cambiaron de manera fundamental las relaciones entre Estado y sociedad y, en términos generales, ampliaron la capacidad de las OSC de hacerse escuchar en los procesos nacionales de toma de decisiones. Las cumbres de las Américas muestran cómo la actuación de las OSC argentinas, brasileñas, chilenas y mexicanas en negociaciones ambientales hemisféricas es todavía poco expresiva y coordinada, pero también dan cuenta de un proceso incipiente de construcción de coaliciones nacionales y transnacionales.

La primera parte del trabajo presenta resumidamente cuál ha sido el tratamiento de la temática ambiental en cada cumbre, con énfasis en la Cumbre de Santa Cruz de la Sierra (diciembre de 1996) (ver "Cronograma" en Anexos). A continuación, se analizan los mecanismos de participación de las OSC antes y durante las cumbres hemisféricas, así como en el proceso de implementación de las iniciativas aprobadas. Finalmente, se considera cada uno de los casos nacionales y se plantean algunas hipótesis sobre las perspectivas de participación de estas organizaciones. Considerando que el objeto de estudio es un proceso que sigue desarrollándose, es necesario aclarar que este trabajo busca sistematizar lo ocurrido en la construcción de la agenda ambiental de las cumbres de las Américas sólo hasta fines de 2001.[1]

1. La temática ambiental en las cumbres de las Américas

Desde la Cumbre de Miami (diciembre de 1994) la temática ambiental ha sido parte de los planes de acción aprobados por los gobiernos. Sin embargo, ha tenido

---

1. Fueron realizadas veintiún entrevistas, entre noviembre de 2000 y noviembre del año siguiente, en Brasil, Argentina, México y Estados Unidos. Las entrevistas en la Argentina fueron realizadas por Benjamin Lessing, becario de la Fundación Fulbright. Por expreso pedido de los entrevistados, las identidades de algunos de ellos serán resguardadas.

un tratamiento desigual: fue importante en Miami y central en la Cumbre sobre Desarrollo Sostenible de Santa Cruz, pero tuvo menor peso en Santiago de Chile (abril de 1998) y en Quebec (abril de 2001) (ver "Cronograma" en Anexos). El cuadro 2.1 sintetiza el tratamiento dado a la cuestión ambiental en las cuatro cumbres hemisféricas.

La mayor parte de los consensos y de las iniciativas retoman las agendas debatidas en foros multilaterales anteriores y se impulsan algunas iniciativas ya en marcha en el hemisferio. La Cumbre sobre Desarrollo Sostenible, la más importante en materia ambiental, constituye una excepción parcial y se diferencia de las demás cumbres hemisféricas en varios sentidos. En primer lugar, porque fue propuesta por el gobierno de Bolivia desde fuera del proceso de las cumbres de las Américas, antes de la realización de la Cumbre de Miami. En segundo lugar, porque fue la única dedicada exclusivamente a una temática: el desarrollo sostenible.

La Cumbre de Santa Cruz también fue importante, en tercer lugar, porque se aprobaron algunas iniciativas innovadoras, a la vez que se explicitaron las grandes divergencias entre los gobiernos del hemisferio sobre una agenda para el desarrollo sostenible de la región. Para Estados Unidos, la cumbre debería centrarse en una agenda específica, formada por cuatro puntos: energía, agua, bosques y biodiversidad, con un total de treinta y seis iniciativas.[2] Para los países latinoamericanos, sobre todo Bolivia, México y Brasil, la agenda de desarrollo sostenible debería ser mucho más amplia y era inaceptable que se excluyeran temas como la pobreza, la salud y la educación, que reflejan "el espíritu integral del desarrollo sustentable".[3] Esta segunda visión fue la que finalmente prevaleció. Sin embargo, fue una cumbre con menor peso político respecto de las demás: participaron menos de la mitad de los jefes de Estado, no concentró atención por parte de los medios de comunicación y el gobierno estadounidense la dejó a un lado en los meses previos debido a su concentración en la campaña electoral, en la cual las cuestiones ambientales tuvieron poca importancia (Viola, 2000). Como también ocurrió en Miami, no quedó claro cómo se financiarían las sesenta y cinco iniciativas aprobadas, una agenda difícil de implementar por su amplitud.

---

2. De acuerdo con el documento presentado por la misión de Estados Unidos ante el Grupo de Trabajo sobre la Cooperación de la Organización de los Estados Americanos (OEA) a la Cumbre sobre Desarrollo Sostenible, el 3 de octubre de 1996 (Documento GT/CCDS-39/96 rev. 2).

3. Informe de Relatoría de la I Reunión de la Troika Ampliada, Santa Cruz de la Sierra, 10 de octubre de 1996. A fin de garantizar el adecuado seguimiento del proceso y la vinculación entre la Cumbre de Santa Cruz de la Sierra y las de Miami y Santiago, y facilitar también la concertación con el Grupo de Trabajo de la OEA, se decidió la conformación de un mecanismo del cual participarían los gobiernos de Estados Unidos, Bolivia, Chile, junto a los de Brasil, Canadá, Costa Rica, Guyana y México.

Cuadro 2.1
Tratamiento de la temática ambiental en las cumbres de las Américas

Cumbre de Miami (1994)	– Uno de los cuatro pilares del Plan de Acción fue la promoción del desarrollo sustentable, a través de tres dimensiones: cooperación en materia energética, cooperación en materia de biodiversidad y prevención de la contaminación. – Se estableció la reunión anual de Ministros de Energía y la Conferencia Anual de Ministerios de Minería de las Américas (CAMMA).
Cumbre de Santa Cruz (1996)	– Se aprobaron 65 iniciativas y se adoptó una visión sistémica del desarrollo sustentable, relacionándolo con la salud, la educación, la agricultura, la energía y los recursos hídricos. – Se aprobó encomendar a la OEA la formulación de una "Estrategia interamericana para la promoción de la participación pública en la toma de decisiones sobre desarrollo sostenible" (ISP). – Se creó la Red Interamericana de Información sobre Biodiversidad.
Cumbre de Santiago (1998)	– La temática central fue educación, siendo el desarrollo sustentable un subtema dentro del eje temático "erradicación de la pobreza". – Se reafirmaron los compromisos anteriores y se sumó el compromiso de avanzar en el cumplimiento del acuerdo sobre cambio climático de la Conferencia de Kyoto.
Cumbre de Quebec (2001)	– La "Base ambiental para el desarrollo sostenible" fue uno de los diecisiete puntos temáticos aprobados. – Se propuso realizar una reunión regional de ministros de Salud y Medio Ambiente. – Se acordó desarrollar una estrategia hemisférica para la conservación de especies migratorias y la realización de una reunión "Santa Cruz + 5" a fines de 2001.[4]

Fuente: Planes de acción aprobados por los gobiernos en las cumbres de Miami, Santa Cruz de la Sierra, Santiago de Chile y Quebec.

En cuarto lugar, la Cumbre de Santa Cruz también se diferencia de las demás porque fue la única en la cual una ONG –World Resources Institute (WRI)– fue convocada por el gobierno organizador para ayudar en la asesoría técnica, así como en la construcción de consensos políticos.[5] Según Aarón Zazueta, en ese entonces director para América Latina del WRI, esta organización participó como asesora y no

---

4. "Santa Cruz + 5" se refiere a la cantidad de años transcurridos desde la realización de la Cumbre de Santa Cruz.

5. El gobierno boliviano encargó al WRI la coordinación de la Comisión Técnica a cargo de la preparación de la cumbre, que incluyó a OSC, representantes gubernamentales, un representante del Grupo de Revisión e Implementación de Cumbres y miembros de organismos multilaterales.

como representante de la sociedad civil, porque "...ellos [el gobierno boliviano] querían la credibilidad del WRI en el tema, porque Bolivia se sentía muy inseguro en hacer una cumbre sobre desarrollo sustentable porque no manejaba el tema".[6] Pese al posible rol positivo cumplido por el WRI, ello muestra la debilidad institucional de al menos una parte de los países latinoamericanos –como Bolivia– cuando se trata de participar en negociaciones multilaterales en materia ambiental. En el informe sobre los avances de la implementación del Plan de Acción de Santa Cruz, presentado en marzo de 1998, César Gaviria, secretario general de la OEA (1994-actual), afirmó que el progreso había sido "modesto" y que los principales obstáculos para la implementación de las decisiones eran: los profundos desacuerdos sobre las iniciativas y el poco apoyo político; la escasez de recursos financieros; la falta de voluntad política de los gobiernos y el hecho de que no se atribuyeran claramente las responsabilidades por la implementación de las iniciativas (OEA, 1998).

Esos obstáculos también se han hecho presentes en las demás cumbres, como lo han planteado reiteradamente los negociadores latinoamericanos, quienes ven el proceso como duplicativo con respecto a los acuerdos multilaterales ambientales y con escaso o nulo impacto a nivel nacional.[7] En realidad, no se ha alcanzado el consenso necesario para llevar adelante una agenda regional y, en los casos nacionales estudiados, los gobiernos prefieren mantener el Foro de Ministros de Medio Ambiente de América Latina y el Caribe, creado en 1982, como el ámbito de negociación principal de la región. Según uno de los entrevistados, solamente a algunos países centroamericanos les interesa tener un foro de negociación en materia ambiental que cuente con la presencia de Estados Unidos.[8]

En este contexto, se comprende por qué no hubo apoyo de esos países para que la Reunión de Ministros de Medio Ambiente de las Américas (Montreal, 2001) (ver "Cronograma" en Anexos), realizada poco antes de la Cumbre de Quebec, se transformara en un foro permanente, como proponía el gobierno canadiense. Una vez más quedaron marcadas las diferencias entre la agenda ambiental de Estados Unidos –y, en menor medida, también de Canadá– y la de los países latinoamericanos. La realización de la reunión estuvo signada por el impacto político de la declaración del presidente de Estados Unidos, George W. Bush (2001-actual), quien señaló que su país no ratificaría el Protocolo de Kyoto.[9]

---

6. Las relaciones entre el WRI y el gobierno boliviano comenzaron cuando el entonces vicepresidente de Estados Unidos, Al Gore (1993-2000), respondiendo a una solicitud del presidente boliviano Gonzalo Sánchez de Lozada (1993-1997), creó una comisión para asesorar al país en la formulación de su estrategia de desarrollo sustentable, de la cual el WRI formó parte. Entrevista con Aarón Zazueta, ex director para América Latina del WRI, Washington, DC, 1 de noviembre de 2001.

7. Las entrevistas realizadas con negociadores de los ministerios de Relaciones Exteriores y de Medio Ambiente en Brasil, México y Argentina mostraron un consenso alrededor de esa visión sobre las cumbres de las Américas.

8. Entrevista realizada con uno de los directivos de la Secretaría de Medio Ambiente y Recursos Naturales (Semarnat), Ciudad de México, 22 de mayo de 2001.

9. Durante la Cumbre de Santiago, los países se habían comprometido explícitamente a trabajar de manera conjunta para avanzar en el cumplimiento de los acuerdos de Kyoto. Mientras que en la I Reunión de Ministros de Medio Ambiente (Montreal, marzo de 2001) (ver "Cronograma" en Anexos) no se alcanzó una posición de consenso, las últimas reuniones del Foro de Ministros

La sensibilidad de los negociadores latinoamericanos respecto del debate entre comercio y medio ambiente representa un obstáculo adicional a superar en el diálogo ambiental en el marco del proceso de las cumbres de las Américas y, más específicamente, para las negociaciones en torno de la conformación del Área de Libre Comercio de las Américas (ALCA). Éste ha sido el principal foco de interés de las OSC del continente. En la Declaración de la Cumbre de Santiago, los gobiernos afirmaron:

> Creemos que la integración económica, la inversión y el libre comercio son factores clave para elevar el nivel de vida, mejorar las condiciones laborales de los pueblos de las Américas y lograr una mejor protección del medio ambiente. Estos temas se tomarán en consideración a medida que avancemos en el proceso de integración económica en las Américas.[10]

Pese a ello, ninguno de los grupos negociadores tiene mandato para discutir cuestiones ambientales. Para Estados Unidos, el interés en promover la inserción de la temática ambiental en las negociaciones está relacionado con la presión política nacional y con preocupaciones sobre la posible pérdida de competitividad de sus productos debido a alegadas prácticas de *dumping* ambiental. Por otra parte, para los países latinoamericanos, la inclusión de cláusulas ambientales puede significar nuevas barreras no arancelarias que dificultarían su acceso a mercados, sobre todo al mercado estadounidense –el llamado "ecoproteccionismo"– e incrementarían sus costos de producción, lo cual también tendría como consecuencia la pérdida de mercados.[11]

Éste no es un debate nuevo. El tema del vínculo entre comercio y medio ambiente y su posible impacto negativo en los países menos desarrollados ya se había hecho presente en los debates previos a la Conferencia de Estocolmo de 1972. Además, desde principios de la década de los 80 asistimos a conflictos comerciales con el uso de argumentos ambientales, primeramente en el ámbito del Acuerdo General sobre Aranceles Aduaneros y Comercio (General Agreement on Tariffs and Trade, GATT) y posteriormente de la Organización Mundial del Comercio (OMC) (Tussie, 2000b) y, como veremos luego, también en el ámbito del Tratado de Libre Comercio de América del Norte (TLCAN). Más recientemente, Estados Unidos y Canadá aprobaron directrices nacionales que prevén la realización de evaluaciones de

---

de Medio Ambiente de América Latina y el Caribe, en cambio, han explicitado una posición común latinoamericana en favor de la pronta entrada en vigencia del Protocolo de Kyoto.

10. La declaración completa se encuentra disponible en www.ftaa-alca.org/ministerials/chile-_s.asp.

11. La resistencia brasileña a establecer cualquier vínculo entre las temáticas comercial y ambiental quedó reflejada en la demanda presentada por la delegación de este país en la Cumbre de Quebec: Brasil pidió que se transfiriera la discusión sobre medio ambiente de la "canasta" *creación de prosperidad*, donde también figuraban las cuestiones comerciales, hacia la "canasta" *realización del potencial humano*. Finalmente, se acordó que no se estructuraría el Plan de Acción sobre la base de las canastas y se incluyó un punto denominado "Base ambiental para el desarrollo sostenible", entre los diecisiete puntos temáticos aprobados.

impacto ambiental de acuerdos comerciales, incluso del ALCA.[12] Éstas son iniciativas unilaterales cuyo impacto es aún difícil de evaluar. Sin embargo, constituyen mecanismos de presión desde fuera del proceso negociador. Además, el gobierno estadounidense ha buscado, en el ámbito de los nueve grupos de negociación (GN) del ALCA, identificar e incorporar consideraciones ambientales.

Desde el punto de vista de los negociadores latinoamericanos, lo que Estados Unidos busca a través del proceso de las cumbres de las Américas es crear una alternativa a los acuerdos multilaterales ambientales y, a la vez, avanzar en la promoción de medidas de protección ambiental asociadas al comercio, creando así precedentes que puedan ser utilizados posteriormente en el ámbito de la OMC.[13] Estos objetivos no son de interés para los actuales gobiernos de Brasil, México, Argentina o Chile, si bien tampoco existe consenso entre estos países sobre la manera en que debería tratarse el tema de los vínculos entre comercio y medio ambiente.[14] En resumen, en materia de medio ambiente este proceso hemisférico ha creado hasta el momento un foro de debate político débil, con poca capacidad de innovación e implementación de propuestas y sin una clara vinculación con las negociaciones multilaterales en marcha. Ello se debe, en buena medida, a las grandes divergencias entre algunos de los países más importantes de las Américas. Si bien la falta de consensos básicos no ha sido un obstáculo insalvable para el diálogo, sí lo ha hecho poco fructífero.

2. La participación de las OSC

El cuadro 2.2 presenta las formas de participación de las OSC en los debates previos y durante la realización de las cumbres de las Américas.

---

12. El Orden Ejecutivo 13141 –Environmental Review of Trade Agreements– fue firmado por el presidente Bill Clinton (1993-2001) el 16 de noviembre de 1999. Las directrices para su implementación fueron divulgadas el 13 de diciembre de 2000, poco antes del término de su mandato presidencial. Por su parte, el gobierno de Canadá lanzó Framework for Conducting Environmental Assessments of Trade Negotiations en febrero de 2001.

13. Este argumento fue explicitado, entre otros, por un asesor internacional del Ministerio de Medio Ambiente de Brasil, en una entrevista realizada en Brasilia, 16 de julio de 2001.

14. En general, los ministerios de Hacienda y/o Comercio, así como de Relaciones Exteriores, que son los principales encargados de las negociaciones del ALCA, se han opuesto de manera más radical a la incorporación de las discusiones ambientales que los órganos gubernamentales encargados de estas políticas. Para un análisis sobre las divergencias internas en el gobierno del presidente Ernesto Zedillo (1994-2000) en México, véase González Lützenkirchen (1999). De acuerdo con los entrevistados, estas divergencias se han mantenido en el interior del nuevo gobierno.

Cuadro 2.2
Participación de OSC referidas a la temática ambiental en
las cumbres de las Américas

Participación de las OSC	Cumbre de Miami (1994)	Cumbre de Santa Cruz (1996)	Cumbre de Santiago (1998)	Cumbre de Quebec (2001)
En los debates previos	– Consultas por parte de algunos gobiernos. – Algunas OSC de Estados Unidos y Canadá participaron de delegaciones oficiales en las negociaciones.	– Participación de OSC en la Comisión Técnica. – Consultas oficiales, organizadas por OSC y por la Comisión Técnica con financiamiento de gobiernos y organismos internacionales. – Presentación de las propuestas de las OSC ante la OEA.	– Consultas oficiales organizadas por OSC con financiamiento de gobiernos y organismos internacionales.	– Consultas oficiales organizadas por OSC con financiamiento de gobiernos y organismos internacionales.
En la cumbre	– No hubo foro paralelo. – Algunas OSC se registraron como observadoras.	– Se realizó un pequeño encuentro paralelo de ONG. – Algunas OSC de Estados Unidos y Canadá participaron de las delegaciones oficiales.	– Se organizó el Foro de Medio Ambiente, en el ámbito de la I Cumbre de los Pueblos.	– Se organizó el Foro de Medio Ambiente, en el ámbito de la II Cumbre de los Pueblos. – Se realizaron seminarios y mesas redondas junto con manifestaciones callejeras.

Fuente: Elaboración propia, sobre la base de entrevistas y documentos de las OSC.

La Cumbre de Miami fue precedida de un importante proceso de consulta a la sociedad civil en Estados Unidos y Canadá, pero no así en países como Brasil, Argentina, Chile o México. Esto se vio reflejado en una participación asimétrica durante la cumbre, donde hubo una presencia mucho más fuerte de organizaciones ambientalistas del norte, especialmente de Estados Unidos, que de organizaciones provenientes de América Latina. Las OSC hemisféricas no presentaron una propuesta unificada, sino que hubo varias propuestas diferentes, algunas firmadas por una única organización o por conjuntos de organizaciones, en algunos casos de un mismo país o agrupando organizaciones de varios países del hemisferio. Su contenido fue muy variado, particularmente en lo que se refiere a los vínculos entre comercio y medio ambiente. Así, organizaciones como Natural Resources Defense Council (NRDC), National Audubon Society y National Wildlife Federation (NWF) argumentaron en pro de la adopción del Acuerdo Paralelo del TLCAN en materia ambiental como la base a partir de la cual negociar la temática en la agenda de las cumbres de las Américas. Otras propuestas, como aquella presentada por la Fundación Futuro Latinoamericano (FFL) en nombre de varias organizaciones latinoamericanas, trataron el vínculo entre comercio y medio ambiente con menor énfasis.

La Cumbre de Miami reflejó la ausencia de una acción unificada entre las diferentes organizaciones del hemisferio. Sin embargo, sí hubo acuerdo general en torno de la demanda de mayor transparencia en el proceso de negociación y la necesidad de abrirlo a la participación de la sociedad civil organizada, tanto en la etapa de preparación de las cumbres como durante su realización. Aunque en los documentos oficiales de esta primera reunión se menciona repetidas veces la necesidad de incorporar la participación de la sociedad civil en la implementación de las iniciativas, se dejó a cargo de cada país decidir de qué manera se haría efectiva tal participación. Recién en la Cumbre de Santa Cruz se comprobó más claramente la influencia de las OSC latinoamericanas en la formulación del Plan de Acción. Ello se debió al hecho de que la temática del desarrollo sustentable ya tenía cierta tradición de participación de la sociedad civil en foros multilaterales, pero sobre todo a la existencia de canales de diálogo previos. Por otro lado, el rol del WRI en la organización de la cumbre generó tensiones entre las ONG ambientalistas estadounidenses, las cuales se sintieron excluidas del proceso inicial de construcción de la agenda. Aunque muchas participaron en las consultas previas promovidas por el gobierno, la participación no reprodujo el acceso privilegiado que habían tenido durante el proceso preparatorio de la Cumbre de Miami.[15] Además, al menos en algunos casos, las OSC estadounidenses se alejaron del proceso porque entendían que la Cumbre sobre Desarrollo Sostenible sería mucho menos relevante que la anterior.[16]

A diferencia de la Cumbre de Miami, donde las consultas previas a la sociedad civil se hicieron a nivel nacional, desconectadas unas de las otras, en el caso de la Cumbre de Santa Cruz se crearon dos mecanismos de consulta a nivel hemisférico: el primero fue organizado por FFL y apoyado por el gobierno de Bolivia y el North-South Center de la Universidad de Miami, y el segundo fue coordinado por una Comisión Técnica, con financiamiento de la Agencia de los Estados Unidos para el Desarrollo Internacional, entre otros.

Como resultado del primer proceso de consulta, se presentó el documento "Sin participación ciudadana efectiva no habrá desarrollo sustentable", el cual se articuló en torno de tres ejes. En primer lugar, una visión amplia del concepto de desarrollo sustentable similar a la defendida por los gobiernos latinoamericanos y que busca incluir en la agenda de debate la problemática de la deuda externa, la corrupción, la educación y la pobreza. Un segundo eje está dado por el principio de que el desarrollo sustentable no es posible sin la participación institucionalizada y permanente de la sociedad civil. Finalmente, el tercer eje plantea la necesidad de equilibrar la integración comercial de acuerdo con la preservación ambiental, pero

---

15. Comunicación vía electrónica con Robin Rosenberg, vicedirector de North-South Centre, Universidad de Miami, quien participó en la delegación oficial de Estados Unidos para la Cumbre de Santa Cruz de la Sierra y en la Comisión Técnica encargada de su organización.

16. Entrevista con Susan Blass, directora del Programa Ambiental Interamericano de Environmental Law Institute, Washington, DC, 9 de septiembre de 2001.

sin recurrir a la defensa del medio ambiente como un pretexto para la creación de barreras comerciales. El escaso financiamiento disponible para esta consulta probablemente explique la disparidad en los resultados a nivel nacional y el hecho de que las convocatorias fueran más participativas en algunos países que en otros (Shamsie, 2000). Esto además dependía del grado de compromiso de la organización nacional, contactada por FFL y encargada de realizar la consulta en su país.[17] El proceso de consulta llevó también a que, por primera vez, las OSC presentaran sus propuestas ante el plenario de la OEA. Sin embargo, esta presentación se dio de manera desordenada dado que ninguna organización quiso perder la oportunidad de presentar su propia perspectiva, desaprovechando así el espacio abierto.[18]

El mecanismo de consulta organizado por la Comisión Técnica optó por una estrategia diferente, que incluía a OSC y gobiernos para que juntos dialogaran y trataran de encontrar consensos sobre el tema de la participación de la sociedad civil. En agosto de 1996 se realizó en Montevideo la Conferencia Hemisférica: Participación Ciudadana en Procesos de Toma de Decisión sobre Desarrollo Sostenible (ver "Cronograma" en Anexos). Como resultado de este diálogo, se propuso encomendar a la OEA la creación de un espacio institucional donde pudieran llevarse a cabo consultas con la sociedad civil. Luego, el Plan de Acción de la Cumbre de Santa Cruz encomendaría a la OEA la formulación de la ISP.

Previamente a la Cumbre de Santiago, se patrocinó un nuevo proceso de consulta, esta vez a cargo de la ONG chilena Corporación PARTICIPA (ver Rojas Aravena *et al.* en este volumen). Sin embargo, la mayor novedad que introdujo la II Cumbre de las Américas respecto de la participación de la sociedad civil fue la realización del Foro de Medio Ambiente en el ámbito de la I Cumbre de los Pueblos (abril de 1998) (ver "Cronograma" en Anexos). A diferencia de las organizaciones que buscaban influenciar el proceso "desde dentro", en estrecho diálogo con los gobiernos, las OSC que promovieron la Cumbre de los Pueblos partieron de la constatación de "la inexistencia de puntos de encuentro entre las preocupaciones de la sociedad civil y la agenda desarrollada por los distintos gobiernos" (Memoria de la Cumbre de los Pueblos de las Américas, 1999: 5). El Foro Ambiental contó con la participación de aproximadamente noventa y cinco organizaciones.[19] La mayor parte provenía de Chile, el país anfitrión, pero también de otros catorce países, con lo cual la participación fue cuantitativamente más balanceada entre el norte y el sur del hemisferio que aquella observada en la Cumbre de Miami. Otro aspecto importante fue la participación del movimiento sindical en los debates sobre medio ambiente, actor poco representado en las cumbres anteriores y que en el Foro Ambiental estuvo presente a través de miembros de las centrales sindicales de Brasil, Chile, Paraguay y Uruguay.

El documento resultante del Foro Ambiental plantea una dura crítica al proceso de las cumbres de las Américas, haciendo especial hincapié en el proceso de ne-

---

17. Ídem.

18. Entrevista con directivo de la Semarnat, Ciudad de México, 22 de mayo de 2001, y con Aarón Zazueta.

19. El número es aproximado porque algunos participantes no indicaron a qué institución pertenecían.

gociación del ALCA: "El proceso del ALCA es incompatible con los principios y criterios del desarrollo sustentable" (Memoria de la Cumbre de los Pueblos de las Américas, 1999: 47). También presenta recomendaciones respecto de algunas temáticas: la protección de los bosques, la sustentabilidad energética, la minería –resulta sorprendente que en este punto no se haga referencia a los trabajos de la CAMMA, ni a la biodiversidad o la propiedad intelectual–.

En términos generales, el principal resultado de la I Cumbre de los Pueblos fue probablemente la consolidación de la Alianza Social Continental (ASC), una *red de redes y de organizaciones* creada a partir de la colaboración entre los sectores más críticos al proceso de las cumbres de las Américas y en especial a la constitución del ALCA. Esta red asume un tipo de estrategia y de posición ideológica diferente respecto de aquellas OSC interesadas en trabajar juntamente con los gobiernos (ver Korzeniewicz *et al.* en este volumen). Es decir que a partir de la Cumbre de Santiago se institucionalizó el conflicto entre dos grupos de OSC. La mayor divergencia entre esos grupos, en materia de medio ambiente, está relacionada con el tratamiento de la meta del desarrollo sustentable en negociaciones de promoción del libre comercio.

Con vistas a la Cumbre de Quebec, también se promovió un proceso de consulta previo a las OSC, coordinado por Corporación PARTICIPA, junto con el Grupo Fundación Esquel (Estados Unidos) y Fundación Canadiense para las Américas (FOCAL, Canadá). Luego de las consultas nacionales, a cargo nuevamente de organizaciones específicas en los diferentes países, se realizó en Miami la Reunión Hemisférica Final de Consulta a Organizaciones de la Sociedad Civil en el Marco de la III Cumbre de las Américas (enero de 2001) (ver "Cronograma" en Anexos). En lo que se refiere a medio ambiente, el documento plantea propuestas aun más generales que las presentadas por los gobiernos en las cumbres anteriores.[20] Esto posiblemente sea fruto de la escasa participación de organizaciones ambientalistas en la reunión. Más allá del contenido de las propuestas, según un diplomático brasileño, el documento llegó a manos de los negociadores cuando ya estaban adelantadas las conversaciones, y por eso, según él, "no tuvo la menor influencia". Como también ocurrió en Santa Cruz, las consultas nacionales fueron de muy diversa calidad, e incluso en algunos países importantes –como Brasil– simplemente no se realizaron.

Durante la Cumbre de Quebec hubo una mayor diversificación de las actividades de las OSC, que fueron desde la promoción de seminarios y reuniones hasta las manifestaciones callejeras. Poco antes de la cumbre, aquellas organizaciones que aducen que es posible –y necesario– establecer una relación positiva entre la liberalización comercial y la promoción del desarrollo sustentable, impulsaron el Simposio Hemisférico sobre Comercio y Desarrollo Sostenible, organizado por el Instituto Internacional para el Desarrollo Sustentable (IISD), la Unión Internacional para la Conservación de la Naturaleza y sus Recursos Naturales y el Programa de las

---

20. Por ejemplo, se propone "establecer un diálogo de alto nivel sobre política gubernamental; defensa y financiamiento de comunidades para explorar las relaciones entre asuntos ambientales y de desarrollo y la seguridad de ciudadanos y Estados en las Américas con vistas a: definir prioridades a nivel regional y nacional; fortalecer marcos de gobernabilidad para alcanzar esas prioridades...", y luego el documento continúa con este mismo tenor. El documento completo está disponible en www.sociedadcivil.org.

Naciones Unidas para el Medio Ambiente. El objetivo era "identificar distintas opciones de políticas y acciones que sean mutuamente beneficiosas para el comercio, el ambiente y el desarrollo; y por ende aumentar el apoyo público para la liberalización comercial en las Américas".[21] El documento "El ALCA y la integración hemisférica: creando una estrategia triplemente ganadora para el comercio y la sustentabilidad en el hemisferio", que fuera difundido por los organizadores, incluía una crítica al hecho de que los procesos de liberalización comercial y desarrollo sustentable hubieran sido lanzados como dos objetivos paralelos, generando así una desconexión entre las políticas ambientales, sociales y comerciales en el hemisferio. A fin de equilibrar esta situación, se propuso "una estrategia triplemente ganadora, que sea beneficiosa para la liberalización comercial, la protección ambiental y el desarrollo social, con una participación apropiada de la sociedad civil". Tomando como base los ejemplos del TLCAN y del Mercado Común del Sur (Mercosur), se argumentó que en tales experiencias no se dieron los efectos temidos del ecoproteccionismo, que podrían afectar la competitividad de los negocios de América Latina y el Caribe.[22] Además, se sugirió establecer un proceso de estudio de impacto *ex ante* el ALCA, que permitiera identificar los efectos sociales y ambientales positivos y negativos, y presentar recomendaciones para maximizar los primeros y minimizar los segundos. Esta propuesta coincide con la demanda de realización de evaluaciones de sustentabilidad de acuerdos de comercio e inversión presentada por World Wild Life (WWF, Fondo Mundial para la Naturaleza) y también divulgada durante la Cumbre. Finalmente, se planteó la creación de un sistema de incentivos para el sector privado.

Por otra parte, las organizaciones que no creen posible conciliar la propuesta de liberalización comercial del ALCA y el objetivo del desarrollo sustentable se reunieron en el Foro Ambiental de la II Cumbre de los Pueblos (abril de 2001) (ver "Cronograma" en Anexos). El documento que sirvió de base para las discusiones –la tercera versión de "Alternativas para las Américas"– es más amplio que el anterior e incorpora propuestas sobre temáticas antes no mencionadas, como fuentes energéticas sostenibles, plaguicidas, sustancias tóxicas y residuos peligrosos, entre otras. De todas maneras, la Declaración del Foro de Medio Ambiente se concentra básicamente en la oposición al ALCA y en la necesidad de vincular los temas comerciales y medioambientales.

En resumen, más allá del consenso general que establece que los debates sobre comercio y medio ambiente/desarrollo sustentable no pueden estar separados y que es necesario abrir el proceso a una mayor participación de la sociedad civil, son muchas las divergencias. Frente a la inexistencia de mecanismos institucionalizados de participación en los foros negociadores del ALCA, las OSC se han visto limitadas a someter sus propuestas al Comité de Representantes Gubernamentales sobre la Participación de la Sociedad Civil (CRG) y a organizar seminarios y cumbres paralelas. En ocasión de la Cumbre de Quebec se acentuaron dos tendencias:

---

21. Ver www.iisd.org/trade/qc2001/main_es.htm (sitio visitado en septiembre de 2001).

22. Si bien el caso del TLCAN puede ser considerado como un ejemplo de liberalización comercial con regulación ambiental, afirmación de todas maneras polémica, no tiene sentido citar el caso del Mercosur dado que éste no cuenta con disposiciones ambientales vinculadas al comercio, como veremos más adelante.

en primer lugar, se incrementó la presencia de OSC en general y se diversificaron las formas de actuación y, en segundo lugar, se acentuó la división entre los dos grupos mencionados, dadas las divergencias ideológicas y estratégicas.

2. 1. *La sociedad civil en la implementación de las iniciativas*

La capacidad de implementación de las iniciativas ambientales del proceso de las cumbres de las Américas es vista de manera muy crítica por los representantes gubernamentales, pero también por parte de las OSC. Según la ONG estadounidense NRDC, en un balance sobre la implementación de las decisiones de las cumbres de Miami y de Santa Cruz, el fracaso deriva de la interacción entre cuatro factores: un proceso negociador que privilegia grandes iniciativas presidenciales en detrimento de iniciativas concretas; la ausencia de liderazgo y compromiso de los países; una estructura coordinadora mal equipada para apoyar la implementación a nivel nacional e instituciones internacionales también mal equipadas para apoyar los esfuerzos de coordinación a nivel internacional (Scherr y Watson, transcripto en Feinberg y Rosenberg, 1999).

De las iniciativas aprobadas en las cumbres de las Américas, varias ya existían anteriormente y algunas de éstas ganaron cierto impulso, mientras que otras han sido innovaciones, fruto sobre todo del Plan de Acción aprobado en Santa Cruz, como el lanzamiento de una Red Interamericana de Informaciones sobre Biodiversidad y la creación del Foro Interamericano sobre Legislación Ambiental. En el primer caso, el Comité Ejecutivo cuenta con la presencia de un representante de las ONG; en el segundo caso, la membresía en el foro está abierta a representantes gubernamentales y no gubernamentales. Estas dos iniciativas son muy recientes y por lo tanto es difícil evaluarlas. Sin embargo, representan mecanismos potenciales para la participación de las OSC. Otros foros, creados fuera del ámbito de la OEA, son las reuniones ministeriales en materia de energía y de minería.

La I Reunión de Ministros de Energía (Washington, DC, 1995) (ver "Cronograma" en Anexos) lanzó la Iniciativa Energética Hemisférica. Desde entonces, fueron realizadas otras cuatro reuniones ministeriales. Cabe señalar que ya en 1973 había sido creada la Organización Latinoamericana de Energía, con objetivos y actividades similares. Sin embargo, de manera análoga al funcionamiento del Foro de Ministros de Medio Ambiente de América Latina y el Caribe, esa organización no cuenta con la participación de Canadá ni de Estados Unidos. Para los negociadores brasileños, la Iniciativa Energética Hemisférica no tiene personería jurídica y, por lo tanto, las decisiones allí tomadas resultan muy difíciles de implementar. De acuerdo con esta percepción, Brasil nunca ha participado de las reuniones dado que le atribuye poca importancia práctica al mecanismo.[23] En cuanto a la participación de la sociedad civil, los gobiernos han incentivado la creación del Foro Empresarial Energético de las Américas para la Iniciativa Energética Hemisférica, que se reúne normalmente un día antes que los gobiernos, pero en lo que se refiere a la participación de las ONG, según NRDC, ésta ha sido geográficamente muy de-

---

23. Entrevista realizada con un asesor internacional del Ministerio de Minas y Energía, Brasilia, 16 de febrero de 2001.

sigual: es muy alta la participación por parte de las ONG estadounidenses, moderada en los casos de Chile y de Canadá y nula en los demás países. De acuerdo con esta organización, esto se debe al hecho de que no hay muchos grupos en el hemisferio que trabajen sobre el tema medioambiental y a que sólo unas pocas ONG del norte cuentan con los recursos financieros necesarios para participar con cierta regularidad (Scherr y Watson, transcripto en Feinberg y Rosenberg, 1999).

A su vez, la primera reunión de la CAMMA se realizó en Santiago de Chile en 1996. El Término de Referencia, aprobado en la V CAMMA (julio de 2000), prevé la posibilidad de acreditar ONG como observadoras en las conferencias. Ése podrá ser, en el futuro, un potencial mecanismo de participación, sobre todo para organizaciones ambientalistas, puesto que el Plan de Acción de la CAMMA prevé acciones en materia de cierre de minas y de recuperación del medio ambiente; riesgos ambientales de la minería; relación con las comunidades, entre otras. Sin embargo, aún resta ver cuáles serán los criterios utilizados para obtener la condición de observador en estas reuniones y, en todo caso, si esa condición permitirá ejercer una influencia efectiva en el proceso de toma de decisiones.

2. 2. *La promesa de participación en el hemisferio*

La ISP fue encomendada a la OEA como parte de los mandatos de Santa Cruz, que a su vez fueron derivados de la consulta con la sociedad civil realizada en Montevideo. El objetivo es "...ayudar a los gobiernos a promover la participación pública transparente, efectiva y responsable, en la toma de decisiones y en la formulación, adopción e implementación de políticas vinculadas al desarrollo sustentable" (OEA-Comisión Interamericana para el Desarrollo Sostenible, 1999: 2). El texto de la ISP fue aprobado por la OEA en abril de 2000, después de tres años de un proceso de elaboración participativo a nivel hemisférico.

La experiencia de la ISP es particularmente interesante, no tanto por el contenido del documento final, que básicamente ofrece un listado de medidas para generar mejores estrategias para la participación de la sociedad civil, sino por el carácter participativo del mismo proceso de elaboración del documento. La decisión de invitar a las OSC del hemisferio a participar tiene que ver con el origen de la iniciativa –fue fruto de una consulta con la sociedad civil previa a la Cumbre de Santa Cruz–, con su contenido –¿cómo proponer una estrategia para la promoción de la participación pública y a la vez cerrar la puerta para las OSC?– y con la presencia de individuos estratégicos que favorecieron la idea de un proceso participativo, sobre todo en el ámbito de la OEA. Además, los gobiernos de la región habían aprobado declaraciones prometiendo mayor participación de las OSC en repetidas ocasiones, especialmente en los temas de desarrollo sustentable. Por otro lado, la elaboración del documento no implicaba, a corto plazo, ningún tipo de cambio político a nivel nacional. Esos factores explican cómo se pudo promover un proceso participativo bajo el paraguas de la OEA, aun antes de que esa organización tuviera sus propias directrices internas para la participación de OSC, que recién serían aprobadas en diciembre de 1999.

A fin de definir los alcances de la participación, la sociedad civil fue dividida en siete diferentes sectores: empresarial, de comercio y/o crecimiento económico; laboral; desarrollo socialmente sostenible; desarrollo ambientalmente sostenible;

pueblos indígenas; intereses de minorías y pueblos marginales –no indígenas–; desarrollo socialmente sustentable y género. La Unidad de Desarrollo Sostenible y Medio Ambiente de la OEA (UDSMA) promovió una "elección virtual", por creer que sería la "manera más representativa"[24] de elegir quién debería participar. Se divulgó una invitación general a través de internet y se utilizó la base de datos de las OSC que habían participado en las consultas previas a la Cumbre de Santa Cruz, con el objetivo de difundir el proceso. Aproximadamente ochenta organizaciones participaron en los dos turnos de la elección –primero se nominaban candidatos y después se votaba a uno de los nominados–. Luego de este proceso que demoró aproximadamente un mes y medio en total, las OSC "elegidas" pasaron entonces a formar parte del Comité Asesor del Proyecto (PAC), junto con siete representantes gubernamentales y representantes de organismos multilaterales. De acuerdo con la invitación a votar, enviada oportunamente por la OEA, "los miembros de la sociedad civil del PAC representarán las preocupaciones de sectores clave de la sociedad con el objetivo de contribuir a los debates del PAC...".[25] La organización elegida para representar el sector "desarrollo ambientalmente sostenible" en el Comité fue Sustainable Community Development Focus Group de Jamaica.

El proceso de formulación de la ISP es un precedente importante en la OEA, organización que no tiene una tradición establecida de participación de la sociedad civil en sus actividades. Sin embargo, y conforme fue definido por la propia ISP (OEA, 2000), debió superar las dificultades iniciales de todo buen proceso participativo: proactividad, inclusividad, responsabilidad compartida, acceso a la información, transparencia y respeto por las propuestas presentadas. Estos problemas tienen que ver con el diseño del proceso –especialmente el sistema de elección– pero también con la falta de apoyo político y la ausencia de diálogo entre los puntos focales nacionales –en general situados en organismos gubernamentales en cada país– y las OSC.

La idea de convocar una "elección virtual" es innovadora y positiva en tanto busca ampliar el universo de posibles participantes y, por lo tanto, favorece un proceso más democrático. De todas maneras, no logra resolver el problema de la representatividad de las OSC que actúan a nivel transnacional. En realidad, para elegir "representantes de los sectores", utilizando el lenguaje de la convocatoria, tendría que haberse hecho un proceso mucho más largo y costoso y, aun así, resultaría muy difícil involucrar una proporción grande de los miles de organizaciones del hemisferio. En este sentido, un problema serio en el proceso electoral fue la ausencia de tiempo suficiente para que las organizaciones se coordinaran entre sí y difundieran la convocatoria más ampliamente.[26] Esto generó asimetrías en la participación, con lo cual algunos sectores estuvieron más ampliamente representados que otros. Por ejemplo, el "sector laboral" tuvo solamente una nominación, aquella de la Confede-

---

24. Entrevista realizada con Zoila Girón, coordinadora de la ISP, OEA, Washington, DC, 9 de noviembre de 2001.

25. Carta de convocatoria para la votación de los nominados, enviada por la OEA por correo electrónico el 16 de febrero de 1998.

26. Esta crítica fue presentada por Susan Blass. Incluso, la OEA reconoce que ésta fue una de las deficiencias del proceso, como lo planteara Zoila Girón.

ración Nacional de Trabajadores Organizados (Panamá). Un segundo problema del proceso electoral fue la ausencia de un flujo continuo de informaciones entre los diferentes actores: entre la OEA y las OSC,[27] entre las OSC "elegidas" y las demás OSC de sus sectores[28] y entre los puntos focales nacionales y las OSC de cada país.[29] Más importante aún, en dos casos, las OSC que participaron no fueron las mismas que habían sido elegidas originariamente. En el sector empresarial, había sido elegido el IISD, pero en el momento en que el representante de este instituto tenía que dejar su cargo, el gobierno canadiense transfirió la representación a otra ONG canadiense, FOCAL y, lo más sorprendente es que ni la OEA ni ninguno de los demás actores objetó este cambio.[30] En el caso del sector "género", la organización chilena Corporación PARTICIPA fue la representante, sin que hubiera sido nominada.[31] A fin de lograr un proceso más inclusivo, la OEA promovió nuevas consultas una vez terminada la redacción del borrador de la ISP. Sin embargo, y dado que la realización de las consultas nacionales dependía de los gobiernos, éstas se realizaron sólo en algunos países. La OEA también organizó una reunión en México (8-10 de septiembre de 1999) para discutir el borrador, a la cual se invitó a un grupo más amplio de OSC y a representantes gubernamentales. Esta reunión contó con la participación de veintiocho OSC, pero de acuerdo con la coordinadora de la ISP, no se presentaron propuestas que cambiaran sustancialmente el texto del borrador.[32]

El documento resultante de este proceso consiste en un conjunto de principios, objetivos y recomendaciones para asegurar la participación pública en los procesos de toma de decisiones. El carácter voluntario de la aplicación de las recomendaciones es fuente de críticas por parte de las OSC que esperaban un compromiso más fuerte: "Los países ya hicieron compromisos más fuertes en otros documentos. Un documento voluntario debería ser más fuerte. Estamos dependiendo de la buena voluntad de los gobiernos (para implementar la ISP)".[33] En su intento por implementar esta herramienta, la UDSMA ha preparado una serie de proyectos, pero hasta fines de 2001 no había logrado financiamiento para desarrollarlos, a excepción de un fondo que se utilizó para publicar el texto de la ISP. Los países miembros e incluso otros organismos internacionales no han estado dispuestos a financiar la segunda

---

27. Entrevista a Cristina Martín, directora general de Participación Pública de la Unidad Coordinadora de Participación Social y Transparencia, Semarnat, Ciudad de México, 25 de mayo de 2001.

28. Supuestamente las OSC "elegidas" servirían de vínculo con las demás organizaciones de su sector. Sin embargo, de acuerdo con lo señalado por Zoila Girón, este flujo no funcionó bien. Además, no había ningún mecanismo para asegurar que las OSC miembros del PAC ejercieran ese tipo de rol.

29. En el informe sobre la ejecución de las iniciativas de la Cumbre de Santa Cruz, el secretario general de la OEA, César Gaviria, afirmó que el principal obstáculo para la ISP era la coordinación y el flujo de informaciones entre gobiernos y OSC (OEA, 1998, p. 48).

30. En este punto, Zoila Girón señaló que Canadá actuó como si la representación de la sociedad civil fuera por país, ignorando el proceso de elección virtual que se había realizado.

31. La coordinadora de la ISP no supo informar qué pasó en este caso.

32. Entrevista con Zoila Girón.

33. Ídem.

–y más importante– etapa del proceso. De acuerdo con el director de la UDSMA, "los países sienten que ahora les toca a ellos implementar la ISP".[34] En la medida en que los propios países miembros se resisten a contribuir con la implementación de la ISP, resulta difícil persuadir a otras posibles fuentes de financiamiento acerca del valor de la misma. Incluso dentro de la misma OEA el proceso ha sido básicamente ignorado[35] y en la Cumbre de Quebec se obvió toda mención al respecto.

El caso de la ISP demuestra que aun cuando la necesidad de participación de la sociedad civil ha estado muy presente en los discursos de los países del hemisferio, todavía hay mucha resistencia a firmar compromisos a nivel multilateral. La participación de las OSC en los procesos decisorios sobre políticas públicas es visto básicamente como una cuestión nacional.

3. Los casos nacionales

En el marco del proceso de las cumbres de las Américas, la participación de OSC relacionadas a la temática ambiental no ha sido muy significativa en ninguno de los cuatro casos nacionales considerados –Argentina, Brasil, Chile y México–. El escaso interés existente se ha concentrado en la discusión sobre el ALCA y en el debate sobre los vínculos entre comercio y desarrollo sustentable, ignorándose –con pocas excepciones– el resto de la agenda. Sin embargo, en una perspectiva comparada, en los casos de Brasil y Argentina la participación ha sido considerablemente menor que en los casos de México y Chile. ¿Cómo explicar los diferentes niveles de participación encontrados?

Los mismos actores entrevistados presentaron algunas hipótesis al respecto. Uno de los argumentos más utilizados es que las organizaciones tienen escasos recursos, tanto humanos como financieros, mientras que el acompañamiento de actividades internacionales es, por definición, muy costoso. Por esa misma razón, las grandes organizaciones ambientalistas del norte tendrían mayores posibilidades de participación. Sin embargo, este argumento es válido para todos y no explica, entonces, las variaciones encontradas entre países. Otro argumento presentado es que la falta de participación se debe a la ausencia de espacios institucionales. Sin embargo, esto constituye una verdad a medias. En realidad, existen espacios de participación restringidos a nivel hemisférico y, en el caso de algunos países, si bien estos mecanismos resultan sumamente limitados, su ampliación resulta difícil sin la presión de la sociedad civil. Una hipótesis alternativa plantea que la escasa participación simplemente obedece, como se planteó al comienzo de este trabajo, a que el proceso de las cumbres de las Américas ha creado un foro político débil, de baja densidad y eficacia. Es lógico entonces concluir que las OSC privilegien su actuación en otros ámbitos, sea a nivel nacional o internacional.

---

34. Entrevista con Richard Meganck, director de la UDSMA, OEA, Washington, DC, 29 de noviembre de 2001.

35. Entrevista con Zoila Girón.

El caso brasileño resulta de interés dado que, dentro de estos cuatro países, es en Brasil donde la temática ambiental ocupó más tempranamente un importante lugar en las políticas públicas nacionales. Además, en este país se ha desarrollado un movimiento ambientalista relativamente importante y que ha ido creciendo a lo largo de las décadas de los años 80 y 90. Sin embargo, en el marco de la investigación de campo, no se pudo ubicar a ninguna OSC que hubiera acompañado la temática ambiental en el proceso de las cumbres de las Américas, de manera sistemática desde 1994: no se realizaron las consultas nacionales previas a las cumbres hemisféricas y la presencia de organizaciones brasileñas ha sido prácticamente nula en estos debates previos.[36]

Sin embargo, es posible percibir un creciente interés por parte de la OSC, como lo indica el aumento en el número de organizaciones que participan en las cumbres de las Américas,[37] así como el lanzamiento de algunas iniciativas nuevas que han ido de la simple difusión de informaciones a la elaboración de estudios.[38] Estas organizaciones no han mostrado interés en acompañar el proceso de implementación de las decisiones de las cumbres, sino que han concentrado sus esfuerzos en el análisis de los posibles efectos del ALCA, sobre todo sociales y, en menor medida, ambientales. La participación de las OSC no se caracteriza por la presen-

---

36. Una sola ONG brasileña participó en el proceso de consulta previo a la Cumbre de Quebec: la Associação Gaúcha de Proteção ao Ambiente Natural (AGAPAN). Ésta fue la encargada de organizar la consulta a nivel nacional pero, según su representante, finalmente no se pudo realizar por falta de tiempo. Esta organización también estuvo presente en la Reunión Hemisférica Final de Consulta a Organizaciones de la Sociedad Civil en el Marco de la III Cumbre de las Américas (Miami, enero de 2001) a la cual fue invitada por Corporación PARTICIPA. Ambas organizaciones ya mantenían contactos, pero en torno de cuestiones distintas del proceso de las cumbres de las Américas. De hecho, en ocasión de la reunión de Miami, AGAPAN no presentó ninguna propuesta en materia ambiental.

37. De acuerdo con los documentos presentados por las ONG, en la Cumbre de Miami sólo participó Amigos de la Tierra-Amazonia Program (Rosenberg y Stein, 1995b). En los foros ambientales de las cumbres de los Pueblos la participación fue un poco mayor: Federação de Órgãos para a Assistência Social e Educacional (FASE) participó en el I Foro, la Associação Pernambucana de Proteção da Natureza estuvo presente en el II Foro y finalmente, la CUT participó en ambos encuentros.

38. Hasta mediados de 2001, el único proyecto en desarrollo era el proyecto "ALCA e Meio Ambiente", financiado por la Fundación Ford y coordinado por FASE. El proyecto se originó en una iniciativa de la Fundación Ford, y su implementación ha llevado a FASE a participar activamente en el proceso de las cumbres de las Américas, como lo señalara el coordinador del proyecto, Sergio Schlesinger, en una entrevista realizada en São Paulo el 28 de noviembre de 2000. La principal actividad ha sido la difusión de informaciones sobre el ALCA y sus posibles impactos socioambientales (Mello y Schlesinger, 2000; Gonçalves, 2000). FASE también promovió, junto con la CUT, el Instituto de Estudos Sócioeconômicos (INESC) y el Centro de Estudos de Cultura Contemporânea, el Fórum Continental "Área de Livre Comércio das Américas: atores sociais e políticos nos processos de integração", realizado en São Paulo en noviembre de 2000. En 2001, la organización Action Aid comenzó a financiar algunas iniciativas con el objetivo general de debatir el tema del comercio agrícola y capacitar a las OSC brasileñas en la presentación de propuestas sobre la temática –incluyendo también el tema de las relaciones entre comercio agrícola y medio ambiente–, una iniciativa cuyos resultados aún no pueden ser evaluados.

cia activa de organizaciones ambientalistas, sino más bien por la presencia del movimiento sindical –Central Única dos Trabalhadores (CUT) y Confederação Nacional dos Trabalhadores na Agricultura (Contag)– y ONG de defensa de derechos –FASE e INESC–. El debate a ser tratado no es tanto la relación entre comercio y medio ambiente, sino más bien entre comercio y desarrollo sustentable. Estas organizaciones se han articulado a fin de constituir la Rede Brasileira pela Integração dos Povos (Rebrip), organización vinculada a la ASC y por lo tanto, a los sectores de la sociedad civil más claramente anti ALCA (ver Botelho en este volumen).

El caso argentino se asemeja al brasileño en el sentido de que la participación es aún muy incipiente[39] –si bien el interés por parte de las OSC también es creciente– y se centra en la discusión en torno del ALCA. Sin embargo, las divergencias entre las OSC son un poco más explícitas. Por ejemplo, la Fundación Ambiente y Recursos Naturales (FARN), una ONG fundada en 1985, está más próxima al grupo de OSC que ve la posibilidad de crear vínculos positivos entre el ALCA y la protección ambiental. Aunque FARN no se ha hecho presente en ninguna de las cumbres de las Américas, sí ha acompañado a nivel de la OEA el proceso de formulación de la ISP y recientemente ha comenzado a seguir las negociaciones del ALCA. Si antes su prioridad era su actuación en el marco del Mercosur, ahora "al ALCA lo estamos viendo con otros ojos, desde el año pasado el ALCA se presenta como un hecho, parte de la política argentina".[40] Otras OSC, como aquellas que organizaron manifestaciones contra el ALCA durante la IV Reunión Ministerial de Buenos Aires (abril de 2001) (ver "Cronograma" en Anexos), entre las que se encontraban Vida, Sí!, el Consejo Profesional Analistas Ambientales de la República Argentina y la Asociación de Peatones y Ecologistas y Acción por la Biodiversidad, denuncian que el deterioro ambiental es resultado de los procesos de liberalización comercial y se posicionan claramente en contra del ALCA.[41] En la medida en que más organizaciones participen de los debates, la tendencia es que se reproduzca, a nivel nacional, la división entre OSC que existe a nivel de las cumbres de las Américas. Sin embargo, ante la dificultad para coordinar actividades entre estas organizaciones, aquellas que tienen una posición más crítica hacia el ALCA aún no han logrado crear una red como Rebrip en Brasil o Red Mexicana de Acción Frente al Libre Comercio (RMALC), creada en México durante las negociaciones del TLCAN (ver Natal *et al.* en este volumen).

En el caso de Chile, es mayor la cantidad de ONG ambientalistas que han participado en las cumbres, en comparación con los casos de Brasil y Argentina. Sin embargo, también aquí se han dedicado prioritariamente a debatir la problemáti-

---

39. En la I Cumbre de los Pueblos, solamente dos organizaciones argentinas participaron en el Foro Ambiental: Amigos de la Tierra-Argentina y la Confederación de Trabajadores de la Educación de la República Argentina. El Centro de Derechos Humanos y Ambiente estuvo presente en la Cumbre de Quebec.

40. Entrevista con Daniel Ryan, director ejecutivo adjunto de FARN, realizada por Benjamin Lessing, Buenos Aires, 23 de julio de 2001.

41. Entre las organizaciones participantes se encontraban además dos instituciones chilenas –Instituto de Ecología Política (IEP) y la Red Nacional de Acción Ecologista (Renace)–, y dos organizaciones de Estados Unidos –International Environmental Policy and Development y Border Ecology Project–.

ca de la liberalización comercial en la región. Incluso, la división entre las OSC respecto de esa temática es más profunda en Chile que en la Argentina.

Como ocurrió en Brasil, se creó una red vinculada a la ASC: la Alianza por un Comercio Justo y Responsable (ver Rojas Aravena *et al.* en este volumen). La organización ambientalista que se destaca entre sus miembros es el IEP, responsable de la organización del Foro de Medio Ambiente de la I Cumbre de los Pueblos y miembro de Renace. El IEP, junto con Renace, el Observatorio de Conflictos Ambientales y el Instituto del Medio Ambiente de la Universidad Bolivariana lanzaron en septiembre de 1997 el programa "Sur Sustentable", una iniciativa que busca proponer un modelo de desarrollo alternativo para el país –la Propuesta Nacional de Sustentabilidad–. Este programa también se ha presentado en los actos en contra del ALCA –por ejemplo, en la VI Reunión Ministerial de Buenos Aires– y en las cumbres de las Américas. La iniciativa se ha extendido hacia el Cono Sur, a través del financiamiento de la Fundación Heinrich Böll: en Brasil, el proyecto "Brasil Sustentável e Democrático" es coordinado por FASE y, el proyecto "Uruguay sustentable" está a cargo de Amigos de la Tierra-Uruguay. Su objetivo es "generar un espacio de concertación regional para integrar criterios de sustentabilidad en propuestas de integración como el Mercosur, y promover la creación de programas de sustentabilidad en otros países del Cono Sur".[42] Este tipo de espacio puede ser extremadamente útil a fin de que las organizaciones ambientalistas de la región desarrollen mayores niveles de diálogo y de cooperación, punto de partida fundamental para una actuación más efectiva tanto a nivel del Mercosur como de las cumbres de las Américas. Las organizaciones que conforman el programa "Sur Sustentable" argumentan, al igual que sus interlocutores de la ASC, que el desarrollo sustentable no es compatible con los proyectos de liberalización comercial (Larraín, 2001).

Por otra parte, el Centro de Investigación y Planificación del Medio Ambiente, una ONG académica creada a fines de los años 70, es una de las organizaciones que coordinan el proyecto "Agenda ambiental para el ALCA", juntamente con Global Environment and Trade Study de Estados Unidos y el Centro Internacional de Política Económica para el Desarrollo Sostenible de Costa Rica. El objetivo general del proyecto es "contribuir a una agenda ambiental para el ALCA, que sea aceptable tanto para los ministerios de medio ambiente como para los ministerios de comercio de nuestros países".[43] Esta perspectiva es similar a la adoptada por IISD: busca encontrar sinergias positivas entre el proceso de liberalización comercial y la protección del medio ambiente.

Finalmente, también en el caso mexicano es mayor el número de OSC que acompañan el proceso de las cumbres de las Américas en comparación con los casos de Brasil y Argentina, aunque también priorizan la movilización alrededor del ALCA. Una de las organizaciones más importantes, en realidad una red de organizaciones, es la RMALC. La Secretaría de Medio Ambiente de esta red ha coordinado la discusión de propuestas presentadas por la ASC en las diferentes versiones del documento "Alternativas para las Américas" y debatidas en los foros ambientales

---

42. Ver www.chilesustentable.net.

43. Ver www.cipma.cl (sitio visitado en octubre de 2001).

paralelos al proceso de las cumbres. La RMALC cumple un importante rol de liderazgo en la región gracias a su experiencia en el acompañamiento de negociaciones comerciales multilaterales, principalmente el TLCAN, pero también en otros acuerdos firmados por México recientemente, por ejemplo el acuerdo negociado con la Unión Europea.

Otras organizaciones mexicanas también han actuado en las cumbres de las Américas a partir de la temática ambiental. Entre éstas se destaca el Centro Mexicano de Derecho Ambiental (CEMDA), presente desde la primera cumbre. En ocasión de esta reunión, el CEMDA firmó una carta con otras ONG de diferentes países, demandando la apertura de las negociaciones del ALCA a la participación pública (transcripta en Rosenberg y Stein, 1995b). Además, fue una de las cuatro organizaciones mexicanas que participaron en el Foro Ambiental de la I Cumbre de los Pueblos. Así como la RMALC, el CEMDA también ha acompañado de cerca los trabajos en el ámbito del Acuerdo de Cooperación Ambiental de América del Norte (ACCAN), firmado en el marco del TLCAN, pero mantiene una posición más moderada respecto del tema de las relaciones entre comercio y medio ambiente. El programa Comercio y Medio Ambiente del CEMDA, creado en 1995 y financiado por la Fundación Ford y la Fundación Mott, busca promover el debate sobre comercio y medio ambiente a través de la realización de sesiones de discusión, la diseminación de información, la colaboración con grupos de organizaciones de otros países del hemisferio y el desarrollo de proyectos de investigación sectoriales. En septiembre de 2000, esta organización presentó una respuesta a la invitación pública que se hizo a la sociedad civil del hemisferio para presentar puntos de vista relacionados con el comercio y que fueran de relevancia para el ALCA. Este documento califica al CRG como un mero "buzón de correo" y presenta propuestas para diferentes GN. Dado que no se ha establecido un grupo específico para el tema medio ambiente, el CEMDA propuso incluir la preocupación ambiental entre las diferentes temáticas consideradas; por ejemplo, sugiere incorporar representantes de los ministerios de Medio Ambiente en las delegaciones negociadoras. Además, propone compatibilizar la necesidad de inversiones con el respeto al medio ambiente, evitando que se reduzca el nivel de exigencia de las normas o que no se respeten las leyes ambientales a fin de atraer inversión extranjera y, finalmente, plantea la necesidad de considerar en la política de compras gubernamentales de los países su impacto sobre el medio ambiente.

4. Las diferentes lecciones del TLCAN y del Mercosur

Las diferencias entre el nivel y las formas de participación en los cuatro casos nacionales se explica, en buena medida, por las distintas experiencias previas que las organizaciones de tales países han tenido en procesos recientes de negociación de acuerdos de liberalización comercial a nivel regional. Tradicionalmente, los actores centrales —cuando no exclusivos— en las negociaciones de los acuerdos comerciales y de integración regional en América Latina han sido las burocracias gubernamentales. Sin embargo, las negociaciones que hemos presenciado durante la década de los años 90 muestran un escenario diferente: los casos del TLCAN y del Mercosur son ejemplos de la búsqueda de influencia por parte de las OSC, sobre todo en materia ambiental y laboral, aunque no exclusivamente en esas temáticas.

En el caso del TLCAN, su negociación llevó a la formación de redes de acción a nivel nacional y la identificación de interlocutores en los demás países. Organizaciones como RMALC, que de hecho no existían antes, adquirieron un conocimiento importante sobre cómo se realizan las negociaciones internacionales, cuáles son los actores relevantes y qué estrategias son las más eficaces para tratar de influenciar en los procesos de toma de decisión, tanto a nivel nacional como regional. La RMALC, así como las redes canadienses –Common Frontiers y Réseau Québécois sur l'Integration Continentale– y la estadounidense –Alliance for Responsible Trade– han cumplido un importante rol de liderazgo en la estructuración de la *red de redes hemisférica* –la ASC– y en la creación de otras redes nacionales. Además, las divergencias entre las OSC, que hemos descripto en el ámbito de las cumbres de las Américas, eran ya muy visibles durante las negociaciones del TLCAN. La división entre las OSC era la misma: aquellas organizaciones que rechazan toda posibilidad de adecuación entre libre comercio y protección ambiental y aquellas que no niegan la posible compatibilidad entre los dos procesos y que colaboran estrechamente con los gobiernos –especialmente el estadounidense– para llegar a un acuerdo sobre la materia en el ámbito del TLCAN.[44]

En buena medida, y como fruto de la presión de las OSC, el TLCAN inauguró una institucionalidad inédita en acuerdos de libre comercio, a partir de la firma del ACCAN y de la creación de la Comisión para la Cooperación Ambiental, la Comisión de Cooperación Ecológica Fronteriza y el Banco de Desarrollo de América del Norte (ver Botto *et al.* en este volumen). Estas instituciones abrieron nuevos canales para la participación de la sociedad civil, especialmente a través de la presentación de demandas en contra de los gobiernos e incluso, en última instancia, la aplicación de sanciones comerciales. Sin embargo, uno de los principales problemas planteados por organizaciones como RMALC y CEMDA respecto del TLCAN es que la temática ambiental no puede ser tratada fuera del acuerdo principal, ya que eso le quita fuerza con respecto a otras temáticas reguladas en el cuerpo del tratado, por ejemplo, inversión. De hecho, una de las principales polémicas ha sido justamente lo que las organizaciones han denunciado como la supremacía de los derechos de los inversores en detrimento de la protección ambiental. Más allá de ese consenso general, las lecciones del TLCAN son asimiladas de manera casi antagónica entre los grupos de OSC. Agrupaciones como IISD y CEMDA resaltan los aspectos positivos de la experiencia y argumentan que se ha comprobado que estaban equivocados aquellos que temían que el ACCAN llevaría al "eco-proteccionismo". Por otra parte, organizaciones como la RMALC plantean que las promesas ambientales del TLCAN no se han cumplido y que, por el contrario, las condiciones ambientales se han deteriorado, producto del acuerdo. Para los primeros, la experiencia es un buen punto de partida para pensar el caso del ALCA; para los segundos, no.

---

44. Entre las primeras, se puede citar Sierra Club, *Friends of the Earth* y, en México, la RMALC. El segundo grupo incluye organizaciones como NWF, National Audubon Society y Conservation International (Le Prestre, 2001, y entrevista con Alejandro Villamar, RMALC, Ciudad de México, 21 de mayo de 2001).

Los debates sobre la negociación de un acuerdo de libre comercio entre Chile y Estados Unidos, o de la extensión del TLCAN a Chile, crearon canales de diálogo y lazos de cooperación entre organizaciones de estos países que van más allá de las cumbres de las Américas. En 1997, organizaciones de Chile, México, Canadá y Estados Unidos firmaron una carta dirigida a los jefes de Estado y de gobierno, rechazando la posibilidad de incorporación de Chile al TLCAN, donde planteaban que las promesas ambientales de este acuerdo no se habían cumplido, además de señalar el deterioro de las condiciones ambientales en la frontera entre México y Estados Unidos. Finalmente, las organizaciones argumentaban que en Chile la falta de apoyo gubernamental hacia la protección ambiental había llevado a que no se implementara la ley ambiental aprobada en 1994, hecho que gana mayor importancia tomando en consideración que 80 por ciento de las exportaciones del país están basadas en recursos naturales como la madera, el pescado, la minería y la agricultura.[45]

En enero de 2001 se divulgó otra carta similar, firmada por un total de cincuenta y cuatro organizaciones de Chile y Estados Unidos,[46] en la cual se demanda: "El respeto de los acuerdos, convenios y convenciones ambientales de las Naciones Unidas, sobre todo la Convención de la Diversidad Biológica, la Convención Marco de las Naciones Unidas sobre Cambio Climático, la Agenda 21 [...] y el Convenio sobre Ayuda Alimentaria. [...] Ningún tratado comercial debería evitar que un gobierno establezca requisitos de publicar información sobre contaminantes, desechos tóxicos ni extracción de recursos naturales". Además, las organizaciones firmantes reclaman que estas condiciones estén presentes en el texto del acuerdo y no en acuerdos paralelos, como en el caso de las disposiciones ambientales del TLCAN y del tratado de libre comercio entre Chile y Canadá.

El caso del Mercosur no puede ser considerado como una experiencia exitosa en el tratamiento de la temática ambiental en procesos de integración regional, ni desde el punto de vista de la negociación de temas ambientales, ni desde la perspectiva de la participación de la sociedad civil. Todos los subgrupos de trabajo temáticos del Mercosur contemplan la posibilidad de que las OSC participen, con derecho a voz, en la primera etapa de las reuniones. Sin embargo, la segunda etapa queda restringida a los negociadores gubernamentales, con lo cual éstos toman las decisiones sin la presión de aquellas organizaciones. Es decir que las OSC no participan en el proceso de definición de agenda y tampoco en la toma de decisiones, pero sí tienen derecho a voz y acceso a los documentos debatidos. En el caso específico del Subgrupo de Trabajo de Medio Ambiente (SGT-6), no ha habido participación sistemática de organizaciones de ninguno de los cuatro países. A diferencia de los demás subgrupos de trabajo, los trabajos del SGT-6 han estado básicamente "congelados" en los últimos años, dadas las dificultades encontradas para negociar un protocolo ambiental del Mercosur. Tales dificultades se derivaban principalmente de la actitud del gobierno argentino, quien temía que una negociación ambiental llevase a su país a

---

45. Esta carta fue titulada "No NAFTA Expansion", 26 de febrero de 1997.

46. Carta de organizaciones ciudadanas a los presidentes de Chile y Estados Unidos de América. Santiago, Washington, enero de 2001. El texto completo de esta carta se encuentra disponible en www.comerciojusto.terra.cl/noticias/cartaconart2.htm.

sufrir una pérdida de competitividad frente a socios con legislación ambiental más rígida, es decir, Brasil. En diciembre de 2000, la delegación argentina presentó una propuesta de texto que, luego de ser negociada, se transformó en un Acuerdo Marco sobre Medio Ambiente en el Mercosur en marzo de 2001, un documento de carácter muy general aprobado sin ningún tipo de discusión previa con OSC.[47]

Más allá de los límites institucionales existentes a la participación en el SGT-6, la gran dificultad enfrentada por las OSC ha sido la coordinación de la acción a nivel regional. Las OSC brasileñas que han acompañado más de cerca las negociaciones han sido la CUT y la Confederação Nacional da Industria.[48] Más recientemente, WWF-Brasil ha empezado a acompañar las reuniones del subgrupo. Desde la Argentina, la Confederación General del Trabajo, FARN y la Fundación Biosfera –representando también al Consejo Federal de ONG Ambientalistas y la Escuela de Formación Pedagógica y Sindical "Marina Vilte"– han participado de algunas de las reuniones del SGT-6. En Uruguay, tanto la Fundación Ecos como el Centro Latinoamericano de Ecología Social (CLAES), aunque no participan sistemáticamente del SGT-6, han acompañado de cerca el proceso. CLAES, específicamente, ha sido muy activo en la difusión electrónica de información en la región.[49]

Existe un muy incipiente proceso de cooperación entre las OSC de la región, pero la reciente aprobación del Acuerdo Marco en materia ambiental, sin que mediara ningún tipo de consulta a las OSC, tuvo como primer impacto el desestímulo a la participación al reforzar la imagen de ese foro como un espacio con pocas posibilidades de acción.[50] En resumen, la experiencia del SGT-6 no ha servido como un buen laboratorio hacia las cumbres de las Américas, ni desde el punto de vista de la elaboración e implementación de iniciativas regionales, ni tampoco como foro participativo.

5. Perspectivas para la participación

La participación de las OSC en las cumbres de las Américas no está relacionada simplemente con las oportunidades existentes, sino más bien con la capacidad por parte de los actores sociales de percibir que vale la pena aprovecharlas. Esta

---

47. Entrevista con Álvaro Luchiezi Júnior, WWF-Brasil, Brasilia, 24 de noviembre de 2000 y 16 de abril de 2001.

48. El Fórum Brasileiro das Organizações Não Governamentais e Movimentos Sociais para o Meio Ambiente e o Desenvolvimento también tuvo un representante durante algún tiempo. Sin embargo, éste dejó de participar en el momento en que finalizó su gestión en la Cámara del Mercosur del Consejo Nacional de Medio Ambiente (Brasil) y ya no fue posible obtener financiamiento de otras fuentes, como lo expresara, en una entrevista telefónica, el entonces representante del Foro, Francisco Milanez, 8 de marzo de 2001.

49. CLAES coordina la Lista de Información y Discusión en Integración y Ecología en América Latina, a través de la cual se difunde regularmente el Boletín Sistema de Información en Comercio y Ambiente para América Latina.

50. Entrevista con Álvaro Luchiezi Júnior.

percepción ha variado de acuerdo con los objetivos propios de cada organización, con su ideología y con su experiencia previa, y ha sido construida a partir de la interacción con otras OSC.

Un aspecto en común de la participación de las OSC de la Argentina, Brasil, Chile y México en las cumbres –con pocas excepciones– es el foco privilegiado de su atención sobre la propuesta de conformación del ALCA. Las divergencias entre las OSC han surgido de manera más clara en relación a cómo abordar la cuestión ambiental en las negociaciones comerciales. La tendencia es que las organizaciones sigan dividiéndose en dos grupos: aquellas que participan de la ASC y de las cumbres de los pueblos desde la oposición al proceso de liberalización comercial y, aquellas que intentan influenciar sobre el proceso decisorio utilizando otras estrategias, tales como la organización de las consultas previas a las cumbres, la promoción de foros de debate con la participación de los gobiernos y la elaboración de propuestas que no se contrapongan al objetivo de liberalizar el comercio. Al contrario de lo que podría imaginarse, las divergencias entre las OSC no son una demostración de debilidad: en aquellos países donde ha habido mayores niveles de movilización es donde las divergencias se han mostrado más explícitamente. Como vimos, estas diferencias no son exclusivas del proceso de las cumbres de las Américas, sino que son producto, en realidad, de los debates previos sobre comercio y medio ambiente realizados durante las negociaciones del TLCAN y que también se han hecho presentes en el ámbito de la OMC.

Los mayores desafíos de los dos grupos tienen que ver con la posibilidad de institucionalizar redes transnacionales más participativas y lograr ir más allá de la crítica "al proceso" para presentar propuestas que, desde las diferentes perspectivas existentes, tengan mayor impacto en el proceso de las cumbres de las Américas. Ciertamente, las organizaciones tienen conciencia de esos desafíos.

En términos de la presentación de propuestas alternativas, una de las principales cuestiones a ser enfrentadas se refiere a la demanda más importante de los países latinoamericanos en las negociaciones del ALCA: la apertura del mercado de Estados Unidos a los productos agrícolas y agroindustriales producidos en la región. Éstos son justamente aquellos productos que propician una mayor explotación de recursos naturales. ¿Cómo conciliar esa demanda con una política ambientalmente sustentable? No hay todavía un debate profundo sobre esta temática, ni de parte de las OSC ni de los gobiernos. Sin embargo, existen por lo menos cuatro diferentes iniciativas en marcha, que buscan abordar la problemática de las relaciones entre comercio y medio ambiente desde una perspectiva latinoamericana y que pueden llegar, en los próximos años, a cambiar la perspectiva sobre esta cuestión en la región. Dos de estas iniciativas corresponden a OSC y las dos restantes reúnen a gobiernos y a representantes de la sociedad civil.

Las iniciativas promovidas por la sociedad civil ya fueron mencionadas. La primera es aquella que involucra a ONG y a movimientos sociales en Brasil, con el objetivo de incrementar la capacidad propositiva de estas organizaciones sobre el tema del comercio agrícola, tomando en consideración los impactos ambientales de la liberalización comercial en este sector específico. La segunda iniciativa incluye a organizaciones del Cono Sur en el programa "Sur Sustentable", el cual busca generar un espacio de concertación regional para integrar criterios de sustentabilidad en los procesos de integración, desde el punto de vista de las OSC del sur de la región. Estas dos iniciativas, aún incipientes, apuntan hacia un mayor debate en la región al involucrar organizaciones que hasta este momento se mantenían al margen de las discusiones. La tercera iniciativa es el llamado Grupo Zapallar, creado en 1999 y que reúne a expertos de distintos sectores y países de América del Sur con el propósito de identificar temas y cursos de acción, que podrían contribuir a un mejor diálogo para la generación de una agenda regional sobre comercio y desarrollo sustentable. La cuarta, y última iniciativa, tiene un objetivo similar, pero responde a una acción eminentemente gubernamental ya que se originó en el Foro de Ministros de Medio Ambiente de América Latina y el Caribe. Durante su penúltima reunión, este foro encargó a Brasil la coordinación de una discusión sobre comercio y medio ambiente, con el objetivo de establecer una agenda regional que expresara las prioridades y puntos de vista de América Latina sobre la temática. En la última reunión del foro, realizada en octubre de 2001, la delegación brasileña presentó una propuesta de documento que resultó de un debate entre representantes gubernamentales, de la academia y de la sociedad civil organizada. Este debate se dio a través de dos reuniones realizadas en Brasil y de una lista electrónica creada por el Ministerio de Medio Ambiente de este país.

Estas cuatro iniciativas son recientes y, por lo tanto, difíciles de evaluar. El desafío es que efectivamente se pueda cambiar la postura defensiva que, hasta el momento, han tenido los gobiernos latinoamericanos y los empresarios respecto de los vínculos entre comercio y medio ambiente, de manera tal de encontrar formas de mitigar los impactos ambientales negativos generados por la liberalización comercial. Por parte de las OSC latinoamericanas, el desafío es que se pueda capacitar a un mayor número de organizaciones para que puedan así participar activamente en este debate.

En este sentido, uno de los problemas que deben enfrentar los sectores más críticos del libre comercio es lograr establecer una metodología que demuestre un nexo causal claro entre la liberalización comercial y el deterioro ambiental. Como mostraron Keck y Sikkink (1998) en su estudio sobre redes transnacionales de acción colectiva, la existencia de relaciones causales claras es fundamental para el éxito de campañas transnacionales. En cambio, los argumentos que relacionan las reglas en materia de inversión de acuerdos como el TLCAN y la caída del nivel de protección ambiental han sido más claros.

6. Conclusiones

¿Es posible entonces hablar de una emergente sociedad civil regional ambientalista, organizada alrededor del proceso de las cumbres de las Américas? Al menos por el momento, no. En primer lugar, porque las organizaciones que participan del proceso son de carácter nacional y no regional, con excepción de la ASC, que reúne a un grupo de OSC provenientes de algunos de los países. Además, la mayor parte de la actividad transnacional en materia ambiental se ha limitado al intercambio de informaciones y a la firma de documentos conjuntos, y su influencia ha sido escasa en los procesos de toma de decisiones. Si bien reconocen que el fenómeno de la acción colectiva transnacional ha crecido en importancia, el análisis sobre su impacto debe hacerse con cautela.

En segundo lugar, el presente estudio identificó una cantidad no despreciable de intentos de cooperación entre OSC de los diferentes países del hemisferio, intentos que se han incrementado y diversificado desde la Cumbre de Miami. La participación de OSC en los cuatro casos nacionales ha sido en general pequeña y muy enfocada hacia el proceso de negociación del ALCA, siendo menor en los casos de Brasil y Argentina que en los casos de Chile y México. En estos dos últimos países, la experiencia reciente de las OSC en procesos de discusión de acuerdos de libre comercio con países del norte –Estados Unidos y Canadá–, en los cuales la temática ambiental ha tenido fuerte impacto en la opinión pública nacional, es el factor que mejor explica las diferencias en los niveles de participación encontrados en el ámbito de las cumbres de las Américas. Sin embargo, éste es un proceso dinámico y las diferencias nacionales no necesariamente se mantendrán en el futuro. Al contrario, en el caso de que efectivamente las negociaciones del ALCA sigan adelante, es de prever que las OSC brasileñas se involucren más seriamente en los debates y que se dé una fuerte presencia de un sector del movimiento sindical brasileño, a través de la CUT y la Contag.

El tratamiento de la temática ambiental dentro del proceso de las cumbres de las Américas se enfrenta al reto de superar las divergencias políticas entre los países de la región y de garantizar financiamiento para implementar las iniciativas que son consensuadas. Aunque también desde ese punto de vista el proceso sigue en construcción, y si bien ha habido progresos en algunas iniciativas, a través de la investigación hemos comprobado que sólo una pequeña parte de la amplia agenda presenta resultados concretos. Además, el caso de la ISP muestra cómo una iniciativa aparentemente consensuada puede llegar a desarrollarse hasta cierto punto y después verse "congelada". La construcción de una agenda ambiental hemisférica no ha sido considerada viable ni por la totalidad de los gobiernos ni por la totalidad de las OSC de la región, que prefieren apostar al proceso promovido en el ámbito de la Organización de las Naciones Unidas y/o en el ámbito del Foro de Ministros de Medio Ambiente de América Latina y el Caribe.

La educación y la participación de la sociedad civil

Marcela Gajardo

Este trabajo examina las modalidades de participación de las organizaciones de la sociedad civil (OSC) en los acuerdos adoptados por el capítulo de Educación de las cumbres de las Américas e intenta explicar las razones de su escasa influencia en la definición de las agendas y en las acciones de implementación. Para estos efectos se toman los casos nacionales de la Argentina, Brasil, Chile y México. Los gobiernos de estos cuatro países han tenido el liderazgo en la coordinación de las actividades de la iniciativa de educación de las cumbres desde el momento de su puesta en marcha. También han liderado las tareas de seguimiento en la implementación y coordinación de proyectos multinacionales de envergadura hemisférica. Se trata, en general, de países con reformas educativas avanzadas. Teóricamente, en estos países existen condiciones para que las OSC se involucren activamente en las iniciativas de reforma y los gobiernos parecen confiar en su aporte.

Con el fin de dar cuenta de la participación de estos actores en los procesos de cambio educativo, este trabajo comienza describiendo los rasgos básicos de la iniciativa de educación como espacio de decisión específicamente gubernamental, para luego situarla en el contexto de lo que ha sido el desarrollo de propuestas de cambio en las pasadas décadas y de las reformas actualmente en marcha en los cuatro países seleccionados. En la segunda parte, se caracteriza a los actores de la sociedad civil que participan o intentan influir en los procesos de transformación educativa y, en particular, aquellas acciones derivadas de las cumbres de las Américas. A partir de este análisis se examinan los ámbitos en los que participan las OSC y los niveles en que buscan incidir para, en un tercer y último apartado, concluir con una síntesis de los principales hallazgos.

1. La iniciativa de educación en las cumbres de las Américas

El compromiso hemisférico por la educación fue adoptado en la Cumbre de Miami (diciembre de 1994) y ratificado en las cumbres de Santiago (abril de 1998) y de Quebec (abril de 2001) (ver "Cronograma" en Anexos). En materia de acuerdos es la culminación de un largo debate sobre la necesaria modernización de los sistemas educativos y la expresión de procesos de reforma que apuntan a mejorar la equidad, calidad, pertinencia y eficiencia de la educación en todos los niveles de la enseñanza. Constituye también una respuesta a problemas comunes a todos los países de la región y a un diagnóstico compartido: los sistemas educativos, en general, adolecen de problemas de falta de equidad, mala calidad, excesivo centralismo, deterioro de las condiciones de trabajo docente, financiamiento insuficiente y frecuente desvinculación entre la enseñanza escolar y los requerimientos del mundo del trabajo y sus ocupaciones. Estos problemas endémicos se arrastran desde fines de la década de los 50, cuando por efectos de una sostenida expansión de la cobertura escolar empezó a deteriorarse la calidad de la enseñanza y se configuraron los problemas que hasta hoy influyen en la definición de las agendas de cambio educativo, incluyendo en éstas los compromisos por el mejoramiento de la educación suscriptas en el marco de las cumbres de las Américas.

En la Cumbre de Miami la educación formó parte de la canasta "Erradicación de la pobreza y la discriminación", donde también se incluyeron otras iniciativas de fomento para microempresas, salud, derechos básicos de los trabajadores, poblaciones indígenas y desarrollo sustentable. En la Cumbre de Santiago, el tema tuvo un capítulo propio en el que, además de reafirmarse los compromisos de Miami, los gobiernos se comprometieron a acelerar la reforma educacional y asegurar para 2010 el acceso universal a una educación básica de calidad y que por lo menos 75 por ciento de los jóvenes del hemisferio completen su educación media. Los bancos multilaterales de desarrollo (BMD) y otras agencias de cooperación prometieron alrededor de 8.241 millones de dólares para el desarrollo de proyectos en áreas de primera infancia, evaluación e indicadores, formación de maestros, educación bilingüe, capacitación laboral, intercambios y pasantías, entre otros procesos de reforma general. Sin embargo, mucha de esta ayuda nunca llegó a materializarse. Tres años más tarde, en la Cumbre de Quebec, la educación volvió a formar parte del temario social junto a salud, equidad de género, poblaciones indígenas y diversidad cultural. En esta cumbre, los gobiernos reordenaron la agenda temática y reafirmaron el compromiso por continuar invirtiendo mayores recursos en educación, utilizar las nuevas tecnologías de la información y comunicación como uno de los medios para mejorar la calidad de la enseñanza y avanzar en el fortalecimiento de la participación de la sociedad civil en el desarrollo de la educación. Según lo acordado en Canadá, el desafío más apremiante para los gobiernos consiste en asegurar la inversión que requieren las reformas de respaldo a las iniciativas y procesos en curso y utilizar el espacio de las cumbres de las Américas como un medio para formar y consolidar relaciones de cooperación con los organismos multilaterales y las OSC.

El Plan de Acción de Educación se ejecuta a través de políticas y programas nacionales y proyectos de interés regional. La responsabilidad de la implementación recae mayoritariamente sobre los gobiernos, generalmente a través de los ministerios del ramo, mientras que los recursos para ejecutarlos provienen tanto de éstos como de agencias multilaterales u organismos de cooperación bilateral. A la fecha, la coordinación de las líneas de acción, así como el seguimiento de la ejecución de los proyectos, se distribuye de manera simétrica entre los países del continente, como lo muestra el cuadro 3.1. México y Brasil tienen un rol protagónico en la coordinación de la Iniciativa de Educación y en el seguimiento de las acciones del Plan de Acción, secundados por la Argentina y Chile.

Cuadro 3.1
Plan Hemisférico de Educación, según líneas de acción
y países coordinadores

	Líneas de acción	*País coordinador*
Línea 1	Políticas educativas compensatorias e intersectoriales para poblaciones vulnerables	Argentina y México
Línea 2	Sistemas nacionales de evaluación de la calidad y construcción de indicadores	Brasil y Chile, respectivamente
Línea 3	Valorización, profesionalización e incentivos para docentes y administradores de la educación	Colombia
Línea 4	Refuerzo de la gestión y administración educativa y del desarrollo institucional	Argentina
Línea 5	Fortalecimiento de la formación y capacitación para el mundo del trabajo	Brasil, Barbados y Estados Unidos
Línea 6	Estrategias de educación básica intercultural bilingüe	México
Línea 7	Educación para la paz, ciudadanía y sostenibilidad –formación en valores–	México
Línea 8	Tecnologías de la información y comunicación aplicadas a la educación	Brasil
Línea 9	Sistemas de becas e intercambio de estudiantes, docentes, investigadores y administradores de la educación	Colombia

Fuente: Reunión de Coordinación del Grupo de Seguimiento del Plan de Acción de Educación, Secretaría de Educación Pública (SEP), México, septiembre de 2000.

Además de los programas nacionales, generalmente implementados al amparo de las respectivas políticas y programas de reforma, dentro del Plan de Acción se incluyen proyectos multilaterales de envergadura regional, ejecutados con financiamiento propio y aportes internacionales. Entre ellos se encuentran: el Programa Interamericano de Educación, el Proyecto Regional de Indicadores Educativos de la Cumbre de las Américas y el Foro Hemisférico de Evaluación Educativa, descriptos en el cuadro 3.2.

Uno de los aspectos más significativos del proceso de las cumbres de las Américas son las lecciones que deja la experiencia cuando se trata de la participación de la sociedad civil en los espacios que se le abren, por una parte y, por otra, las que se aprenden a partir de los esfuerzos ciudadanos por participar en asuntos de interés público como lo es la educación y su reforma.

Cuadro 3.2
Programas multilaterales

Programa Interamericano de Educación
Incluye seis proyectos cuyo diseño estuvo a cargo de cuerpos técnicos de los ministerios de Educación del hemisferio y cuyas actividades, financiadas por la Organización de los Estados Americanos (OEA) por un monto de 2.100.000 de dólares, se empezaron a ejecutar a partir de enero de 1999. La Argentina lidera el proyecto "Refuerzo de la gestión educativa y desarrollo institucional" y México, el de "Educación para sectores sociales vulnerables mediante políticas compensatorias".

Proyecto Regional de Indicadores Educativos de la Cumbre de las Américas
Este proyecto es liderado por el gobierno de Chile en colaboración con la Oficina Regional para América Latina y el Caribe (OREALC) de la Organización de las Naciones Unidas para la Educación, la Ciencia y la Cultura (Unesco). Su objetivo es producir y analizar un conjunto de indicadores básicos comparables en la región que contribuyan a la toma de decisiones de la política educativa por parte de cada uno de los países. Cuenta con el apoyo financiero de diversas agencias de cooperación bi y multilateral en un monto aproximado de 3 millones de dólares para un período de tres años.

Foro Hemisférico de Evaluación Educativa
Liderado por el Instituto Nacional de Estudos e Pesquisas Educacionais (INEP) de Brasil, se diseñó tomando en cuenta consultas directas a los treinta y cuatro países participantes de las cumbres de las Américas. Como resultado de ellas y de un taller realizado en Brasilia en abril de 2000, el proyecto se organizó en torno de tres áreas de cooperación hemisférica: el fortalecimiento de los sistemas nacionales de evaluación, la asistencia técnica y estudios comparativos internacionales.

Fuente: Reunión de Coordinación del Grupo de Seguimiento del Plan de Acción de Educación, SEP, México, agosto de 2001.

2. Antes y después de los compromisos de las cumbres de las Américas: una mirada regional

> *Hay una correspondencia entre el mandato de la cumbre y los compromisos de gobierno. Pero de ninguna manera ha sido el motor para hacer los cambios... Los cambios educativos en desarrollo han sido fruto de nuestras necesidades y de un proceso muy rico de concertación y consultas.*[1]

La Iniciativa y el Plan de Acción de Educación surgieron a mediados de los años 90, época que se caracteriza por una importante cantidad de esfuerzos nacionales de reforma de los sistemas de educación pública. En la región de las Américas y especialmente en el caso de América Latina y el Caribe, estos esfuerzos se re-

---

1. Entrevista a Miguel G. Vallone, Dirección Nacional de Cooperación Internacional, Ministerio de Cultura y Educación de la Nación, Buenos Aires, 2000.

lacionan estrechamente con la existencia de nuevos escenarios, económicos y políticos. En el plano económico, existe una tendencia hacia una integración en el nuevo orden económico mundial, donde predomina un modelo basado en economías nacionales abiertas a la competencia internacional, la inversión extranjera y la innovación tecnológica. En materia política, se asiste a una redefinición de las funciones del Estado, a la aplicación de estilos descentralizados de gestión, a la concertación de esfuerzos sociales y a la promoción de una mayor participación del conjunto de la sociedad en los esfuerzos de desarrollo nacional. Este nuevo contexto requiere de la generación de capacidades y destrezas indispensables para la competitividad internacional, como la de aumentar el potencial científico y tecnológico y/o desarrollar estrategias que permitan la formación de una moderna ciudadanía –requisitos que han llevado a muchos gobiernos a ubicar la educación y su reforma como una prioridad en sus agendas–.

2. 1. *Propuestas preexistentes*

La necesidad de formular políticas apropiadas a las características del nuevo contexto global adquirió fuerza especial a comienzos de los 90. Con algunos énfasis particulares que se presentan en el cuadro 3.3, esto significó un importante desplazamiento desde los parámetros tradicionales.

La agenda de las reformas se ha construido sobre la base de las propuestas preexistentes de los organismos internacionales, entre los que sobresalen la Comisión Económica para América Latina y el Caribe y Unesco, así como los BMD –Banco Mundial (BM) y Banco Interamericano de Desarrollo (BID)–. En todos ellos, el diseño, la regulación y evaluación de las políticas aparecen como ámbitos de competencia estatal. En la ejecución, se abre la participación a otros actores no estatales como las Iglesias, las OSC, fundaciones empresariales y corporaciones privadas que complementan tareas del Estado. En algunos casos, se incluye también a los gremios del magisterio y a organizaciones sociales y comunitarias, generalmente en contextos de descentralización administrativa y autonomía escolar.

Cuadro 3.3
Orientaciones de política. Énfasis y tendencias

Énfasis hasta los 80	*Tendencias desde los 90*
Igualdad en el acceso	Igualdad en los resultados del aprendizaje
Ampliación de la cobertura	Mejoramiento de la calidad
Gestión centralizada del servicio educativo	Administración descentralizada, autonomía y participación local
Contenidos homogéneos	Flexibilidad y atención a la diversidad
Desvinculación con mercados laborales	Atención a las demandas del mercado
Financiamiento sólo del Estado y a la oferta educativa	Financiamiento compartido y subsidio a la demanda

Fuente: Elaboración propia.

Independientemente de los actores, en la mayoría de los casos las propuestas de reforma incorporan los conceptos de calidad –mejores resultados en términos del aprendizaje escolar, trabajo productivo y actitudes sociales–; eficiencia –mejor uso de los recursos y búsqueda de nuevas opciones financieras– y equidad –participación y atención prioritaria a los grupos excluidos–. Muchas de las orientaciones de política de estos organismos se reflejan también en los acuerdos de las cumbres de las Américas y en el Plan de Acción de Educación, en el que varias de sus nueve líneas de acción apuntan a la superación de problemas de calidad, equidad y mejorías de gestión.

2. 2. *La iniciativa de educación en las agendas nacionales*

> *El espíritu de las cumbres es elevar algunos temas que preocupan a la región, para que puedan ser valorados al nivel de los jefes de Estado de modo que ellos los apoyen con voluntad política. La significación de la cumbre, entonces, tiene más relación con legitimar que con inspirar.*[2]

El Plan de Acción consensuado por las cumbres surgió en un momento en el que la reforma educativa ya era un tema prioritario en la agenda política de la mayoría de los países de la región y, particularmente, en la Argentina, Brasil, Chile y México, países donde actualmente existen procesos avanzados de reforma. En ellos, la introducción de reformas para mejorar la calidad, equidad y eficiencia de los sistemas educativos y modernizar su gestión empezó, en algunos casos, en los años 70 y, en otros, hacia fines de la década siguiente. En estos mismos años, se iniciaron también programas relacionados con algunas de las áreas del actual Plan de Acción de Educación. Las reformas realizadas incluyeron cambios institucionales, descentralización y autonomía. Éstos han sido los cambios más importantes por dos razones. Por un lado, porque afectan o han afectado la gestión de los sistemas y las relaciones laborales, provocando la resistencia de los gremios de maestros y las burocracias administrativas. Por otro, desde los 90 en adelante han suscitado el interés de los actores del desarrollo local, los padres de familia, organizaciones no gubernamentales (ONG) e Iglesias en lo referido a la creación de mayores espacios de participación en el manejo de las escuelas. También se ha avanzado en la implementación de sistemas de evaluación e indicadores regionales, se ha otorgado mayor atención al mejoramiento de la calidad y equidad de la educación, a los grupos más vulnerables y se invirtió en la capacitación de maestros.

Ninguno de los países en consideración ha escapado a estos procesos, aunque es posible identificar algunas particularidades nacionales. La Argentina, un país con tradición federal formal y con algunos componentes que reflejan una fuerte centralización en la organización educativa, ha venido intentando descentralizar el sistema educativo desde fines de los 60. Sin embargo, los hitos más importantes se dan a partir de los 80, momento en el que se transfirió el servicio educativo a

---

2. Entrevista a Alberto E. Prosperi, Subsecretaría de Políticas Latinoamericanas, Ministerio de Relaciones Exteriores, Buenos Aires, 2000.

las provincias, dejando en manos del ministerio nacional sólo las funciones normativas, de evaluación y regulación de la enseñanza. Luego de una pausa provocada por problemas económicos en el país, la "provincialización" de la educación volvió a retomarse en 1991. Hacia fines del siguiente año, comenzó su implementación efectiva a partir de una serie de convenios suscriptos entre la Nación y cada una de las provincias, proceso que aún no se ha completado. En relación con los sistemas de medición de la calidad de la educación, la Argentina ha ido incorporando un mayor número de variables para evaluar el rendimiento de los niños.

Desde mediados de los 80, el gobierno federal de Brasil ha implementado una política de fortalecimiento del papel de los estados y municipios en la gestión administrativa del sistema. Por otra parte, se ha hecho especial hincapié en la necesidad de fortalecer la autonomía financiera y pedagógica de las escuelas a fin de asegurar una gestión eficiente y una óptima utilización de los insumos. Esto ha llevado a la transferencia de algunas responsabilidades de gestión, de prestación de servicios y financieras, por ejemplo, para la adquisión directa de la merienda escolar. Además, en 1989 se estableció un sistema de evaluación nacional de aprendizajes.

En el caso de Chile, la descentralización de la gestión comenzó a mediados de los 70 y, en sus inicios, se tradujo en el traspaso de las escuelas públicas a las municipalidades y a corporaciones privadas. Los cambios en la estructura del sistema dejaron en manos del nivel central las tareas normativas, de evaluación y supervisión, transfiriendo a las administraciones regionales y locales las funciones de ejecución de las políticas y administración de los recursos humanos y financieros. Esto ha incidido en el papel del ministerio y ha afectado profundamente la condición docente y la organización gremial del magisterio. Actualmente, y de acuerdo con su dependencia administrativa y propiedad, existen en ese país tres tipos diferentes de gestión educativa: establecimientos de propiedad pública, administrados por las municipalidades y financiados por el Estado mediante subvención; escuelas particulares, es decir de propiedad privada y administradas por particulares que reciben subvenciones estatales, y privados pagos, administrados por particulares que no reciben financiamiento estatal. En materia de evaluación, Chile fue uno de los primeros países en contar con un Sistema Nacional de Medición de la Calidad de la Educación, creado en 1988, para evaluar los logros de aprendizaje de los niños que cursan el cuarto y el octavo año básico en establecimientos públicos y privados, cubriendo principalmente las asignaturas de lengua materna y matemática.

En México, el proceso de descentralización empezó a tomar forma con la firma del Acuerdo Nacional para la Modernización de la Educación Básica y la aprobación, en 1992, del Programa para la Modernización Educativa, que se formuló tras una amplia consulta nacional y como parte de un proceso mayor de reforma del Estado. A partir de entonces, se activó el denominado proceso de "federalismo educativo", que incluía la reorganización del sistema de educación. El acuerdo reafirmó el poder normativo y evaluativo del gobierno federal, por una parte, y la responsabilidad que les cabía a los gobiernos estaduales en la provisión del servicio educativo, por otra. Su aplicación llevó al traslado gradual de más de 100 mil escuelas y alrededor de 100 mil profesores, desde la jurisdicción federal a la estadual. Respecto de los sistemas de evaluación, México trabajó hasta mediados de los años 90 a partir de muestras y sólo en 1994 aplicó estos instrumentos a nivel nacional.

En términos de calidad educativa, América Latina presenta un amplio espectro. La Argentina, Brasil y Chile han llevado a cabo importantes y completas reformas curriculares. México, por su parte, ha reformulado los planes y programas de estudio de la primaria y secundaria aplicada desde el ciclo 1992-1993, con el objetivo de priorizar el desarrollo de competencias y la reorganización de la formación en asignaturas específicas. A esto se sumó la renovación de la producción y distribución gratuita de libros de texto. El desarrollo de indicadores comparables y el perfeccionamiento de los sistemas estadísticos son actividades que comprometen a los ministerios, más que a la sociedad civil, y raramente son formulados o utilizados por esta última para dar cuenta de lo que ocurre en el sistema educativo. Incluso, en el proyecto hemisférico de indicadores educativos, que se desarrolla en el marco del Plan de Acción de las cumbres de las Américas, prácticamente no hay participación de las OSC.

En cuanto a la cuestión de la equidad, los programas focalizados en sectores pobres y atención prioritaria a grupos vulnerables se encuentran actualmente en curso en la Argentina, Brasil, Chile y México, país donde esta línea de trabajo se constituyó como la primera prioridad en materia de compromiso con los acuerdos de las cumbres. Estos programas, financiados generalmente con créditos del BM, el BID o fuentes bilaterales de cooperación, han funcionado como modelo para otros países e incluso han sido replicados con éxito en muchos casos. Distintos centros de investigación y desarrollo educativo han tenido una importante participación en la formulación y el diseño de las propuestas y, más tarde, en la ejecución de estos programas. Tal es el caso de "900 escuelas" en Chile; "Escuelas prioritarias en Argentina", "Dinero a las escuelas" y "Fundascola en Brasil", junto con los programas especiales para grupos vulnerables desarrollados en México (Gajardo, 1999).

3. Actores sociales en la educación

La principal novedad que introducen las cumbres de las Américas y que las diferencia respecto de otros foros gubernamentales es la inclusión, al menos teóricamente, de dos nuevos actores en la definición de las agendas y ejecución de las políticas: los organismos multilaterales y las OSC. Sin embargo, en la práctica son los gobiernos y los organismos multilaterales los que han jugado y juegan un papel protagónico no sólo en el ámbito internacional sino también en el nacional, relegando a un segundo plano a las OSC. Éstas raramente encuentran un espacio para participar en la elaboración de las agendas, pero devienen buenos aliados en el momento de ejecutar políticas o abogar por el cumplimiento de mandatos que contribuyan a su perfeccionamiento. La baja participación de la ciudadanía en el diseño de políticas puede explicarse, en épocas pasadas por el rol del Estado en la educación y luego, entre mediados de los 70 y fines de los 80, por el papel que le cupo en la implementación de los cambios institucionales y de gestión formulados y ejecutados por los gobiernos autoritarios de esos años. Recién a partir de los 90 comienza a promoverse nuevamente la participación de la sociedad civil dado que se reivindica la educación como un asunto de todos y una responsabilidad de la sociedad en su conjunto.

Son varios los fenómenos y factores que dan cuenta de este cambio: la pérdida de protagonismo del Estado, los desplazamientos de poder hacia actores locales, el aumento y la diversificación de proveedores de educación, la emergencia de modalidades privadas y mixtas de gestión, el interés creciente de las asociaciones civiles por perfeccionar el papel de la educación en la formación de una ciudadanía moderna e informada y en la tarea de acercar la formación al mundo del trabajo, entre otros. A éstos se suman el surgimiento de nuevas organizaciones encargadas de la evaluación, acreditación o certificación de conocimientos y competencias, así como la apertura de espacios de participación hacia los actores no gubernamentales generados por la globalización, los avances tecnológicos y la irrupción de la automatización y la informática, que plantean nuevas formas de vinculación entre lo público y lo privado. En este escenario pueden distinguirse distintos tipos de organizaciones vinculadas a las políticas educativas en general, que en el caso de las cumbres de las Américas han tenido oportunidades de participación muy desiguales. Las mismas se analizan en las siguientes secciones.

3. 1. *Las organizaciones empresariales*

Éstas se constituyen como entidades privadas, sin fines de lucro y con patrimonio propio, que contribuyen al desarrollo educativo a través del financiamiento para la generación y el apoyo a iniciativas y proyectos innovadores, de carácter experimental y con potencial de masificación o réplica en diversos contextos. Ciertamente, no remplazan las funciones del Estado sino que las complementan. En términos generales, las organizaciones empresariales financian programas y proyectos dirigidos a mejorar la equidad y calidad de la educación y la enseñanza, concentrando sus recursos en áreas y líneas programáticas con objetivos muy precisos. Su participación se da en todas las etapas de identificación, diseño, monitoreo y evaluación de resultados e impacto de proyectos, pero no se involucran en la ejecución directa. En esta etapa, se asocian con otras organizaciones a través de alianzas, que incluyen la cooperación técnica y financiera para la realización de un proyecto.

Una revisión de los programas que actualmente apoyan las empresas nos indica que, a lo largo de la década del 90, éstas han dejado las acciones de simple ayuda y tienen hoy un rol más activo en las tareas de política y reforma. Asimismo, están presentes en comisiones especiales creadas para repensar la función educativa y formular políticas para la modernización de los sistemas escolares (Puryear, 1997).

En los cuatros países estudiados se dan actividades de este tipo, si bien en algunos de ellos la presencia del sector empresarial es mayor que en otros. Así, en la Argentina y Brasil existe gran cantidad de fundaciones de origen empresarial, con y sin patrimonio propio, involucradas en tareas de reforma y mejora de la calidad de la educación y la enseñanza. Algunas tienen intereses privatizadores y otras sólo buscan fortalecer su responsabilidad social. En relación con las cumbres de las Américas, cabe señalar que las fundaciones y corporaciones de origen empresarial no han intentado influir en las agendas, ni participan en el seguimiento de la implementación del Plan de Acción. En México se da una situación similar: las fundaciones con patrimonio propio, al igual que muchas asociaciones civiles, se orientan más hacia las campañas de bien social que hacia la reforma de los sistemas educativos. Finalmente, en Chile, sólo la Fundación Andes destina recursos para fortalecer áreas estratégicas de la reforma, que incluyen los programas de perfeccionamiento docente y las innovaciones educativas a nivel de la enseñanza media. Su par en la Argentina, la Fundación Antorchas, mantiene esta misma orientación y ninguna de ellas participa en la arena de las cumbres de las Américas.

La única excepción a este patrón regional es el Grupo de Institutos, Fundações e Empresas (GIFE), creado en Brasil a comienzos de los años 90. El GIFE es una organización de fundaciones e institutos privados, unidos por la decisión de invertir en programas sociales y que agrupa entre sus socios a la mayoría de las fundaciones empresariales que invierten en el área de la educación. Asimismo, han generado entre ellos una alianza estratégica para colaborar con el gobierno en la mejora de la calidad y equidad de la educación pública. Si bien estas fundaciones no participan de las actividades de las cumbres de las Américas, sí se involucran a nivel nacional en algunos de los programas hemisféricos, como el Foro Hemisférico de Evaluación Educativa que lidera el INEP.

En concreto, podemos señalar que no existen vínculos entre estos actores del mundo empresarial y las acciones, nacionales o regionales, del Capítulo de Educación de las cumbres de las Américas. Por el contrario, en sociedades desarrolladas, como Estados Unidos y Canadá, representantes del sector empresarial organizaron cumbres nacionales de educación en 1995 y en 1998,[3] a fin de formular recomendaciones sobre el rumbo de la educación y la enseñanza, identificar y certificar competencias, promover campañas públicas por la mejora de la educación, participar en el debate sobre la conveniencia o no de contar con estándares nacionales de calidad; exigir transparencia y difusión de resultados de evaluaciones de desempeño escolar y docente, y participar en consejos ciudadanos para dar seguimiento al cumplimiento de políticas y metas.

La novedad introducida recientemente en el ámbito hemisférico es el interés de los empresarios latinoamericanos por influir en la formulación y el perfeccionamiento de políticas, hecho que se puso de manifiesto en la Cumbre Latinoamericana de Educación Básica (Latin American Basic Education Summit, LABES) realizada en Miami en marzo de 2001. La reunión fue liderada por un Comité de Planificación convocado por líderes de grandes empresas transnacionales y autoridades de gobierno y culminó con una Declaración de Acción. Ésta compromete a los empresarios a colaborar con los gobiernos a fin de acelerar el ritmo de la reforma de la educación básica en América Latina, mediante apoyos que permitan establecer estándares académicos y medir el progreso de los estudiantes, colaborar en la formación docente, aprovechar la tecnología como herramienta para lograr objetivos de calidad educacional, reconocer y premiar la excelencia, facilitar la divulgación de las mejores prácticas, así como educar al público y a los medios de comunicación en la importancia de las reformas.[4] El evento contó con la participación de delegaciones mixtas –que incluían a representantes de gobiernos, empresas, fundaciones y ONG– de la Argentina, Brasil y México. Cabe destacar que la delegación más completa y numerosa fue la de Brasil.

---

3. Ver www.achieve.org.

4. Ver www.lasummit.org.

3. 2. El mundo de las OSC

Esta denominación agrupa a un conglomerado heterogéneo de organizaciones dedicadas a tareas de investigación y actividades de promoción social y educativa. En su mayoría, funcionan como entidades autónomas abocadas a la defensa pública de puntos de vista independientes y críticos, y al monitoreo y fiscalización, la investigación, formación, producción de material y diseño de innovaciones. Todas estas actividades están orientadas por un único objetivo: la mejora de los procesos de educación formal y no formal.

De acuerdo con los campos específicos de actuación, pueden distinguirse dos tipos de organizaciones: por un lado, instituciones de promoción y desarrollo y, por otro, centros académicos independientes. Un número importante de estos últimos ha hecho sustantivos aportes en el diseño y la evaluación de políticas y en el debate sobre las reformas en curso. Entre éstos cabe mencionar el Centro de Investigación y Desarrollo de la Educación y el Programa Interdisciplinario de Investigaciones en Educación (PIIE-Chile); la Facultad Latinoamericana de Ciencias Sociales (FLACSO) en la Argentina; el Centro de Estudios Educativos y el Departamento de Investigaciones Educativas del Centro de Investigación y Estudios Avanzados del Instituto Politécnico Nacional en México; Açao Educativa e Instituto de Ação Cultural en Brasil. Desde otra perspectiva, estos actores también han resultado claves en todo lo relacionado con el desarrollo de las capacidades analíticas, tecnológicas y de gestión de los maestros, la movilización de canales de información y comunicación, y el intercambio de información, experiencia y competencias.

Sin embargo, a nivel de las cumbres de las Américas, estos actores han tenido escasa y débil participación en las líneas definidas en el Plan de Acción dada la ausencia de canales institucionales acordes y la falta de recursos financieros para ejecutar proyectos específicos. Esto es particularmente válido para los casos de la Argentina, Brasil y Chile, donde cambios recientes en las políticas de cooperación han restado recursos de fuentes externas para la implementación de programas de desarrollo educativo. Corporación PARTICIPA (Chile) y Asociación Conciencia (Argentina) constituyen, como veremos luego, dos excepciones. Los ejes de acción de estas ONG se centran en la promoción de la participación ciudadana, el fortalecimiento de la educación para la democracia y la educación medioambiental, además de las consultas ciudadanas realizadas para aportar propuestas a la agenda de las cumbres. Esta última actividad se ejecuta con financiamiento de la OEA y organismos de cooperación bilateral (ver Rojas Aravena *et al.*; Guiñazú en este volumen).

En el aparato público no se han creado espacios que faciliten la participación de las OSC en el seguimiento de la implementación. Tampoco existen normas y procedimientos para incentivar la participación de actores no gubernamentales en la ejecución de programas o en niveles decisorios. A su vez, estas organizaciones raramente se acercan a reclamar un papel en este tipo de acciones. De hecho, en las cumbres de las Américas, sólo PARTICIPA y Conciencia se acercaron a sus respectivas cancillerías y ministerios de Educación con propuestas específicas de seguimiento o bien de contenidos para la agenda. En Chile, el PIIE coordina la Mesa de Educación de la Alianza Chilena por un Comercio Justo y Responsable (ACJR). Ésta se encarga de formular aportes técnicos para fundamentar el debate e incluir el tema en la agenda que prepara la Alianza Social Continental (ASC) para la Cumbre de los Pueblos (ACJR, 2000b) (ver Rojas Aravena *et al.* en este volumen).

En México, la situación es similar. Allí, aun cuando las asociaciones civiles con frecuencia realizan estudios y ejecutan programas para el gobierno federal y los gobiernos estaduales, la experiencia de participación ciudadana en actividades de abogacía y de análisis de políticas es muy reciente. En esta área, se destaca el Observatorio Ciudadano de Educación, formado por investigadores y analistas educativos y que periódicamente publica comunicados de prensa sobre temas de política educacional y coyuntura educativa. Sin embargo, esta asociación civil mexicana, al igual que los centros de estudio en Chile, no se ha involucrado directamente en la Iniciativa de Educación ni ha intentado influir en la definición de la agenda o en el seguimiento de la implementación. Lo mismo ocurre en la Argentina donde, a excepción de Conciencia, los centros de estudio u organismos no gubernamentales no se han involucrado en los temas vinculados con el Capítulo de Educación.

En Estados Unidos, y en el marco de las actividades del North-South Center de la Universidad de Miami, se ha desarrollado The Leadership Council for Inter-American Summitry (LCIAS), a fin de monitorear la implementación de los acuerdos de la Iniciativa de Educación y otras iniciativas dentro de las cumbres. El consejo focaliza este seguimiento en los gobiernos, es decir, en qué medida éstos dan cumplimiento a los compromisos asumidos y cuáles son sus posibilidades reales de hacerlo. En cambio, no se ocupa de realizar el seguimiento a la participación de las OSC (ver Korzeniewicz *et al.* en este volumen).

El Programa de Promoción de la Reforma Educativa en América Latina y el Caribe (PREAL), proyecto conjunto de The Inter-American Dialogue, con sede en Washington, y la Corporación de Investigaciones para el Desarrollo de Chile, participan como observadores en el Grupo de Seguimiento del Plan de Acción de Educación (G-11). Este grupo reúne a representantes de gobierno de los países coordinadores y de los organismos internacionales y agencias de cooperación, y trabaja en red con centros de investigación y políticas públicas en quince países de América Latina.

3. 3. *Los gremios*

Actor político incuestionable a nivel nacional y regional, los sindicatos de maestros debieran tener un papel destacado cuando se trata de establecer alianzas en pro de la mejora de la educación y la enseñanza. Sin embargo, muchos de ellos han optado por la oposición a algunas de las políticas e instrumentos utilizados en los cambios institucionales y de gestión, dado que en algunos casos éstos han ido en detrimento de sus propios intereses. En este sentido, la relación entre gremios y gobiernos se basa principalmente en negociaciones políticas, más que en alianzas estratégicas. Tres ejemplos de poderosos actores sociales en el ámbito educativo son la Confederación de Trabajadores de la Educación de la República Argentina (CTERA), el Sindicato Nacional de Trabajadores de la Educación (SNTE) en México y el Colegio de Profesores en Chile. Entre ellos existe un consenso generalizado sobre la necesidad de las reformas, pero disienten en cuanto a la manera en que estas transformaciones deberían ser llevadas a cabo. Los sindicatos, casi sin excepción, están en desacuerdo con las políticas de descentralización y se oponen a toda política que tienda a la privatización de los servicios en la medida en que esto dispersa sus posibilidades de negociación y fragmenta a su clientela.

Otro ámbito de desacuerdo se relaciona con los sistemas de evaluación nacional y la remuneración por desempeño. Con respecto a la primera, en Chile el Colegio de Profesores aboga por una preaprobación de las evaluaciones por parte de los docentes, las cuales deberían adecuarse a la realidad de cada centro educativo. En materia de evaluación docente, favorece la autoevaluación de la cual participan ellos mismos junto con sus pares y los directivos de los establecimientos. En México, el SNTE se valió de su capacidad de veto para impedir que el desempeño profesional fuera medido por exámenes externos o inferido a partir de los resultados de rendimiento de los alumnos. La CTERA ha participado de las reuniones de la Cumbre de los Pueblos y en 1998 se opuso públicamente al modelo de las reformas en curso, cuestionándolo por someter las escuelas y el conocimiento a las leyes del mercado.

Los sindicatos presentan una queja unánime ante los gobiernos y es la que se refiere a la falta de espacios para participar en las decisiones de reforma, calificándolas entonces de "inconsultas". También existen conflictos relacionados con las propuestas gubernamentales de modificación de los estatutos y la regulación de la carrera docente. En general, las reformas educativas en curso son consideradas por este actor como modelos ajenos a las concepciones alrededor de las cuales construyeron sus identidades y fundamentan su trabajo. Esto es particularmente cierto en el caso de Brasil, donde los sindicatos de maestros forman parte de la Central Única dos Trabalhadores (CUT) y son asesorados en sus acciones por la Federação de Órgãos para a Assistência Social e Educacional, entidad no gubernamental a cargo de la asistencia social y educacional de las organizaciones de trabajadores (ver Botelho en este volumen). Dado que estas organizaciones aún no resuelven problemas de fondo que traban su relación con los gobiernos, tampoco participan en los espacios oficiales de las cumbres de las Américas. De todas maneras, desempeñan un papel destacado en la ASC y, en particular, en el Foro Hemisférico de Educación a nivel regional. En Chile, los sindicatos de maestros también participan de la Mesa de Educación del Foro Social de la ACJR.

3. 4. *Organizaciones comunitarias*

Muchas de las medidas para incorporar a las familias al proceso educativo de sus hijos se han traducido en hacerlas partícipes del manejo de los establecimientos y del financiamiento de la educación. Algunas de estas acciones han estado acompañadas de protestas ante lo que se considera como la negación del derecho universal al acceso gratuito a una educación de calidad igual para todos y solventada por el Estado. De todas maneras, se observa una tendencia hacia una mayor participación de los actores involucrados en la gestión de las escuelas públicas. Como ejemplo a destacar, cabe mencionar las denominadas "escuelas comunitarias o escuelas *charter*" en Estados Unidos, modelo que ha sido replicado por actores privados y de manera experimental en la Argentina. En Chile, desde el gobierno, se ha optado por fortalecer la autonomía pedagógica incorporando a los padres en la gestión de los procesos pedagógicos. En cambio, en México se ha privilegiado el fortalecimiento de la educación comunitaria a partir de la promoción de las organizaciones locales.

Desde mediados de los años 80, Brasil ha movilizado a las familias y asociaciones comunitarias para participar en la administración de los recursos destinados a los establecimientos y también para elegir a los directores de escuela. A fin de cumplir con estos objetivos, el Ministerio de Educación se apoya en las Asociaciones Comunales para la Educación, integradas por padres de familia encargados de administrar el servicio educativo y movilizar recursos locales para mejorar su funcionamiento a nivel local. Tampoco en este caso existen canales de participación ni influencia de estos actores en las agendas de las cumbres de las Américas.

4. Modalidades de participación en la agenda de las cumbres de las Américas

En Brasil y Argentina existe un número importante de organizaciones privadas con fines públicos, tanto en los ámbitos de la filantropía empresarial como en el mundo no gubernamental y de los centros académicos independientes. En Chile es significativa la presencia de ONG y en México, si bien es menor la presencia de actores no gubernamentales en el ámbito de la educación, existe una importante tradición de actores privados que buscan influir en la esfera pública, desde las Iglesias a las organizaciones políticas y sociales.

Sin embargo, la participación de estos actores en la Iniciativa de Educación es muy reducida y hasta el momento no ha incidido significativamente en las cumbres, a excepción de unas pocas organizaciones que, como señalamos previamente, han intentado influir en la preparación de las agendas y en el seguimiento de la implementación. En este punto, resulta interesante recalcar que la mayoría de ellas –como en el caso de Corporación PARTICIPA y Asociación Conciencia– no necesariamente se ocupan de la reforma del aparato escolar, sino que su ámbito de acción trasciende la educación y apunta hacia el fortalecimiento de la participación ciudadana. En cuanto a las modalidades que fue tomando la participación no gubernamental a nivel regional y nacional, podemos distinguir dos tipos de influencia. De acuerdo con las estrategias adoptadas por las distintas organizaciones, éstas pueden ser clasificadas en *insiders* –aquellas que desarrollan sus actividades cerca del proceso oficial de negociación– y *outsiders* –organizaciones que ejercen presión desde fuera y en contraposición al proceso oficial– (ver Botto *et al.*; Korzeniewicz *et al.* en este volumen).

4. 1. *Influyendo desde dentro*

Participación en los procesos preparatorios de las cumbres de las Américas

Son pocas las OSC que intentan influir en los procesos preparatorios de las cumbres y menos aún las que lo hacen con éxito. Hasta el momento, los mejores resultados parecen ser los alcanzados por Corporación PARTICIPA, organización que ha liderado un proceso de consulta y asumido, desde la Cumbre de Miami, la responsabilidad de promover la participación ciudadana en la preparación de las agendas (ver Rojas Aravena *et al.* en este volumen).

A través de su proyecto "Participación ciudadana en el contexto de las cumbres de las Américas" y en asociación con otras tres organizaciones, PARTICIPA promovió la participación de diversas ONG en la formulación de recomendaciones a los gobiernos en materia de educación para la democracia, fortalecimiento de la sociedad civil, rol de la mujer en la erradicación de la pobreza y la discriminación, y acciones para combatir la corrupción (Corporación PARTICIPA, 1998).

Esto llevó a la organización de dos reuniones de trabajo en 1997, a las cuales se convocaron actores de la sociedad civil. La primera se relacionó directamente con la agenda educativa en tanto tema prioritario de la Cumbre de Santiago. Con el título de "Educación, democracia y desarrollo sustentable", se reunieron cincuenta y cinco representantes de ONG e instituciones académicas vinculadas, directa o indirectamente, al tema de la educación (ver "Cronograma" en Anexos). La convocatoria también incluyó a representantes de organismos internacionales y a los coordinadores nacionales de la cumbre por parte de los gobiernos de Chile y Estados Unidos. El principal producto de esta reunión fue la formulación de recomendaciones para los cuerpos preparatorios de la Cumbre de Santiago y, muy especialmente, propuestas para la línea Educación para la Democracia, ámbito específico de interés de Corporación PARTICIPA. En esta reunión se identificaron obstáculos y elementos facilitadores, que inciden en el cumplimiento de los acuerdos hemisféricos. Al mismo tiempo, se avanzaron ideas tendientes a comprometer al sector empresarial y a la prensa en tareas de sensibilización y diseño en el área educativa.

Posteriormente, PARTICIPA desarrolló una estrategia de difusión de las recomendaciones, publicó un boletín informativo y asistió a reuniones oficiales de negociación de la Cumbre de Santiago, llegando a integrar reuniones oficiales del Grupo de Revisión e Implementación de Cumbres. En esa oportunidad, se señaló que la participación ciudadana se veía dificultada por la ausencia de canales y por la falta de conocimiento de las estructuras organizacionales y de las lógicas de funcionamiento de las diversas reparticiones públicas involucradas en el tema.

Más recientemente, y con vistas a la Cumbre de Quebec, PARTICIPA volvió a liderar un proceso de consulta con OSC. En alianza con la Fundación Grupo Esquel y la Fundación Canadiense para las Américas, realizó consultas nacionales en dieciocho países con el propósito de formular propuestas a los gobiernos para el Plan de Acción. Colaboraron en la iniciativa agencias bilaterales de cooperación como Agence Canadien de Dévéloppement Internationelle (ACDI, Canadá) y la Agencia de los Estados Unidos para el Desarrollo Internacional (USAID), junto con el BID y la Fundación Ford. La educación, dentro de la canasta "Realización del potencial humano", recibió treinta y cuatro propuestas de tres países –Ecuador, República Dominicana, Granada– y dos redes internacionales –Centro por la Justicia y el Derecho Internacional y PREAL–. La mayoría de las propuestas apuntaron al perfeccionamiento o la reforma de políticas a nivel de la enseñanza básica, la renovación de la profesión docente, mejora de la gestión y financiamiento de la educación, a las que se sumaron dos propuestas en otros ámbitos. La primera, referida a la cooperación para el desarrollo a fin de extender la democracia hasta la base de la sociedad, involucrando a las OSC en el fomento de una valoración de la educación ciudadana. La segunda, relativa a la adopción, en todos los niveles, de medidas que garanticen la inclusión de asignaturas en derechos humanos, educación cívica, educación en valores y ética comunitaria en el currículo educacional (Corporación PARTICIPA, 2001).

Participación en el seguimiento de la implementación

El Plan de Acción de Educación no prevé la participación de las OSC en la definición de las agendas, ni en el seguimiento de la implementación. Esta responsabilidad recae en manos del G-11, que reúne a representantes de los países coordinadores –Barbados, Bolivia, Brasil, Canadá, Colombia, El Salvador, Guatemala, Jamaica, Perú, República Dominicana, Santa Lucía, Trinidad y Tobago y Venezuela–, de organismos multilaterales de cooperación internacional –OEA, BID y BM– y agencias bilaterales –ACDI y USAID–. La OREALC, oficina regional de la Unesco, también asiste en esta iniciativa. La coordinación del grupo está a cargo del gobierno de México, secundado por Chile, Argentina y Estados Unidos. Sus principales tareas incluyen la revisión de los avances que los países miembros han tenido en la materia, la formulación de propuestas y la búsqueda de nuevos instrumentos de cooperación.

Si bien el G-11 no cuenta con una representación oficial de las OSC, PREAL participa como observador desde 1998. Esta institución también ha colaborado en el seguimiento de actividades relacionadas con el cumplimiento de las metas del Plan de Acción, asociado con el North-South Center de la Universidad de Miami, por una parte, y con PARTICIPA, dentro de su proyecto regional de participación ciudadana en el contexto de las cumbres de las Américas.

Adicionalmente, PREAL ha creado dos comisiones internacionales, una de carácter regional y otra para América Central, las que suscribieron diversos informes con recomendaciones de política para revitalizar los procesos de reforma y que se distribuyeron entre los representantes oficiales de las cumbres con anterioridad a sus reuniones de coordinación. Bajo los títulos "El futuro está en juego" y "Mañana es muy tarde", estos documentos hicieron un llamado a los gobiernos, padres de familia, empresarios, líderes políticos, profesores y organismos internacionales para comprometerse en un esfuerzo por aumentar la inversión pública en educación y el gasto por alumno; transferir a los padres de familia, docentes y comunidad una amplia cuota de responsabilidad en el manejo del sistema educativo y de las escuelas; renovar la profesión docente, mejorar la formación magisterial y establecer mejoras salariales ligadas al desempeño y a estándares comunes que orienten la labor educativa así como también un sistema unificado de medición y divulgación de resultados.[5]

PREAL es también ejecutor de al menos dos proyectos surgidos en el marco de este proceso hemisférico. El primero es una asociación hemisférica financiada por USAID para promover debates informados sobre temas de política educacional y reforma educativa. También busca identificar y difundir las mejores prácticas en este campo y fortalecer la participación de la sociedad civil en la formulación y el perfeccionamiento de políticas. El segundo es el proyecto de Pasantías e Intercambios para la Innovación Educativa, financiado por el BID, proyecto regional cuyo segui-

---

5. Comisión Centroamericana para la Reforma Educativa (s/f) y Comisión Internacional sobre Educación, Equidad y Competitividad Económica en las Américas (1998). Otros títulos relacionados pueden encontrarse en www.preal.org.

miento recae bajo la Línea de Profesionalización Docente coordinada por el gobierno de Colombia.

Una segunda ONG que también realiza seguimientos periódicos de la implementación de la agenda de educación es LCIAS del North-South Center de la Universidad de Miami.

4. 2. *Influyendo desde fuera*

Las organizaciones representadas en la Cumbre de los Pueblos son también actores de relevancia. Estas cumbres se desarrollan en paralelo a las reuniones oficiales a partir de la Cumbre de Santiago. El Foro Hemisférico de Educación forma parte de esta cumbre alternativa y constituye una instancia temática, donde se agrupa un número importante de organizaciones sindicales, docentes y redes no gubernamentales que, si bien valoran el esfuerzo realizado en materia de reformas, disienten respecto de la orientación general de las políticas y los programas en curso. Éste es el planteo de la Red Social para la Educación Pública en las Américas, la Internacional de la Educación y la Confederación de Educadores Americanos, a los que se suman distintas federaciones de estudiantes y gremios canadienses del magisterio. En su conjunto, estas organizaciones suscriben la Iniciativa Democrática para la Educación en las Américas, que cuestiona la apertura de los mercados de bienes y servicios educativos. Asimismo, se denuncia la creciente mercantilización de la enseñanza y la posibilidad de que el área de educación sea incluida como uno de los ciento sesenta servicios que, de acuerdo con la Organización Mundial del Comercio (OMC), se comercian internacionalmente. Bajo el lema "la educación en venta", para estos actores, la apertura de mercados educativos y la movilización de cuantiosos volúmenes de dinero a su alrededor pueden llegar a plantear las mismas inquietudes que la liberalización de los mercados y servicios más tradicionales. Estas preocupaciones van desde la apertura de los mecanismos de intercambio, tipos de productos y servicios, validez de las certificaciones, hasta otras problemáticas que incluyen la especificidad de los servicios educacionales, la preservación y protección del patrimonio y la identidad cultural. Se propone entonces como recomendación general que se exceptúe explícitamente la inclusión del sector educación en las negociaciones del Área de Libre Comercio de las Américas (ALCA).

En cuanto al diagnóstico de los problemas del sistema escolar, éste no difiere mucho del de las organizaciones integradas o *insiders*. Destacan la inversión insuficiente en educación —menos de 5 por ciento del producto bruto interno—; el bajo rendimiento del sistema; el lento progreso educativo considerando el número de analfabetos, la cantidad de niños sin cobertura y la inexistencia de planes para las poblaciones indígenas y bilingües; la mala calidad de la educación; la escasa investigación social y la cuestionable transferencia de responsabilidades públicas a las comunidades locales y familias por efectos de las políticas de descentralización y privatización (Memoria de la Cumbre de los Pueblos de las Américas, 1999).

Muchas de las propuestas y medidas sugeridas por estos actores remiten al ámbito de la educación postsecundaria y superior, especialmente en el caso de las OSC canadienses. Éstas rechazan fuertemente la posible inclusión del sector educación en tratados de libre comercio, así como la privatización de la educación universitaria. En el campo del sistema escolar y la educación básica, las propuestas del Foro Hemisférico de Educación se diferencian de las de Corporación PARTICIPA y PREAL en ámbitos como los de descentralización de la gestión y privatización de los servicios educativos. De todas maneras, coinciden al menos en dos temáticas: mayor inversión financiera para la educación y mejora de las condiciones del trabajo docente.[6] En cuanto a la participación de las OSC, por sobre la utilización de los espacios abiertos desde los gobiernos, el Foro Hemisférico de Educación ha optado por la promoción de campañas de sensibilización sobre el derecho de participación en el diseño de políticas recomendando que "cualquier proyecto de reforma educativa se realice obligatoriamente desde la perspectiva de estos actores, garantizando su participación en la toma de decisiones más que en el plano de la consulta..." (Memoria de la Cumbre de los Pueblos de las Américas, 1999: 73-76).

5. A modo de conclusión

La participación de las OSC en las iniciativas de educación que surgen de las cumbres de las Américas no es una prioridad en la agenda, a diferencia de otras iniciativas relacionadas con el comercio, el medio ambiente, la corrupción, el control de drogas y otras que probablemente emergerán a partir de la violenta irrupción del terrorismo internacional en la vida ciudadana. Tampoco suscita el tipo de tensiones que provoca el ALCA entre gobiernos y sociedad civil, a excepción de los casos donde lo educativo se vincula con la liberalización comercial. Contrariamente a esto, y quizá por ser el sector educativo un campo tradicionalmente postergado, dentro y fuera del proceso de las cumbres se han ido creando espacios de participación mayoritariamente utilizados para ubicar la educación y su reforma como una prioridad en la agenda política de los países y exigir mejores resultados a los gobiernos. Esta misma situación se repite de manera similar a nivel de las agendas nacionales, donde los espacios disidentes están prácticamente monopolizados por los gremios docentes, sin que exista una articulación con los objetivos de una agenda crecientemente internacionalizada.

En este sentido, son varios los hallazgos resultantes del análisis. En primer lugar, existe poca contraposición entre sociedad civil y gobiernos: aun cuando en algunos países se mantienen antagonismos y actividades defensivas, en general no se han dado estrategias que busquen armonizar los intereses de cada uno y abrir es-

---

6. Con respecto al financiamiento, el Foro Hemisférico de Educación propone aumentar las inversiones en educación hasta alcanzar el 8 por ciento del producto geográfico bruto de los países, financiar íntegramente la educación pública desde el Estado, aumentar las tasas impositivas a las empresas para destinarlas a educación, reducir los presupuestos de defensa en favor de la educación y otras políticas sociales, aumentar la eficiencia de los recursos públicos y asignarlos con criterios de discriminación positiva. En relación a la condición del trabajo docente, las recomendaciones del foro remiten al rol protagónico que les cabe a los maestros en la enseñanza, abogan por una mejora de sus remuneraciones y defienden una carrera docente basada en un proyecto unitario que defienda los derechos e intereses de los educadores. En este sentido, se alinea con las propuestas de los gremios docentes y sus cuestionamientos a los procesos de reforma (Memoria de la Cumbre de los Pueblos de las Américas, 1999).

pacios de participación. En segundo lugar, el diálogo entre gobiernos y sociedad civil en materia educativa, aunque lento y a veces dificultoso, ha ido aumentando desde la Cumbre de Miami. Además, se observa que las OSC que más activamente participan en este proceso hemisférico son aquellas que muestran una fuerte vocación y vínculos internacionales. En cambio, otras organizaciones, que han ido ganando espacios y presencia para aportar a la definición de las agendas o al seguimiento de la implementación, muchas veces no utilizan cabalmente estos espacios por desconocimiento o por problemas de organización. Finalmente, queda claro que los gobiernos necesitan pasar del ámbito discursivo al de las realizaciones concretas y diseñar una metodología que permita integrar los aportes de los actores la sociedad civil en las agendas gubernamentales. Evidentemente la existencia de mecanismos y espacios facilita el involucramiento de las OSC en el diseño, la ejecución, la evaluación y el monitoreo de las políticas nacionales y de los acuerdos que se establecen en el marco del proceso de las cumbres de las Américas, tal como lo demuestra especialmente el caso chileno en el ALCA (ver Rojas Aravena *et al.* en este volumen).

En este sentido, la experiencia acumulada en el desarrollo del proceso de las cumbres hasta el momento ofrece valiosas lecciones. Las OSC pueden ser incorporadas como agentes de fiscalización del cumplimiento de los acuerdos y del seguimiento de su implementación. Es posible también la identificación de opciones de política y la formulación de recomendaciones para un sector que, de manera creciente, necesitará ubicarse en una perspectiva internacional a fin de ampliar o fortalecer visiones comunes en un mundo globalizado. Las OSC pueden resultar muy útiles en este sentido. En primer lugar, son competentes en la promoción de la transparencia y la rendición de cuentas o responsabilidad por los resultados. Asimismo, y en segundo lugar, cuentan con habilidades para la identificación y divulgación de buenas prácticas, la organización de foros y talleres nacionales e internacionales con el objetivo de examinar periódicamente los avances de las reformas. Finalmente, aparecen como idóneas en todo lo relacionado con la promoción de debates informados sobre temas de política educacional y reforma educativa o para investigar sobre el grado y la manera de avance en la implementación de las metas. Ciertamente, el sector ofrece ventajas comparativas que pueden utilizarse para tales fines y también capacidades que hasta ahora, como ya se viera, no se han aprovechado en plenitud.

La reforma judicial y la participación de la sociedad civil

Carlos H. Acuña y Gabriela Alonso

Ineficiente, cuando no corrupto. Dependiente de la voluntad del Ejecutivo, es un poder que no asegura la igualdad ante la ley ni facilita el funcionamiento de los mercados. En definitiva, el Poder Judicial en América Latina goza de una imagen deteriorada que ya no encuentra la explicación de sus problemas en su compromiso con las necesidades de los poderosos. Hoy, hasta los poderosos demandan su reforma y modernización. La articulación del accionar de actores nacionales e internacionales que, con distintas motivaciones, ubican en un mejoramiento del funcionamiento judicial un paso prioritario o precondición para alcanzar mayor legitimidad y eficiencia de gobierno democrático, ha generado en América Latina un poderoso "ambiente ideológico" prorreforma, hoy materializado en niveles como el de los acuerdos y compromisos asumidos por las cumbres presidenciales así como por el accionar colectivo en arenas paralelas a las mismas.

A fin de dar cuenta de la participación de estos actores en los procesos de integración en el área de justicia, este trabajo parte de un análisis del sistema judicial en América Latina y de su proceso de reforma, haciendo especial hincapié en los cambios introducidos a partir de los años 90 y su interrelación con distintos procesos multilaterales: cumbres de las Américas, cumbres iberoamericanas y cumbres del Grupo de Río. Luego, se presenta una caracterización de las organizaciones de la sociedad civil (OSC) y las redes que participan e intentan influir en tales procesos de reforma, distinguiendo entre sus acciones a nivel de las cumbres de las Américas y a nivel nacional. Finalmente, las conclusiones de este trabajo reúnen los principales hallazgos de nuestra investigación e incluso, algunas líneas de acción a implementar con vistas a fortalecer la participación de estos actores.

1. Sistema judicial en América Latina: la emergencia de la demanda de su reforma[1]

Los procedimientos judiciales en América Latina fueron influidos por el derecho civil europeo: los juicios fueron en forma escrita, los testimonios, como gran parte de las pruebas y la argumentación, se presentaban por medio de documen-

---

1. La primera parte de este apartado sigue los argumentos de Thome (1998).

tación escrita, y gran parte de la labor de investigación quedó en manos de los jueces más que en las de los fiscales, reproduciendo una lógica de sistema "inquisidor". Los procedimientos escritos fueron mostrando creciente lentitud y menor capacidad de respuesta frente a sociedades que avanzaban en complejidad, dimensión y, por ende, en su demanda de acciones judiciales. La provisión de justicia se caracterizó por mayores períodos de extensión de los juicios, lo que llevó no sólo a tornarlos costosos, sin sentido o violatorios de los derechos de los afectados, sino que también resultó en cuellos de botella claramente irresolubles y en jueces que, frente a la imposibilidad de cumplir su función en tiempo y forma, comenzaron a delegar sus obligaciones en oficiales de los juzgados de menor rango, constituyendo una nueva violación de los derechos de los afectados.

La subordinación político-institucional del Poder Judicial primordialmente frente al Ejecutivo, aunque también frente al Legislativo, en los períodos de vigencia constitucional, tuvo una serie de claras consecuencias: politización de los conflictos, desactualización normativa, insuficientes recursos y capacitación, modelo judicial burocrático y excluyente (O'Donnell, 1998). Hasta aquí, resulta clara la necesidad de una profunda reforma judicial en América Latina. Más allá de alguna presencia en la década de los años 60, lo "judicial" comenzó a sufrir un profundo replanteo durante las décadas de los 70, 80 y 90 en América Latina (Frühling, 1998). Este replanteo cobró, en primer lugar, la forma de demandas de la efectiva aplicación de la ley y, en un segundo momento, el reconocimiento de la necesidad de llevar adelante profundas reformas judiciales que apuntasen a asegurar mayor eficiencia y autonomía con respecto a los Ejecutivos nacionales.

La primera etapa que cubre la segunda mitad de la década de los 70 y la década de los 80 estuvo enmarcada por las violaciones de las libertades básicas y el terrorismo de Estado. Las organizaciones no gubernamentales (ONG) se centraron en la defensa de los derechos humanos y en la necesidad de evitar la impunidad de los responsables de sus violaciones, en los períodos de transición y consolidación democráticas. Su accionar se focalizó en el respeto de los derechos y la justicia. Esta etapa muestra el reclamo por un Poder Judicial más eficaz como reacción al incremento de la inseguridad ciudadana y el impacto de la criminalidad común en sociedades como la brasileña, la colombiana o la salvadoreña –demanda que finalmente se extendió a la chilena y la argentina–.

La segunda etapa –década de los 90– tuvo como contexto el reconocimiento por parte de los bancos multilaterales de desarrollo (BMD) –Banco Mundial (BM) y Banco Interamericano de Desarrollo (BID)– de que las reformas macroeconómicas sólo pueden producir resultados favorables y sustentabilidad a largo plazo, si las transformaciones estructurales son llevadas a cabo en un ambiente con gobiernos legítimos, regulaciones económicas adecuadas, participación activa de los sectores más afectados por estas políticas, funcionarios idóneos y competentes y un sistema político descentralizado capaz de generar mayor fiscalización sobre el accionar gubernamental. De esta forma, una nueva temática invadió la agenda de los BMD (Tussie, 2000a). La "segunda generación de reformas" mostró el surgimiento de un *buen gobierno* o *good governance* como un importante objetivo o precondición político-institucional, necesario para lograr los resultados que las reformas macroeconómicas y sectoriales no lograron producir *per se* (Wolfensohn, 1999; Naim, 1994). Dentro de esta temática, el Poder Judicial –su legitimidad y eficiencia– comenzó a ser reconocido como una pieza clave para el *buen gobierno* en general y para un eficiente funcionamiento de los mercados en particular.

Los programas de reforma de la justicia, implementados en una gran cantidad de países latinoamericanos, comenzaron a ocupar cada vez mayor espacio en la agenda pública. En Perú, luego del autogolpe de 1992 se intentó nombrar jueces de un modo alternativo y que tuviese cierto grado de consenso. En Chile, el presidente Eduardo Frei (1994-2000) dedicó buena parte de su discurso ante el Congreso en mayo de 1994 a explicar por qué su gobierno impulsaría profundas reformas al sistema de administración de justicia. En México, el presidente Ernesto Zedillo (1994-2000) inauguró su presidencia anunciando que la reforma judicial sería un objetivo esencial de su gobierno (Pásara, 1996). En la Argentina, las victorias de la oposición en 1997 y 1999 estuvieron enmarcadas en el reclamo popular por la recuperación de la independencia de la justicia.

Más allá de las reformas de segunda generación, los problemas de los sistemas de justicia en América Latina quedaron evidenciados por diversas tendencias de naturaleza estructural, que comenzaron a horadar la legitimidad de la justicia como medio de administración monopólico de la punición estatal. Emergen así tendencias y actores que modifican la preeminencia de los sistemas judiciales nacionales:

- El arbitraje regula una cantidad creciente de litigios entre grandes actores económicos, sustrayendo este tipo de pleitos de la injerencia estatal. Estos arbitrajes, que dirimen diferendos entre empresas, muchas veces son objeto de resolución fuera de las fronteras nacionales, donde se originó el litigio.
- Los medios de comunicación se constituyen como espacios paralelos a la administración de justicia estatal. En ellos, se acusa y sanciona socialmente sin recurso a ningún tipo de norma de debido proceso.
- En los sectores de menores recursos, la inexistencia práctica de la justicia, su morosidad o su falta de aceptación cultural llevan, demasiado frecuentemente, a la aplicación de "soluciones" de justicia de mano propia. Existen repetidos casos de este tipo de sucesos en Venezuela, Perú, Brasil, Argentina y otros países latinoamericanos (Pásara, 1996).

Tanto las nuevas políticas impulsadas por los BMD como las tendencias evidenciadas a nivel nacional coincidían en la necesidad de instrumentar cambios en la justicia. El cuadro 4.1 grafica la secuencia y el contenido de los intercambios entre diversos actores del proceso de reforma de la justicia en América Latina.

Cuadro 4.1.
El ciclo de políticas de las reformas de segunda generación

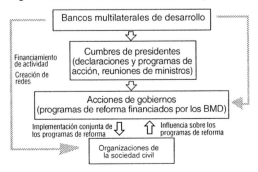

2. La respuesta a la demanda/necesidad de reforma judicial en América Latina

2. 1. *El surgimiento y la evolución de la temática en la agenda de las cumbres de las Américas*

La inclusión de la temática de reforma judicial en las cumbres de las Américas surge en forma tardía y se inscribe dentro de las reformas de segunda generación a las que se hizo referencia antes. Como afirmó Thomas McLarty en 1998: *"Four years ago, at the Miami Summit of the Americas, we affirmed the so-called first generation of reforms to strengthen democracy and open markets. Three weeks from now, at the Presidential Summit in Santiago, Chile, I believe the focus will be the second generation of reforms. In this context, we should pay particular attention to strengthening and reforming our systems of justice"* (McLarty, 1998).

En la I Cumbre de las Américas (Miami, 1994), la temática no fue incluida ni en la Declaración de Principios ni en el Plan de Acción, siendo recién incorporada en la II Cumbre (Santiago, 1998) (ver "Cronograma" en Anexos), como uno de los veintisiete puntos que constituyeron las áreas del nuevo Plan de Acción. La paradoja, o retraso, del accionar de las cumbres de las Américas reside en que, a pesar de la relevancia de la temática en términos de *governance* y desarrollo social y económico, las reuniones presidenciales muestran un rezago de unos cuatro años con respecto a las agendas de los BMD: mientras las reformas de segunda generación surgían como nuevos mandatos de los BMD en 1993 y 1994, las cumbres de las Américas "afirmaban" la primera generación de reformas y recién cuatro años después de la incorporación de estas temáticas en la agenda y portafolio de los BMD el proceso de cumbres de las Américas le reserva a lo judicial una especificidad propia. Dentro del capítulo "Preservación y fortalecimiento de la democracia, la justicia y los derechos humanos", el punto 11 se refiere específicamente al "Fortalecimiento de los órganos de justicia y sistemas judiciales" y define los siguientes mandatos:

- Desarrollar mecanismos que permitan el acceso fácil y rápido a la justicia a todas las personas –en especial a las de bajos recursos–, a través de mecanismos de transparencia, eficiencia y efectividad de las cortes.
- Fortalecer, cuanto sea posible, los sistemas de justicia criminal, fundados en la independencia de la justicia y en la efectividad de los defensores públicos y las fiscalías.
- Aumentar los esfuerzos para combatir el crimen organizado y transnacional, promoviendo nuevas leyes y las convenciones internacionales.
- Adaptar la legislación y los procedimientos, lo más rápido posible, incluyendo las reformas institucionales y las medidas necesarias que garanticen una proyección comprensiva de los derechos de los niños y jóvenes, de acuerdo con las convenciones de la Organización de las Naciones Unidas (ONU) y los instrumentos internacionales.
- Establecer y fortalecer la existencia de los tribunales o cortes especializados en temas de familia.
- Apoyar la creación de un centro de estudios judiciales para las Américas, que facilite el entrenamiento del personal judicial, el intercambio de información y otras formas de cooperación técnica en la región.

– Promover, en coordinación con la legislación de cada país, la asistencia legal y judicial en materia de extradiciones, pedidos de documentos reservados y otras evidencias materiales, como la observancia de los acuerdos de protección.

– Apoyar la conveniencia de reuniones periódicas de los ministros de Justicia y procuradores generales del hemisferio dentro del marco existente de la Organización de los Estados Americanos (OEA).

Finalmente, y en la misma dirección iniciada en Santiago, el plan de acción aprobado en la Cumbre de Quebec (abril de 2001) (ver "Cronograma" en Anexos) acentuó la importancia de la reforma judicial y del gobierno de la ley, destacando las iniciativas judiciales relacionadas con un mayor acceso a la justicia, la educación legal y una mayor transparencia en los procesos de nombramiento de jueces. Por otra parte, instó a la OEA a crear redes de intercambio de información sobre sistemas legales y apoyar oportunidades de asistencia mutua. Como en otras ocasiones, también se acentuó la relevancia del crimen transnacional y de la necesidad de incrementar la cooperación entre los sistemas judiciales nacionales para combatir el narcotráfico y los crímenes cibernéticos.

Los jefes de Estado y de gobierno pusieron énfasis en tres ejes que hacen a la esfera de lo judicial: el acceso a la justicia, la independencia del Poder Judicial y la interacción a nivel regional para lograr un desarrollo institucional de los sistemas judiciales. En este sentido se comprometieron a implementar medidas que permitan el desarrollo de mecanismos que impulsen y aseguren el acceso equitativo y universal a la justicia, así como sistemas que aseguren la independencia judicial a través de la transparencia en la selección de los cargos, seguridad en la permanencia en el cargo y mayor nivel de responsabilización frente a la sociedad. A su vez asumieron la tarea de buscar distintas opiniones y recomendaciones con el fin de reducir el número de detenidos en espera de juicio, establecer penas sustitutivas para los casos de delitos menores y mejorar las condiciones de las cárceles en el hemisferio. Por último, se comprometieron a desarrollar un plan de financiamiento para el Centro de Estudios de Justicia de las Américas (CEJA), teniendo en cuenta los intereses y recursos de los donantes.

Como parte del proceso de las cumbres de las Américas se han desarrollado reuniones a nivel ministerial. En el caso de la temática de la justicia se han realizado cuatro reuniones de ministros de Justicia o de ministros o procuradores generales de las Américas (REMJA) (ver "Cronograma" en Anexos).

En cumplimiento de los mandatos contenidos en el Plan de Acción de la Cumbre de Santiago y las recomendaciones adoptadas en las REMJA, en 1999 se creó el CEJA por Resolución de la Asamblea General de la OEA. El CEJA tiene sede en Santiago de Chile y está formado por todos los Estados integrantes de la organización regional. De acuerdo con sus estatutos, tiene como objetivos facilitar el perfeccionamiento de los recursos humanos, el intercambio de información y otras formas de cooperación técnica, y el apoyo a los procesos de reforma y modernización de los sistemas de justicia de las Américas. Para contribuir al logro de estos objetivos, el CEJA elabora y mantiene un centro de información sobre el funcionamiento del sector judicial: realiza estudios, especialmente de seguimiento de procesos de reforma de la región; desarrolla actividades de capacitación y brinda asistencia técnica a los países miembros.

1° Reunión: Buenos Aires, Argentina, 1997

Los ministros enfatizaron que, para fortalecer el sistema jurídico con el objetivo de asegurar el Estado de derecho y de favorecer el desarrollo económico y social, es necesario asegurar el pleno acceso de las personas a la justicia, garantizar la independencia de los jueces y la eficacia de los procuradores o fiscales, promover el establecimiento de sistemas de responsabilidad y de transparencia y modernizar las instituciones. También acentuaron la necesidad de incorporar métodos alternativos de resolución de conflictos. Este proceso de modernización de la justicia debería incorporar materias como el análisis organizacional, sistemas de gestión y rentabilidad social, dentro de un marco de intercambio de experiencias y cooperación técnica.

2° Reunión: Lima, Perú, 1999

Dentro del marco de integración regional, en lo que hace al intercambio de información y asesoramiento sobre los procesos de reforma judicial, los ministros enfatizaron la necesidad de continuar el proceso de comunicación de las políticas adoptadas por cada uno de los países, junto con sus logros y dificultades. El objetivo de esta propuesta es mejorar el acceso a la justicia, el perfeccionamiento de los esquemas de defensa y asistencia legal y judicial, la protección jurídica de la infancia y la juventud y la incorporación de medios alternativos de resolución de conflictos. La cooperación sobre los procesos de reforma judicial se dará a través de la construcción de un banco de datos con la legislación vigente en estas materias y de estudios comparativos.

3° Reunión: San José, Costa Rica, 2000

Esta reunión se centró en la reforma de la administración de justicia. Se exhortó a la cooperación con el objetivo de mejorar el acceso a la justicia de los habitantes de los Estados miembros de la OEA. Esta mejora podría alcanzarse a través de la promoción y adopción de métodos alternativos de solución de conflictos, permitiendo así la existencia de mecanismos judiciales y extrajudiciales ágiles. También se exhortó a los Estados miembros a promover e incluir en los programas de educación elementos que fomenten la utilización del diálogo, la negociación, la mediación y otro tipo de mecanismos de resolución de controversias que promuevan la convivencia armónica.

4° Reunión: Puerto de Trinidad, Trinidad y Tobago, 2002

En esta reunión los ministros pusieron énfasis en la cooperación jurídica y judicial con el fin de consolidar y perfeccionar la colaboración en el combate contra diversas manifestaciones de la delincuencia transnacional organizada y el terrorismo. También acentuaron la necesidad de cooperación en el proceso de administración de justicia. Con este fin, destacaron la importancia de crear un registro de medios alternativos de resolución de conflictos a nivel interamericano controlado por el CEJA, el cual debería impulsar la adopción de esos mecanismos en las legislaciones nacionales.

El CEJA auspicia dos redes. Una de ellas está conformada por las instituciones públicas del ámbito de la justicia y la otra, por instituciones académicas interesadas en estos temas. A partir de marzo de 2002, ha establecido la Red de Organizaciones de la Sociedad Civil de Justicia de las Américas (ver más adelante).

Las distintas actividades que desarrolla el CEJA en la actualidad incluyen:

– un proyecto de seguimiento de los procesos de reforma judicial en América Latina;

- un proyecto sobre el rol de las OSC en el proceso de democratización de la justicia –con algunas actividades conjuntas con la Fundación Ford–;
- un estudio de política criminal e integración regional en el Mercado Común del Sur, coordinado en forma conjunta con el Instituto de Estudios Comparados en Ciencias Penales y Sociales (INECIP) e implementado a través de instituciones locales: INECIP en la Argentina, Universidad Federal de Paraná en Brasil, INECIP en Paraguay y la Universidad Nacional en Uruguay. El estudio será financiado por el gobierno de Francia y las instituciones locales mencionadas.

Sus actividades deberán ser financiadas con las contribuciones voluntarias aportadas por los Estados miembros de la OEA, así como con fondos provenientes de organizaciones públicas y privadas. Si bien, como es posible observar a través de las declaraciones de las cumbres presidenciales anteriores, los gobiernos se muestran entusiastas respecto de las actividades que promueven el intercambio de información y de opiniones en lo que hace a los procesos de reformas judiciales, el CEJA como organismo dedicado a este tipo de actividades parece no contar con demasiado apoyo en este sentido. Así, y en lo que hace a sus fuentes de recursos, el CEJA afirma:

> Con relación a la obtención de las contribuciones voluntarias de los Estados miembros, cual debería ser la forma normal de financiamiento del CEJA en cuanto organismo internacional que es, nos hemos topado con respuestas poco auspiciosas a nuestras demandas a los países. En el área de la justicia los países no están suficientemente persuadidos de los beneficios que puede hacer una institución como el CEJA, además de existir una tradición de no invertir recursos en justicia.[2]

Los recursos que recibió el CEJA durante el último período corresponden al proyecto de la Agencia de los Estados Unidos para el Desarrollo Internacional (USAID) por un millón de dólares. También recibió una donación del gobierno de Canadá por 28.575 dólares, que se suma a otras fuentes de financiamiento menores, entre las que se encuentran la Fundación Ford y algunos gobiernos europeos. De todas maneras, el CEJA busca otras fuentes de financiamiento a través de proyectos junto con el BID y el BM.

2. 2. *Otras cumbres: cumbres iberoamericanas y cumbres del Grupo de Río*

Las diferencias entre las cumbres de las Américas, las iberoamericanas y las del Grupo de Río son significativas en materia de administración de justicia. Las primeras enfatizan ciertos procedimientos de resolución de controversias entre particulares, como medio para remediar los problemas de acceso a la justicia. Este tema es abordado desde una perspectiva que lo liga al tratamiento que se le da a la democracia en las cumbres iberoamericanas, mientras que en las reuniones de mandatarios del Grupo de Río no hay siquiera referencias a un programa explíci-

---

2. Ver www.cejamericas.org.

to de reforma de la justicia. Finalmente, existen marcadas diferencias en los mecanismos de implementación de los resultados de las cumbres. Si bien las cumbres de las Américas poseen una institucionalización tal que permite la efectiva implementación de iniciativas a nivel intergubernamental, en general parecen tener poca capacidad para generar cambios a nivel estatal interno de los países participantes. En efecto, más allá de toda diferencia, estos tres procesos muestran un rasgo común: la marcada dificultad para implementar, en el plano interno, las declaraciones e iniciativas impulsadas en el marco de las reuniones de presidentes y de jefes de gobierno. En el caso específico de la reforma del sistema de justicia, si bien se dieron algunas reformas parciales, aún no se han completado las reformas integrales propuestas en el marco de las cumbres. En este sentido, los acuerdos comerciales constituyen una clara excepción en la medida en que han dado lugar a una efectiva aplicación interna de estos tratados.

En la VI Cumbre Iberoamericana de Jefes de Estado y de Gobierno (Chile, 1996), se puso especial énfasis en el fortalecimiento de las democracias iberoamericanas, que implicaba, entre otras cuestiones, la superación de ciertos retos como el mejoramiento de la seguridad pública y de la administración de justicia. En este marco se destacó la importancia de las reformas de la administración de la justicia que se estaban llevando a cabo en la región, dado que el perfeccionamiento de los órganos del Estado favorece el fortalecimiento de la democracia. Los aspectos que sobresalen de las reformas judiciales implementadas son los cambios en las estructuras de los tribunales a través de la ampliación de su cobertura y de su facilidad de acceso, la reforma de los procedimientos sobre la base de su agilización y actualización, los cambios en las normas procesales y las reformas orientadas a la protección de sectores específicos de la sociedad y a asegurar los derechos legítimos de las víctimas.

En la VII Cumbre Iberoamericana de Jefes de Estado y de Gobierno (Venezuela, 1997), se reconoció la necesidad de mejorar la administración de justicia con el fin de garantizar la seguridad jurídica y luchar contra la impunidad. De esta manera los jefes de Estado y de gobierno hicieron hincapié en la necesidad de una reforma de la administración de justicia que asegurara la mayor eficiencia en relación con los mecanismos de resolución de controversias, la independencia e idoneidad de los funcionarios, la garantía de la tutela de los derechos humanos y el fácil acceso de los ciudadanos a las decisiones judiciales. En este marco, se comprometieron a impulsar un intercambio de experiencias entre sus Estados respecto de los ámbitos de reforma judicial y políticas judiciales.

Las cumbres presidenciales del Grupo de Río han llevado a pronunciamientos específicos sobre la esfera relativa a la reforma de los sistemas judiciales de los países latinoamericanos. En tanto ámbito de concertación y de diálogo político, se centra en temas como la integración económica y cultural, la democracia, los derechos humanos, el desarrollo sostenible, la protección del medio ambiente, el problema de las drogas y la lucha contra el crimen organizado y la corrupción. Su compromiso con el "constante perfeccionamiento de las legislaciones nacionales y de las instituciones judiciales" surge ante su preocupación por prevenir delitos como el narcotráfico, el terrorismo y la corrupción (Declaración de la XI Cumbre de Jefes de Estado y de Gobierno del Grupo de Río, Declaración de Asunción, 24 de agosto de 1997).

3. La autonomía judicial como riesgo para los poderes ejecutivos

Las cumbres son espacios de coordinación y organización de acciones colectivas de un tipo de actor: los poderes ejecutivos de los países del continente americano. Por ello, y más allá de la participación de otros actores, como los de la sociedad civil, centro de interés de nuestro estudio, resulta central comprender los intereses, incentivos y compromisos de los ejecutivos a fin de evaluar el sentido, el impacto actual y potencial de las cumbres de las Américas, tanto sobre los procesos de reforma judicial como sobre la participación de la sociedad civil en los mismos. En general, los casos analizados nos muestran una tensión entre los Ejecutivos y las cortes que no responden a las necesidades políticas de los primeros. Esto es esperable en situaciones de equilibrio inestable como las ligadas a las cuestiones militares, de derechos humanos o a estrategias socioeconómicas que apuntan a resolver problemas de urgencia.

En este sentido, los gobernantes tienen razón en ser cuidadosos con los riesgos que les plantea un Poder Judicial autónomo. El error de los gobernantes no radica en ser cuidadosos con respecto a esto, sino en asumir que el problema se encuentra en el Poder Judicial cuando, de hecho, esta situación es inherente a la democracia como régimen de gobierno y de resolución de conflictos. Como Adam Przeworski (1991) argumenta, la estabilidad de las reglas necesariamente implica incertidumbre respecto de los contenidos y resultados de las políticas, una propiedad estricta de las democracias. Priorizar el alcance de un resultado sobre la estabilidad y el cumplimiento de las reglas, y sobre la libertad de acción del Poder Judicial, es atentar contra la naturaleza democrática del régimen. Si la democracia es un régimen donde los ciudadanos son iguales ante la ley, los que violan las reglas deben sufrir juicio y sanción, y todos aquellos comprometidos con el bienestar general de la sociedad deberían estar dispuestos a correr los riesgos inevitables del gobierno de la ley.

Los casos analizados nos muestran gobernantes que comparten, más allá de las fronteras y posiciones partidario-ideológicas, cierto malestar frente a poderes judiciales autónomos. Esto también es comprensible: durante siglos el orden político se ha constituido a partir de procesos que ocurren dentro de las fronteras nacionales controladas por un Estado, cuya cabeza está en el Poder Ejecutivo. Y las decisiones judiciales pueden contradecir acuerdos políticos y generar desestabilización de políticas, al menos en el corto plazo. En este sentido, el Poder Judicial constituye, de hecho, un desafío potencial a lo que los Ejecutivos consideran necesario para resolver problemas de orden público.

El resquemor de los gobernantes con respecto a la autonomía judicial radica en que la perciben como un recorte de su poder, lo que efectivamente es. Lo que subyace a la "división de poderes" es un mutuo recorte de poder en función de un equilibrio que se considera más eficiente y legítimo que otras alternativas. En síntesis, gran parte de lo que hay en juego en las reformas judiciales de América Latina tiene que ver no con uno de los tres poderes de gobierno, sino con la construcción de una lógica democrática de gobierno. La experiencia nos muestra que los gobernantes a cargo del Ejecutivo, más allá de su condición más o menos democrática, tienden a desconfiar de esta autonomía. Debemos entonces esperar escenarios en los que los gobiernos promuevan reformas judiciales cosméticas, mientras que serán otros actores –los organismos multilaterales de desarrollo, gobiernos extranjeros, a veces los medios de comunicación y, sobre todo, las sociedades civiles– los encargados de que estas reformas sean profundas y que impliquen consecuencias de largo plazo a fin de asegurar la eficiencia y legitimidad democráticas.

4. Los actores de la sociedad civil

Siguiendo el patrón de los otros casos temáticos, es posible identificar el comportamiento de estos actores en dos niveles: regional y nacional (ver Von Bülow; Gajardo en este volumen).

4. 1. *En el ámbito de las cumbres de las Américas*

La evidencia nos nuestra que en el período que va de la I a la II Cumbre fueron actores multilaterales –como los BMD– y el gobierno de Estados Unidos los que disparan la inclusión de esta temática, y no los actores de la sociedad civil o los propios gobiernos latinoamericanos. La propuesta de aquéllos hacia los representantes gubernamentales latinoamericanos va acompañada de ofertas de financiamiento bajo la forma de créditos blandos por parte de los BMD y de apoyo de USAID, por parte de Estados Unidos.

De los países que son objeto de nuestro análisis –Argentina, Brasil, Chile y México–, sólo ONG de Chile y Argentina muestran participación en el marco de las cumbres de las Américas, fundamentalmente a través de organizaciones como Corporación PARTICIPA (Chile), Asociación Conciencia (Argentina), Fundación Poder Ciudadano (Argentina) o el Servicio Paz y Justicia (Serpaj, Chile y Argentina). Aunque de distinto carácter en términos de sus prioridades y posición político-ideológica –por ejemplo, el Serpaj se muestra más contestatario y reacio a alianzas con gobiernos que las otras–, ninguna de éstas incluye la temática judicial entre sus ejes centrales de interés. Corporación PARTICIPA centra sus prioridades en la educación y el desarrollo, mientras que Conciencia y Poder Ciudadano, si bien desarrollan algunos programas ligados a derechos –en el caso de Poder Ciudadano, éste cuenta con el Foro Social por la Justicia y apoya el accionar de Ciudadanos por la Justicia, programas de defensa de derechos en los que la reforma judicial resulta marginal/contextual–, focalizan su accionar en la educación y en los derechos ciudadanos en general. Finalmente, el Serpaj se centra en derechos humanos y socioeconómicos. En todos los casos, la temática judicial resulta contextual a su objeto de acción, esto es, marginal con respecto a sus prioridades (ver Rojas Aravena *et al.*; Guiñazú en este volumen).

Como vemos, el surgimiento y la evolución de la temática de las reformas judiciales en la agenda de las cumbres de las Américas muestran inicialmente poca participación de la sociedad civil. En primer lugar, porque sufre la desconfianza característica de los gobiernos hacia la participación de actores autónomos en todas las cuestiones que, tradicionalmente, eran objeto del monopolio del accionar estatal. En segundo lugar, porque incluso en aquellos casos donde los gobiernos han abierto canales de participación a las ONG –como en el caso de Chile vía la relación entre PARTICIPA y el Ministerio de Planificación y Cooperación o el de la Argentina, donde después de la Cumbre de Santiago se estableció una relación entre Conciencia y la jefatura de ministros para el seguimiento de los compromisos de Santiago–, la mayoría de las áreas gubernamentales –a excepción del Ministerio de Relaciones Exteriores o el de Economía– muestran simple desconocimiento de las cumbres de las Américas y su contenido. En tercer lugar, las relaciones gobierno-ONG se centran en temáticas educativas, por las propias características de estas organizaciones (ver el contraste con el caso "educación" en Gajardo en este volumen).

De esta forma, las OSC han tenido un papel secundario en la elaboración de la agenda de las cumbres hemisféricas. Es de destacar que existe un mecanismo multilateral de seguimiento de las cumbres de las Américas en el marco de la OEA: la Comisión Especial de Gestión de Cumbres Interamericanas. Durante el proceso de preparación de la Cumbre de Quebec, las ONG fueron consultadas acerca de las declaraciones de la cumbre a través de un proceso coordinado por Corporación PARTICIPA a nivel regional: más de cuarenta organizaciones dieron su opinión y el conjunto de las propuestas recibidas fueron luego parte de la negociación del texto final de la cumbre (ver Korzeniewicz *et al.* en este volumen).

En lo referente a los sistemas de justicia de la región, las ONG aportaron las siguientes sugerencias a la Cumbre de Quebec:

– restringir el fuero de la justicia militar a los delitos típicamente militares;
– suscribir y ratificar el Tratado de la Corte Penal Internacional, y
– revisar y mejorar los sistemas locales y constitucionales de acceso a la justicia, teniendo especial consideración respecto de los grupos más vulnerables y socialmente menos favorecidos.

Sin embargo, una experiencia reciente apunta a la acción coordinada en el plano internacional con un claro foco en la justicia. El 25 y 26 de marzo de 2002 en Quito, Ecuador, se realizó la primera reunión de la Red de Organizaciones de la Sociedad Civil de las Américas –en adelante, la Red–. La misma fue organizada por el CEJA y la Fundación Esquel-Ecuador– y auspiciada por el BM, el BID y USAID-Ecuador.

Los miembros de la Red son las siguientes organizaciones: Alianza Ciudadana Pro Justicia (Panamá), Argentina Justicia (Argenjus, Argentina), Comisión Andina de Juristas (Perú), Conferencia Episcopal de Acción Social (CEAS, Perú), Centro de Estudios de Justicia y Participación (Bolivia), Centro de Estudios Legales y Sociales (CELS, Argentina), Corporación Excelencia en la Justicia (CEJ, Colombia), Comisión Latinoamericana para el Desarrollo (Ecuador), Coordinadora Nacional de Derechos Humanos (CND, Perú), Fundación del Debido Proceso Legal (Estados Unidos), Fundación Esquel (Ecuador), Foro de Estudios sobre la Administración de Justicia (FORES, Argentina), Fundación Institucionalidad y Justicia (República Dominicana), Fundación Libra (Argentina), Fundación Mediadores en Red (Argentina), Haití Solidarité Internationale –organización miembro del Comité de Coordinación del Foro Ciudadano para la Reforma Judicial en Haití–, Instituto de Defensa Legal (IDL, Perú), Instituto de Estudios Comparados en Ciencias Penales (Guatemala), International Foundation for Election Systems (Estados Unidos), Instituto Nacional de Apoyo a Víctimas y Estudios en Criminalidad

(México), Instituto de Estudios Comparados en Ciencias Penales y Sociales (INECIP, Argentina), INECIP (Paraguay), Instituto Mexicano para la Justicia (México), Corporación PARTICIPA (Chile), Fundación Paz Ciudadana (Chile), Fundación Poder Ciudadano (Argentina), Centro de Investigaciones Jurídicas-Facultad de Derecho, Universidad Diego Portales (Chile), Fundación de Estudios para la Aplicación del Derecho/Centro de Estudios penales (FESPAD/CEPES, El Salvador), CEJA, Instituto Brasileiro de Ciências Criminais (Brasil), Fundación Jurídica para la Acción (Chile). Además participaron de la reunión de lanzamiento el BID, el Centro de Investigación de Derecho y Sociedad (Ecuador), Corporación Mujer a Mujer (Ecuador), Red de Justicia de Cuenca (Ecuador), Red de Justicia de Guayaquil (Ecuador), USAID-Panamá y USAID-Ecuador.

La Red reconoce sus antecedentes en dos experiencias lanzadas en 1998: la Red ONG por la Justicia —auspiciada por el BM— y la Red de ONG por la Democratización de la Justicia, con el auspicio del Programa de las Naciones Unidas para el Desarrollo. Los objetivos de esta Red son:

– construir una mirada regional sobre los problemas de la justicia en América;
– potenciar la contribución de la sociedad civil en la administración de la justicia, y
– coordinar acciones y aprovechar las experiencias de todos los miembros de la Red.

La agenda de esta reunión giró alrededor de los siguientes ejes: procesos políticos, democracia y reforma judicial, la reforma de la justicia criminal, las reformas de gestión y los planes de modernización judicial, la capacitación judicial y jurídica para la reforma, justicias no convencionales y elementos de ciudadanía en la justicia —resolución alternativa de conflictos, justicia de paz, diversidad cultural—, entre otros. Los resultados se centraron principalmente en cuestiones formales organizativas —periodicidad de las reuniones, metodología de trabajo, entre otros— y una declaración general de principios. Esta experiencia, más allá de su juventud e incierto futuro, es destacable por dos razones. En primer lugar, es una consecuencia indirecta del accionar de las cumbres de las Américas dado el papel que ha desempeñado el CEJA en su convocatoria. En segundo lugar, ratifica el rol central de los organismos multilaterales y paraestatales —como el propio CEJA, el BM y el BID— u organismos extranjeros —como USAID— para movilizar y resolver los problemas de acción colectiva de las OSC.

En síntesis, la reforma judicial como temática específica de la agenda de las cumbres de las Américas surgió en forma tardía, fue promovida por los BMD de desarrollo y el gobierno de Estados Unidos, más que por la sociedad civil y los gobiernos latinoamericanos. Además, se evidencia poca participación de las ONG, tanto en la elaboración del contenido de los planes de acción como en el seguimiento del cumplimiento de los mismos una vez aprobados, incluso en aquellos casos donde los gobiernos han abierto canales de participación a la sociedad civil. Esto último obedece no sólo a dinámicas de exclusión sino a que la reforma judicial no constituye un tema prioritario u objeto del accionar de las organizaciones que participan en el proceso de las cumbres de las Américas.

4. 2. *En el ámbito nacional*

A nivel nacional, las OSC participan en los procesos de reforma judicial por vía de la influencia de los programas estatales de reforma o de la implementación conjunta con los Estados de las acciones de reforma. Su participación en el establecimiento de las prioridades de agenda ha sido escasa. En realidad, y aunque con matices, ésta se da en la aplicación de los contenidos de la agenda ya establecida. Así, el gobierno estadounidense a través de USAID advertía que los actores latinoamericanos estaban mucho menos interesados en la reforma administrativa de la justicia que generase menores demoras en su administración que en programas relativos al fortalecimiento de la independencia del Poder Judicial y el control de la corrupción. De la misma manera, los latinoamericanos estaban interesados en la aplicación de instituciones penales adversariales y descreían de las instituciones del sistema penal estadounidense –como la negociación de las sentencias a aplicar entre el Estado y el acusado de un delito–, por creer que afectaban el debido proceso y la integridad judicial (Hammergren, 1999). En el campo de la reforma de la justicia, la acción de las organizaciones se centra mayormente en la implementación de programas financiados por los BMD a través de los gobiernos. Los BMD también desarrollaron vínculos con diversas OSC por medio de la creación de redes.

Distintas OSC llevaron adelante acciones puntuales, destinadas a impulsar algunos objetivos específicos de la reforma del sistema de justicia en el plano nacional. Una primera gran división de tareas se dio entre aquellas que conciben la reforma como un problema de administración –primer grupo–, otras que entienden la reforma como un problema de mejora de los estándares de la justicia como poder del Estado –segundo grupo– y, finalmente, organizaciones corporativas como las empresariales –tercer grupo– que tienden a restringir la problemática de la justicia a su función de defensa de la propiedad privada y de apoyo al funcionamiento de los mercados.

En el *primer grupo*, encontramos en la Argentina al FORES, una organización creada en 1977 y que entiende que el problema que afecta a la justicia es predominantemente de naturaleza gerencial. Algunas de las temáticas en las que se especializa son el sistema judicial y jurídico en general, junto con el diseño de políticas de gestión pública, planeamiento estratégico, auditoría e información, informática e incorporación de las tecnologías de la información y la comunicación, entre otras.

Una organización que responde a este mismo patrón, también en la Argentina, es la Fundación Libra, la cual se ha especializado en el tema de la mediación como instrumento destinado a acortar la morosidad en la justicia e impedir que causas que pueden ser resueltas privadamente –sin la intervención de un juez– lleguen al sistema judicial. En este tipo de propuestas de reforma se privilegia la cuestión administrativa y no un problema sustantivo asociado a ciertas casos de mediación, donde se pueden generar perjuicios para la parte más débil de la controversia sometida a tal proceso. Este tipo de resolución de controversias alcanza acuerdos privados que no contemplan intereses públicos –por ejemplo, problemas de contaminación que, además de afectar a las partes, pueden presentar perjuicios a terceros–.

Dentro de este primer grupo, también podemos mencionar a Argenjus, organización de segundo grado, creada en Argentina en 2000 y que reúne a agrupaciones de abogados, magistrados, profesores de derecho e integrantes de la sociedad civil.[3] Entre sus objetivos se incluye afianzar la independencia de la justicia, lograr una mayor eficacia y eficiencia del servicio de la justicia, experimentar y analizar sistemas de formación y capacitación de recursos humanos del sistema judicial y solucionar efectivamente los conflictos que se suscitan en el seno de la comunidad.[4] A fin de cumplir con estos objetivos, realiza variadas actividades: planificación y desarrollo de programas de capacitación para empleados, magistrados y demás actores del proceso judicial; desarrollo y ejecución de experiencias piloto para sistemas judiciales; implementación de tecnologías de la información y de las comunicaciones en el Poder Judicial y órganos auxiliares del sistema de justicia; elaboración y desarrollo de mediciones e indicadores de eficiencia, eficacia, desempeño, gestión administrativa y jurisdiccional.

También encontramos a la Alianza Ciudadana Pro Justicia (Panamá), cuyo principal objetivo es promover la participación de la sociedad civil en los temas de la administración de justicia que afectan a los ciudadanos. Busca acompañar los procesos de reforma emprendidos por diferentes instituciones de la justicia y proponer recomendaciones para mejorar los recursos humanos y materiales de las estructuras organizativas existentes. Actualmente, está conformada por once organizaciones que trabajan en las siguientes áreas: consolidación de la independencia judicial y transformación del sistema de administración de justicia, mejoramiento del sistema penitenciario, reforma de la justicia administrativa, promoción de mecanismos alternativos de solución de conflictos y educación ciudadana. La CEJ (Colombia) presenta una agenda similar. Fue constituida en 1996 con el objetivo de crear "una organización representativa de la sociedad civil, independiente, de alto nivel, regida por principios modernos de gestión, con capacidad para promover cambios en la búsqueda de la excelencia en la justicia".[5] Cuenta con noventa y cinco miembros entre los que se encuentran universidades, centros de investigación, empresas del sector productivo, medios de comunicación y ciudadanos interesados en promover la participación ciudadana en la tarea de fortalecimiento del sistema de justicia colombiano. Sus objetivos incluyen la promoción de métodos alternativos de solución de conflictos, el apoyo a la efectividad de la gestión administrativa de la justicia y la colaboración con el Poder Legislativo en la elaboración de proyectos de ley relevantes para la justicia. Con el financiamiento del BM, esta institución organizó la primera red de ONG vinculadas a la justicia de América Latina en 1988. Según su ex director ejecutivo, Alfredo Fuentes-Hernández, para llevar adelante reformas efectivas del sistema judicial, es de suma importancia promover alianzas con el Poder Ejecutivo y voceros del Poder Legislativo, así como con las

---

3. Las entidades asociadas a Argenjus son Asamblea Permanente por los Derechos Humanos, Asociación de Magistrados y Funcionarios de la Justicia Nacional, Federación Argentina de Colegios de Abogados, Federación Argentina de la Magistratura, Foro por la Reconstrucción Institucional, FORES, Fundación de Estudios para la Justicia, Instituto Superior por la Justicia, Junta Federal de Cortes y Superiores Tribunales de Justicia de las Provincias Argentinas, Universidad Nacional de Lanús.

4. Véase ponencia de Ramón Gerónimo Brenna, presidente de Argenjus, en el Primer Encuentro de la Red (Quito, marzo de 2002) (www.argenjus.org.ar).

5. Véase www.cej.org.co.

OSC y agencias internacionales, ya que esto permite superar la debilidad de los liderazgos y la falta de continuidad de las reformas (Fuentes-Hernández, 2002). Entre sus propuestas, sostiene que la justicia debería aplicar en algunos casos un sistema de cobros –tasas, honorarios o gastos– a fin de evitar una apropiación de beneficios regresiva por parte de individuos u organizaciones.

Un *segundo grupo* actúa desde la visión de la justicia como un problema sustantivo. De acuerdo con esta concepción, la problemática de la justicia en América Latina no puede reducirse a cuestiones de administración y gerenciamiento ya que existen problemas de dependencia de la justicia respecto del poder, corrupción y problemas estructurales que impiden el acceso de vastos sectores de la población al sistema de administración de justicia. Como consecuencia de esto, la justicia posee serios problemas de legitimidad frente a la ciudadanía.[6]

En este marco, en la Argentina son varias las ONG que actúan en estas temáticas. Entre ellas cabe mencionar al CELS, la Asociación por los Derechos Civiles, la Fundación Ambiente y Recursos Naturales, INECIP y la Unión de Usuarios y Consumidores. Estas organizaciones han elaborado, en forma conjunta, una serie de documentos relativos a la situación de la Corte Suprema de Justicia, luego de que el Parlamento comenzara a principios de 2002 el procedimiento de juicio político a los nueve miembros del tribunal. Las recomendaciones de los documentos incluyen, entre otras, acciones tendientes a establecer procedimientos para la remoción y designación de los jueces de la Corte Suprema de Justicia. Además, ofrecen estrategias operativas para modificar los reglamentos del proceso de enjuiciamiento en el Congreso, así como reglas operativas para la selección de jueces a ser implementadas por el Poder Ejecutivo y el Senado nacional. En lo que hace a las reformas penales, los esfuerzos de organizaciones como el INECIP estuvieron orientados a oralizar el procedimiento y garantizar derechos individuales en el proceso. Dentro de este segundo grupo podemos encontrar a la FESPAD/CEPES creada en 1992 en El Salvador. Esta organización recibe apoyo y/o financiamiento de INECIP, de la Embajada de los Países Bajos con sede en Costa Rica, Save the Children-Suecia, del Fondo de las Naciones Unidas para la Infancia (Unicef), de la Comunidad Europea, la Asociación Catalana para la Cooperación Internacional y la Universidad de El Salvador, entre otros.

Otras dos organizaciones argentinas de relevancia como Poder Ciudadano y Asociación Conciencia, si bien carecen de una agenda específica de acción en el ámbito de la reforma de la justicia, cumplieron un rol importante en la concientización de la sociedad respecto de la importancia de la justicia en el sistema democrático. Ambas organizaciones implementaron programas de sensibilización de la ciudadanía por medio de publicaciones, brindando datos acerca de los miembros del Poder Judicial y teatralizaciones públicas de escenas de violación de derechos.

6. En Perú, un sondeo de la empresa APOYO realizado en Lima en abril de 1993 mostró que sólo 5 por ciento de los entrevistados consideraba confiable al órgano judicial y 72 por ciento lo calificó como poco o nada confiable (Pásara, 1996). Mientras que estudios de opinión pública en la Argentina durante los 80 ubicaban a la justicia como una de las instituciones más valoradas por la ciudadanía, a fines de los 90 se había revertido diametralmente esa percepción. En 2000, 88 por ciento de los argentinos no confiaba en la justicia, tendencia que se ha mantenido durante 2001 y 2002. Véanse las encuestas de Graciela Römer y de Gallup para el diario *La Nación*, 3 de septiembre de 2000 y 23 de enero de 2001, respectivamente; y Catterberg (1989).

En Perú, CEAS posee una agenda de trabajo que podría también enmarcarse entre las ONG que conciben la acción en el campo de la justicia como una problemática sustantiva. Fue creada en 1965, siendo su objetivo la defensa y promoción de los derechos humanos. Está presidida por un obispo e integrada por un Consejo de Obispos que orientan el trabajo de un equipo multidisciplinario de profesionales –abogados, sociólogos, trabajadores sociales, psicólogos, entre otros–. Posee dos departamentos. El primero de éstos, el Departamento de Dignidad Humana, se orienta, dentro del área de Justicia y Derechos Humanos, a la promoción y defensa de los derechos humanos dentro del ámbito del sistema de administración de la justicia penal y a través de la atención integral –jurídica, social y psicológica– de internos penitenciarios. Asimismo, coordina la Red Nacional de Agentes Pastorales Penitenciarios capacitados para desarrollar acciones en torno de una política criminal garantista. Por otra parte, el Área de Verdad y Reconciliación aborda los problemas vinculados a las secuelas de la violencia política sufrida en Perú. El Departamento de Solidaridad, el segundo departamento dentro de CEAS, tiene como objetivo el fortalecimiento de las redes locales y espacios de concertación de lucha contra la pobreza, defensa del medio ambiente y participación ciudadana en las políticas públicas locales. Además, desarrolla un trabajo de cabildeo nacional e internacional en torno del problema de la deuda externa.

La CND fue conformada en 1985 en ese mismo país, como un colectivo de ONG que trabajan en la promoción y educación de los derechos humanos. Su antecedente fue el Comité de Solidaridad creado por un grupo de ONG vinculadas a los derechos humanos cuando en 1984 se intentaba esclarecer el asesinato de un grupo de periodistas en Uchuraccay. Esta organización cuenta con diferentes mesas de trabajo entre las que se encuentra la Mesa sobre los Derechos Económicos, Sociales y Culturales –que facilita la vigilancia social y ciudadana en materia de derechos económicos, sociales y culturales–, la Mesa de Trabajo por la No Discriminación –que promueve la vigilancia social contra actos de discriminación– y la Red de Educación para la Paz y los Derechos Humanos.

Finalmente, cabe hacer referencia a IDL, organización peruana fundada en 1983 y que tiene como objetivo contribuir a la transición democrática en ese país a través de distintas tareas: la prestación de servicios directos, la promoción de la investigación como un medio necesario para elaborar diagnósticos y propuestas en todos los temas, y también la fiscalización, es decir, realizar un seguimiento crítico de la puesta en marcha de distintas políticas tales como la reforma de la administración de justicia. Esta organización cuenta con una amplia agenda vinculada a los derechos humanos, los valores democráticos y el Estado de derecho, e incluye temáticas como acceso a la justicia, libertad de prensa y acceso a la información, mecanismos de participación ciudadana, seguridad ciudadana y rol de las fuerzas militares, entre otras.

En Ecuador, los actores gubernamentales afectados por el proceso de reforma conformaron el Grupo de Trabajo Conjunto del Sector Justicia. El mismo está integrado por la Corte Suprema de Justicia, la Secretaría General de la Administración Pública, la Procuraduría General del Estado, la Fiscalía General de Estado, la Secretaría Nacional de Planificación, el Ministerio de Gobierno y la Policía Nacional. Estas instituciones, con el apoyo de la Corporación Latinoamericana para el Desarrollo, elaboraron un Plan Integral de Reformas de la Administración de Justicia en el Ecuador (mayo de 1995).

El *tercer grupo* está constituido por los sectores empresariales. En el marco de la V Reunión de Presidentes de Organizaciones Empresariales Iberoamericanas (Madrid y Sevilla, 1992), se concluyó que el desarrollo empresarial necesita de un marco general caracterizado por una legislación clara y estable dentro de un sistema judicial independiente, transparente y eficaz.

Por otro lado, en ámbitos nacionales, como el argentino, el grupo Instituto para el Desarrollo Empresarial de la Argentina (IDEA) planteó en el XXXVI Coloquio realizado en 1999 la necesidad de desburocratizar y agilizar la justicia en el marco de las acciones gubernamentales a fin de favorecer el desarrollo económico. A su vez en el XXXVII Coloquio de 2000, se destacó como prioritaria la mejora de la calidad del sistema político y electoral a través, entre otras cosas, de la reforma en profundidad de los poderes judiciales. Las fuentes secundarias relevadas con respecto a organizaciones corporativas, como los sindicatos, indican la ausencia de la temática de la reforma de justicia entre las acciones prioritarias de estas instituciones en América Latina.

5. El estado de las reformas judiciales: sus causas, enseñanzas y consecuentes recomendaciones

América Latina nos muestra procesos de reforma judicial no sólo lentos, sino también estancados o, incluso, en retroceso. Una primera mirada sugeriría la presencia de una contradicción, supuestamente insostenible en el tiempo, al tomar en cuenta la incorporación de las demandas de actores empresarios y de actores exógenos –como USAID e incluso los BMD– a las demandas históricas de las ONG y de la ciudadanía en general, con respecto a la necesidad de una reforma judicial.

Sin embargo, al observar los diversos conjuntos de actores participantes en los procesos de reforma judicial y la estructura político-institucional en la que se ven inmersos en nuestras sociedades, se debe concluir que no surge un actor o alianza de actores con suficientes incentivos y recursos como para destrabar el fuerte equilibrio que frena las reformas judiciales.

El análisis de los procesos concretos también nos permite reconocer la complejidad que enfrentan los actores una vez que el proceso de reforma abandona el pizarrón o su viñeta en la "receta" diseñada por los técnicos: principios tan caros como el de la autonomía judicial para el fortalecimiento y la profundización democráticas se pueden tornar en poderosos recursos de estrategias oligárquicas o rentísticas con demasiada facilidad –como en la Argentina o Brasil–. Por otra parte, reformas puntuales sin encarar el problema en forma integral no resultan neutras sino que muchas veces son negativas –como la promoción de un mayor acceso a las cortes sin mejorar su eficiencia–, lo que trae como consecuencia inundaciones de casos y crisis del sistema, como se dio en Brasil a principios de los años 90 (Prillaman, 2000; Buchanan, 2001). Finalmente, la integralidad de la reforma debe contemplar piezas clave del sistema "contextual" a la provisión de justicia pues, así como una mayor autonomía judicial es impensable sin importantes cambios en el propio Ejecutivo, tampoco la provisión de justicia variará demasiado si las fuerzas policiales no sufren modificaciones sustanciales en su organización y lógica de funcionamiento, en una dirección acorde a la reforma judicial (Frühling, 1998).

Algunas de las enseñanzas del análisis comparativo son esperables:

- se deberían diseñar mecanismos para fortalecer el papel de las ONG y los medios de comunicación para forzar la fiscalización por parte del Poder Judicial y facilitar y apoyar el acceso a la justicia por parte de los excluidos;
- se deberían fortalecer los mecanismos alternativos de resolución de disputas a las cortes, y
- los organismos multilaterales de desarrollo y las agencias internacionales deberían coordinar en mayor medida su accionar, tanto en términos de contenidos y prioridades recomendadas como en relación con su "división de trabajo" respecto de temáticas y del uso e inversión de sus recursos humanos y materiales.

6. Conclusiones

Más allá de los avances de la reforma judicial en América Latina –actualización de códigos, introducción de procedimientos orales para asegurar transparencia y eficiencia, nuevas reglas de nombramiento de jueces, tendientes a otorgar mayor autonomía judicial, programas de entrenamiento y actualización para los jueces, entre otros–, estas reformas muestran una complejidad político-institucional que todavía no encuentra suficiente reconocimiento en la mayor parte de la literatura, en las "recetas" técnicas o en el diseño de estrategias que apuntan a las reformas judiciales.

Los procesos de reforma también muestran menor participación de los actores de la sociedad civil, en términos de asignación de prioridades e inversión de recursos, en la demanda e implementación de reformas judiciales, de aquella participación "esperable" en función de la relación que caracteriza a una mejor provisión de justicia con los intereses colectivos de la ciudadanía. Ello se evidencia tanto en el ámbito nacional como internacional.

Con respecto a las cumbres presidenciales, éstas tornarían sus declaraciones con respecto a las reformas judiciales más fácilmente en hechos si el cuerpo acordase restringir su autonomía como Ejecutivo para fortalecer el papel de órganos con capacidad de generar costos a aquellos presidentes que contradigan o frenen los cambios tendientes a una mejor provisión de justicia en nuestras sociedades, fortaleciendo el papel de contralor con capacidad de sanción, por ejemplo de la Secretaría de Asuntos Legales de la OEA (Buchanan, 2001) o del CEJA. Por lo antedicho, hay un papel mayor al esperado por parte de contingencias como factores desequilibrantes de la estabilidad subóptima, que caracteriza la provisión de justicia en América Latina.

Sería equivocado asignar a estas últimas conclusiones un carácter escéptico. Por el contrario, en primer lugar, confirman viejos conocimientos sobre problemas de acción colectiva o sobre cómo actores racionales pueden terminar en magras situaciones sociopolíticas. En segundo lugar, se originan en el convencimiento de que las reformas judiciales exitosas sólo se alcanzarán abandonando simplismos y mitos y reconociendo tanto la complejidad y limitaciones que enfrentan, como el gran valor que muestran las oportunidades históricas, las cuales muchas veces surgen de la mano de asombrosos escándalos resultantes de lo peor del sistema que se quiere modificar.

TERCERA PARTE

La sociedad civil en el proceso de integración comercial: el caso argentino

María Clelia Guiñazú

La activación de las organizaciones de la sociedad civil (OSC) argentinas frente a las cumbres hemisféricas es un fenómeno muy reciente, que ha corrido paralelo a la persistente falta de permeabilidad del gobierno nacional a las iniciativas de participación ciudadana. En particular, las negociaciones del Área de Libre Comercio de las Américas (ALCA) han asumido, como en las etapas iniciales del Mercado Común del Sur (Mercosur), un carácter cerrado, limitado a los confines de las "políticas de Estado". En este marco, diferentes redes transnacionales tanto regionales como hemisféricas desempeñaron un papel significativo en estimular la acción colectiva a nivel local. Aunque la capacidad de las OSC argentinas para ejercer influencia sobre la agenda gubernamental y continental ha sido, en conjunto, más bien modesta, la VI Reunión Ministerial de Buenos Aires (abril de 2001) (ver "Cronograma" en Anexos) contribuyó a expandir los márgenes de la acción y del debate público con relación al proyecto de integración hemisférica. Sin embargo, y quizá paradójicamente, este cambio sustantivo de escenario se produjo en el contexto de una grave crisis política y económica que dividió las aguas dentro del propio gobierno de la Alianza (1999-2001) frente a la agenda del ALCA.

En efecto, si en las primeras fases de este proyecto la ausencia de iniciativas gubernamentales frente a diferentes actores de la sociedad civil podía razonablemente atribuirse a la naturaleza incipiente de las negociaciones, al carácter prioritario del Mercosur y, significativamente, al estilo de implementación "desde arriba" de las reformas bajo el menemismo (1989-1999), la saga del ALCA en Buenos Aires demostró que la participación ciudadana no podía menos que continuar siendo un objetivo secundario para un gobierno que, sumido en una coyuntura crítica, no acertaba todavía a definir una visión coherente acerca de la inserción internacional del país. Dos acontecimientos de alto impacto, uno de orden internacional y otro nacional –aunque de innegables repercusiones externas– contribuyeron a generar un escenario aun más complejo e incierto a fines de 2001. Por una parte, los atentados terroristas del 11 de septiembre reorientaron las prioridades globales y hemisféricas del actual gobierno estadounidense, abriendo una fase de transición para el área latinoamericana en su conjunto. Por otra, la crisis financiera y política de la Argentina alcanzó una inusitada virulencia sólo unos meses más tarde. En menos de diez días, y en medio de manifestaciones populares inéditas en la última década, el país tuvo cinco presidentes (diciembre de 2001), se declaró la moratoria externa, se devaluó la moneda y se abrió un horizonte político que, aunque todavía indefinido, parece desandar el modelo económico vigente desde 1991. El actor estelar de estos eventos fue la protesta social.

En este trabajo se delinean los rasgos centrales de la participación de un grupo de OSC argentinas que se activaron alrededor del proceso de las cumbres de las Américas y del ALCA: organizaciones no gubernamentales (ONG), movimientos sociales, sindicatos y organizaciones empresariales. Frente a la diplomacia hemisférica de las cumbres y del ALCA, el caso argentino revela tres notas características. La primera se refiere a la disociación, ya mencionada, entre gobierno y actores de la sociedad civil.

Un segundo aspecto remite al rol de fundamental importancia desempeñado por redes e instituciones externas, tanto hemisféricas como regionales, en incentivar la participación de las diferentes OSC locales. Éste fue particularmente el caso de aquellas organizaciones que se involucraron tempranamente en el proceso de las cumbres de la Américas y del ALCA, tales como el propio empresariado y algunas ONG específicas. El mismo escenario se reprodujo también con otros actores que, como los sindicatos, se sumaron al debate con bastante posterioridad.

Por último, otro rasgo distintivo del caso argentino es la configuración, en el tablero cambiante de las estrategias y alianzas sociales, de un escenario dual: por un lado, organizaciones actuando en sintonía con los lineamientos generales establecidos por las agendas de las cumbres y, por otro, actores de matriz "movimientista", que han desarrollado recientemente estrategias de oposición ostensibles al proyecto de integración hemisférica.

Teniendo en cuenta lo anterior, las posturas y estrategias de los diferentes actores locales se analizan siguiendo la caracterización propuesta por Korzeniewicz y Smith (en este volumen) que distingue, por una parte, entre organizaciones, redes y coaliciones –tanto nacionales como transnacionales– que operan dentro de los márgenes establecidos por las convocatorias oficiales de las cumbres de la Américas y del ALCA –*insiders*– y, por otra, aquéllas que ejercen presión crítica "desde fuera" –*outsiders*–. La dinámica y cambios específicos de la acción colectiva sólo adquieren significado pleno, no obstante, en el contexto de las particularidades de la sociedad civil argentina, más concretamente, en el tipo de articulación entre actores gubernamentales y sociales, así como en las vinculaciones "horizontales" entre las propias OSC, sean de carácter intra o intersectorial, en la arena nacional e internacional. Para facilitar el examen de estos procesos en el caso que nos ocupa se propone una periodización que coincide, en líneas generales, con las diferentes etapas que atravesó el proceso de las cumbres de las Américas desde su lanzamiento en la Cumbre de Miami (diciembre de 1994) hasta la III Cumbre de Quebec (abril de 2001) (ver "Cronograma" en Anexos).

En la primera sección del trabajo se esbozan las principales transformaciones que tuvieron lugar en la sociedad civil argentina en los años 80 y 90, poniendo especial énfasis en aquellos actores efectivamente vinculados a, o potencialmente afectados por, las negociaciones del ALCA. En la segunda, se exponen las características de tres períodos distintivos de organización de la acción colectiva frente a las cumbres y a la agenda de integración hemisférica, para examinar luego un primer conjunto de actores: movimientos sociales y ONG. En la tercera sección, se describen las características de la entrada en escena de las centrales sindicales argentinas frente al ALCA. Finalmente, se analiza la participación del sector empresarial, prestando atención a sus modalidades de interacción con el gobierno nacional.

1. Sociedad civil: los ejes del cambio

Las transformaciones producidas en la sociedad civil argentina durante las últimas décadas se vinculan a dos procesos históricos interconectados y secuenciales: la transición democrática y las políticas de ajuste estructural. Estos procesos contribuyeron a rediseñar la trama política y social argentina en varias direcciones. Una primera transformación sustancial es la desarticulación de los mecanismos de representación corporativa y concertación sectorial característicos de los sucesivos pactos sociales iniciados en el país durante los años 40 (Vilas, 1997; Chalmers *et al.*, 1997; Hengstenberg *et al.*, 1999). Paralelamente, las formas de organización social, así como los ámbitos y estrategias de la acción colectiva, también se modifican. Se advierte, además, un debilitamiento progresivo del rol representativo de los partidos políticos (Cavarozzi, 1996; Mainwaring y Scully, 1995; McGuire, 1995).

En el caso del movimiento obrero organizado se evidencia el debilitamiento de las organizaciones sindicales, manifestado en el deterioro de sus recursos industriales, financieros, organizativos y políticos (Levitsky, 1996; Murillo, 1997; Senén González y Bosoer, 1999). En este contexto, se desarrollan procesos de fragmentación política de la estructura sindical, transformación de las estrategias de negociación y relocalización de los espacios de conflicto sectorial.

Tras las reformas de mercado y en un contexto de fragilidad relativa tanto de los partidos como de las OSC se destaca, en primer lugar, la emergencia de nuevas organizaciones y estrategias de acción colectiva. Emergen también formas inéditas de movilización y protesta ciudadana que a veces adquieren la forma anómica de esporádicos estallidos sociales. Otras, en cambio, revelan una mayor densidad organizativa y eventualmente derivan en núcleos institucionales más estables. En segundo lugar, y asociado a lo anterior, desde mediados de los 90 se destaca la inclusión creciente de nuevas ONG en la implementación de políticas públicas, particularmente en la atención cada vez más "profesionalizada" de grupos sociales en situaciones de riesgo.

Finalmente, una de las principales novedades del proceso de democratización iniciado en los 80 fue la aceptación y el apoyo a largo plazo otorgados al sistema democrático por parte de los actores empresariales (Acuña, 1995a). Con variantes intrasectoriales, el empresariado argentino ha sido un aliado central de las reformas de mercado, liderado por los representantes de los grandes conglomerados. Los beneficios de las privatizaciones y la flexibilización laboral, sin embargo, no generaron un consenso automático en torno de la liberalización comercial, particularmente entre el empresariado industrial. En este marco, el patrón de interacción entre empresarios y gobierno se ha caracterizado por la negociación focalizada alrededor de demandas puntuales y concesiones selectivas a sectores, cámaras o ramas específicas. Como veremos en la sección correspondiente, este modelo de intercambios negociados se ha reproducido también en los acuerdos de integración y apertura comercial fijados desde 1991 en el Mercosur. La aparente efervescencia de la sociedad civil no se produce, sin embargo, en un contexto de auge de las conquistas ciudadanas, sino como resultado de la desarticulación estatal y de la paralela fragmentación y debilidad de las organizaciones sociales (Filmus *et al.*, 1997).

2. ONG, movimientos sociales y las cumbres de las Américas

En un contexto como el descrito, la participación de las OSC locales en procesos de alcance regional y hemisférico como el Mercosur o las cumbres de las Américas se ha desarrollado de una manera lenta y dificultosa (Serbin, 2001). El fenómeno de articulación en redes transnacionales vinculadas a problemáticas globales, regionales y continentales creció cuantitativa y cualitativamente recién a comienzos del nuevo siglo, particularmente en el caso de los movimientos de corte contestatario vinculados a la "antimundialización neoliberal" (Seoane y Taddei, 2001a).

Pueden distinguirse tres períodos de activación desigual de la acción colectiva a nivel nacional de cara a las cumbres de las Américas y a las negociaciones del ALCA. En una primera etapa, la visibilidad pública de los mandatos de las cumbres –específicamente la apertura de la participación social a nivel nacional y la agenda de integración comercial– fue prácticamente inexistente. Sólo un número reducido y específico de organizaciones de "reclamo" o "abogacía", vinculadas a redes transnacionales que cooperaban con el proceso oficial de las cumbres de las Américas –*insiders*– incluyeron el Cuarto Mandato –participación de la sociedad civil– dentro de los temas relevantes de sus respectivas agendas. En este contexto, dos ONG ejercieron centralmente el liderazgo en la difusión del debate y la articulación de redes a nivel nacional: Asociación Conciencia y Fundación Poder Ciudadano. Paralelamente, las organizaciones empresariales comienzan a participar, fragmentariamente y de un modo esporádico, en las reuniones del Foro Empresarial de las Américas (FEA).

Desde 1998 en adelante, tras la creación del Comité de Representantes Gubernamentales sobre la Participación de la Sociedad Civil, el reconocimiento oficial del FEA, la constitución de la Alianza Social Continental (ASC) (ver Korzeniewicz *et al.* en este volumen) y la organización de la Cumbre de Santiago (abril de 1998) (ver "Cronograma" en Anexos) comienza a perfilarse, aunque de una manera todavía incipiente, un mayor involucramiento de otras organizaciones. En este segundo tramo se advierte, por una parte, que las ONG nacionales ligadas a las convocatorias "oficiales" de las cumbres de las Américas, previamente activadas, consolidan su liderazgo y expanden la convocatoria, con éxito moderado, a otras organizaciones nacionales afines del llamado "tercer sector". Paralelamente, otros grupos locales que adherían aisladamente a las agendas desarrolladas por la ASC a nivel hemisférico confluyen en tres objetivos interconectados: abrir el debate crítico sobre el ALCA en la Argentina, movilizar la oposición al proyecto y organizar el Capítulo Argentino de la ASC. La organización líder de esta agenda fue, inicialmente, Diálogo 2000, una red de organizaciones y movimientos sociales coordinada por el

Servicio Paz y Justicia (Serpaj), cuyo principal referente es el Premio Nobel de la Paz Adolfo Pérez Esquivel. Concomitantemente, crece en calidad e intensidad la participación de las organizaciones empresariales argentinas en el FEA y se advierte una mayor coordinación entre éstas y el gobierno en los ámbitos oficiales de negociación del ALCA.

Pero es recién a partir de los últimos meses de 2000, muy poco tiempo antes de producirse en Buenos Aires la VI Reunión Ministerial de Buenos Aires, cuando el tema de las cumbres de las Américas y del ALCA comienza a adquirir mayor exposición pública en la agenda nacional. Esta tardía visibilidad del debate y de la acción colectiva estuvo acompañada por la inesperada entrada en escena de las centrales sindicales argentinas, previamente desactivadas en relación con el proyecto de integración hemisférica. Dos acontecimientos decisivos, uno de carácter regional y otro global, influyeron en la incorporación del actor sindical: la II Cumbre Sindical del Mercosur, organizada por la Coordinadora de Centrales Sindicales del Cono Sur (CCSCS) en Florianópolis, Brasil (diciembre de 2000) y el Foro Social Mundial de Porto Alegre (FSM) (enero de 2000), respectivamente. En esta tercera etapa se produce la convergencia inestable y tardía entre un núcleo heterogéneo de organizaciones sociales y las centrales sindicales de oposición que comienzan a trabajar contra reloj para organizar, bajo el paraguas de la ASC, el frente argentino "No al ALCA".

La dinámica fragmentadora de la crisis del gobierno de la Alianza es el marco que, en este último escenario, terminó moldeando las posiciones y estrategias de los diferentes actores. Los empresarios, anfitriones del VI FEA en Buenos Aires (abril de 2001) (ver "Cronograma" en Anexos) e interlocutores casi exclusivos del gobierno, se encontraron en la incómoda posición de tener que demandar públicamente a los actores gubernamentales mayor consistencia en la definición de la agenda del ALCA *vis à vis* el Mercosur. Entre las centrales sindicales, por su parte, acabó imponiéndose la división interna, el parroquianismo y la dificultad –con la notable excepción de la Central de los Trabajadores Argentinos (CTA)– de establecer políticas de alianza intersectoriales significativas.

2. 1. *Los insiders: Conciencia, Poder Ciudadano y el Foro del Sector Social*

Conciencia y Poder Ciudadano son dos organizaciones sin fines de lucro, creadas en la década del 80 por líderes cívicos e intelectuales, con el propósito de promover los valores democráticos y la participación de la ciudadanía en los asuntos públicos. A través de sus actividades de cabildeo, comunicación, capacitación y presión, intentan actuar también como vigías institucionales de actos gubernamentales específicos, leyes y decisiones sobre derechos civiles y políticos (Thompson, 1994). En términos generales, para cumplir con sus mandatos estas instituciones cuentan con recursos proporcionados por sus miembros y actividades, por fundaciones nacionales e internacionales y por fuentes privadas nacionales.

> **Conciencia**
> Es una asociación civil, creada en Buenos Aires en 1982, "ante el anuncio de la reanu-
> dación del sistema democrático".[1] Se define a sí misma como "un movimiento cívico, no
> partidario y sin fines de lucro" cuya principal misión es "despertar en las personas la con-
> ciencia de su condición de ciudadanos transmitiéndoles ideales democráticos y republi-
> canos a fin de que ejerzan la ciudadanía no sólo como derecho sino como responsabili-
> dad".[2] La educación, la promoción de actividades para el *empowerment* ciudadano y, en
> menor medida, la investigación, constituyen sus principales modalidades de conexión
> con la ciudadanía. Su capacidad de ejercer influencia política se ve acrecentada por el
> status de sus fundadoras y líderes, así como por los contactos que ha logrado estable-
> cer con el sector privado, evidenciados en la constitución de su Consejo Asesor.
>
> **Poder Ciudadano**
> Es una fundación "apartidaria y sin fines de lucro", creada en 1989 por un grupo de per-
> sonalidades públicas "preocupadas por la defensa de los derechos cívicos" en la Argen-
> tina.[3] A diferencia de Conciencia, esta organización ha concentrado sus actividades de
> educación, promoción y canalización de demandas en un núcleo de temas específicos
> vinculados centralmente a la participación y representación política, la justicia y la trans-
> parencia de la gestión pública. En este sentido, Poder Ciudadano actúa menos como
> un ámbito de intercambio y negociación, y más como un foro activo de formación de opi-
> nión y defensa de derechos civiles y políticos. Por tratarse de una fundación, su estruc-
> tura organizativa es diferente de la de Conciencia.

Autoconvocatoria en red

Conciencia y Poder Ciudadano han sido probablemente las dos ONG que más tempranamente se vincularon con las agendas de las cumbres hemisféricas. En 1994 las líderes de ambas instituciones, Marta Oyhanarte y María Rosa Martini, son invitadas a participar en la Cumbre de Miami. Tras Miami, se formaliza un acuerdo canalizado por Partners for the Americas para la creación conjunta de una coalición de organizaciones de la sociedad civil, la Red Interamericana para la Democracia (Redinter), que tenía por objetivos la capacitación para la participación democrática y el armado de una red hemisférica.

La propia estructura de la red facilitó la articulación de una serie de consultas estructuradas, principalmente entre organizaciones civiles, para presentar recomendaciones y sugerencias sobre la participación ciudadana en anticipación a las reuniones cumbres del continente. Estas recomendaciones se centraban en los temas de participación ciudadana y fortalecimiento de la sociedad civil. Tanto las consultas como las actividades preparatorias para la Cumbre de Santiago fueron lideradas en América del Sur por la ONG chilena Corporación PARTICIPA, convocada por

---

1. Entrevista a Lelia Mooney, directora del proyecto Red Cívica Panamericana, Asociación Conciencia, Buenos Aires, 1 de septiembre de 2000.

2. Véase www.concienciadigital.com.ar.

3. Véase www.poderciudadano.org.ar.

el gobierno chileno (ver Rojas Aravena *et al.* en este volumen). En la Argentina, Conciencia y Poder Ciudadano se convirtieron en los interlocutores privilegiados de PARTICIPA, en buena medida por el grado de vinculación y *partnership* previo existente a través de Redinter, de la cual ambas instituciones formaban parte. Por su parte, la relación entre Poder Ciudadano y Transparencia Internacional permitió el monitoreo de los avances en la Argentina sobre el tema de la corrupción.[4] Sin embargo, si se analizan las publicaciones de PARTICIPA sobre los resultados obtenidos en la Argentina –desde los trabajos preparatorios para la Cumbre de Santiago hasta fines de 1999–, Conciencia ha sido la ONG nacional que, dentro de esta red, estuvo involucrada en forma más activa con los procesos de las cumbres hemisféricas.

De Santiago a Canadá: formando coaliciones

Con los preparativos de la Cumbre de Quebec la alianza inicial entre estas dos ONG comienza a ampliarse. A nivel hemisférico, esta ampliación se manifestó en la constitución de una coalición entre Corporación PARTICIPA (Chile), Fundación Canadiense para las Américas (Canadá) y el Grupo Esquel (Estados Unidos). A nivel nacional, se establece una coalición estable entre Conciencia, Poder Ciudadano y el Foro del Sector Social (FSS).

La consolidación de los vínculos transnacionales de Conciencia y Poder Ciudadano en la arena de las cumbres de las Américas contribuyó a definir su rol específico en el plano nacional: coordinar tareas de difusión y capacitación entre las organizaciones de la sociedad civil local, articular el diálogo entre las OSC y el sector público, y presentar las prioridades establecidas en los diferentes foros nacionales e internacionales al gobierno elegido en 1999. El primer paso en esa dirección fue la organización conjunta, el 13 de marzo de 2000, del I Taller de Reflexión y Difusión sobre las Cumbres Hemisféricas, que contó con la participación de representantes de ONG locales e internacionales, funcionarios de Cancillería y del Ministerio del Interior argentino y representantes de las embajadas de Estados Unidos, Chile y Canadá.

Además de promover la difusión de los mandatos de Santiago y las tareas preparatorias para Canadá, la reunión tenía dos objetivos estratégicos: por un lado, consolidar la vinculación de las ONG activas en el proceso de las cumbres de las Américas con el gobierno, particularmente con la Cancillería, y, por el otro, establecer una coalición estable con el FSS. Este último propósito, que se alcanzó con éxito, revestía una gran importancia para los organizadores del evento ya que favorecía la constitución de una coalición ampliada de ONG argentinas en relación con el tema de las cumbres hemisféricas. El FSS constituye un escenario estructurado de ONG con "buenos presupuestos" y acceso a grupos comunitarios, que incluye al sector privado en sus proyectos.

Como producto inmediato de la reunión, el FSS, Asociación Conciencia y Poder Ciudadano realizaron un conjunto de sugerencias generales para el fortalecimiento de la sociedad civil, a presentar en la Cumbre de Quebec. Para la discusión y difusión de estas propuestas, se pusieron en marcha la creación de un Foro Electró-

---

4. Poder Ciudadano es el Capítulo Argentino de Transparencia Internacional desde 1996 (www.poderciudadano.org).

nico y preparativos para una Reunión Presencial Ampliada de Trabajo, con el objetivo de definir recomendaciones finales concretas que se discutirían en la Reunión Hemisférica Final de Consulta organizada por PARTICIPA en Miami (enero de 2001). De los resultados de estas iniciativas a escala nacional, así como de las propias sugerencias conjuntas, se desprenden tres observaciones centrales. En primer lugar, a pesar de la incorporación del FSS, los líderes de la red de *insiders* argentinos no lograron extender sustancialmente la convocatoria a otros actores sociales afines tanto fuera como dentro de la esfera del "tercer sector". Por ejemplo, el proceso de consulta a través del Foro Electrónico fracasó casi totalmente, por la falta de respuesta de las organizaciones contactadas. Esta situación ha reforzado la idea de que las cumbres constituyen un tema muy lejano y ajeno a las preocupaciones de este tipo de ONG nacionales.

En segundo lugar, el objetivo político central de esta coalición de ONG argentinas se restringió, al menos hasta la Cumbre de Quebec, a legitimarse como representantes del sector y a reivindicar el rol que deberían ejercer sus organizaciones en el proceso de diseño, monitoreo e implementación de políticas públicas a nivel nacional y hemisférico. El eje de las propuestas presentadas por la alianza Conciencia-Poder Ciudadano-FSS en los diferentes foros nacionales e internacionales hasta Quebec gira casi exclusivamente alrededor de la reforma de los marcos jurídicos, financieros y políticos en los que se desarrollan las actividades de las ONG.[5] Asimismo, es claro que el proyecto del ALCA no constituye parte de la agenda explícita de las organizaciones analizadas.

En tercer lugar, a pesar de los contactos relativamente fluidos entre la red de *insiders* argentinos y el gobierno nacional, sus actividades han tenido un nivel de articulación más bien bajo con las diferentes agencias gubernamentales. Esta dificultad no pareciera estar ligada únicamente al cambio de gobierno producido a fines de 1999. Antes bien, ambos gobiernos se mostraron relativamente indiferentes, cuando no impermeables, a las iniciativas de participación ciudadana. Por ejemplo, evaluaciones realizadas por Conciencia en el marco del monitoreo del Plan de Acción "Educación para la democracia" señalan la falta de conocimiento por parte de la administración menemista acerca de los acuerdos firmados en la Cumbre de Santiago, así como la dispersión y superposición de las políticas gubernamentales con relación a esta iniciativa (Corporación PARTICIPA, 1999a). En el caso del gobierno de la Alianza se indican dificultades similares, derivadas de la falta de conexión entre las diferentes estructuras ministeriales, la escasez de información sobre las cumbres de las Américas en algunos organismos que podrían eventualmente asumir un papel relevante e, incluso, la superposición de agencias que se ocupan de las relaciones Estado-sociedad civil a nivel nacional y municipal.

Finalmente, las ONG relevadas han sido estimuladas y han contado con el apoyo de la Organización de los Estados Americanos (OEA), particularmente de la Comisión sobre la Participación de la Sociedad Civil en las Actividades de la OEA. Es-

---

5. Entre las ocho sugerencias generales esbozadas para el Foro Electrónico y la Reunión Presencial Ampliada, sólo una se refiere a la concertación con los distintos sectores de la sociedad civil, como queda indicado, entre otros documentos, en "Sugerencias para fortalecer a la sociedad civil a presentar en la próxima cumbre de presidentes americanos. Canadá 2001" (Asociación Conciencia, Poder Ciudadano y FSS, 2000).

te camino ha sido mediado en forma fluida por la Dirección de Asuntos Regionales y la Dirección de Relaciones con la Organización de los Estados Americanos del Ministerio de Relaciones Exteriores, Comercio Internacional y Culto. En el caso de los organismos multilaterales de crédito se destacan lazos fluidos con el Banco Interamericano de Desarrollo (BID) y, en menor medida, con el Banco Mundial (BM),[6] dado su rol marginal tanto en las cumbres como en el ALCA. En este sentido, si bien las dificultades a nivel doméstico han ido en aumento, las vinculaciones externas, el acceso relativamente fluido a recursos internacionales y la legitimidad del trabajo ya acumulado por estas instituciones permiten suponer que, con independencia de los resultados, los *insiders* locales continuarán desarrollando proyectos dentro de la arena oficial de las cumbres de las Américas con regularidad.

2. 2. Los outsiders: *redes locales y la* ASC

En contraste con el trabajo focalizado y acumulativo de las redes de *insiders*, la construcción de una agenda alternativa de acción en las cumbres de las Américas tomó cuerpo mucho más tarde en la Argentina, casi en las vísperas de la Cumbre de Quebec. Si bien algunas organizaciones nacionales de derechos humanos prestigiosas como el Serpaj e, incluso, algunos sindicatos con mayor presencia internacional como la Confederación de Trabajadores de la Educación de la República Argentina (CTERA) participaron en instancias tales como la constitución de la Cumbre de los Pueblos de las Américas, su presencia revestía un carácter más bien aislado e intermitente. Más aún, la historia de los primeros ensayos para coordinar acciones en el campo nacional no se remonta más allá del comienzo de 2000, tiempo después de que la oposición hemisférica a las cumbres de las Américas y a las negociaciones prácticamente secretas del ALCA cristalizara en la creación de la ASC. La primera, si no la única, organización argentina que aceptó explícitamente la invitación fue Diálogo 2000, una red creada por Serpaj en el contexto de la propuesta ecuménica "Jubileo de la deuda externa para el año 2000".

En efecto, la larga trayectoria internacionalista de Serpaj en el terreno de los derechos humanos, sus vinculaciones con sectores progresistas de la Iglesia Católica y su compromiso a nivel continental con la campaña global del "Jubileo 2000", explican en buena medida su permeabilidad a los objetivos de la ASC. Diálogo 2000, por su parte, constituía una red institucional idónea para albergar agendas de tono "antimundialista" como la sostenida por la retórica crecientemente radicalizada de la ASC. El compromiso activo con esta última quedó sellado en enero de 2000, cuando se realizó en Chile la primera reunión de la Coordinación Sur de la ASC organizada por la Alianza Chilena por un Comercio Justo y Responsable (ACJR). En esa ocasión, la Argentina estuvo representada por Diálogo 2000-Serpaj. El principal objetivo de la Coordinación Sur era establecer una agenda concreta de acción en los países involucrados. En esta primera reunión se acordó, asimismo, organizar una propuesta de trabajo y acciones a desarrollar en respuesta a "la agenda oficial y/o gubernamental de la Cumbre Ministerial del ALCA de Buenos Aires en

---

6. Entrevista a Silvia Rueda de Uranga, presidenta de la Asociación Conciencia, Buenos Aires, 15 de mayo de 2001.

2001" (ASC, 2000a). Resulta evidente que, para este foro, el seguimiento de las negociaciones del ALCA constituían un objetivo central, a diferencia de los temas planteados por Conciencia, Poder Ciudadano y el FSS.

Política de alianzas: un liderazgo efímero

Durante buena parte del año previo a la Cumbre de Quebec, Diálogo 2000-Serpaj lidera a nivel nacional la organización de las primeras actividades de enlace y difusión sobre el tema del ALCA, promoviendo en principio una convergencia informal entre varias organizaciones sociales activas en la crítica al modelo de economía de mercado. Entre ellas, el Foro de Consulta para la Participación Ciudadana (FOCO), creado por el Instituto para el Desarrollo de la Micro y Mediana Empresa (IDEMI), se convirtió en el principal aliado de Diálogo 2000-Serpaj. La estrecha vinculación entre ambas instituciones era funcional en varios sentidos. Además de compartir cierta afinidad ideológica, FOCO-IDEMI constituía un espacio flexible de organización y debate, con conexiones externas relativamente fluidas por su pertenencia a la Red Internacional de la Sociedad Civil para la Revisión Participativa del Impacto del Ajuste Estructural (SAPRIN).[7]

La primera actividad con relativo impacto público recién tuvo lugar en noviembre de 2000, con la organización del seminario internacional "Actores sociales y políticos frente al ALCA", en el que participaron grupos locales y miembros de la ACJR y de la Organización Regional Interamericana de Trabajadores de la Confederación Internacional de Organizaciones Sindicales Libres (ORIT/CIOSL). En esta ocasión se decide llevar a cabo un plan de acción concreto: un pedido de audiencia con el canciller argentino Adalberto Rodríguez Giavarini para entregar una carta de la ASC reclamando transparencia en las negociaciones del ALCA y, paralelamente, la organización de un Foro Multisectorial sobre el ALCA, con el propósito de difundir el tema y aglutinar la mayor cantidad de organizaciones para "el debate y la movilización de abril" en ocasión de la VI Reunión Ministerial de Buenos Aires.

El acto político de entregar la carta al canciller fue un gesto formal que reafirmó públicamente la falta de predisposición de las autoridades argentinas para abrir un mínimo espacio de articulación con actores de la sociedad civil, particularmente con la oposición. Tal como lo reafirmó el propio ministro en esa ocasión, "las negociaciones del ALCA son secretas" y no existe consenso entre las naciones que participan para "abrir el proceso y dar a conocer los textos" (ver Botelho en este volumen). En cuanto a la expansión de la convocatoria, en diciembre de 2000 quedó oficialmente constituido el Foro Multisectorial sobre el ALCA, con la participación protagónica de las mismas organizaciones que asistieron a la audiencia ministerial. Resulta útil señalar que detrás de la creación del foro subyacía el objetivo, impulsado por Diálogo 2000-Serpaj y FOCO-IDEMI, de formalizar la relación con la ASC a través de la creación de su Capítulo Argentino.[8] Sin embargo, la intención

---

7. Entrevista a Jorge Carpio, director del IDEMI, a cargo de William C. Smith y María Clelia Guiñazú, Buenos Aires, 26 de febrero de 2001. De hecho, FOCO fue creado por la dirección de IDEMI a instancias de la red global SAPRIN (FOCO, 2000).

8. Entrevista a Jorge Carpio.

probó ser excesivamente ambiciosa, dada la representatividad limitada de las organizaciones sociales que la sustentaban y el rol protagónico que asumirían casi insospechadamente las centrales sindicales pocos meses más tarde, ante la inminencia de la VI Reunión Ministerial.

Por último, resta señalar la clara indiferencia mutua entre la red opositora emergente y la alianza Conciencia-Poder Ciudadano-FSS. Con todo, ambos caminos de participación en el proceso de las cumbres de las Américas enfrentaban obstáculos y condiciones contextuales similares: la continua impermeabilidad del gobierno argentino, la representatividad restringida de sus organizaciones líderes y la frágil legitimidad y el impacto modesto de sus acciones a nivel doméstico. Para ambas redes, los apoyos e incentivos externos eran todavía centrales.

3. Sindicatos y coaliciones sociales: ¿"No al ALCA"?

La convergencia de la oposición llegó de la mano de un actor previamente ajeno al proceso: las centrales sindicales. En la configuración de este escenario, el peso de las redes regionales y globales fue también central. A nivel regional, las definiciones de la CCSCS en la II Cumbre Sindical del Mercosur en Florianópolis y en la VI Reunión Ministerial en Buenos Aires jugaron un papel decisivo en la activación de las centrales obreras argentinas frente al ALCA. A nivel de las redes globales, el FSM de Porto Alegre afianzó la coordinación entre la ASC, la CCSCS y los representantes de las centrales sindicales argentinas –especialmente la CTA– para desarrollar una movilización masiva en Buenos Aires bajo la consigna "No al ALCA". Si los foros internacionales constituyeron un espacio clave para la ampliación del debate y para alentar la confluencia formal entre actores sindicales y sociales locales, la dinámica y el desenlace de este proceso fueron modelados por factores de orden nacional. En este sentido, debe subrayarse la influencia ejercida por las divisiones del movimiento obrero argentino en combinación con la profunda crisis político-institucional reavivada en el país durante marzo de 2001.

3. 1. *Las centrales sindicales argentinas*

Las fluctuantes divisiones del movimiento obrero argentino durante las dos últimas décadas cristalizaron recientemente en la constitución de cuatro corrientes principales: la Confederación General del Trabajo, reconocida como la "CGT oficial"; el Movimiento de Trabajadores Argentinos (MTA), que se escindió de la CGT oficial en febrero de 2000; la CTA, creada en 1992 por un núcleo de sindicatos muy afectados por las políticas de ajuste estructural, y finalmente la Corriente Clasista y Combativa (CCC). En líneas generales puede afirmarse que la gran divisoria de aguas entre estos agrupamientos es su posición frente a las políticas de ajuste estructural. Mientras que la CGT oficial mantuvo una postura negociadora con ambos gobiernos, las centrales restantes se situaban en el campo de la oposición.

La CGT y el monopolio representativo a nivel regional

La CGT mantuvo hasta fines de la década del 90 el monopolio de la representación sindical argentina tanto en las instancias institucionales del Mercosur como en la agenda de integración hemisférica. Con el reconocimiento legal de la CTA por parte del gobierno argentino en 1998, esta central se incorporó al Foro Consultivo Económico-Social (FCES) y a la CCSCS, creada por la ORIT/CIOSL. La CGT argentina ha tenido, entonces, un grado importante de participación en las diferentes iniciativas vinculadas a la integración regional, donde actúa desde un comienzo a través de la CCSCS. En lo que respecta al ALCA, sus actividades son claramente incipientes. Indirectamente, la central forma parte de la ASC a través del Grupo Integración de la ORIT, que concentra la agenda del ALCA, pero su papel en el foro hemisférico ha sido marcadamente pasivo.

La CTA: una alternativa organizativa e ideológica

La CTA carece de la estructura jerárquica de la CGT y se caracteriza a sí misma como "una central de trabajadores y no de sindicatos".[9] Intentando construir un modelo sindical alternativo, desde sus comienzos ha mantenido contactos fluidos con organizaciones de derechos humanos, movimientos de mujeres y minorías. Aunque se encuentra involucrada en redes y actividades internacionales, la CTA no había desarrollado, hasta comienzos de 2001, ninguna actividad relevante con relación a las propuestas de la ASC, ni localmente, ni a nivel regional o hemisférico. En parte, esto podría explicarse porque sus esfuerzos políticos se concentraban centralmente tanto en la oposición activa a las reformas de mercado en el plano doméstico como en el nuevo rol que comenzó a desempeñar en el marco institucional del Mercosur. La CTA –un movimiento mucho más abierto a las vinculaciones externas– mantiene como prioridades internacionales "la articulación regional, principalmente el Mercosur, y América Latina".[10]

La integración de la CTA fue facilitada por su nuevo status legal y, principalmente, por la presión de un núcleo importante de centrales de la CCSCS –particularmente la Central Única dos Trabalhadores (CUT) de Brasil– antes que por la influencia de la CGT oficial o por invitación del nuevo gobierno argentino.[11] La CTA rechaza el proyecto del ALCA, por considerarlo una iniciativa dominada por los intereses de las multinacionales, que funciona en detrimento de políticas de "complementariedad para el desarrollo" con los países vecinos, principalmente Brasil. Esta central obrera es también crítica de los acuerdos del Mercosur tal como se desarrollaron durante la década del 90. Desde su visión, la integración regional debería implicar la coordinación de políticas regionales sustentables por parte de los Estados nacionales, en

---

9. Entrevista a Claudio Lozano, director del Instituto de Estudios y Formación, CTA, Buenos Aires, 16 de agosto de 2000. La CTA está constituida por la asociación horizontal de gremios, federaciones sindicales provinciales, asociaciones civiles, centros comunitarios, mutuales cooperativas y comunidades indígenas, entre otros.

10. Ídem.

11. Ídem.

el marco de un modelo de desarrollo equitativo. Dadas sus características institucionales e ideológicas, la CTA es una estructura "disponible" y de gran flexibilidad interna para activarse en coaliciones intersectoriales con visiones y agendas críticas al ALCA, tal como quedó probado en la Reunión Ministerial de Buenos Aires.

3. 2. *De Florianópolis a Porto Alegre*

En la II Cumbre Sindical del Mercosur en Florianópolis, las centrales reunidas debatieron extensamente el proyecto de integración hemisférica en contraposición a la parálisis cada vez más ostensible del proceso de integración regional. En el documento final, se destaca que la inserción "soberana" de la región "exige fortalecer el Mercosur a través de políticas de desarrollo productivo y social" (Observatorio Social de América Latina [OSAL], 2000). Asimismo, las centrales se comprometen, entre otros temas, a alentar la organización de plebiscitos nacionales sobre el ALCA y a participar activamente en la organización de una movilización masiva de cara a la VI Reunión Ministerial de Buenos Aires. El éxito de este propósito dependía en buena medida de las centrales argentinas huéspedes, básicamente la CGT y la CTA, que por primera vez deberían aceptar el desafío de coordinar una acción política conjunta de envergadura.

La II Cumbre Sindical acabó por convertirse en una experiencia inédita para las centrales argentinas. A diferencia de otras reuniones sindicales del Mercosur, este foro operó casi como una asamblea, contando con la presencia de un gran número de participantes que, de algún modo, superaron la clásica representación jerárquica de las direcciones sindicales.[12] Por primera vez, también, la CTA participaba "oficialmente" en una actividad internacional, situación que puso a la CGT argentina en la incómoda tarea de radicalizar su postura. El MTA, por su parte, encontraba a través de la CTA la oportunidad de poner límites al monopolio representativo de la CGT. Sin embargo, a pesar de la conflictividad manifiesta entre las centrales, la II Cumbre abría, al menos potencialmente, un espacio puntual para la negociación intrasectorial en la arena regional, clausurada coyunturalmente en el dominio doméstico.

En líneas generales puede afirmarse que en Florianópolis predominaba todavía la visión sectorial de las centrales sobre la naturaleza esencialmente sindical de la movilización de Buenos Aires. La ruptura con este enfoque se produjo poco tiempo más tarde, durante el FSM de Porto Alegre. Es en esta instancia, precisamente, donde acaba por imponerse la consigna "No al ALCA" y se establece como estrategia prioritaria de acción la convergencia entre el sindicalismo y las organizaciones sociales de la región. A nivel de las OSC argentinas, la CTA y las organizaciones que trabajaron juntamente con esta central en los preparativos previos a Porto Alegre, se convirtieron en el núcleo constitutivo del "Comité Argentino No al ALCA".[13]

---

12. Entrevista a José Seoane, coordinador del Observatorio Social de América Latina-Consejo Latinoamericano de Ciencias Sociales (OSAL/CLACSO), Buenos Aires, 8 de mayo de 2001.

13. Entrevistas a Claudio Lozano y a Emilio Taddei, Área Académica, CLACSO, Buenos Aires, 14 de febrero de 2001.

En síntesis, Porto Alegre cambió el escenario de la participación de las OSC argentinas del campo opositor en tres sentidos centrales. En primer lugar, la CTA quedó en los hechos a cargo de la coordinación de la movilización de Buenos Aires a través del Comité Argentino No al ALCA. En segundo lugar, el comité se convirtió en el referente legítimo de la oposición, superando numérica y cualitativamente a las organizaciones líderes del Foro Multisectorial sobre el ALCA, previamente activadas. El foro mantuvo, no obstante, su autonomía en los trabajos preparativos negociados con la CTA, convirtiéndose en el canal indirecto de participación del MTA en el comité. Por último, la presencia de la CGT "oficial" fue prácticamente inexistente en todo este proceso.

3. 3. *Las tres marchas*

La Argentina demostró ser un anfitrión imprevisible para los actores visitantes vinculados a la VI Reunión Ministerial de Buenos Aires. La crisis político-institucional que transitaba el gobierno de la Alianza desde octubre de 2000 alcanzó un pico de alta conflictividad durante marzo del año siguiente. La renuncia de dos ministros de Economía, una crisis de gabinete de graves proporciones, el resquebrajamiento casi irreversible de la coalición gobernante y la entrada de Domingo Cavallo al Ministerio de Economía introdujeron varias novedades, al menos coyunturales, con relación a la agenda hemisférica.

La marcha "No al ALCA" transitó, casi sin mediación, por tres escenarios completamente diferentes en el lapso de pocas semanas. A comienzos de marzo, tras las primeras reuniones de coordinación del Comité No al ALCA, el debate se centraba en las características del evento. Mientras los sindicatos impulsaban una movilización masiva de protesta, las organizaciones sociales más radicales proponían un boicot a la Seattle. En este primer escenario todavía no se había definido totalmente la participación del MTA, cuya capacidad de movilización resultaba estratégica para el éxito de la marcha. Una vez desatada la crisis del gobierno de la Alianza, hubo una breve confluencia entre las centrales. Todo parecía indicar que la CGT también apoyaría la medida y que el país quedaría casi totalmente paralizado durante el evento.

La llegada de Domingo Cavallo al Ministerio de Economía, sin embargo, cambió por tercera y última vez los alineamientos internos. La CGT oficial y el MTA se integraron a la "mesa de negociación" convocada por el gobierno, la huelga quedó disuelta y la movilización contra el ALCA se dividió definitivamente al compás de la interna sindical. La CGT preparó un acto de protesta para el 5 de abril en el Centro Municipal de Exposiciones, el MTA movilizó sus sindicatos a Plaza de Mayo el 6, mientras que la CTA marchó el mismo día de Congreso a Retiro, donde transcurría la reunión ministerial. Mientras los dos primeros actos tuvieron una representación netamente sectorial, la marcha liderada por la CTA fue la única que asumió la forma de una coalición ampliada entre sindicatos y organizaciones sociales, con la participación mayoritaria de los representantes internacionales convocados para la protesta.

3. 4. *Impacto*

Desde Florianópolis en adelante, las centrales argentinas, aunque de un modo desigual, se activan por primera vez en relación con el tema del ALCA y, paralelamente, toman contacto directo con las agendas de la "resistencia global". Sin embargo, sólo la CTA quedó ubicada más próxima a las organizaciones y movimientos sociales que manifestaban su oposición al ALCA dentro del marco más amplio de las campañas "antimundialistas". Aunque la CCC también participó, el verdadero núcleo organizativo aglutinante de la resistencia fue sin dudas la CTA. Entre las grandes centrales, la CGT y el MTA, predominó la lógica sectorial y, ciertamente, la defensa pragmática de un interés corporativo sustancial como es, entre otros, el control de las obras sociales.

Retrospectivamente, el proceso en su conjunto demostró la conflictividad de la puja intrasectorial, acicateada por los efectos de la crisis política y económica. En los alineamientos resultantes, las diferencias ideológicas y organizativas de las centrales jugaron un rol sin dudas importante. Si bien la CTA y el MTA tenían cierta experiencia acumulada en el desarrollo de alianzas puntuales en el campo doméstico e internacional, su mutua desconfianza no era un secreto para nadie. Paralelamente, la virulenta oposición entre el MTA y la CGT oficial –ambas de filiación peronista y manteniendo bajo su control vertical a sindicatos poderosos en comparación con la CTA– probó ser una pelea entre pares de la misma familia.

Las organizaciones y movimientos sociales, por su parte, fueron sobrepasados por el ritmo que los sindicatos impusieron a los acontecimientos. Aunque la gran mayoría cerró filas detrás de la CTA, la cuestión de la autonomía quedó planteada como un tema que habrá de dirimirse en el futuro. Es muy probable, con todo, que buena parte de los *outsiders* locales continúen trabajando en cooperación con la CTA.

4. Los empresarios y el ALCA

Las organizaciones empresariales han participado activamente y de un modo más sostenido en las diferentes instancias de negociación del ALCA. El mayor "activismo" empresarial es, con todo, un proceso también relativamente reciente, restringido a un grupo influyente aunque todavía limitado de organizaciones que, a diferencia de Brasil, han encontrado obstáculos para actuar coordinadamente con el gobierno nacional.

En este sentido, algunas ONG como el Consejo Argentino para las Relaciones Internacionales (CARI) han jugado un papel relevante de mediación y sistematización de las relaciones entre gobierno y empresarios a nivel doméstico. Del mismo modo, las reuniones del FEA y la consolidación de las redes empresariales transnacionales vinculadas a esta organización –particularmente la Red Empresarial para la Integración Hemisférica (REIH)– han favorecido, desde la arena internacional, la incorporación creciente de las organizaciones locales a través de sus rutinas de trabajo, interacción e intercambio de información (Botto y Rodríguez López, 2001).

En esta sección se describen las características centrales de la participación del sector empresarial argentino en las negociaciones del ALCA y las modalidades de interacción entre empresarios y gobierno nacional. Se establece primero un breve contraste con el Mercosur, para luego examinar el caso del ALCA a través de tres momentos distintivos de la participación del empresariado en las reuniones del FEA: desde sus inicios hasta la III Reunión Ministerial de Belo Horizonte (mayo de 1997), de ésta a la V Reunión de Toronto (noviembre de 1999) y de allí a la VI Reunión de Buenos Aires (ver "Cronograma" en Anexos).

4. 1. *Empresarios y gobierno: modalidades de interacción*

El sistema de negociaciones, consultas y coordinación entre el gobierno argentino y los empresarios frente al ALCA se ha caracterizado por la intermitencia, la informalidad y la ausencia de canales institucionalizados para el intercambio de información (Viguera, 1998; Mayoral, 1999; Schvarzer, 1995; Calvo, 2001). En efecto, las reformas estructurales alteraron sustancialmente el patrón tradicional de articulación corporativa entre el Estado y el sector empresarial. Las políticas de liberalización comercial –probablemente las más resistidas por las organizaciones empresariales– marcaron el pasaje del antiguo esquema proteccionista global y único a una "protección administrada" y focalizada (Tussie, 1998). El mismo no estuvo acompañado por la institucionalización de nuevos mecanismos formales efectivos de consulta y negociación entre el sector público y el privado (Bouzas y Avogadro, 2001).

Del lado del sector privado, paralelamente, la heterogeneidad organizativa de los actores favoreció la emergencia de una estructura de agregación de intereses fragmentada y marcada por el peso asimétrico de los grupos más competitivos y concentrados. Entre las grandes federaciones tradicionales, la Unión Industrial Argentina (UIA), la Cámara Argentina de Comercio (CAC), la Asociación de Bancos Argentinos (ABA), la Sociedad Rural Argentina (SRA) y las restantes organizaciones ligadas a la producción agraria, se transformaron en los principales interlocutores institucionales del gobierno. Sin embargo, aunque influyentes, estas organizaciones coexisten con una compleja red de instituciones sectoriales agrupadas en cámaras, con federaciones alternativas de menor alcance y, notoriamente, con clubes y grupos informales de negociación que reúnen a las firmas más grandes e influyentes.

En suma, este conjunto de factores contribuyó a generar un modelo de interacción fragmentado entre los actores empresariales y gubernamentales, que tiende a otorgar preeminencia a los contactos informales, el cabildeo, la presión directa y las consultas *ad hoc* por sobre la construcción y el mantenimiento de instancias institucionales de negociación y articulación de demandas en el terreno de las políticas comerciales.

4. 2. *Negociaciones a nivel nacional y canales de participación en el Mercosur*

Este patrón de negociaciones es claramente identificable en los acuerdos comerciales del Mercosur, donde los reclamos alrededor de los efectos de la progresiva reducción arancelaria estuvieron sujetos desde el comienzo a negociaciones focalizadas, especialmente en ciclos de desajuste favorables a las exportaciones brasileñas (Mayoral, 1999; Viguera, 1998). En líneas generales, la principal división intrasectorial de cara a la integración regional se produjo entre conglomerados exportadores competitivos a nivel internacional, beneficiados por el proyecto, y sectores industriales que, con independencia de su nivel de concentración, compiten por la misma franja con sus pares externos (Botto, 2001).

El sector empresarial tiene también un papel activo en las instituciones del Mercosur, particularmente en el FCES, las secciones nacionales del foro, y las asociaciones de pequeñas y medianas empresas (Grandi y Bizzorero, 1998). El FCES se caracteriza por el protagonismo de las federaciones empresariales tradicionales, especialmente la UIA, que juega un papel líder en este ámbito. Sin embargo, a diferencia de los sindicatos, los empresarios han participado más efectivamente sobre bases *ad hoc*, pragmáticas y a través de intercambios informales con los funcionarios involucrados en los comités técnicos y grupos de trabajo del Mercosur, que utilizando los canales institucionales creados a nivel regional (Bouzas y Avogadro, 2001).

4. 3. *Negociaciones a nivel nacional y canales de participación en el* ALCA

En el caso del ALCA, los contactos entre el gobierno y las organizaciones empresariales han sido mucho más esporádicos y menos sistemáticos debido al carácter de proyecto de largo plazo que revestía la integración hemisférica hasta fines de la década del 90. En este marco, entidades sin fines de lucro, como el CARI, han desarrollado un papel interesante de articulación intrasectorial y gubernamental. A través de los seminarios y reuniones del foro llamado "Grupo ALCA", creado en 1996, el CARI proporcionó un espacio de intercambio entre empresarios, representantes gubernamentales y funcionarios vinculados a los diferentes Grupos de Negociación, facilitando la circulación, accesibilidad y organización de la información disponible.

En la medida en que los debates no son públicos y se guarda la confidencialidad de las conclusiones, es difícil medir la incidencia directa del Grupo ALCA en la interacción entre el sector público y el empresarial. Lo que sí puede afirmarse es que la participación creciente de las organizaciones empresariales tanto en reuniones locales de este orden como en los foros sectoriales multilaterales y redes afines, no ha sido acompañada por una coordinación verdaderamente sistemática entre el gobierno y el sector privado.

En la primera fase del proceso de negociaciones multilaterales, específicamente entre el I y el II FEA (Denver, 1995 y Cartagena, 1996, respectivamente) (ver "Cronograma" en Anexos) la participación argentina, a diferencia de la brasileña, se limitaba a personas o entidades aisladas, con un bajo nivel de información y escaso trabajo previo con el gobierno (CARI, 1996). Un examen rápido de los listados de participantes disponibles muestra que los asistentes eran mayoritariamente ejecutivos de grandes empresas y, en una proporción mucho menor, representantes de cámaras y federaciones empresariales.[14]

---

14. En el II FEA, por ejemplo, sobre el total de los cuarenta y siete asistentes argentinos sólo uno representaba a una cámara –Cámara de Exportadores de la República Argentina (CERA)– y otro a una federación –UIA–.

Cuadro 5.1
Participación de empresarios argentinos en las reuniones del FEA

Foros Empresariales	II FEA, Cartagena, 1996	III FEA, Belo Horizonte, 1997	IV FEA, San José, 1998	V FEA, Toronto 1999	VI FEA, Buenos Aires, 2001
Cantidad de asistentes argentinos	47	127	ND* (35)	47	273

* Para este foro sólo se dispone de información sobre los asistentes a la reunión preparatoria, donde hubo treinta y cinco participantes.
Fuente: Elaboración propia y basada en Casaburi y Quiliconi (2001). Estos datos no son totalmente exhaustivos debido a la fragmentación de la información disponible, basada en diferentes directorios de asistentes e inscriptos.

Recién a partir de las Reuniones Ministeriales de Belo Horizonte y Costa Rica, en ocasión del III y IV FEA, respectivamente, esta tendencia pareciera revertirse. En primer lugar, si bien desde el punto de vista numérico la participación empresarial fluctúa, como lo muestra el cuadro 5.1, la composición de los asistentes es diferente. Con respecto al número, la asistencia es significativamente alta en las reuniones de Brasil y Argentina. Este dato no es anecdótico ya que coincide con las dificultades para financiar la participación en estos eventos con recursos propios, señalada con insistencia por las organizaciones empresariales como uno de los obstáculos para el incremento de la asistencia. En cuanto a la composición de los asistentes, resalta la presencia creciente de representantes de cámaras y federaciones empresariales. Por ejemplo, en el III FEA sobre el total de asistentes, alrededor de 25 por ciento eran representantes de alguna cámara o federación. En el V FEA ese porcentaje asciende a casi 55 por ciento. En segundo lugar, la calidad e intensidad de la participación también varía. Tomando la presentación de *papers* en los Grupos de Trabajo del V y VI FEA como una pauta indicativa de cuáles han sido las organizaciones empresariales argentinas más activamente involucradas, se advierte claramente el rol protagónico de la UIA. En el caso del V FEA, por ejemplo, sobre un total de catorce entidades presentando trabajos en diferentes talleres, la UIA, la CAC, la CERA y la Cámara de Importadores de la República Argentina (CIRA), en este orden, eran las asociaciones con mayor presencia en los diferentes talleres. Dentro de este grupo, el porcentaje de presentaciones de la UIA representaba alrededor de 47 por ciento. Durante el VI FEA, la composición de las organizaciones con el ranking más alto de participación varía, pero la UIA continúa concentrando la proporción más alta de presentaciones (67 por ciento). Los cuadros que se presentan a continuación dan cuenta de esta evolución.

Cuadro 5.2
Ponencias presentadas ante el V FEA (Toronto, 1999)

Taller/país	Brasil	Argentina	Chile	México
Propiedad intelectual	3	6	0	0
Acceso a mercados	1	5	0	0
Sercicios	2	6	o	1
Inversiones	2	4	0	0
Solución de controversias	2	2	0	0
Agricultura	2	4	0	0
Política de competencia	2	2	0	0
Defensa comercial	2	3	0	0
Compras del sector público	2	1	0	0
Comercio electrónico	0	0	0	0
Economías pequeñas	0	0	0	0

Fuente: Clelia Guiñazú y Cintia Quiliconi, a partir de datos obtenidos sobre el V FEA través de la REIH (www.reih.org/links).

Cuadro 5.3
Ponencias presentadas ante el VI FEA (Buenos Aires, 2001)

Taller/país	Brasil	Argentina	Chile	México
Propiedad intelectual	3	4	0	0
Acceso a mercados	1	2	0	0
Sercicios	2	4	o	1
Inversiones	2	1	0	0
Solución de controversias	2	2	0	0
Agricultura	2	2	0	0
Política de competencia	2	1	0	0
Defensa comercial	2	1	0	0
Compras del sector público	2	1	0	0
Comercio electrónico	0	6	0	1
Economías pequeñas	0	0	0	0

Fuente: Clelia Guiñazú y Cintia Quiliconi, a partir de datos obtenidos sobre el VI FEA través de la REIH (www.reih.org/links).

Cuadro 5.4
Detalle de entidades que presentaron ponencias en el V FEA (Toronto, 1999)

Taller/país	Brasil	Argentina	Chile	México
Acceso a mercados	Coalizão Empresarial do Brasil (CEB)	CERA Cámara de la Industria del Calzado Cámara de Industriales Cítricos de la Argentina (CICA) UIA CIRA Cámara Argentina de la Construcción		
Servicios	Confederação Nacional da Indústria (CNI) CEB CNI, a través del Consejo Industrial del Mercosur (CIM)	CAC y UIA CERA UIA a través del CIM Cámara Argentina de la Construcción Movicom Argentina		Coordinadora de Organismos Empresariales de Comercio Exterior
Inversiones	CEB y CNI CEB y CNI a través del CIM	UIA a través del CIM CAC y Cámara Argentina de la Construcción CIRA		
Solución de controversias	CEB CNI	CAC UIA		
Agricultura	CEB CNI	CERA CICA SRA UIA		
Defensa de la competencia	CEB CEB y CNI a través del CIM	CAC UIA UIA a través del CIM		
Defensa comercial	CEB CNI a través del CIM	Confederación General de la Industria, CIRA y UIA a través del CIM UIA		
Compras gubernamentales	CEB y CNI	UIA		
Comercio electrónico				
Economías pequeñas				

Fuente: Clelia Guiñazú y Cintia Quiliconi, a partir de datos obtenidos sobre el V FEA a través de la REIH *(www.reih.org/links)*.

Otro cambio sustantivo que se advierte entre el III y el V FEA es una mayor coordinación entre las estrategias de negociación del gobierno argentino y la posición de las organizaciones más relevantes del sector empresarial. Como indican entrevistas con diferentes dirigentes empresariales, durante este período va tomando consistencia una "posición Mercosur", afín a los lineamientos generales del gobierno, entre los representantes empresariales argentinos.[15] Los diversos intereses sectoriales comienzan a converger, de este modo, en un mínimo denominador político común: negociar la entrada al ALCA desde el Mercosur, asumir el principio del *single undertaking,* compatibilizar los compromisos adoptados con los estándares de la Organización Mundial del Comercio (OMC) y trabajar en la eliminación de subsidios y barreras no arancelarias (Casaburi y Zalazar, 2000).

En vísperas de la VI Reunión Ministerial de Buenos Aires, este marco general de acuerdo entre actores privados y gubernamentales se rompe, como producto del recrudecimiento de la crisis política de la Alianza y de la escalada de conflictos entre los socios del Mercosur. Paradójicamente, cuando el ALCA adquiere mayor exposición pública en el país, el gobierno se sumerge en una total inconsistencia frente al tema. Por un lado, desde el Ministerio de Economía, el nuevo ministro Domingo Cavallo se convierte en el promotor de un acuerdo bilateral con Estados Unidos. Por otro, desde el Ministerio de Relaciones Exteriores, los funcionarios defienden fuertemente a un Mercosur en crisis, agravada políticamente por el giro inesperado y unilateral que pretende imponerse desde la conducción económica del gobierno.

Frente a la incoherencia del gobierno, los grupos empresariales más visiblemente involucrados en el proceso del ALCA reaccionan casi al unísono defendiendo, con muy pocas excepciones, la necesidad de mantener una estrategia de negociación conjunta, desde el bloque Mercosur. Podría argumentarse que, lejos de constituir un indicador de la fortaleza del empresariado, este consenso pro Mercosur fue tácticamente defensivo, relativamente inorgánico y dirigido a reclamar un mínimo de consistencia por parte del gobierno en la definición del interés nacional. Aunque la puja intragubernamental se prolongó hasta la propia Cumbre de Quebec, la balanza finalmente acabó por inclinarse a favor de la negociación en bloque con el Mercosur. El compromiso, no obstante, respondía a un apremio de orden coyuntural antes que a una opción meditada y consensuada entre actores gubernamentales y sector privado.

---

15. Entrevista a Jorge Lavopa, CARI, Buenos Aires, 6 de septiembre de 2000.

Cuadro 5.5
Detalle de entidades que presentaron ponencias en el VI FEA
(Buenos Aires, 2001)

Taller/ País	Brasil	Argentina	Chile	México
Acceso a mercados	CEB CNI a través del CIM	Cámara Argentina de las Industrias Plásticas UIA UIA a través del CIM		
Servicios	CEB	UIA Cámara Argentina de Venta Directa Asociación Argentina de Dirigentes de Sistemas (AADS) Telecom Argentina		
Inversiones	CEB	UIA		
Solución de controversias	CEB	UIA CAC Asociación de Exportadores del Municipio de Vicente López		
Agricultura	CEB	SRA UIA		
Defensa de la competencia	CEB	UIA		
Defensa comercial	CEB	UIA		
Compras gubernamentales	CEB	UIA		
Comercio electrónico	CEB	CERA Cámara de Informática y Comunicaciones de la República Argentina CIRA CAC AADS Cámara Argentina de Bases de Datos y Servicios en Línea		Asociación Mexicana para la Protección de la Propiedad Intelectual
Economías pequeñas				

Fuente: Clelia Guiñazú y Cintia Quiliconi, elaborado a partir de datos obtenidos sobre el VI FEA a través de la REIH (www.reih.org/links).

4. 4. *Impactos sectoriales y agenda gubernamental*

Como se desprende del análisis anterior, se sabe más acerca de los consensos generales adoptados por las organizaciones empresariales argentinas y de sus demandas también amplias hacia los actores gubernamentales que de las divergencias intrasectoriales específicas y su impacto, allí donde existiera, en la agenda del gobierno nacional.

En líneas generales, no es ningún misterio que las negociaciones del ALCA despiertan mayores expectativas positivas entre las empresas transnacionales de capital estadounidense y los grupos nacionales que ya exportan hacia el área de América del Norte. Por el contrario, los sectores orientados centralmente hacia el Mercosur prefieren profundizar esa opción o, eventualmente, negociar con suma cautela, antes que favorecer una apertura irrestricta al proyecto ALCA (Comisión Económica para América Latina y el Caribe, 1998). Los sectores vinculados al mercado interno y con mayores dificultades de adaptación a los estándares internacionales quedarían probablemente rezagados frente al proyecto de integración hemisférica. Éste es el caso de un sector de las pequeñas y medianas empresas y de los productores agrarios que participaron, a través de la Asamblea de Pequeños y Medianos Empresarios de la Argentina y de la Federación Agraria Argentina, respectivamente, en el Comité Argentino No al ALCA.

Pero excluyendo ejemplos claros de "*outsiders* empresariales" como el anterior, los alineamientos y posiciones concretas –sean de carácter defensivo o proactivo– dependerán ciertamente de factores más complejos que la orientación exportadora de las empresas. En primer lugar, tomando en consideración las características de las firmas, investigaciones sobre el tema indican que las posturas empresariales argentinas frente a acuerdos de política comercial –centralmente, la OMC– dependen también de otras variables, como la exposición del sector a importaciones competitivas, su nivel de concentración y su posición en una cadena productiva determinada.

Un segundo orden de factores es de carácter político y se vincula al punto de inflexión que ha planteado la "crisis argentina", al poner en cuestión no sólo el modelo de desarrollo e inserción futura del país en el mapa global sino también su gobernabilidad y estabilidad institucional.

Por último, los alineamientos del sector privado y su proyección política dependerán de cómo avance la agenda del ALCA desde sus rutinas de involucramiento burocrático, sus programas de trabajo y sus compromisos generales (Bouzas y Svarzman, 2001; Rozenwurcel, 2001) hacia el terreno de las decisiones puntuales, que dejarán al desnudo los intereses domésticos en conflicto. En este sentido, las concesiones proteccionistas auspiciadas por el gobierno de George W. Bush (2001-actual) a sectores de la economía estadounidense para que la Cámara de Representantes aprobara la Autoridad para la Promoción del Comercio –ex "vía rápida"– indican que el ALCA podría atravesar por nuevos frentes de conflicto y demora con relación al urticante tema de los subsidios y barreras paraarancelarias (Valenzuela, 2001).

5. Observaciones finales

En una encuesta realizada en la Argentina por Gallup en abril de 2001, más de la mitad de los entrevistados aseguró no haber escuchado nunca hablar sobre el ALCA (57 por ciento) (*La Nación*, 14 de mayo de 2001). El resultado en realidad no sorprende, si se consideran las características centrales del caso argentino: el bajo perfil del gobierno nacional en relación con la participación ciudadana, sus posteriores tácticas oscilantes entre los compromisos adquiridos en el Mercosur y la propuesta del ALCA y, finalmente, la activación tardía de las OSC locales frente a las agendas de las cumbres de las Américas. En efecto, en contraste con Chile o Brasil, por ejemplo, ninguna de las organizaciones analizadas fue convocada directamente por el gobierno nacional. En casi todos los casos se trató, por el contrario, de "autoconvocatorias" derivadas de la estrecha vinculación existente entre las diferentes OSC argentinas con instituciones o redes de instituciones afines a nivel regional y/o hemisférico.

Como se desprende de este trabajo, durante las etapas formativas del proceso de acción colectiva frente a las cumbres de las Américas predominaron ONG y movimientos sociales con baja representatividad, tanto en la arena de los *insiders* como en el terreno más incluyente de los grupos opositores. Las ONG lideradas por Conciencia-Poder Ciudadano-FSS desarrollaron acciones de limitado impacto entre actores locales afines, siguiendo los lineamientos y las agendas establecidas por sus pares externos, principalmente las ONG del norte. Su visión sobre el proceso de las cumbres refleja una preocupación general, de raíz democrático-liberal "universalista", por la transparencia y apertura participativa en las agendas de política nacional e internacional, ideal que ha ido acompañado por el interés más acotado de avanzar en la legitimación jurídica y política del sector. Asimismo, sus tácticas de incidencia predominantes han sido el cabildeo, la formación de foros de opinión y la difusión de los mandatos de las cumbres de las Américas, sin incursionar en el tema del ALCA. Por su parte, el grupo de matriz "movimientista" que fue tomando forma bajo la coordinación de Diálogo 2000-Serpaj y FOCO-IDEMI, no logró expandir sustancialmente la convocatoria, ni mucho menos convertirse en el principal referente argentino de la ASC. Sin embargo, éste fue el primer germen local de un movimiento crítico al proyecto de integración hemisférica, que comenzó a debatir de un modo sistemático las implicancias sociales y políticas del ALCA, entendido como una nueva vuelta de tuerca en el proceso desigual de apertura irrestricta de los mercados. La desvinculación entre ambos conjuntos de actores, como se ha señalado, replicó tempranamente y casi sin matices la dualización existente a nivel hemisférico entre las redes más próximas a la idea de "democracias de ONG" alentadas por los organismos multilaterales de crédito y la visión crítica, de creciente carácter "antimundialista", vinculada a la ASC.

En la etapa reciente, la entrada en escena del actor sindical tuvo un efecto paradójico. Por una parte, demostró que cualquier estrategia colectiva de alto impacto no podía realizarse con prescindencia del movimiento obrero organizado. Pero, por otra parte, la participación de este actor puso en entredicho la legitimidad de las ONG y organizaciones sociales opositoras para liderar el proceso en su conjunto. De este modo, la subordinación coyuntural de estas últimas a las fluctuantes estrategias sindicales las dejó desarmadas frente al "internismo" de las centrales en el ámbito doméstico y desató sordamente la tensión intrasectorial por la autonomía.

Finalmente, las organizaciones empresariales han realizado un trabajo más sostenido en las redes y los ámbitos oficiales de negociación del ALCA. Dos factores contextuales contribuyeron a generar este resultado. Por una parte, la experiencia acumulada en las instituciones del Mercosur y en las negociaciones nacionales frente a la apertura comercial de los años 90. Por otra parte, el hecho de que el propio proyecto de integración hemisférica alentó, desde su comienzo, la constitución de coaliciones proactivas tanto dentro del sector como entre los actores empresariales y los gobiernos nacionales. Sin embargo, incluso en el caso de estas organizaciones incentivadas de un modo privilegiado desde diferentes arenas de negociación, el sistema de interacción y consultas con el gobierno argentino se caracterizó por un bajo nivel de coordinación y por asimetrías en los canales de acceso. Al mismo tiempo, y en parte como consecuencia de esta situación, las organizaciones más activas y representativas han encontrado obstáculos para integrar en la mesa de negociaciones a un conjunto más amplio de actores del sector.

La crisis argentina parece constituir un *test* todavía incierto sobre los rumbos que van tomando algunas de esas transformaciones. El ALCA, que hasta hace pocos meses había comenzado a adquirir un valor cada vez más preciado para algunos actores del *establishment* local, no figura ahora en la nutrida lista de prioridades políticas del nuevo gobierno. Es bastante probable que, alcanzado algún punto hipotético de equilibrio, comience a tomar cuerpo la posición más pragmática de continuar negociando los acuerdos del ALCA desde el bloque político del Mercosur. La fluidez de la crisis, sin embargo, puede deparar sorpresas sobre las que sabemos muy poco. Lo que sí sabemos es que los consensos tácitos o explícitos que garantizaron la relativa *pax* social de las reformas de mercado por más de una década, se han roto.

La sociedad civil en el proceso de integración comercial: el caso brasileño

*Antonio José Junqueira Botelho**

La visibilidad del proceso de las cumbres de las Américas para la sociedad brasileña aumentó de forma significativa a partir de fines de 2000, de manera simultánea a la profundización del debate en torno del proceso de negociación del Área de Libre Comercio de las Américas (ALCA). Al mismo tiempo que los medios de comunicación comenzaron a interesarse en el tema, se aceleró la movilización de los actores sociales y se reforzaron las redes de organizaciones de la sociedad civil (OSC). Hasta ese momento, y a excepción de las cámaras empresariales; los sindicatos, las organizaciones no gubernamentales (ONG) y los movimientos sociales habían tenido una actuación tímida en relación al ALCA. La entrada en escena de un número significativo de nuevos actores de la sociedad civil configuró un novedoso patrón de participación en los procesos de negociaciones comerciales,[1] consolidando las tendencias que se venían manifestando desde la III Reunión Ministerial de Belo Horizonte (mayo de 1997) (ver "Cronograma" en Anexos).

En retrospectiva, se percibe una paradoja en este desarrollo. En primer lugar, la oposición de la sociedad civil organizada al ALCA obedece a las posiciones divergentes que mantienen Estados Unidos y Brasil, ante el rechazo del gobierno brasileño a la concreción del proceso de integración hemisférica (Abreu, 1997). En segundo lugar, el proceso de apertura comercial desarrollado durante la década de

* Esta investigación contó con la valiosa colaboración de Thiago Esteves, alumno de grado del Departamento de Sociología y Política de la Pontificia Universidade Católica do Rio de Janeiro (PUC-Rio), desde mayo de 2000. La colaboración de diversos actores que me concedieron entrevistas fue clave para la realización de la investigación, principalmente: Fátima Mello (Federação de Órgãos para a Assistência Social e Educacional [FASE]), Soraya Saavedra Rosar (Unidade de Integração Internacional, Confederação Nacional da Indústria[CNI]), Rosana Heringer (Cidadania, Estudo, Pesquisa, Informação e Ação [CEPIA]). Maria Silvia Portela de Castro aportó valiosa información en distintas conversaciones telefónicas a lo largo de 2000 y 2001. La Rede Brasileira pela Integração dos Povos (Rebrip) también aportó interesantes datos a la investigación, a través de Claudio de Paiva del Equipe de Atendimento. Agradezco finalmente las sugerencias hechas por el equipo de trabajo de este proyecto, principalmente a Mercedes Botto y a quienes fueron comentaristas externos, Tullo Vigevani y Myriam Sepúlveda.

1. Véanse las razones de esta inflexión en Santana (2000) y en Guilhon Albuquerque (2001).

los 90 generó impactos diferenciados por sector, incluso entre aquellos que habían logrado movilizar a un número importante de actores, dificultando así la agregación de intereses comunes.

La III Cumbre de las Américas (Quebec, 2001) (ver "Cronograma" en Anexos) implica un cambio fundamental: el gobierno brasileño abandonó entonces su estrategia defensiva frente al proceso del ALCA (Guilhon Albuquerque, 2001), mientras que las OSC comenzaron a involucrarse de manera activa en la implementación de sus estrategias, fueran de oposición o de apoyo a las negociaciones comerciales y cuyas bases habían sido asentadas en Belo Horizonte.[2] Tal como lo plantea Santana (2000), la estrategia del gobierno brasileño frente al ALCA goza de un alto grado de credibilidad, pero carece de legitimidad interna y esto afecta, en parte, su poder en el momento de sentarse a la mesa de negociación. Si bien los cambios ocurridos a partir de la Cumbre de Quebec suponen una mayor legitimidad, su traducción en un poder de negociación efectivo dependerá de otros factores. Éstos incluyen, por un lado, el esquema institucional diseñado por el gobierno brasileño para fomentar, agregar y procesar las demandas de la sociedad civil respecto del ALCA y, por otro, la conciliación de intereses entre las OSC y la presentación de demandas más claras y empíricamente fundamentadas, al asumir Brasil una posición de "participación conflictiva" (Guilhon Albuquerque, 2001).

Este capítulo tiene un doble objetivo. Por un lado, identificar los principales actores de la sociedad civil antes y después de 2000 y evaluar en qué medida sus recursos y estrategias en cada uno de estos momentos dan cuenta de dos regímenes de participación diferentes. Por otro lado, explorar los mecanismos abiertos por el gobierno para la participación de la sociedad civil a fin de determinar si éstos contribuyen a una *governance* efectiva.

El trabajo está dividido en cuatro partes. La primera parte incluye una caracterización de los tres principales actores de la sociedad civil –ONG, centrales sindicales y organizaciones empresariales– en el período que va desde el lanzamiento del ALCA hasta fines de 2000. En la segunda se describen los canales abiertos por el gobierno brasileño para la participación de estos actores en las negociaciones comerciales, mientras que en la tercera parte se presenta un mapeo de las OSC involucradas en este proceso teniendo en cuenta sus demandas, las estrategias y acciones implementadas y finalmente, la vinculación interna y externa de las redes. En el cuarto apartado se exploran los rumbos y las tendencias observadas hacia finales de 2000, intentando identificar los elementos que configuran un nuevo régimen de participación. Las conclusiones incluyen un balance preliminar del impacto que ha tenido cada uno de estos actores en la definición de las políticas gubernamentales respecto del ALCA y buscan determinar el grado de aprendizaje respecto de otras experiencias de participación, tal como se dio en el Mercado Común del Sur

---

2. Vigevani y Paquariello Mariano (1998) argumentan que frente a las incertidumbres del proceso generado por el ALCA, algunos actores de la sociedad civil se movilizan para influenciar el proceso con vistas a minimizar el impacto negativo. Santana (2000) refuerza la argumentación que plantea la Reunión de Belo Horizonte como un punto de inflexión al afirmar que: "...a pesar de las discusiones y actitudes gubernamentales en el proceso del ALCA, lo que fue paradigmático en esta reunión ministerial fue la participación empresarial, sindical y de las organizaciones de la sociedad civil" (p. 60).

(Mercosur) a través de la comparación de los patrones de articulación y de agregación de intereses de la sociedad civil. Finalmente, se exploran los desafíos institucionales que se presentan, tanto para el gobierno como para las OSC, en el sentido de establecer una efectiva participación de la sociedad civil en la formulación de la agenda brasileña en el marco de las negociaciones del ALCA.

1. La sociedad civil brasileña de cara al siglo XXI

Las ONG, denominadas también entidades del "tercer sector", nacieron bajo un régimen autoritario. Por ello, están formadas principalmente por agentes con una larga historia de militancia y persecución política, y vinculados a reivindicaciones populares. Esto enfatizó la dimensión política de sus problemáticas, acercándolas al discurso y a la agenda de la izquierda. Las primeras ONG se formaron en los 70, en estrecha relación con sectores de la Iglesia Católica. Luego, a medida que avanzaba el proceso de democratización, estas organizaciones se fueron multiplicando. En 1988, la Constitución estableció un marco que permitió la formación de nuevos movimientos sociales y ONG en defensa de mujeres, negros, indígenas, trabajadores rurales y grupos con orientación sexual diferenciada.

De acuerdo con la Rede de Informações para o Terceiro Setor, en Brasil existen alrededor de 17.478 ONG, las cuales realizan diversas y heterogéneas actividades de interés público. Dada la gran variedad de objetivos y propósitos, las ONG incluyen distintos tipos de organizaciones, desde aquellas orientadas por una misión y un área de actuación específicas hasta filiales de organizaciones internacionales –como Greenpeace y Action Aid– que cuentan con millones de afiliados y que actúan en áreas diversas. Las ONG frecuentemente participan de redes integradoras de servicios y de información, a través de las cuales intentan romper con la histórica atomización del sector frente a temas de gran alcance social y superar su carácter localista. Así, en la medida en que amplían la escala de su base social, estas organizaciones alcanzan una mayor legitimidad.

En lo que atañe a la vinculación con el Estado, se han ido multiplicando las relaciones de colaboración y de interacción entre ambos, tanto a nivel comunitario y local como en la elaboración de programas de impacto nacional. La creación del Conselho da Comunidade Solidária por parte del gobierno se abre como un interesante espacio de diálogo: busca potenciar la participación de la sociedad civil y generar mecanismos innovadores para hacer frente a la pobreza y a la exclusión social en el país.

El sindicalismo constituye un actor de la sociedad civil fundamental. Tras la democratización de Brasil hacia fines de los 70, los sindicatos obreros se liberaron parcialmente de su dependencia del Estado y surgieron diversas vertientes ideológicas, a través de las siguientes centrales: Central Única dos Trabalhadores (CUT), Confederação Geral dos Trabalhadores (CGT) y Força Sindical (FS). Durante la década de los 80, la principal central sindical, la CUT, pasó a actuar como virtual partido político. En comparación con otros países, donde la afiliación sindical experimentó un fuerte letargo en las últimas décadas, en Brasil esta tasa se ha mantenido constante y en niveles elevados desde mediados de los años 80. De todas maneras, cabe señalar que su importancia en términos de representatividad y legitimidad no se relaciona solamente con los índices de afiliación sino también con su capacidad de movilización (Cardoso, 1997). Por otra parte, la creación de estas centrales sindicales significó una disminución de la fragmentación que había caracterizado históricamente al movimiento sindical. Más allá de que existen tres centrales y que el nivel de afiliación a éstas es estadísticamente bajo,[3] a nivel nacional el sindicalismo no se encuentra fragmentado ya que aquí la CUT mantiene una posición de cuasihegemonía, al controlar sindicatos en sectores y regiones clave de la economía brasileña.

La creación de la CUT en agosto de 1983 representó la consolidación del movimiento sindical brasileño pos 64. Con el nombre de "Nuevo Sindicalismo",[4] este movimiento se caracterizó por la crítica al modelo corporativo. A fines de los 80, la CUT controlaba un gran número de sindicatos en el país, especialmente aquellos con las más elevadas tasas de afiliación y en los sectores estratégicos de la economía –energía, petróleo, química, transportes, entre otros–, incluyendo el poderoso sindicato de los metalúrgicos en las principales ciudades del país. A éstos, se suman los sindicatos gubernamentales, de servicios –especialmente bancarios– y la mayoría de los sindicatos de profesionales urbanos –profesores, médicos, abogados, ingenieros, entre otros–. Por otra parte, entre 1983 y 1988, esta central fue la responsable directa de la creación de un tercio de todos los sindicatos de trabajadores urbanos establecidos en esos años. En lo que hace al sector agrícola, éste tiene una fuerte penetración a través de la Confederação Nacional dos Trabalhadores na Agricultura (Contag), que congrega a veinticinco federaciones estaduales y más de 3.600 sindicatos de trabajadores rurales.

Fundada a mediados de la década de los 80, la CGT, en cambio, constituye un exponente del sindicalismo corporativo tradicional. Con un fuerte componente nacionalista y en clara oposición ideológica a la CUT, esta central defiende el mantenimiento de la estructura sindical existente, la negociación y la alianza con el mercado de trabajo, siendo la huelga un recurso de uso extremo. Su principal base de representación descansa en los sindicatos de trabajadores urbanos del sector industrial, que en 1988 representaban a 48 por ciento de los afiliados. Sin embargo, también cuenta con una porción significativa de sindicatos de otras categorías –profesionales liberales, agentes autónomos y rurales–. A diferencia de la CUT, que posee un alcance nacional, la CGT está concentrada en la región sudeste del país.

La tercera de estas centrales obreras, la FS, fue creada en 1991 y representa el sindicalismo pragmático que intenta oponerse a la cuasihegemonía de la CUT. Surgida en un contexto de transición económica, a través de ella, el gobierno y las elites buscaron crear un interlocutor viable y legítimo en el movimiento obrero, capaz de negociar pactos políticos y paquetes económicos.

---

3. De acuerdo con los datos obtenidos, sólo 19 por ciento de los sindicatos estaba afiliado a una central sindical en 1988 (Cardoso, 1997).

4. El Nuevo Sindicalismo fomentó una ampliación de la agenda, incluyendo nuevos derechos, el rechazo a la cooperación entre clases y la autonomía frente a los partidos políticos. Esta última causa fue luego abandonada y la CUT se convirtió en el brazo sindical del Partido dos Trabalhadores (PT), al que le suministró cuadros dirigentes.

En términos generales, los cambios económicos y tecnológicos de la última década del siglo XX implicaron una gran transformación para el sindicalismo brasileño. Las razones de este proceso de cambio y debilidad son pocas y claras. En primer lugar, y en términos de las formas de producción, las causas fueron dos. Por un lado, las ganancias de productividad generadas por los avances tecnológicos conllevaron un crecimiento del sector industrial, pero no un aumento del empleo, con lo cual se congeló el crecimiento del sindicalismo industrial. Por otro lado, la estrategia de terciarización de la mano de obra implicó una fuerte dispersión de los trabajadores. En segundo lugar, el desplazamiento de las industrias hacia regiones con baja militancia sindical llevó a la fragmentación regional de los sindicatos. A lo dicho, se suma, en tercer lugar, una importante limitación en el poder de negociación de los sindicatos producto de las crisis económicas, las bajas tasas de crecimiento y del proceso de las privatizaciones. Desde el punto de vista de los sindicatos, una cuarta razón nos remite a la representatividad de la CUT, cuyo poder se ve debilitado por las nuevas centrales sindicales creadas durante los años 80. Queda claro entonces que el poder sindical se ha visto limitado en varios sentidos. Sin embargo, el número de sindicatos se mantiene en aumento y el índice de huelgas es aún elevado.

Luego de describir las ONG y los sindicatos, cabe hacer referencia ahora a los empresarios. Las organizaciones empresariales se constituyen a partir de las distintas ramas de actividad, y es obligatoria la afiliación a las mismas. El financiamiento de las cámaras y sus federaciones estatales está asegurado por el pago de tasas por parte de las mismas empresas. La representación a nivel nacional está dada por la CNI, si bien existen también varias federaciones. Entre éstas, la Federação das Indústrias do Estado de São Paulo (FIESP) se ha destacado por su mayor tradición de activismo. Sin embargo, durante los últimos años, su poder se ha visto afectado por el rol más activo que han ido asumiendo otras federaciones, como la Federação das Indústrias do Estado do Rio de Janeiro (FIRJAN), la Federação das Indústrias do Estado do Rio Grande do Sul (FIERGS) y la Federação das Indústrias do Estado de Minas Gerais (FIEMG). El sector agrícola mantiene una estructura fuertemente corporativa a través de la Confederação da Agricultura e Pecuária do Brasil (CNA), mientras que en el sector del comercio y de los servicios, las organizaciones y federaciones carecen de un alto nivel de representatividad, con lo cual su poder es también limitado. Sin embargo, esto último no se aplica a aquellas organizaciones que, como la Federação Brasileira dos Bancos (Febraban), representan a sectores más bien homogéneos. A nivel regional, tanto la CNI como la CNA han jugado un papel central en las negociaciones del Mercosur.

2. Canales gubernamentales abiertos a la sociedad civil en el proceso de las cumbres de las Américas

A excepción del ALCA, el proceso de las cumbres de las Américas evidentemente no ha sido una prioridad para ninguno de los actores no gubernamentales. Este desinterés se tradujo en la escasa acogida que tuvo la iniciativa de fortalecimiento de la sociedad civil, actitud que también se extendió al gobierno. De hecho, Brasil no participó del proceso de consultas hemisféricas realizadas a partir de la

Cumbre de Santiago (abril de 1998) y con vistas a la Cumbre de Quebec (ver "Cronograma" en Anexos). A través de una estrategia conjunta de Corporación PARTICIPA (Chile), Fundación Canadiense para las Américas (Canadá) y la Fundación Grupo Esquel (Estados Unidos), el proceso incluyó la alianza con organizaciones locales que funcionaban como contrapartidas de PARTICIPA y eran las encargadas de realizar las consultas a nivel nacional (ver Rojas Aravena *et al.* en este volumen). Sin embargo, en el caso de Brasil no se logró identificar y convocar a una organización aliada. Luego, los resultados finales de estas consultas hemisféricas fueron presentados en Miami en enero de 2001, en una reunión donde sólo participaron algunas organizaciones medioambientalistas, parte de la Alianza Social Continental (ASC), y centradas en el cuestionamiento y la deslegitimación de una convocatoria que excluyera los temas del ALCA.

Este desinterés por participar y debatir el mandato de fortalecimiento de la sociedad civil se explica por el tipo de relación que las ONG mantienen con el gobierno: éstas funcionan como subcontratistas para la ejecución de los programas y políticas estatales tanto a nivel nacional como local. En este sentido, la articulación ONG-gobierno supone una diferencia respecto de los demás países latinoamericanos y remite en realidad a un patrón similar al que existe en los países del norte. Como consecuencia de esto, se ha dado una activa participación de la sociedad civil en los temas vinculados a la integración hemisférica y al proceso del ALCA, tanto en los espacios abiertos por el gobierno como en aquellos que han surgido a partir de la demanda de las mismas organizaciones. Sin embargo, este activismo no se ha extendido al mandato de las cumbres de las Américas, que tiene precisamente como objetivo fortalecer la participación de los actores no gubernamentales.

En el caso específico del ALCA, el interés por participar provino no sólo de las OSC, sino también del mismo gobierno. Hasta la Cumbre de Quebec, el gobierno brasileño entendió que las negociaciones comerciales no debían ser aceleradas. Por el contrario, apelaba a la implementación de una estrategia gradual a fin de no perjudicar la etapa de profundización del Mercosur. Las delegaciones oficiales que asistían a las reuniones ministeriales dentro del proceso de negociación del ALCA no incluían la presencia de ninguna OSC. Sin embargo, el gobierno brasileño fue estructurando distintos canales para la participación indirecta de la sociedad civil en este proceso.

Un primer canal fue instrumentado por el Ministerio de Relaciones Exteriores –Itamaraty–, unidad gubernamental encargada de implementar a nivel nacional las recomendaciones y compromisos alcanzados a nivel regional. La invitación a enviar recomendaciones sobre los diversos temas vinculados al ALCA en el marco del Comité de Representantes Gubernamentales sobre la Participación de la Sociedad Civil fue realizada a través de internet. Sin embargo, esta forma de vinculación con la sociedad civil no resultó ser muy eficaz para atraer contribuciones sobre las negociaciones. En respuesta a la primera invitación hemisférica sólo se presentaron tres recomendaciones de organizaciones brasileñas;[5] en tanto la segunda, previa a la VI Reunión Ministerial de Buenos Aires (abril de 2001) (ver "Cronograma" en Anexos) incluyó una sola presentación. El reducido número de presentacio-

---

5. Véase el Informe del Comité de Representantes Gubernamentales sobre la Participación de la Sociedad Civil en el ALCA denominado "FTAA.soc/03" del 4 noviembre de 1999.

nes se debe a que las distintas organizaciones empresariales participan a través de una única red –la Coalizão Empresarial do Brasil (CEB)–, a diferencia de otros países latinoamericanos donde el sector empresarial se encuentra más fragmentado. La propuesta de la CEB incluía distintos puntos entre los que nos interesa destacar tres. En primer lugar, llamaba la atención sobre la asimetría en los avances de los trabajos de los distintos Grupos de Negociación (GN), especialmente en relación con los escasos progresos realizados a través de los Grupos de Agricultura y de Subsidios, *Antidumping* y Derechos Compensatorios. A esto se sumaba, en segundo lugar, la preocupación por la gran concentración de barreras arancelarias y no arancelarias en productos agrícolas y agroindustriales. Finalmente, la presentación apelaba a una mayor interacción entre empresarios y negociadores.

Un segundo canal de participación abierto por el gobierno es el llamado "Comité de Representantes Gubernamentales sobre la Participación de la Sociedad Civil en la Formación del ALCA". Este Comité organizó cuatro reuniones durante 2000 y cinco durante el año siguiente, de las cuales participaron alrededor de treinta organizaciones, principalmente del sector empresarial. Sin embargo sólo algunas tuvieron una participación activa, es decir que no solamente asistieron sino que también presentaron observaciones y defendieron sus posiciones de manera explícita. Dentro de este grupo se encontraban CNI, FIERGS, FIESP, Federação de Serviços do Estado de São Paulo (FESESP), Instituto de Estudos Avançados da Universidade de São Paulo, Rebrip y Secretaria de Estado da Agricultura e Abastecimento do Governo do Estado de São Paulo.[6]

Finalmente, y a fin de ampliar las oportunidades de participación de la sociedad civil, en octubre de 1996 Itamaraty creó un mecanismo de coordinación entre las diversas dependencias del gobierno involucradas en los temas del ALCA. Surge entonces la Seçao Nacional de Coordenação dos Assuntos Relativos al ALCA (Senalca), como un órgano colegiado cuyo objetivo es elaborar y definir la posición brasileña frente a las negociaciones comerciales. La Senalca está presidida por el subsecretario general de Asuntos de Integración, Económicos y de Comercio Exterior de la Cancillería, quien a su vez es el representante de Brasil ante el Comité de Negociaciones Comerciales del ALCA.

Las convocatorias fueron amplias en términos de los actores invitados. El gobierno de Fernando Henrique Cardoso (1995-2002) invitó no sólo a los distintos actores interesados en participar sino también a quienes de hecho ya participaban, incluyendo a aquellas organizaciones que se constituyen como único medio de representación de determinados sectores o bien a aquellas que aparecen como las más representativas del sector. En el primer caso, se convocó a las cámaras empresariales, ya que el carácter corporativista de la legislación brasileña no permite la competencia entre ellas, y en el segundo se invitó a la CUT, dado que un mismo sindicato sí puede estar afiliado a más de una central sindical. El cuadro 6.1 nos ofrece un mapeo de las OSC que participaron de las reuniones realizadas por la Senalca entre 1999 y 2000.

6. Información elaborada a partir del "Sumário Geral, I Reunião de Coordenação Nacional do Comitê de Representantes da Sociedade Civil da ALCA, Brasília" (22 de febrero de 2000) y del "Sumário Geral y lista de presencia, II Reunião da Coordenação Nacional do Comitê de Representantes da Sociedade Civil da ALCA, São Paulo" (19 de mayo de 2000).

Cuadro 6.1
Participación de las osc en las reuniones de la Senalca

	xx Reunión de la Senalca (9 de septiembre de 1999)	xxi Reunión de la Senalca (27 de septiembre de 1999)	xxii Reunión de la Senalca (19 de enero de 2000)	xxiii Reunión de la Senalca (15 de marzo de 2000)	xxiv Reunión de la Senalca (27 de abril de 2000)
Associação Brasileira da Indústria Elétrica e Eletrônica (ABINEE)	Presente	Presente	Presente		
CNA				Presente	
Confederação Nacional do Comercio (CNC)					
Confederação Nacional das Instituições Financieras (CNF)					
CNI	Presente	Presente	Presente	Presente	Presente
Contag/CUT			Presente		
Associação Nacional de Fabricantes de Produtos Eletroeletrônicos (Eletros)	Presente		Presente		
FESESP		Presente	Presente	Presente	
FIESP		Presente	Presente	Presente	
FS				Presente	

Fuente: Registro Sumario de la xx, xxi, xxii, xxiii, xxiv Reunión de la Senalca, 9 de septiembre de 1999, 27 de septiembre de 1999, 19 de enero de 2000, 15 de marzo de 2000 y 27 de abril de 2000, Brasilia, Núcleo de Coordenação da ALCA (NALCA) y entrevistas.[7]

La respuesta de la sociedad civil fue igualmente amplia: organizaciones empresariales de alcance nacional –CNI y CNA– y subregional como FIESP y FESESP se sumaron a las tres centrales sindicales –CUT, CGT y FS– y a otras organizaciones. En un principio, el gobierno limitó la discusión con la sociedad civil a las cuestiones económicas de menor relevancia dentro de la agenda del ALCA, excluyendo los documentos de trabajo de los GN. Más recientemente, el gobierno ha hecho un es-

7. Entrevistas realizadas con el consejero José Antonio Simões, jefe del NALCA y secretario ejecutivo de la Senalca, Río de Janeiro, 20 de junio de 2000 y, Fátima Mello, asesora del Área de Relaciones Internacionales de FASE, Río de Janeiro, 7 de julio y 13 de noviembre de 2000.

fuerzo por abrir la agenda, en respuesta a las críticas recibidas por parte de las OSC en la I Reunión Nacional de Coordinación, que denunciaban la ausencia de mecanismos adecuados de participación y la falta de transparencia en el proceso. La Senalca promovió, a partir de entonces, la creación de una página de internet para el NALCA, unidad que concentra las actividades de negociación hemisférica dentro del Ministerio de Relaciones Exteriores. A partir de la XX Reunión de la Senalca, se envía a las OSC los temas de agenda a ser discutidos antes de las reuniones. Además, se ha perfeccionado la dinámica de las reuniones, buscando así focalizar y profundizar la discusión. En cada reunión se aborda un tema específico de un GN, cuyas posiciones y *briefings* son presentados por los coordinadores de cada uno de estos grupos. De esta manera, se ha ido generando una metodología de trabajo conjunto entre las organizaciones, especialmente empresariales, y los negociadores.

3. La participación de las OSC en el proceso de negociación del ALCA

El cabildeo es la principal forma de ejercer influencia por parte de las OSC. Las organizaciones mencionadas en el cuadro 6.2 son aquellas que han tenido mayor presencia en los tres canales implementados por el gobierno. Pero aun así, éstas han ejercido presión a fin de lograr una participación más profunda e, incluso, la apertura de canales alternativos. En esta dirección, la CNI, por ejemplo, ha solicitado la divulgación previa de la agenda, de un informe sobre las discusiones en el marco de cada uno de los GN, además de una copia de los principales documentos presentados en éstos. Por su lado, la CUT, secundada por la Rebrip, busca introducir una agenda alternativa que privilegie el desarrollo sustentable y la cuestión laboral, junto con la creación de nuevas instancias de agregación de intereses que permitan la constitución de un foro o comisión sindical, siguiendo el patrón del Foro Empresarial de las Américas (FEA). Sin embargo, hasta fines de 2000, estos esfuerzos generaron un impacto limitado, sea por la apatía de la sociedad civil organizada en relación al tema o bien por el efecto *crowding out* que tuvieron las disputas y turbulencias del Mercosur en la agenda de las OSC.

Dentro del universo de la sociedad civil organizada, quienes vienen participando con mayor intensidad en el proceso de formación del ALCA son, por el lado de las ONG, FASE y el Instituto de Estudos Sócioeconômicos (INESC), principalmente a través de la Rebrip; por el lado de los sindicatos, la CUT, la CGT y FS, y finalmente, por los empresarios, la CNI, la CNA y la FIESP.

A modo de conclusión, podríamos decir que aún resulta prematuro realizar una evaluación del grado de permeabilidad del gobierno a las propuestas de las distintas OSC. Son dos las razones que dan cuenta de esto. Por un lado, la agenda brasileña para el ALCA se ha ido modificando en función de la crisis del Mercosur y de las disputas en las que se ha visto involucrado Brasil en el marco de la Organización Mundial del Comercio (OMC) *vis à vis* importantes socios en el proceso hemisférico: Estados Unidos y Canadá. Por otro lado, los actores de la sociedad civil, aunque en menor medida los empresarios, no han presentado posiciones bien definidas en relación con los distintos temas que son objeto de negociación. A continuación identificaremos las recomendaciones de las OSC que ya han sido presentadas al gobierno, algunas de las cuales incluso fueron aceptadas. De todas maneras, resulta difícil medir el impacto de sus visiones y propuestas, dado que una de las organizaciones con mayor poder, la CNI, mantiene sus recomendaciones en reserva.

Cuadro 6.2
Modalidad de gestión: las OSC en el proceso del ALCA

Organización	Categoría	Representación de su base	Modalidad de gestión
ABINEE	Cámara empresaria-sector industrial	Única representante	Cabildeo Apoyo de inversiones
Associação Brasileira da Indústria Química (ABIQUIM)	Cámara empresaria-sector industrial	Única representante	Cabildeo Apoyo de inversiones
Associação de Comércio Exterior do Brasil	Cámara empresaria-sector servicios	Única representante	Cabildeo
CGT	Sindicato	Baja representatividad	Cabildeo Movilización
CNA	Cámara Empresaria-sector agricultura	Única representante	Cabildeo Movilización
CNC	Cámara empresaria-sector servicios	Única representante	Cabildeo Movilización
CNF	Cámara empresaria-sector servicios	Baja representatividad	Cabildeo Movilización
CNI	Cámara Industrial	Única representante	Cabildeo Movilización Medios de comunicación
CUT	Sindicato	Alta representatividad	Cabildeo Movilización
Eletros	Cámara empresaria-sector industrial	Única representante	Cabildeo Apoyo de inversiones
Federação da Agricultura do Estado de Minas Gerais	Cámara empresaria-sector agricultura	Representatividad regional	Cabildeo Movilización regional
FIERGS	Cámara empresaria-sector industrial	Representatividad regional	Cabildeo Movilización regional
FESESP	Cámara empresaria-sector servicios	Representatividad regional	Cabildeo Movilización regional
FIESP	Cámara empresaria-sector industrial	Representatividad regional	Cabildeo Movilización regional Medios de comunicación
FS	Sindicato	Baja representatividad	Cabildeo Movilización

Fundação Getúlio Vargas	ONG-académica	Observador	No influyó
Fundação Centro de Estudos do Comércio Exterior	ONG-académica	Alta representatividad	Cabildeo
Instituto Brasileiro de Defesa do Consumidor	OSC-consumidores	Alta representatividad	Cabildeo
Organização das Cooperativas Brasileiras	Otros	Baja representatividad	Cabildeo Medios de comunicación
PUC-Rio	ONG-académica	Observador	No influyó
Rebrip	Red	Alta representatividad	Cabildeo Movilización
Serviço Brasileiro de Apoio às Micro e Pequenas Empresas	Otro	Único representante	Cabildeo
Sociedade Rural Brasileira	Câmara empresaria-agricultura	Baja representatividad	Cabildeo Movilización política

Fuente: Elaboración del autor a partir de los datos primarios en Sumário Geral, I Reunião de Coordenação Nacional do Comitê de Representantes da Sociedade Civil da ALCA (Brasilia, 22 de febrero de 2000) y lista de asistencia a la II Reunião de Coordenação Nacional do Comitê de Representantes da Sociedade Civil da ALCA (São Paulo, 15 de mayo de 2000) y fuentes citadas en el cuadro 6.1.

3. 1. *Las ONG*

Dado que las ONG generalmente disponen de escasos recursos financieros y humanos, para seguir todos los frentes de negociación de los procesos comerciales del tipo del ALCA su estrategia consiste entonces en el acompañamiento de otros actores con mayor capacidad. A modo de ejemplo, cabe hacer referencia a las reuniones de la Senalca, donde el actor que más se ha involucrado ha sido la CUT, organización miembro de Rebrip y de la ASC. Las redes intersectoriales, como Rebrip, permiten optimizar los recursos en forma conjunta y promocionar un debate más amplio sobre el ALCA entre distintos sectores de la sociedad.

La participación de las OSC también se ve dificultada por el hecho de tener que trabajar en temas no relacionados con sus objetivos fundacionales. En otras palabras, las principales ONG, entre las que se encuentran Rebrip, FASE, INESC, CEPIA, CEDEC e Instituto Brasileiro de Análises Sociais e Econômicas (IBASE), que están actuando en este contexto, surgieron por motivaciones diferentes de la problemática del comercio y la integración. Además, si bien algunas de ellas han comenzado a vincularse a temas de integración, el Mercosur aparece como una cuestión prioritaria en sus agendas.

Por otra parte, en un primer momento, las ONG tienen como uno de sus objetivos principales la construcción de una red de debate nacional sobre el ALCA, a través de la realización de foros y de publicaciones, como el libro *ALCA y medio ambiente* que elaborara FASE con el apoyo de la Fundación Ford (ver Von Bülow en este volumen).

En cierta medida, la posición de las ONG con relación al ALCA ha ido cambiando. A diferencia de las centrales sindicales más activas, principalmente las de izquierda, que se oponen de manera frontal al ALCA, algunas ONG mantienen una posición más conciliadora. De todas maneras, son varias también las organizaciones que se suman a la CUT en el cuestionamiento de los procedimientos y objetivos generales del proceso de negociación hemisférico. En otras palabras, la fuerte heterogeneidad en el seno del universo de las ONG comprende un amplio rango de posiciones que van desde la defensa de un ALCA más justo y un proceso negociador más democrático –como en el caso de FASE– hasta una posición de abierta confrontación –como INESC– (Galvao, 2000).

Las ONG en general han enfrentado grandes dificultades para influenciar la agenda de negociaciones del ALCA, ya que Itamaraty no les ha proporcionado un acceso sencillo a la información, ni siquiera respecto del GN de Agricultura, donde Brasil ocupa la presidencia. De acuerdo con la Cancillería, la falta de acceso a la información por parte de la sociedad civil se debe a que el mismo proceso del ALCA no ha previsto ningún mecanismo en este sentido. Cabe aquí establecer una comparación entre países. Desde la perspectiva del gobierno argentino, el entonces canciller, Adalberto Rodríguez Giavarini, reconocía el derecho de la sociedad a estar informada sobre las negociaciones e incluso a poder decidir democráticamente sobre la constitución del ALCA. Sin embargo, por otro lado, justificaba el carácter secreto de las negociaciones, argumentando que no había consenso entre el conjunto de países que participan para abrir el proceso y dar a conocer los textos (ver Guiñazú en este volumen). Por el contrario, el gobierno chileno ha dado pasos concretos con vistas a darle mayor transparencia al proceso de integración comercial: ha puesto a disposición de la sociedad civil de ese país los distintos documentos enviados por las OSC chilenas a sus pares en la ASC. En este mismo sentido, el seminario sobre el Mercosur y los trabajadores fue organizado por la Alianza Chilena por un Comercio Justo y Responsable (ACJR) –miembro de la ASC desde 1999– y contó con el apoyo del Ministerio de Relaciones Exteriores (ver Rojas Aravena *et al.* en este volumen).[8]

Queda claro entonces que la capacidad de influencia de las ONG es aún relativa. Su actitud de negociación ambivalente e incluso su participación conflictiva han resultado en una baja participación en los canales existentes: ninguna de estas organizaciones ha participado de manera directa en las cinco reuniones que la Senalca realizara durante 2000.

3. 2. *Las centrales sindicales*

El movimiento sindical en Brasil nunca se involucró en los debates sobre la creación de bloques o la firma de acuerdos comerciales, a excepción del Mercosur, proceso en el que fue uno de los actores más activos.[9] Este desinterés se debe a que

---

8. Entrevistas realizadas al canciller argentino, Adalberto Rodríguez Giavarini, Buenos Aires, 17 de noviembre de 2000, y a Fátima Mello. Para mayores detalles sobre este punto ver también ACJR-CENDA (1999).

9. En el marco del Mercosur, también ejercieron gran presión para que se concretara la creación del Foro Consultivo Económico-Social, un espacio de discusión entre sindicatos, organizaciones

en una primera instancia, los sindicatos no percibían estos procesos como una amenaza a los empleos ni a los derechos de los trabajadores. Sin embargo, a partir del momento en que los sindicatos comienzan a percibir el impacto de la apertura sobre las tasas de empleo, las condiciones de trabajo y el medio ambiente, se irán involucrando en el proceso. La CUT y la CGT han expresado su posición de forma más contundente: han rechazado abiertamente el ALCA, sus principios fundamentales y la forma de conducción del proceso de negociación (Jakobsen, 2001).

A pesar de que el sector sindical en un primer momento había sido excluido del ALCA, las organizaciones sindicales encabezadas por la CUT y la CGT presentaron una propuesta conjunta en la Reunión Ministerial de Belo Horizonte con el objetivo de crear un Foro Sindical semejante al FEA. Esta propuesta fue respaldada por los gobiernos de Brasil y Estados Unidos, pero rechazada por México, Costa Rica, Colombia y Perú. A pesar de ello, las centrales persistieron en la búsqueda de espacios de participación (Santana, 2000). En primer lugar, mantuvieron reuniones paralelas a las ministeriales y fueron la CUT y la CGT las responsables de la organización del Foro Sindical de las Américas, evento que se desarrolló en paralelo a la Reunión Ministerial. Además, han producido una serie de documentos a fin de difundir su visión acerca del proceso de integración hemisférica. En tercer lugar, vienen desarrollando, tal como lo hicieron en el caso del Mercosur, una participación activa en el canal de discusión creado por el gobierno –Senalca–, logrando incluso un acceso razonable al GN de Agricultura. Las dos principales reivindicaciones del movimiento sindical son el reconocimiento del Foro Sindical de las Américas, como instancia de discusión y de propuesta sobre el rumbo de las negociaciones hemisféricas, y la creación de un Grupo de Trabajo Hemisférico encargado de analizar las temáticas laborales. Tales reivindicaciones recibieron el apoyo de la Organización Regional Interamericana de Trabajadores y de la Confederación Internacional de Organizaciones Sindicales Libres (CIOSL).

Entre los objetivos de los sindicatos brasileños se destaca el de movilizar a los parlamentarios para que éstos se involucren de manera más activa en el proceso de negociación comercial. Esta posición contrasta con la argumentación más teórica de las centrales sindicales, según la cual el Congreso no debe participar en el tema, independientemente de la posición que adopte. Sin embargo, en los hechos, los actores sindicales han tratado de movilizar y obtener el apoyo de los parlamentarios afiliados al PT.

De las tres centrales sindicales, la CUT es la que ha desarrollado un papel más activo y de liderazgo, incluso entre otras OSC, hecho que es reconocido hasta por el mismo sector empresarial. Como ejemplo de este liderazgo podemos destacar la actuación no sólo en las reuniones de la Senalca, sino también su participación en procesos conexos, tales como la organización del Foro Continental, la Cumbre Sindical del Mercosur 2000, el Foro Social Mundial de Porto Alegre (FSM), incluyendo la publicación de diferentes libros y artículos sobre la problemática de la integración. La baja participación y movilización de FS ha resultado en un escaso involucramiento en el proceso del ALCA. La CGT se mantiene en una posición intermedia

---

empresariales y ONG. En este punto, ver particularmente Jakobsen (1999) y Vigevani y Veiga (1995), quienes realizan un interesante análisis sobre la movilización de los sindicatos en el Mercosur.

entre las otras dos centrales, siguiendo la postura planteada en el marco de la CIOSL. Dentro del ámbito sindical agrícola, la CONTAG es la entidad que participa en las reuniones de la Senalca.

A pesar de haber manifestado interés en la III Reunión Ministerial de Belo Horizonte, los sindicatos no han logrado todavía articular una red a escala continental a través de la cual participar en las negociaciones hemisféricas. Incluso a nivel nacional, no han podido establecer unidades o comités de análisis de posiciones, como sí lo hizo la CNI. Esta última no sólo creó una unidad especial para acompañar las negociaciones del ALCA, sino que también proveyó los medios necesarios para que los diferentes sectores empresariales contaran con la información de base necesaria a fin de poder influir sobre las negociaciones.

Los conflictos internos en la cúpula del movimiento, que se observaron en ocasión del FSM de 2002, enfrentaron a un significativo grupo de dirigentes con el secretario de relaciones internacionales. Estos enfrentamientos también dificultan la definición de una posición transparente y objetiva por parte de la CUT en relación al ALCA.

3. 3. *Las entidades empresariales*

Las organizaciones empresariales han sido quienes más han utilizado los canales abiertos por el gobierno para la participación de la sociedad civil. El sector industrial participa fundamentalmente a través de sus cámaras sectoriales y regionales, en estrecha relación y con un fuerte apoyo de la CNI, que coordina la CEB.

La CNI fue, además, la encargada de coordinar la participación brasileña en el FEA realizado antes de la III Reunión Ministerial de Belo Horizonte. Esta reunión marcó un quiebre en términos de movilización, ya que a partir de ahí habría una participación creciente y más organizada por parte del empresariado brasileño. En ocasión de la V Reunión Ministerial de Toronto (noviembre de 1999) participaron alrededor de sesenta empresarios, mientras que en el FEA previo a la VI Reunión Ministerial de Buenos Aires hubo cerca de cien representantes del sector (ver "Cronograma" en Anexos).

A través de la Unidade de Integração Internacional, la CNI desarrolla estudios y provee información a sus asociados sobre las negociaciones comerciales. En este sentido, acompaña de cerca la agenda oficial de negociación y, durante 2000 y 2001, patrocinó la realización de más de veinte estudios sectoriales que fueron importantes insumos para la gestión de los negociadores gubernamentales. Evidentemente, el principal recurso de la CNI para alcanzar y garantizar el acceso a los negociadores es su capacidad técnica.

Las organizaciones empresariales han buscado influenciar la posición del gobierno por medio de diferentes canales, tanto formales como informales, directos e indirectos. La CNI, por ejemplo, participa directamente en la formulación de la posición brasileña en temas en los que Itamaraty no tiene mucho conocimiento y en los cuales los contactos personales son importantes: acceso a mercados y servicios e inversiones. Por el contrario, en aquellas temáticas donde la Cancillería tiene más experiencia, el acceso de las organizaciones empresariales ha sido más limitado. Así, medido en términos comparativos, el acceso a Itamaraty es percibido como frágil y asistemático, si se lo contrasta con la capacidad de participación que los actores empresariales tienen en el Ministério do Desenvolvimento, Indústria e Comércio Exterior (MDIC).

Su involucramiento también ha sido especialmente activo en las reuniones de la Senalca. En estas reuniones, y como lo indica el cuadro 6.2, las organizaciones empresariales registran el mayor índice de participación durante 2000. La CNI reconoce la importancia de estas reuniones, sin dejar de admitir el carácter restrictivo que tienen en tanto canal efectivo para la participación de la sociedad civil: constituyen un *briefing* mejorado con una agenda extremamente densa y que no contempla espacios ni tiempos que resultan indispensables para profundizar y debatir sobre temas específicos.

Si bien la participación de los actores empresariales muestra una evolución creciente, la CNI admite que el proceso de negociación comercial hemisférico no era una prioridad en la agenda de sus organizaciones, a excepción de los sectores textil y agrícola, que sí deseaban anticipar la puesta en marcha del ALCA.

En este contexto, la iniciativa de creación de la CEB surgió en el II FEA (Cartagena, 1995) (ver "Cronograma" en Anexos) como una reacción ante el alto grado de conocimiento y de organización que tenía la delegación empresarial estadounidense y que difería de la situación brasileña. Gracias a la gestión del embajador Paulo de Tarso y de la entonces titular del MDIC, Dorothea Werneck, el siguiente FEA tuvo lugar en Belo Horizonte. Así se dio comienzo a un lento y arduo trabajo de concientización de los empresarios de este país respecto de la importancia y las implicancias del ALCA. Como resultado de esto, los empresarios industriales tienen hoy plena conciencia del papel particular que juegan en el proceso y, consecuentemente, desempeñan un rol central en el avance de las negociaciones y en la sustentación de la dinámica del Mercosur a través de la participación de la cúpula empresarial en el Consejo Industrial del Mercosur.

En septiembre de 2000, la CEB devino una organización formal, contando a partir de entonces con una secretaría ejecutiva. Luego, el ingreso de distintas entidades sectoriales –ABIQUIM, Eletros, Associação Brasileira da Infra-Estrutura e Indústrias de Base, entre otras– significaría el comienzo de una nueva fase en el propio proceso de representación y de agregación de intereses para la acción política del empresariado brasileño, cuyas acciones hasta entonces se habían limitado a demandar al gobierno federal un mejor acceso a la información. El trabajo de esta coalición se organiza a través de reuniones según los distintos grupos temáticos.

Más allá de la acción articulada a través de las federaciones estaduales y de la CNI, las organizaciones empresariales han buscado influir individualmente sobre el proceso, hecho que ha puesto en evidencia la diversidad de posiciones en el interior de este actor. El cuadro 6.3 contiene un relevamiento donde se distinguen los actores empresariales en función del interés que mantienen respecto del proceso de integración comercial. Los sectores más activos son aquellos que perciben una amenaza mayor ante la eventual penetración de productos estadounidenses como consecuencia de la reducción y posterior eliminación de aranceles. El sector electrónico, junto con el siderúrgico y el químico, aparecen entonces como actores con un fuerte componente nacionalista. Por otra parte, si bien no son sectores de gran peso en la economía nacional, sí poseen un gran poder de influencia. En lo que hace al sector electrónico, esto se debe al papel clave que tiene en la economía emergente y al impacto de sus importaciones en la balanza comercial –representa el segundo mayor déficit, después del petróleo–. Respecto del sector químico, es importante su potencial en el área de nuevos materiales y biotecnología, a través del subsector de la química fina.

Cuadro 6.3
Interés del empresariado brasileño en el ALCA

Sectores interesados en la concreción del ALCA	Sectores interesados en la concreción del ALCA, pero con condicionamientos	Sectores sin interés en la concreción del ALCA
Calzado: *Eliminación rápida de los aranceles* – Sufrió con la sobrevalorización del real y perdió mercado. Esto llevó a invertir en calidad, convirtiéndose en uno de los sectores más competitivos del continente. – Exporta 28 por ciento de la producción. – Enfrenta aranceles de 35 por ciento para entrar en México, de 15 por ciento en Canadá y de 8 a 17 por ciento en Estados Unidos.	**Electrónico:** *Espera ser encuadrado en la categoría de productos sensibles con plazo de desgravación entre quince y veinte años.* – Realiza la mayor contribución al déficit de la balanza comercial, con un saldo negativo de 7 mil millones de dólares. – Algunos productos tienen escala y competitividad internacional y pueden ganar con el ALCA, pero otros pueden desaparecer.	**Siderúrgico:** *No tiene interés en acelerar el proceso.* – Ha realizado inversiones de alrededor de 14 mil millones de dólares para la modernización en los últimos seis años. – Si bien es competitivo, no puede competir con sus pares estadounidenses. – Los exportadores de acero enfrentan cuotas para algunas categorías de productos en Estados Unidos y consideran necesario revisar la política *antidumping* de este país.
Textil: *Eliminación rápida de los aranceles* – Invirtió 7 mil millones de dólares en los últimos diez años y está entre los diez mayores del mundo. – Para la Associação Brasileira da Indústria Têxtil, el ALCA ya debería haber comenzado. – Las exportaciones tienen cuotas en el mercado latinoamericano hasta 2004.	**Bienes de capital** – Teme perder el liderazgo en América Latina, región a la que dirige un tercio de sus exportaciones, frente a Estados Unidos, principalmente en maquinaria agrícola. – Admite que el mercado estadounidense es atractivo, en la medida en que se armonicen las normas técnicas.	**Papel y celulosa** – Es uno de los sectores más competitivos. – Exporta 50 por ciento de la producción. – Teme ser utilizado como moneda de cambio en las negociaciones. – Quiere realizar sus propias negociaciones. – No teme la competencia estadounidense pero sí su poder de escala.
Jugo de naranja: *El ALCA podría comenzar de inmediato a partir de que Estados Unidos retire sus barreras arancelarias.* – Brasil es el mayor productor y exporta 98 por ciento de su producción, pero el sector no quiere el ALCA si Estados Unidos no incluye este producto en la negociación. – La tonelada cuesta cerca de 700 dólares, los exportadores brasileños pagan una tasa de 418 dólares por cada tonelada que venden a Estados Unidos.	**Químico:** *Precisa plazos de hasta veinte años y períodos de gracia para algunos productos.* – Resulta extremadamente importante superar los problemas tributarios antes de que el ALCA entre en vigencia. – Se ve altamente perjudicado por el escalonamiento arancelario y aún necesita de inversión para ser un sector competitivo. – La industria estadounidense es diez veces mayor que la brasileña, en términos de facturación. – Representó el tercer mayor déficit de la balanza comercial, en 2000: tuvo un saldo negativo de 6.600 millones de dólares.	**Muebles** – A pesar de necesitar tiempo para modernizarse, el año pasado exportó 500 millones de dólares. – Quiere quedar fuera de las negociaciones, al menos hasta 2016, cuando pretende analizar cómo van a funcionar las reglas de competencia. – Los exportadores pagan un arancel de 2 por ciento para entrar en el mercado estadounidense, mientras que el arancel en Brasil es de 20 por ciento.

Productos farmacéuticos: *El mayor problema es la cuestión regulatoria.* – El sector no está preocupado por los aranceles. – La prioridad es armonizar normas sanitarias y fitosanitarias, normas que no están armonizadas ni siquiera a nivel del Mercosur. – Las empresas nacionales no exportan a Estados Unidos. Sólo lo hacen las multinacionales, que ya han incorporado las normativas correspondientes	**Pequeñas empresas** – Algunas se sienten amenazadas y otras ven en el ALCA una oportunidad. – Las micro y pequeñas empresas son las menos afectadas porque son complementarias de la estructura de mercado, donde las grandes no pueden entrar.	

Fuente: Este cuadro fue adaptado por el autor a partir de la información publicada en *O Estado de São Paulo*, Seção Economia, 16 de abril de 2001, y en *Gazeta Mercantil*, 31 de marzo de 2001.

La CNI ha intentado presentar una posición unificada ante los negociadores, respecto de los principios y procedimientos de negociación, así como en relación con las demandas de participación. Hacia finales de 2000 y en ocasión de la preparación del documento de la CEB para la Reunión Ministerial de Buenos Aires, Osvaldo Moreira Douat, presidente del Consejo de Integración Nacional de la CNI, expresaba que los empresarios brasileños se sentían marginados del proceso de negociación.[10] Esta reflexión fue presentada ante los negociadores gubernamentales en Itamaraty en una reunión cerrada, de la que participaron también los ministros de MDIC y de Agricultura, tradicionales e importantes aliados del sector empresarial industrial y agropecuario. En esta misma ocasión, los empresarios presentaron demandas específicas a fin de mejorar su participación: la creación de un canal permanente y eficaz de consultas y la presencia de observadores empresariales en las salas de reuniones, principalmente cuando se invite a empresarios de otros países.

De todas maneras, persisten divergencias en las posiciones y patrones de actuación en relación con el ALCA. Esto es más marcado entre las federaciones empresariales estaduales dados los patrones de especialización industrial que presentan las diferentes regiones brasileñas. Así, se nota una constante y activa participación en las reuniones de la Senalca por parte de la FIESP, organización que agrupa a más de las dos terceras partes de la producción industrial de este país, y de las federaciones regionales representativas de las economías más fuertes: São Paulo; Minas Gerais y Rio Grande do Sul. Cabe destacar también la participación de FESESP y la ausencia de su contrapartida de Río de Janeiro, entidad que posee un peso relativo significativo en el sector a nivel nacional. En esta misma línea es notoria la ausencia de la Febraban, organización más representativa dentro de las instituciones financieras, superando a la misma Confederação Nacional das Instituições Financeiras.

---

10. Como lo plantea Aldo Renato Soares: "Actualmente los representantes empresariales son consultados por los negociadores en lo que se denomina el cuarto de al lado [...]. Las estrategias son discutidas con el sector privado en las etapas más avanzadas de los entendimentos oficiales, lo que significa compromisos ya asumidos por el gobierno y difíciles de ser modificados para atender las propuestas empresariales" (*Gazeta Mercantil*, 16 de noviembre de 2000).

4. Nuevos rumbos y nuevos actores: la emergencia de un nuevo régimen

La aceleración e intensificación del proceso de negociación del ALCA a partir de fines de 2000, sumadas a la entrada en escena de nuevos actores, generaron las bases de un nuevo régimen de participación. Lógicamente hubo variaciones importantes en los cambios en función de la naturaleza y las estrategias desarrolladas en otras experiencias por cada tipo de OSC, de su representatividad, de sus capacidades organizacionales y de movilización de recursos, de su forma de relacionarse con las instituciones involucradas en el proceso de negociación, así como su compatibilidad estructural con los canales específicamente creados por el gobierno.

Durante los últimos meses de 2000, se multiplicaron los encuentros y las propuestas alternativas al ALCA presentadas por las OSC de distintos sectores, contribuyendo así a la difusión del proyecto hemisférico. Es notable cómo incluso aquellas organizaciones que tenían un interés mayor en las negociaciones, como era el caso de las organizaciones agrícolas, estaban bastante desinformadas sobre la evolución del proceso hasta ese momento.

Tres factores parecen haber contribuido a generar este punto de inflexión. En primer lugar, el anuncio del inicio de las negociaciones entre Chile y Estados Unidos para concretar el acuerdo de libre comercio, justo en el momento en que Chile volvía a evaluar la posibilidad de ingresar como miembro pleno en el Mercosur. Segundo, la irrupción de una serie de crisis entre los dos principales socios del bloque regional del sur. Finalmente, un tercer factor, la campaña del gobierno dirigida a movilizar la opinión pública en el ALCA, para reafirmar su estrategia comercial. El gobierno intentó entonces desvincular el proceso de negociación del ALCA de la crisis del Mercosur, a fin de darles mayor libertad de negociación a los funcionarios brasileños y permitir también el establecimiento de las bases para la participación de la sociedad civil en el proceso. Siguiendo esta estrategia, durante la XXIX Reunión de la Senalca, el canciller Celso Lafer sugirió incluir el Mercosur dentro de la estrategia de negociación para el bloque comercial hemisférico.

Esta reunión, que tuvo lugar en mayo de 2001, simboliza el momento de transición hacia un nuevo patrón de participación, si bien este cambio ya se venía configurando desde mediados del año anterior. Hasta entonces, la participación había sido limitada por dos razones. En primer lugar, por el escaso número de canales institucionales disponibles y en segundo lugar, por la falta de interés y de recursos de la mayoría de las organizaciones.

A diferencia de las reuniones previas, donde participaban sólo las organizaciones invitadas por Itamaraty, la XXIX Reunión de la Senalca fue abierta por primera vez. En esta ocasión participaron cerca de cien representantes de un amplio espectro de actores: centrales sindicales, entidades empresariales, ONG, parlamentarios y miembros de otros ministerios, así como enviados de los gobiernos estaduales. El canciller Celso Lafer resaltó la importancia potencial del ALCA en función de su magnitud: representa un producto bruto interno superior a 10 mil millones de dólares y una población de 800 millones de personas, es decir, el doble de la Unión Europea. Además, para Brasil presenta una relevancia particular dado que 50 por ciento de las exportaciones totales y 70 por ciento de las exportaciones de manufacturas se dirigen a la región.

Respecto de los nuevos actores, es necesario destacar la iniciativa del gobierno de Rio Grande do Sul a través de dos importantes acciones: la creación de una comisión especial para estudiar el impacto del ALCA en la economía estadual[11] y la propuesta, elevada a Itamaraty, respecto del establecimiento de una instancia donde los estados pudieran presentar y debatir sus propuestas. Esta iniciativa resulta sumamente relevante dada la creciente especialización de las industrias a nivel regional.[12]

Durante las semanas previas a la reunión, tanto la FIEMG como la FIRJAN organizaron encuentros específicos con sus asociados para informarles sobre las cuestiones relativas al ALCA y establecer estrategias de acción conjuntas. La FIESP notó una enorme asimetría en la información de la que disponían los distintos sectores ahí presentes, algunos de los cuales desconocían por completo la existencia del proceso de negociación.

Miembros del Congreso nacional que hasta entonces habían estado prácticamente ausentes en las discusiones –sólo un diputado había participado en algunas de las reuniones de la Senalca, como representante del PT–, se dieron cita en esta reunión: asistieron el presidente de la Comisión de Industria y Comercio, junto con otros dos diputados miembros de la misma. En esta ocasión se recordó que una misión formada por cuatro diputados y dos senadores había asistido a la III Cumbre de las Américas y se anunció que la Cámara de Diputados, por medio de cuatro comisiones vinculadas al ALCA, organizaría un seminario sobre el tema. Al mismo tiempo se informó de la creación de una subcomisión para tratar de forma directa y conjunta con las restantes comisiones todas las cuestiones relacionadas con el proceso hemisférico. Por otro lado las Comisiones de Asuntos Económicos, de Relaciones Exteriores y de Defensa Nacional promovieron en agosto de 2001 una reunión conjunta para debatir sobre el ALCA y el comercio multilateral, de la cual participaron ocho parlamentarios estadounidenses. En el marco de esta reunión, quedaron reflejadas las distintas posiciones existentes en el interior del Congreso.[13]

Finalmente, el representante de Action Aid, afiliada a la Rebrip, anunció en esta misma reunión la articulación de un grupo de trabajo específico a fin de analizar el impacto del ALCA sobre la agricultura familiar. Asimismo, hizo hincapié en

---

11. El Estado de Rio Grande do Sul fue el único en enviar una comisión de acompañamiento a la III Cumbre de las Américas, como lo señala Sérgio Prado (*Gazeta Mercantil*, 30 de abril de 2001).

12. A modo de ejemplo, cabe mencionar que una importante empresa nacional de baterías está ubicada fuera del eje industrial del país –sur/sudeste– en el Estado de Pernambuco, ciudad que pertenece a la región Nordeste, una de las más pobres y menos industrializadas de Brasil. Esta empresa tiene una producción de 3 millones de unidades y Brasil impone aranceles de importación de 21 por ciento para las baterías. En caso de una apertura del mercado brasileño a través del ALCA, esta empresa tendría que competir con los productores estadounidenses, cuya producción ronda los 25 millones de unidades por año, cuentan con capital financiado a tasas de 7 por ciento –a diferencia de las tasas de 17 por ciento que existen en Brasil– y no tienen gravámenes a lo largo de la cadena productiva, mientras que sí lo tienen los productos brasileños (*Gazeta Mercantil*, 19 de abril de 2001).

13. El Parlamento Latinoamericano también creó un Grupo de Trabajo. El objetivo era promover el debate sobre el ALCA como un asunto cotidiano en los parlamentos de los veintidós países miembros. A tal fin se creó un Foro Latinoamericano para el Desarrollo Social y se decidió la organización de un seminario (*Gazeta Mercantil*, 14 de agosto de 2001).

la asimetría en términos de participación que persiste entre algunos GN, semejante a la existente en el marco de la negociación de otros acuerdos comerciales. En este sentido, señaló que la Contag puede acceder de manera razonable al GN de Agricultura dentro del ámbito de la Senalca, mientras que las ONG, por el contrario, carecen de un acceso similar.

5. Desafíos a futuro

Tanto el gobierno como la sociedad civil brasileña presentan características propias, que marcan importantes diferencias respecto del resto de los países latinoamericanos.

Una de las particularidades del caso brasileño es cómo las OSC han procurado resolver sus deficiencias de movilización y de recursos a través de la cooperación y de la movilización intersectorial, tanto a nivel nacional como transnacional. Especialmente las ONG han recurrido a la creación de redes nacionales y a la interacción y participación en redes transnacionales, en su búsqueda de espacios para influir sobre las decisiones del gobierno. Estas redes, sumadas a las vinculaciones con los sindicatos, les han permitido estar presentes en un debate y en un ámbito, al cual les hubiera sido difícil llegar sin la cooperación con otras organizaciones. Estas relaciones de cooperación, e incluso la formación de la Rebrip, constituyen un patrón más característico de los países del norte que de los del sur.

Efectivamente, la Rebrip, creada a fines de 1998 para el seguimiento del proceso negociador del ALCA, cuenta entre sus miembros con la CUT, CGT, Contag, FASE, IBASE, INESC, entre otros. Sin embargo, en su interior, la participación es bastante asimétrica: sólo la CUT se ha involucrado activamente, mientras que otras organizaciones no han podido participar sistemáticamente por problemas financieros, de recursos humanos y organizacionales. Entre éstas se destacan FASE y las centrales sindicales Contag y CGT. Este tipo de organizaciones se apoyan entonces en la pertenencia o en la participación en redes, como una manera de estar presentes. La CUT, en este sentido, representa a numerosas OSC, si bien no se realizan reuniones preliminares para la adopción de posiciones conjuntas a ser presentadas ante el organismo gubernamental. El objetivo de la Rebrip ha sido difundir la importancia de movilizarse frente al ALCA entre distintas OSC, que acuerdan con las críticas, tanto de fondo como de forma del proceso, y que plantean formas alternativas al proceso propuesto de liberalización comercial y financiera. Sin embargo, la principal dificultad para la continuidad de la participación y la representatividad de la Rebrip ha sido su excesiva informalidad: recién en septiembre de 2001 se estableció el Foro Rebrip, a través de la elección de una secretaría ejecutiva y la aprobación de sus reglamentos y mandatos.

A su vez, a nivel transnacional se creó la ASC, que congrega a distintas OSC, redes, sindicatos, ONG y movimientos sociales de los países americanos. La Rebrip integra el Comité Coordinador de la ASC, junto a redes como la Red Mexicana de Acción Frente al Libre Comercio y la Réseau Québécois sur l'Intégration Continentale (RQIC). La ASC ha buscado principalmente democratizar las negociaciones del ALCA a través de publicaciones, de distintas páginas de internet y, especialmente, por medio de la organización de la Cumbre de los Pueblos.

Evidentemente la participación en los procesos de integración no es un tema nuevo para algunas organizaciones de la sociedad civil brasileña. El Mercosur fue, de alguna forma, el primer escenario en donde las OSC comenzaron a involucrarse en este tipo de temáticas y de procesos.

En este proceso previo, algunas ONG habían adoptado una estrategia de seguimiento, orientada a través de las centrales sindicales o de las redes continentales, patrón que sería reproducido más tarde en el proceso del ALCA. Sin embargo, son varios los factores que dificultan su inserción en los canales formales e informales: la estructura fragmentada del movimiento de ONG, la multiplicidad de actividades que desarrollan –no siempre agregadoras de competencias complementarias– y la escasez de recursos a nivel individual. A esto se suma el hecho de que en muchos casos se requiere una alta competencia técnica, como función legitimadora para participar, y ésta implica un costo para las organizaciones. Además, una efectiva participación exige una alta movilización de recursos humanos dado que es necesario multiplicar los esfuerzos para acceder a los actores secundarios –ministerios sectoriales– y a las diferentes instancias de negociación con vistas a obtener información. La experiencia de acción en el marco del Mercosur generó una fuerte dependencia de las organizaciones nacionales respecto de las redes nacionales e internacionales.

El desafío institucional que se le presenta entonces al gobierno para involucrar a esas OSC en el proceso de negociación del ALCA comprende varios aspectos. En primer lugar, promover el desarrollo de las capacidades técnicas de identificación, de acceso y de análisis de información y determinar qué ONG podrían actuar como multiplicadoras de esas competencias. En segundo lugar, es necesario definir criterios de representatividad dentro de la heterogeneidad del movimiento, que permitan la estructuración de una jerarquía. De esta manera, se reducirían los costos que implica compatibilizar la participación con una estructura de canales institucionales y una dinámica de negociación dentro de las instancias existentes. La efectiva operacionalización de la Rebrip representa un paso positivo en este sentido. Sin embargo, las presiones de fuerzas centrípetas que giran alrededor de las organizaciones dadas sus posiciones divergentes no sólo en relación con las estrategias de representación y legitimidad sino también en cuanto a las posiciones, plantea un desafío de *governance* significativo.

Las centrales sindicales, por su lado, también habían iniciado un proceso de aprendizaje organizacional y estratégico en términos de participación en el Mercosur. Sin embargo, el elevado grado de compromiso de la CUT con este proceso y los importantes resultados alcanzados impidieron que esta central profundizara el análisis objetivo de las condiciones e implicancias del ALCA para la clase trabajadora. De esta manera, la CUT ha forzado la aplicación de la metodología estratégica utilizada en el Mercosur, buscando aplicarla en el marco del ALCA, sin evaluar las importantes diferencias que existen en la naturaleza y el contexto de estos dos procesos de integración. Esta situación se vio reforzada luego, por un lado, por una mayor articulación entre los actores sindicales del Mercosur y el discurso globalizador propuesto por las redes y, por otro lado, por el fuerte liderazgo de la CUT frente a los distintos actores de la sociedad civil, no empresariales. De esta manera, logra abarcar un amplio espectro de intereses y de motivaciones que frenan nuevas líneas y orientaciones de acción más adecuadas a los nuevos procesos de integración.

Asimismo, la relativa ausencia de competencia entre las distintas centrales sindicales ha facilitado la legitimidad de la representación de los actores que participan. Aparentemente no existen, al menos para el caso de la CUT, y quizá sea válido para el resto de las centrales –FS y CGT–, problemas de recursos, pero sí de asignación de recursos. Es decir, las complejas demandas del Mercosur, en función del número de instancias y del grado de involucramiento, junto con los requerimientos de las redes internacionales, concentran gran parte de los recursos humanos y financieros disponibles.

Finalmente, la oposición al proceso por parte de las centrales sindicales dificulta muchísimo la elaboración de instituciones gubernamentales capaces de incorporar las demandas de los actores que éstas representan. Más importante, sin embargo, es la incapacidad de estas centrales de proveer información y análisis a sus representados, basándose en la experiencia y el impacto que generó el Mercosur sobre el sector.

El sector empresarial, por su lado, ha coordinado acciones y estrategias a distintos niveles. Así, a través de la CEB, ha logrado llegar a un cierto consenso en torno de diferentes problemáticas, desarrollando una mayor capacidad de influencia a la hora de realizar recomendaciones.

Luego de la exitosa experiencia en el marco del Mercosur, las organizaciones empresariales se involucran en el ALCA, más tempranamente que otros sectores de la sociedad civil, aprovechando de manera altamente positiva su experiencia y pericia en términos organizacionales y estratégicos. Posiblemente, hayan sido víctimas de sus altas expectativas de participación, luego de su experiencia en el Mercosur, generando un exceso de confianza en el proceso participativo. Esto posiblemente les impidió obtener un mayor grado de representatividad por parte de las bases, extremadamente diferenciadas en un primer momento como para presentar una posición unificada. Además, los resultados registrados a través de los canales de interlocución establecidos con el Estado parecen contradecir las previsiones hechas por algunos especialistas sobre la continuidad del patrón de organización e intermediación de los intereses empresariales brasileños, descrito como excesivamente fragmentado y con bajos niveles de cohesión y de unidad interna (Diniz, 2000).

Desde el punto de vista institucional, la enorme diversidad de intereses y motivaciones, con sus múltiples recortes sectoriales y regionales, dificulta de manera creciente la agregación de los intereses del sector, generando un enorme desafío en términos de *governance*. En este sentido, la estrategia adoptada carece de una clara división del trabajo entre los diversos segmentos y, principalmente, de un plan de difusión del aprendizaje organizacional. Resulta clave establecer una jerarquía de canales y de procesos para la elaboración de demandas. De lo contrario, el patrón de participación establecido podría verse seriamente afectado. Por un lado, los negociadores gubernamentales podrían perder legitimidad en las actuales instancias de negociación con el sector empresarial y, por otro, podrían percibir las heterogéneas propuestas de estos actores como un elemento anárquico, llevando a un *overload* del sistema implementado para procesarlas. Todo esto afectaría la estrategia negociadora de manera negativa y exigiría una reconfiguración de los canales y patrones de relacionamiento establecidos.

El gobierno, por su lado, ha ido mejorando sus canales de vinculación con la sociedad civil. Evidentemente la implementación de la Senalca fue un primer paso, que fue mejorado por su apertura a un mayor número de actores y una profundización de sus mecanismos de funcionamiento, constituyendo un caso único en América Latina.

La sociedad civil en el proceso de integración comercial: el caso mexicano

Alejandro Natal y Tonatiuh González

La sociedad civil organizada en México alcanzó un importante nivel organizativo en las negociaciones del Tratado de Libre Comercio (TLCAN). Sin embargo, en los acuerdos de integración regional posteriores su capacidad de acción colectiva se redujo notablemente. Las organizaciones de la sociedad civil (OSC), especialmente, sindicatos y organizaciones empresariales, permanecieron indiferentes frente a los nuevos acuerdos o dieron un voto de *laissez faire* al gobierno. Paralelamente a la indiferencia de las organizaciones empresariales y de las grandes centrales sindicales, las organizaciones no gubernamentales (ONG) y algunos sindicatos independientes han tomado un tipo de activismo que se distancia de la propia sociedad en México y que se basa en alianzas estratégicas con organizaciones del exterior. Este capítulo intenta entender las razones de este cambio de estrategia, enfocándose especialmente en el análisis de la acción colectiva de las OSC mexicanas en torno del Área de Libre Comercio de las Américas (ALCA) durante el período 1999-2001. Busca, asimismo, identificar actores emergentes y los mecanismos utilizados por los viejos actores para reubicarse en la cambiante y dinámica realidad de la integración comercial.

El trabajo está dividido en cuatro partes. Iniciamos con un breve recorrido histórico sobre el desarrollo de la sociedad civil mexicana a la fecha. En una segunda parte, se analizan los actores que han aparecido en el marco de las negociaciones del ALCA; en especial, buscamos describir analíticamente qué OSC se han constituido como actores y cómo participan en la arena de la integración comercial o globalización comercial. Si bien se enfatiza el proceso del ALCA, este estudio toma ejemplos de otros acuerdos –como el TCLAN–. En esta segunda sección utilizamos la clasificación propuesta por Korzeniewicz y Smith (en este volumen), quienes distinguen dos estrategias principales de participación de la sociedad civil transnacional en relación con las cumbres de las Américas: la de *insiders* y la de *outsiders*. En la tercera parte, discutimos algunos elementos que han limitado o potenciado la participación de estos actores en las negociaciones del ALCA. Analizamos cuál ha sido la capacidad de negociación e influencia de las OSC mexicanas a la luz de los canales que han utilizado para expresarse y de las propuestas concretas que han hecho en torno del acuerdo de integración hemisférica. En esta sección mostramos varias de las debilidades de las OSC para posicionarse en la opinión pública mexicana y para generar acción colectiva en el interior del país. Discutimos además cómo esta aparente debilidad puede ser más bien el resultado de un corrimiento hacia estrategias de cabildeo dado que las OSC consideran que su fuerza se basa en las alianzas internacionales, más que en el apoyo nacional. Concluimos con una breve sinopsis que busca dejar una fotografía de este mapa social y de escenarios por venir.

1. Antecedentes de la participación social en México

Durante los años 30 comenzó a desarrollarse el sistema corporativista mexicano. Este sistema era un mecanismo de gobierno a través del cual el Estado de Mexico no sólo organizaba la lucha por el poder, sino también se relacionaba con la sociedad civil y atendía sus demandas. Por un lado, el corporativismo ponía un camuflaje a los focos de descontento social, los acotaba y enmarcaba: las necesidades sociales atendidas eran las específicas a aquellos grupos que lograban conquistar un lugar en la agenda. Por otro lado, los nuevos liderazgos sociales eran cooptados por medio de prebendas políticas, condicionamiento de recursos e incluso por la represión. De esta manera, el corporativismo "prevaciaba" a la sociedad civil y secuestraba sus posibilidades de discutir lo público. Lo público quedaba circunscrito a aquello que era aprobado por la agenda del corporativismo. La cultura política mexicana pasó así del entendimiento del ciudadano como individuo al ciudadano como agremiado.

El sistema corporativista pronto envolvió al movimiento obrero e incluso a la iniciativa privada y a sus organizaciones. Ambos sirvieron como facilitadores de un proyecto de Estado caracterizado por una fuerte intervención en la economía y por la subordinación de ésta a la política. A cambio de su apoyo, el Estado, por un lado, toleraba a la corrupta aristocracia sindical y, por el otro, contenía las demandas laborales y protegía a las empresas de la competencia externa, además de suministrarles créditos, subsidios y apoyos fiscales. Este padrón permeó a muchos otros sectores de la sociedad, como el campesino, que también fue corporativizado a través de la Confederación Nacional Campesina.

Durante la segunda parte de la década de los 60 surge un movimiento contracultural, que planteó importantes propuestas en las áreas de salud, educación, tecnología, desarrollo y, muy especialmente, democracia. Este movimiento fue encabezado por los estudiantes de la Universidad Autónoma Nacional de México (UNAM) y contó con el apoyo de los pocos sindicatos independientes y de otras organizaciones de base. Aunque esta movilización terminó con una brutal represión en octubre de 1968, sus planteamientos fueron el germen de muchas organizaciones sociales que prosperaron basadas en estas ideas. Éste es el caso de las ONG que comenzaron a multiplicarse en México a principios de los 70, atendiendo a sectores marginados por el proyecto corporativista. Estas organizaciones se convirtieron en portavoces de los excluidos y en válvulas de escape para el descontento social. Es en este período cuando surgen por todo el país organizaciones católicas, pastorales y de caridad, particularmente vinculadas a la teología de la liberación, y que ofrecen innovadoras propuestas de desarrollo y autogestión.

El germen del cambio iniciado por el movimiento estudiantil también fue influenciando, aunque lentamente, a los sindicatos mexicanos que durante los 70 añadieron a sus preocupaciones tradicionales, cuestiones como la seguridad en el empleo, la capacitación, la participación en la toma de decisiones de sus empresas y la democracia interna. Para los 80, la mayoría de ellos mostró una enorme preocupación frente a los proyectos modernizadores del Estado, que contemplaban la privatización o la participación de la iniciativa privada en empresas hasta ese momento paraestatales. Las propuestas alternativas presentadas por los sindicatos iban desde la nacionalización y la continuación de la propiedad pública o el mantenimiento del control estatal en empresas "estratégicas", hasta la presentación de programas alternativos de toma de decisiones y/o de comercialización. Sin embargo, y pese a lo propositivo y activo que se mostró el sindicalismo en estos años, sus propuestas tuvieron poco éxito debido a que seguía estando en el centro mismo de la estructura corporativa y del partido en el poder. En esta situación, era sumamente difícil que este actor se expresara libremente y que generara una verdadera acción colectiva para oponerse a los proyectos del Estado (Zapata, 1995). Ésta fue una de las razones que llevó al sindicalismo independiente a organizarse por medio de asociaciones civiles paralelas, como el caso del Frente Auténtico del Trabajo (FAT) y de la Unidad Obrera Independiente (UOI).

Los empresarios, por su parte, también comenzaron a experimentar serios problemas de representación y control en sus organizaciones. La Confederación de Cámaras Industriales (Concamin) y la Confederación de Cámaras Nacionales de Comercio, Servicios y Turismo (Concanaco-Servytur), por ejemplo, representaban a los industriales y comerciantes sin atender a las diferencias de tamaño, llevando así, entre otras cosas, al predominio de las empresas más grandes y de los comercios de las grandes ciudades, en particular de la Ciudad de México. Una de las soluciones que tanto comerciantes como empresarios encontraron fue evadir la estructura cameral mediante la creación de asociaciones civiles de afiliación voluntaria que reunían a los industriales por rama productiva y/o por región. Estas asociaciones pronto probaron ser más eficientes en la representación de sus intereses y en la negociación de asuntos sectoriales (Hernández, 1991). Sin embargo, para un buen número de asuntos eran las confederaciones las que, en los hechos, negociaban con el Estado. La falta de representatividad, la afiliación obligatoria, la incapacidad de los dirigentes para atender los problemas económicos y la excesiva atención que los líderes ponían en conquistar espacios políticos (Ídem; Story, 1990), explican la escisiones que a finales de los 80 comienzan a observarse en las cámaras y confederaciones empresariales y comerciales.

Por su parte, en el ámbito de las organizaciones sociales, la segunda mitad de los 70 y el inicio de la década siguiente se caracterizan por un incremento notable en la creación de nuevas organizaciones, cuyas reivindicaciones se centran en el cambio democrático, la equidad social y la justicia, la diversidad étnica, vivienda y problemas de campesinos y pescadores (Barba, 1998). En estos mismos años, la sociedad civil mexicana comenzó a constituirse como un actor diferenciado del Estado. Movimientos sociales como el Pacto Ribereño, que pugnaba por revertir los efectos sociales, ambientales y económicos de los desarrollos petroleros, el movimiento antinuclear de Laguna Verde, la oposición ciudadana a las reformas viales y a la trama urbana de la Ciudad de México, la Manifestación de los Viveros de Coyoacán, los movimientos de solidaridad social tras los terremotos de 1985 en la ciudad de México y las manifestaciones contra el fraude electoral de 1988, fueron experiencias importantes de acción colectiva que permitieron la integración de varios grupos de la sociedad civil. Es en este período cuando las organizaciones sociales tomaron mayor conciencia acerca de su papel como contrapeso del Estado e incrementaron notablemente su visibilidad y su capacidad para establecer alianzas coyunturales.

Los 90: los gérmenes del cambio

La serie de crisis económicas que se dieron a partir de 1982 impactaron sobre varios sectores del sistema corporativo, especialmente trabajadores y clase media. Esto, sumado a la búsqueda de la democracia y a la falta de espacios para la participación ciudadana, contribuyó decididamente a socavar la legitimidad del sistema corporativo. Primero las organizaciones civiles y, poco a poco, los sindicatos, las organizaciones empresariales y otras estructuras corporativas fueron influenciados por las aspiraciones democráticas. La firma del TLCAN, el incremento en la competencia del mercado y la innovación tecnológica; la flexibilización laboral y la afiliación voluntaria, junto con cambios institucionales, fueron transformando el sector. Se modifica, entonces, la relación de los sindicatos con la Confederación de Trabajadores de México, pasando de un vínculo de subsidiariedad y de negociaciones corporativas a la independencia y unilateralidad en sus relaciones con las empresas y el Estado.

Los empresarios y comerciantes, por su parte, modernizan también sus organizaciones permitiendo la afiliación voluntaria y creando estructuras más representativas que reconocen la pluralidad del sector. Se suman a las demandas de participación de la clase media en las que descubren a un excelente aliado para la generación de opinión pública (Millán, 1998). Muchos empresarios se involucran también en la militancia partidista y el trabajo en asociaciones civiles. Esta alianza, empresariado-clase media, sería decisiva para el derrumbe final del sistema corporativista.

En los años 80, las organizaciones sociales mostraron una notable capacidad para generar asociaciones coyunturales que les permitieran apoyarse mutuamente y enfrentar problemas temporales; en los 90 observamos una clara tendencia a asociarse de manera permanente. Nacen entonces importantes redes que, como Convergencia de Organismos Civiles para la Democracia de México y la Unión de Grupos Ambientalistas (UGAM) en 1993 y Alianza Cívica en 1994, entre otras, logran convertirse en importantes contrapesos del Estado en determinadas áreas.

La lucha de la sociedad civil organizada probablemente sea el sello de la segundad mitad de esta década. Las presiones ciudadanas llevan a la creación de la Comisión Mexicana de Defensa y Promoción de los Derechos Humanos (CMDPDH) y luego del Instituto Federal Electoral (Olivera, 2001), dos organismos clave en la transformación política e institucional del México actual. Esta lucha de la sociedad civil por la democracia culmina el 2 de julio de 2000, cuando el triunfo electoral de Vicente Fox pone fin a setenta y un años de gobierno priísta y abre la puerta a importantes cambios en el país. Dado el enorme empuje que la sociedad civil dio a la campaña de Fox, así como las amplias demandas para la apertura de canales formales a la participación, el nuevo régimen mostró señales de gobernar desde una posición de mayor cercanía a la sociedad. Cambios importantes se dieron en diferentes esferas y niveles de gobierno y varios dirigentes de la sociedad civil organizada fueron invitados a trabajar en el nuevo gobierno. En muchos ámbitos hubo una mayor apertura y la participación de las OSC creció en el diseño, planeamiento, implementación e incluso monitoreo de las políticas públicas. Sin embargo, en muchos ámbitos, el nuevo gobierno mantuvo las prácticas del régimen anterior y poco se avanzó en términos de participación ciudadana. Así ocurrió con las negociaciones comerciales.

2. Los actores: el gobierno y las organizaciones autoconvocadas

Las demandas de participación de las OSC en los procesos de liberalización e integración comercial no son completamente nuevas. Las OSC mexicanas han estado interesadas y activas en el tema desde los inicios de la década. En 1990 aparece la primera red dedicada específicamente a discutir la política de integración con Estados Unidos: la Red Mexicana de Acción Frente al Libre Comercio (RMALC). Esta red participa activamente en las negociaciones del TLCAN, en el que sus capacidades de cabildeo y de organización se incrementan exponencialmente a través del apoyo de sus contrapartidas estadounidense y canadiense. En el proceso del TLCAN también se involucraron otras organizaciones sociales, sindicatos y organizaciones empresariales que formaron redes trinacionales. Sin embargo, estas redes no presentaban un frente común, sino que incluían en su seno dos posturas más o menos antagónicas. En la más conservadora participaban, por México, el Instituto de Investigaciones Ecológicas y el Grupo de los Cien; y en la más radical, el Pacto de Grupos Ecologistas, la RMALC, Equipo Pueblo, Grupo de Estudios Ambientales (GEA), el Sindicato de Pesca y FAT. Pese a sus diferencias en términos de propuestas, de experiencia y capacidad organizativa, estas redes lograron modificar, aunque con algunos matices, las condiciones originales del tratado e influir en las comisiones y en los acuerdos paralelos. El continuo intercambio de información, las negociaciones entre las redes y la experiencia de cabildeo en conjunto, hicieron de esta experiencia trinacional un evento exitoso de acción colectiva transnacional.[1]

Una vez firmado el TLCAN, estas redes se mantuvieron activas y continuaron discutiendo otros proyectos de modernización impulsados por el Estado mexicano, particularmente en el área de integración comercial. Lograron además interesar a otros sectores de la sociedad en los temas relacionados con el libre comercio, vinculando a organizaciones con vocaciones tan disímiles como indigenistas, ambientalistas, de derechos humanos y de los trabajadores, de combate a la pobreza, entre otras. Entre estas organizaciones sociales, movilizadas por temas relacionados con el libre comercio en México, se destacan UGAM, RMALC, FAT, Foro de Apoyo Mutuo (FAM), Fundación DEMOS, Promoción del Desarrollo Popular (Espacios), Equipo Pueblo, Instituto de Análisis y Propuestas Sociales, Causa Ciudadana y la CMDPDH. Algunas de ellas se han mantenido más ligadas a la implementación del TLCAN, particularmente las ambientalistas como el caso de la UGAM, mientras que otras han

---

1. Para el análisis de las diferentes posiciones, el proceso de negociación y cabildeo de las OSC en el TLCAN, véase Gallardo (1993).

planteado plataformas de acción frente a otros tratados de libre comercio firmados por México. La RMALC, por ejemplo, se ha pronunciado y ha organizado foros de discusión alrededor de la firma de los tratados con Chile, Israel, la Unión Europea (UE) y más recientemente con América Central.

2. 1. *El gobierno*

El grado de permeabilidad del gobierno mexicano respecto de las propuestas de los distintos actores de la sociedad civil frente al ALCA ha sido prácticamente nulo hasta ahora. Los procesos de integración negociados durante el período priísta se caracterizaron, con excepción del TLCAN, por el secretismo de la entonces Secretaría de Comercio y Fomento Industrial (SECOFI). Con la llegada del régimen foxista había mucha expectativa sobre las posibilidades de apertura y diálogo pero, poco a poco, comenzaron a desvanecerse. Las promesas de mayor participación anunciadas por el nuevo régimen no reflejan hasta el momento espacios reales y concretos de expresión. Las dos secretarías del gobierno federal relacionadas directamente con los acuerdos comerciales eran la SECOFI, que con el gobierno foxista cambia a Secretaría de Economía (Secon), y la Secretaría de Relaciones Exteriores (SRE). A la Secon se acercaron distintas OSC, principalmente en busca de información sobre los avances de la negociación y sobre cuál sería la postura del gobierno frente al ALCA, pero ésta no mostró ninguna apertura ni mecanismos de diálogo concretos. Durante las negociaciones de otros acuerdos, algunas OSC se han dirigido a la SRE para asegurarse de que el país respetara acuerdos signados a nivel internacional en materia de derechos humanos y laborales, entre otros. De esta manera, podemos concluir que, a pesar de que el gobierno cuenta con una oficina específica de vinculación con las OSC, su interés por la incorporación de estas organizaciones ha sido mínimo.

Esta falta de apertura hacia la sociedad civil viene acompañada, en ambas administraciones, por la adopción de una política ambigua y de bajo perfil en relación con la firma del ALCA, en la cual el gobierno mexicano no toma una postura abierta a favor del tratado, pero tampoco se opone a él. Esta ambigüedad evidencia que el gobierno es consciente de que el acuerdo hemisférico eliminaría la condición privilegiada de México en el intercambio comercial con Estados Unidos, al conceder estos mismos beneficios al resto del continente. Así, desde la lógica gubernamental, lo que más le conviene a México es que el acuerdo entre en vigor lo más lejanamente posible. Mientras tanto permanece en silencio y permite que otros países, como Brasil –que también protege sus condiciones privilegiadas en el Mercado Común del Sur–, sean las voces que frenen las negociaciones del ALCA.

Esta actitud de bajo perfil del gobierno mexicano contrasta fuertemente con su activa participación en el TCLAN. En aquella oportunidad, el gobierno fue el principal promotor de discusiones, foros y debates sobre el tema. Su actitud, abiertamente a favor, generó apoyo y oposición y los diferentes actores de la arena comercial tuvieron que tomar posición. De la misma manera, el gobierno también promovió activamente la difusión de información sobre el tema. Por el contrario, en las negociaciones del ALCA, el gobierno exhibe poca información y negocia de espaldas a la sociedad, vaciando la discusión sobre el tema. Así, en México, el gobierno es el gran ausente en la discusión sobre el área de libre comercio hemisférica.

2. 2. *Las* OSC *empresariales*

Durante las negociaciones del TLCAN, los organismos empresariales en México jugaron un papel bastante activo que contrasta con la pasividad con la que han reaccionado frente a otros acuerdos, en especial el ALCA. La Coordinadora de Organismos Empresariales de Comercio Exterior (COECE), una de las organizaciones más activas frente al tratado con Estados Unidos, adoptó en acuerdos posteriores una actitud muy pasiva. Hacia finales de 2001, la COECE parecía haber recobrado vida y ha tratado de influir en algunos acuerdos –UE– o ha manifestado su indiferencia hacia otros –Singapur–. No obstante, frente al ALCA, su actitud se mantiene tibia y a distancia.

La única organización empresarial que ha mostrado una postura más crítica frente al ALCA es la Asociación Nacional de Industriales de la Transformación (ANIT), la cual forma parte de la RMALC y es a través de ésta como expresa sus posturas.

Por su parte, las grandes centrales empresariales como la Concanaco, Concamin y la Confederación Patronal de la República Mexicana, organizaciones bien consolidadas y con suficiente poder político y económico como para influir en la agenda, guardan un absoluto silencio frente al ALCA. Controladas por los grandes empresarios y comerciantes, los sectores más beneficiados por la integración comercial, en los acuerdos pos TLCAN estas agrupaciones mantienen una actitud de *laissez faire* para con el gobierno. Hasta ahora han dado una aprobación tácita a las negociaciones, sin manifestarse públicamente frente al proceso hemisférico. Esto se vio claramente en el VI Foro Empresarial de las Américas en Buenos Aires (abril de 2001), antes de la Cumbre de Quebec (abril de 2001) (ver "Cronograma" en Anexos). Allí las organizaciones empresariales mexicanas estuvieron subrepresentadas si se compara con las de otros países latinoamericanos: sólo tres organizaciones nacionales –Concamin, Asociación Mexicana para la Protección de la Propiedad Intelectual y la Asociación Nacional de Productores Farmacéuticos de México– presentaron ponencias.

2. 3. *Los sindicatos*

Con la caída del sistema corporativista, la gran mayoría de los sindicatos, que se originaron y cobijaron en este sistema, están reencontrando su rumbo dentro de los importantes cambios políticos y económicos que ha experimentado el país. En México, al igual que en la Argentina, los sindicatos no han tenido pronunciamientos frente a los acuerdos pos TLCAN y han mantenido una actitud bastante indiferente hasta el momento (ver Guinazú en este volumen). El ALCA no es un tema debatido en profundidad y las únicas organizaciones sindicales que muestran cierto interés en el tema y participan en las reuniones de la Alianza Social Continental (ASC)-México, son el Sindicato de Trabajadores de la Universidad Nacional Autónoma de México, junto con algunos sectores del Sindicato de Telefonistas de la República Mexicana (STRM) y del Sindicato Mexicano de Electricistas (SME).

De igual forma, algunas organizaciones relacionadas con el sector laboral, pero que no son sindicatos, se han manifestado tangencial y modestamente frente a los acuerdos pos TLCAN. Éste es el caso del Centro de Investigación y Solidaridad

Obrera (CISO), la Alianza de Comunidades y Trabajadores de la Industria Química, Atómica y Petrolera y la UOI. El FAT, la Red de Mujeres Sindicalistas y el Centro de Investigación Laboral y Asesoría Sindical (CILAS) son, en cambio, las únicas
organizaciones laborales que realmente han mostrado una postura frente al ALCA.
Tanto el FAT como el CILAS se han venido expresando a través de la RMALC, con la
que mantienen estrechos vínculos y dentro de la cual aparecen como dos instituciones clave, tal como lo indica el cuadro 7.1. Muestra de ello es que durante un período, la dirección nacional del FAT y la coordinación general de la RMALC fueron
ejercidas por una misma persona, Bertha Luján, y además comparten las mismas
oficinas en la Ciudad de México. A su vez, el actual coordinador general del CILAS,
Héctor de la Cueva, se desempeña como secretario de la ASC, principal red *outsider* en el continente.

Por fuera de la RMALC, un grupo de sindicatos se organizó de manera independiente para dar una "respuesta coordinada ante el neoliberalismo". Este grupo está liderado por la Alianza de Trabajadores de la Salud y Empleados Públicos de
México e incluye sectores de varios sindicatos: el Sindicato Independiente de Trabajadores de la Universidad Autónoma Metropolitana, el SME, la Organización
Nacional de Trabajadores Administrativos, Técnicos y Manuales del Instituto Nacional de Antropología e Historia (INAH), el Sindicato de Salubridad, el Movimiento Proletario Independiente, la Coordinadora Intersindical Primero de Mayo, las
Secciones X, XII y XIII del Sindicato Nacional de Trabajadores de la Educación, el
STRM, la Cooperativa Pascual, la Universidad Obrera de México, el Frente Nacional de Resistencia contra la Privatización de la Industria Eléctrica, el Sindicato
de la Universidad Autónoma Chapingo y la Federación de Comunidades Sindicales y de Estudiantes de México. Estos sindicatos, que representan intereses de burócratas, de empleados paraestatales o universitarios, se identifican como la "izquierda democrática" y su postura ideológica hereda propuestas marxistas de lucha de clases y de emancipación del proletariado. En julio de 2001, organizaron la
Conferencia Internacional "Estrategias sindicales ante el ALCA y la globalización"
y desde entonces buscan abrirse un lugar en la arena de discusión sobre el libre
comercio y la integración en México. Frente a las negociaciones del acuerdo hemisférico, su estrategia consiste en establecer una red sindical de izquierda a nivel continental, que les permita impulsar una campaña internacional de jornadas
en contra del proceso de integración a nivel regional y a favor de la cancelación de
la deuda externa, pero su radicalidad los aísla de otros actores sociales y del resto de los *outsiders*.

2. 4. *Los nuevos "anarquistas"*

Los nuevos "anarquistas" son grupos de aparición relativamente reciente en la
escena mexicana. Estos grupos no son organizaciones formales, no están legalmente constituidos, ni tienen una estructura similar a la de otras OSC. En términos institucionales, han preferido la informalidad organizacional y carecen de estructuras
jerárquicas y de distintos niveles de autoridad y de decisión. En este sentido, no
disponen entonces de un presidente o director y sólo cuentan con portavoces que
cambian constantemente. Tampoco han establecido mecanismos de membresía ni
están registradas en el fisco. Aunque mantienen un alto grado de dispersión, han

tendido a integrarse, principalmente en lo que se conoce como la Red de Unidades Autónomas F26, el Colectivo Autónomo Desobediencia Civil y el Grupo Solidarité. Son organizaciones fundamentalmente de jóvenes, una gran parte de los cuales pertenecen a universidades públicas, con una enorme capacidad de "conectividad" y, por lo tanto, exitosas en términos de convocatoria y movilidad social. Sus simpatizantes –no miembros– tienen intereses disímiles y provienen de áreas diversas del quehacer social, lo que por un lado dificulta la creación de consensos y la elaboración de propuestas concretas, pero al mismo tiempo dota a estos grupos de una enorme flexibilidad y volatilidad.

La prensa ha denominado a estos grupos como "anarquistas" por el uso de la fuerza y el enfrentamiento con la policía que han caracterizado a su protestas en diversos foros mundiales como los de Seattle, Davos, Génova y Quebec. Hay que distinguir a este grupo de los "globalifóbicos", expresión bajo la cual se incluye a los nuevos movimientos sociales que protestan en contra del neoliberalismo y la integración comercial, pero que no necesariamente comparten la idea del uso de la fuerza. Podríamos decir, entonces, que los denominados "anarquistas" son el área más radical de los "globalifóbicos". No obstante ello, ambos grupos carecen de propuesta ideológica. Salvo un rechazo sistemático a todo lo que les parece "globalizante", no tienen una postura puntualmente definida y sustentada frente al libre comercio ni a la globalización. En las manifestaciones en el marco del World Economic Forum (Cancún, 2001), mostraron enormes divisiones internas y la ausencia de un objetivo común. En ellas participaban tanto los "ultras" de la UNAM, caracterizados por su intolerancia y actividades violentas, como agrupaciones políticas más formales. Su estrategia de acción se basa en el cuestionamiento al sistema y se manifiesta generalmente a través de marchas y plantones donde se busca el enfrentamiento físico con las fuerzas del Estado.

2.5. *Las* ONG

En general, las ONG son las organizaciones que se han mostrado más críticas a los acuerdos de integración comercial pos TLCAN. Desde 1997, particularmente las ONG medioambientalistas, se han mostrado muy activas frente al tema de la globalización y la apertura comercial, y han sido las únicas en pronunciarse y desarrollar acciones concretas en contra del ALCA (ver Von Bülow en este volumen). A mediados de 2000, organizaciones como la RMALC, el Centro Mexicano de Derecho Ambiental (CEMDA), la contrapartida del International Institute for Sustainable Development (IISD), La Neta, La Red de Acción sobre Plaguicidas y Alternativas en México y Espiral se constituyeron como la punta de lanza de la sociedad civil mexicana frente a este proceso.

Sin embargo, la participación de las ONG presenta diferentes niveles de profundidad en sus propuestas, que van desde estudios y publicaciones hasta la mera firma de cartas y manifiestos dirigidos al gobierno. Algunas de ellas –CEMDA, RMALC e IISD– han enviado propuestas a la Coordinadora de la Comisión de Participación Ciudadana abierta en el Government Committee on Civil Society (GCCS-Comité Gubernamental de la Sociedad Civil de las Américas) para la V Reunión Ministerial de Toronto (noviembre de 1999) (ver "Cronograma" en Anexos). En particular, la propuesta del CEMDA fue enviada juntamente con sus contrapartidas: el Centro Internacional de Comercio y Desarrollo Sustentable (Ginebra, Suiza) y Center for International Environmental Law (Estados Unidos). El CEMDA es una organización que busca crear una cultura de protección al medio ambiente basada en la aplicación del derecho ambiental y presta servicios de asesoría legal, provee información y promueve la educación sobre los derechos ambientales (ver Von Bülow en este volumen). También ha habido acciones aisladas que hasta ahora no han logrado cuajar ni han dado lugar a ninguna propuesta concreta frente al ALCA. Tal fue el caso del llamado "Observatorio de las Américas", que surge como una propuesta de investigadores de la University of Massachusetts, Lowell y de la Universidad Michoacana de San Nicolás de Hidalgo, pero que no ha logrado concretarse como proyecto.

Entre los casos de mayor activismo destacan dos organizaciones: Espiral y RMALC, ambas con características y posiciones muy diferentes.

Espiral

Esta organización ha entrado en la discusión sobre el ALCA recientemente, a partir de la convocatoria de Corporación PARTICIPA (Chile) para que, junto con ONG de otros dieciséis países del continente, realizara una serie de consultas nacionales y elaborara, posteriormente, un solo documento que se presentaría a las delegaciones gubernamentales en la Cumbre de Quebec. Espiral fue responsable de la consulta en México y, en primera instancia, conformó una red de aproximadamente cien organizaciones a las cuales se les enviaron "cartas informativas" con la finalidad de explicarles en qué consistía el proceso de las cumbres de las Américas y sobre la importancia de involucrarse en esta consulta. Debido a que obtuvo una respuesta limitada, implementó una segunda estrategia: la realización de reuniones de trabajo y "consultas directas" –aunque en realidad sólo realizó una, en Chihuahua–. Finalmente se optó por invitar a especialistas en la materia a que elaboraran cada uno de los temas incluidos en el documento final de México, donde se proponen políticas y mecanismos para el fortalecimiento de la sociedad civil nacional, dejando a un lado el tema del ALCA.

En todo momento, Espiral buscó mantener informado al gobierno mexicano sobre esta consulta, haciéndole llegar el borrador del documento final tanto a la administración del presidente Ernesto Zedillo (1994-2000) como a la del presidente Vicente Fox (2000-actual). Sin embargo, en ambos casos el gobierno nunca manifestó mayor interés.

Espiral es una organización *insider* dado que su estrategia consiste en mantener una relación constante y en buenos términos con el gobierno, pero sin interesarse realmente en el ALCA.

Red Mexicana de Acción Frente al Libre Comercio (RMALC)

Surge en 1991, como un movimiento ciudadano para enfrentar las negociaciones comerciales del TLCAN. Aunque en sus orígenes –como su nombre lo indica– estaba en contra del libre comercio, con el tiempo fue moderando su postura hasta el punto actual, en el que propugna por un comercio justo basado en el desarrollo sustentable y en el mejoramiento de la calidad de vida de los ciudadanos (Arroyo, documento no publicado: 3). Enlaza a organizaciones y grupos de la sociedad que, en diferentes grados, se han preocupado por la liberalización comercial. Estas organizaciones miembros podrían ser divididas en dos grupos: el corazón duro, que incluye a catorce miembros permanentes,[2] y los participantes coyunturales, que son aquellos que apoyan eventualmente y se enlazan a la red (García Urrutia, 1993).

Durante las negociaciones del TLCAN, la RMALC desarrolló habilidades de cabildeo y adquirió mayor experiencia de participación a nivel internacional al articularse exitosamente con organizaciones estadounidenses y canadienses. Por otro lado, ganó respetabilidad en el interior del país, lo que le ha dado un buen poder de convocatoria frente a otras OSC, convirtiéndose así en el eje del activismo y en portavoz de las inquietudes ciudadanas en materia de integración comercial. Desde la firma del TLCAN ha disminuido su grado de involucramiento y sólo frente al acuerdo con la UE intentó tener una mayor incidencia. El ALCA, sin embargo, ha traído nuevo entusiasmo a la organización y se ha convertido en el eje de la vida de la RMALC.

A nivel nacional, ni sindicatos ni organizaciones empresariales han sido capaces de impulsar la discusión sobre el ALCA como lo ha hecho la RMALC. A nivel continental, la experiencia ganada por la RMALC en las negociaciones del TLCAN fue determinante para la creación de la ASC: además de ser la coordinadora para México, la RMALC es sede de la secretaría ejecutiva de la ASC.

Su estrategia ha consistido en concentrarse en la preparación de su posición frente al ALCA, por considerarlo un acuerdo neurálgico en términos de la integración comercial de México: incidir en el ALCA y lograr cambios en este acuerdo obligará a la revisión de los acuerdos firmados anteriormente. Son tres los ejes que guían su accionar: el libre acceso a la información, la consideración por parte del gobierno de las recomendaciones de la sociedad civil frente al acuerdo de integración hemisférica y que las propuestas ciudadanas se vean reflejadas en el acuerdo.

La RMALC se diferencia de otros *outsiders* y globalifóbicos por ser una organización que tiene una "protesta con propuesta"[3] y que se ha preocupado por definir una posición clara frente al ALCA. Sin embargo, y si bien en general la postura que se presenta se asume como colectiva, dentro de la RMALC algunas organizaciones como el CMDPDH, el FAT, DAS, el Seminario Permanente de Estudios Chicanos y CILAS, han estado en diferentes momentos y frente a diferentes asuntos más activos en la elaboración de documentos relacionados con este acuerdo.

---

2. Entre estas organizaciones se encuentran el CILAS; la CMDPDH; el Comité de Derechos Humanos de Tabasco; Desarrollo, Ambiente y Sociedad (DAS); DECA Equipo Pueblo; Factor X; FAM; el FAT; el Frente por el Derecho a la Alimentación; Fronteras Comunes; GEA; Movimiento Ciudadano por la Democracia; Secretariado Social Mexicano; Seminario Permanente de Estudios Chicanos y de Fronteras del INAH y Servicios Informativos Procesados.

3. Entrevista con Alberto Arroyo, miembro de RMALC, Ciudad de México, 30 de enero de 2001.

3. Factores y condiciones de la participación ciudadana

3. 1. *Canales de participación*

A diferencia de lo sucedido con las negociaciones del TLCAN, en las que el gobierno se mostró relativamente proclive a informar, consensuar y negociar con las OSC, en los acuerdos comerciales que le siguieron no ha habido contacto formal con las OSC nacionales ni interés alguno en proporcionar información y abrir la discusión. Sin embargo, cabe destacar que parte de estos "deseos" no fueron producto de una actitud que surgiera del propio gobierno, buscando la transparencia o la participación de la ciudadanía en la toma de decisiones importantes, sino que fue más bien el resultado de la presión de las OSC trinacionales. De todas maneras, también debemos reconocer que el mismo gobierno organizó una serie de foros regionales para sensibilizar a la opinión pública sobre el TLCAN, experiencia que no se repitió en ninguno de los tratados posteriores.

En relación con las cumbres de las Américas, el único mecanismo de información que ha establecido el gobierno para con la sociedad civil es una página web de índole informativa a cargo de la Secretaría de Educación Pública, donde se difunden los objetivos de las reuniones de educación en el marco de las cumbres.[4]

Hasta el gobierno de Vicente Fox, las OSC que intentaron acercarse a la SECOFI encontraron secretismo y puertas cerradas en lo referente al ALCA.[5] Esta actitud fue una constante en los últimos sexenios priístas y se debe en parte, como señalan funcionarios de la SRE, a que la actitud gubernamental frente a las OSC ha sido la de asumir que su actividad está promovida desde el exterior y que su agenda es, entonces, contraria a un auténtico interés nacional. Esto explica el calificativo de "intervencionistas" que han aplicado algunas autoridades a esas organizaciones (Castañares, 1998). Tras el cambio de régimen hubo acercamientos entre el secretario de Economía y algunas organizaciones específicas, como la RMALC.[6] Sin embargo, aun después de la Cumbre de Quebec no existía un espacio concreto, formal e institucional, a través del cual las OSC pudieran expresarse. Hasta entonces, todo parecía indicar que las organizaciones interesadas en la discusión del ALCA y de otros acuerdos tenían que seguir utilizando canales informales para hacer oír su voz.[7]

---

4. Véase www.sep.gob.mx.

5. Entrevista a Mindahí Batista, presidente del Centro Mexicano para el Desarrollo Sustentable, Toluca, 15 de mayo de 2001.

6. Entrevista con Alberto Arroyo.

7. Aquí entenderemos como "canales formales" a aquellas fórmulas institucionales y legalmente constituidas que buscan de manera explícita escuchar e incorporar los intereses de las OSC en la toma de decisiones sobre políticas públicas y, como "canales informales", aquellos mecanismos construidos generalmente "desde abajo", y que aun no siendo institucionales y en ocasiones incluso no-legales, funcionan como mecanismos de presión y/o para amplificar la voz de los ciudadanos. Los "canales informales" son altamente creativos y muy dinámicos, y en general corresponden a todas aquellas acciones de las OSC que, sin entrar formal y directamente en contacto con el gobierno u otra autoridad nacional, buscan influir en su toma de decisiones. En general los "canales formales" son directos, como mesas de diálogo o plantones, o indirectos como foros paralelos y marchas.

A pesar de que todas las OSC mexicanas se valen de canales informales para expresarse en torno de los acuerdos de libre comercio, no se puede hablar de un patrón único de participación. Cada tipo de organización, y cada sector dentro de las organizaciones, participa a través de canales y mecanismos de expresión diferentes, dependiendo de sus intereses, capacidades y, en algunos casos, de los estilos de negociación heredados del viejo régimen. Las organizaciones empresariales "dejan hacer" al gobierno y señalan, cuando es necesario, sus puntos de vista en reuniones privadas. Algunas ONG intentan suscitar la atención del gobierno mediante foros o encuentros, otras lo hacen a través de negociaciones privadas, mientras que un tercer grupo prefiere recurrir a la movilización social, en forma de marchas y *plantones*. Las marchas y los *plantones* surgieron en México como una modalidad de gestión del régimen priísta en el que los manifestantes mostraban al gobierno y a los líderes del partido dominante la importancia de la base social –número de seguidores– que respaldaba las demandas. Cuando el número era amplio o las marchas y/o *plantones* prolongados o continuos, el gobierno, cediendo a la presión, reaccionaba a las demandas solucionándolas, en general, de manera *ad hoc* y paternalista. Esta modalidad de gestión está muy impregnada en la cultura mexicana y no es sólo el resultado de la falta de canales de comunicación y de la cerrazón del gobierno frente a la sociedad civil, sino que también es una parte constitutiva de la cultura política mexicana y una inercia en las relaciones sociedad civil-Estado.

En lo que hace a los nuevos "anarquistas", por ejemplo, éstos han encontrado en la movilización social un mecanismo a través del cual hacer oír sus protestas. Su alto nivel de conectividad les permite organizarse de manera *ad hoc* frente a los eventos que consideran parte de la "amenaza globalizante". Estos grupos se han expresado en varias ocasiones a través de marchas y enfrentamientos, en ocasiones violentos, con la policía. Por su propia condición, es difícil pensar que estos grupos, por lo menos en el caso de México, acepten o busquen participar en canales formales de discusión.

Las ONG más organizadas se han distanciado de la mera protesta y han encontrado en la organización de foros y congresos una herramienta para intentar influir sobre el gobierno. Hasta mediados de 2001, se habían organizado varios de estos foros con objetivos diversos y no siempre relacionados directamente con el comercio, pero que sí han tocado, de manera tangencial, temas relacionados con el ALCA y otros acuerdos comerciales. Entre ellos destacan el II Encuentro Internacional contra el Neoliberalismo, organizado por el Ejército Zapatista de Liberación Nacional (EZLN) (San Cristóbal de las Casas, Chiapas, octubre de 2000), el Festival de los Globalifóbicos, Grito de los Excluidos (San Diego y Tijuana, octubre de 2000), evento binacional que culminó con la creación de la Red de las Californias frente al Neoliberalismo y la Globalización.

La organización que ha logrado hacer un mejor uso de los canales de participación disponibles para las OSC en torno del libre comercio es, sin duda, la RMALC. Ella ha involucrado a parlamentarios en sus actividades y ha generado documentos que han servido como base para la toma de posición dentro del Congreso.[8] Otros actores que comienzan a tomar posición pública respecto del ALCA son las univer-

8. Entrevista con Alberto Arroyo.

sidades, que también encuentran en foros y congresos un canal privilegiado de participación. Sin embargo, al igual que las ONG, la academia ha mostrado tener una capacidad de convocatoria limitada y sus foros han quedado como actividades de bajo perfil y de escasa difusión.

El hecho de que las OSC mexicanas tengan que expresarse por canales informales ha limitado su capacidad de influencia y su impacto sobre la agenda gubernamental, ha incrementado sus costos e incluso ha generado un cierto retraso en la reacción. Los canales informales pueden ser igual de efectivos o incluso más que los formales, como mecanismos para incidir en la agenda del gobierno, pero obligan a los actores a abrirse nuevos espacios o a encontrar entrada en los ya existentes. En términos agregados, esto implica emplear más recursos materiales y humanos. La falta de institucionalidad exige generar un clima de discusión lo suficientemente significativo como para inducir la reacción del gobierno. Puede decirse entonces que la masa crítica de recursos necesarios para incidir en la agenda gubernamental es mayor cuanto mayor es la informalidad de los canales de comunicación. Por otro lado, el tiempo invertido en todo este proceso puede hacer que la reacción del gobierno, cuando se logra, tenga una cierta demora. En otras palabras, con canales informales, las organizaciones tardan más en organizarse y se corre el riesgo de que cuando logren llegar a las esferas gubernamentales, la decisión ya haya sido tomada y sólo se alcancen efectos muy menores en la agenda.

Hasta finales de 2000, estos canales habían sido poco efectivos al no lograr suficiente atención del gobierno, de los medios de comunicación y del resto de la sociedad. Al entender estas limitaciones, las OSC cambiaron de estrategia y comenzaron a concentrar sus esfuerzos en tratar de influir sobre otras instancias de carácter internacional, prioritarias para la firma de este acuerdo, como lo demuestra su activa presencia en foros internacionales y su papel preponderante en la II Cumbre de los Pueblos de las Américas (Quebec, 2001) (ver "Cronograma" en Anexos).

3. 2. *Capacidad de negociación de las OSC mexicanas*

La ausencia de espacios para la participación no obedece solamente a la falta de disponibilidad del gobierno para dialogar con la sociedad civil, sino a la indiferencia de las cámaras empresariales y de los sindicatos, por un lado; y por otro, a la falta de capacidad y de masa crítica de las ONG nacionales. Esto contrasta con lo ocurrido durante las negociaciones del TLCAN, en las que la sociedad civil organizada mexicana mostró una gran capacidad de investigación, movilización y conectividad. En la actualidad, las ONG son reducidas en número, no logran tener un peso específico tal que movilice al gobierno y carecen, en su mayoría, de habilidades de negociación y cabildeo. Otro de los problemas que enfrentan las OSC mexicanas es su dispersión y la atomización de sus esfuerzos. A la fecha no existe un mecanismo, sea a través de una red, una mesa o foro de diálogo, capaz de aglutinarlas en un frente común. La misma RMALC reconoce, como una de sus deficiencias en las negociaciones del TLCAN, "la incapacidad para construir una estrategia más agresiva de alianza con sectores potencialmente afectados..., particularmente los pequeños empresarios" (Arroyo, documento no publicado: 10). Esta incapacidad se mantiene en las negociaciones del ALCA.

La falta de acción colectiva está relacionada, en buena medida, con las ideologías que sustentan a las OSC. Estas diferencias ideológicas han generado varios momentos de encuentros –los menos– y desencuentros –los más– que han ido marcando la arena de la negociación del ALCA en el interior del país entre *insiders* versus *outsiders*. Luego de un primer acercamiento, Espiral –*insider*– y RMALC –*outsider*– no han logrado integrar sus esfuerzos en una sola consulta respecto del ALCA. Mientras la primera sostiene que el centro de la consulta debe ser el fortalecimiento de la sociedad, la segunda insiste en anclarla en el ALCA. Las diferencias de intereses y de estrategias hacen que ambas organizaciones se vean con recelo y se desaprueben mutuamente.[9]

Quizá debido a estos desencuentros entre *insiders* y *outsiders*, las OSC mexicanas entienden que sus posturas ideológicas son en algunos casos divergentes y en otros, irreconciliables, como lo demuestra la dificultad para construir acuerdos entre los grandes empresarios, que tienen su propia visión de país, y los nuevos anarquistas. Lo cierto es que la construcción de alianzas amplias que permitan a las OSC crear un bloque que actúe colectivamente y que proponga alternativas frente a las negociaciones del acuerdo hemisférico es poco probable. Ésta es una segunda causa por la cual las organizaciones mexicanas han buscado tender lazos con sus pares en el extranjero.

Otro clivaje separa a los sindicatos autodenominados de izquierda democrática de las ONG. Este grupo de sindicatos intenta –por lo menos en su discurso– ser el eje articulador de un movimiento de amplio espectro contra el neoliberalismo, que impulse una campaña internacional en contra del ALCA y la deuda externa. Pese a que se conocen muy bien y reconocen que es necesario establecer alianzas con otros sectores, en esta búsqueda pretenden desligarse de las ONG, a las cuales califican de "socialdemócratas" porque consideran que éstas sólo buscan modificar ciertas áreas de los tratados de libre comercio y no resolver el problema de manera estructural.

Probablemente el único encuentro afortunado es el de la RMALC con los anarquistas. Ambos grupos *outsiders* se encontraron en el marco del Foro Social Alternativo en Cancún y, a partir de entonces, integrantes de la ASC y grupos de estudiantes universitarios, específicamente Desobediencia Civil y F26, establecieron una alianza que ha sido fructífera para ambos hasta la fecha.[10] En su mayoría estos nuevos grupos "anarquistas" han participado activamente en las reuniones de la RMALC-ASC-México. En el interior de ésta, se los denomina los grupos de "acción directa" ya que se destacan por su activismo en las marchas. Si bien algunos sectores de la ASC-México no están muy de acuerdo con sus formas violentas de manifestación, la mayoría considera que estos jóvenes son necesarios para el movimiento dado que le dan visibilidad a las acciones de la ASC, al captar la atención de los medios de comunicación.

---

9. Ídem.

10. Entrevista con Marco Velásquez, Secretaría Ejecutiva, ASC, Ciudad de México, 18 de mayo de 2001.

3. 3. *Generación de opinión pública*

Un problema que limita seriamente el poder de negociación de las OSC es su acotada capacidad para generar opinión pública. El acceso a los medios ha sido extremadamente débil, no sólo por la falta de interés de estos últimos sino también por la incapacidad de las propias organizaciones para articular estrategias de comunicación efectivas. De la misma manera, la distribución de folletería y la publicación de libros u otros documentos de difusión es aún mínima[11] y prácticamente ninguna OSC realiza actividades significativas para ampliar su base social o informar a la ciudadanía en general sobre sus propuestas. La propia RMALC, la organización que, en términos comparativos, ha buscado un mayor acercamiento con la ciudadanía, reconoce como deficiente la formación de opinión pública y también critica la falta de una base social más amplia (Arroyo, documento no publicado: 10). Parte del problema de esta organización radica en que, siendo la RMALC la que realiza el trabajo ejecutivo y organizativo de la ASC, ha tenido que dedicarle a ésta una buena parte de sus recursos económicos, humanos y de tiempo, desatendiendo la generación de un debate amplio en torno del ALCA en el interior de la sociedad civil mexicana. Ante la ausencia del gobierno en la discusión nacional, las OSC tienen sobre sí toda la carga de generar opinión pública. Un recurso que parece vislumbrarse como la posible solución a estos problemas es internet y el uso del correo electrónico, instrumentos que están probando tener una enorme efectividad para que las organizaciones sociales comuniquen sus pronunciamientos y posturas frente al ALCA. En este sentido, es notable el papel que ha jugado "La Neta", un portal nacional especialmente de ONG.[12]

La Cumbre de Quebec generó una mayor discusión en torno del ALCA en México. El abordaje que se dio al tema tanto en la prensa escrita como en la radio y en la televisión, generó un mayor protagonismo de la RMALC-ASC-México, que aprovechó la oportunidad para salir a la escena pública con actividades de protesta y en apoyo a los manifestantes que participaron en Génova en contra de la reunión del G8. Otro factor que parece generar una mayor opinión pública en torno del ALCA es la oposición que está surgiendo en México frente al Plan Puebla-Panamá (PPP), un proyecto del gobierno de Fox por medio del cual se pretende enlazar el destino económico de los estados del sur de México con los países centroamericanos. A diferencia del ALCA y de otros procesos de integración comercial,[13] que son vistos como algo lejano y de los que no se vislumbran aún todas las consecuencias, el PPP es percibido como algo más inmediato. Este último, en cambio, ya ha generado la reac-

---

11. Excepciones a esto son el documento de la ASC, *Alternativas para las Américas*, y en cierta medida el libro *Comercio y medio ambiente* publicado en 1995 por el CEMDA en colaboración con Center for International Environmental Law. También merece destacarse el volumen coordinado por Enrique Leff y Mindahi Bastida (2001).

12. Tal como lo señala Manuel Castells (1999), este portal de internet ha servido para darle voz a muchos de los movimientos de la sociedad civil, incluyendo a los más radicales, entre los que se encuentra el EZLN.

13. Un ejemplo, en este sentido, es el Foro de Cooperación Económica del Asia Pacífico (APEC, Asia-Pacific Economic Cooperation Forum).

ción de varios sectores de la sociedad organizada y ha tenido una mayor cobertura por parte de los medios. Es de esperar que algunas OSC, sobre todo las *outsiders,* tomen al PPP como punto de partida para continuar enfrentándose a los proyectos de integración comercial.

3. 4. *La construcción de redes de cabildeo*

En contraste con la lentitud que han mostrado las OSC para posicionar públicamente el debate sobre el ALCA en el interior del país, resalta su vinculación con otras redes de apoyo a nivel hemisférico. Prácticamente todas las ONG mexicanas se han vinculado a redes internacionales, aumentando así notablemente su voz. La RMALC mantiene fuertes vínculos con varias ONG con presencia internacional, como son Common Frontiers (Canadá) y The Development Gap (Estados Unidos). De la misma manera, las ONG Alianza de Comunidades y Trabajadores de la Industria Química, Atómica y Petrolera y el CISO crearon, junto con otras organizaciones, una red transfronteriza con presencia en todos los estados limítrofes entre México y Estados Unidos. Por último, Espiral tiene nexos con Corporación PARTICIPA. Sin embargo, a excepción de la RMALC, las ONG mexicanas más que asociarse en calidad de pares con sus contrapartidas en el extranjero, parecen "colgarse" de propuestas ya existentes, en cuya elaboración tienen poca participación. Esto pone en duda el papel real que juegan como actores y evidencia por qué, en muchos casos, su peso específico en la discusión es tan bajo.

La participación de los sindicatos mexicanos en redes internacionales relacionadas con el ALCA comienza recién en julio de 2001. En particular, el grupo de sindicalistas de la "izquierda democrática" ha comenzado a tejer alianzas con sindicatos en varios países latinoamericanos: en Brasil lo ha hecho con un sector de la Federação Democrática dos Metalúrgicos de Minas Gerais y la Central Única dos Trabalhadores (CUT), y en América Central, con la Confederación Centroamericana de Trabajadores. Este movimiento es en buena medida resultado del encuentro Taller de Solidaridad Sindical Internacional del Primer Foro Social Mundial de Porto Alegre, que funcionó como un importante catalizador de las redes sindicales en el continente (ver Guiñazú en este volumen).

3. 5. *Capacidad de propuesta*

Sin dudas, el mayor problema que enfrentan la inmensa mayoría de las OSC mexicanas es la falta de propuestas. Las organizaciones empresariales, por ejemplo, son extremadamente puntuales y sólo se han manifestado en torno de cuestiones muy específicas. Por otra parte, encuentran más efectivas las negociaciones de corredor y presentan problemas de representatividad y de acción colectiva dentro de sus propios sectores, factores que ciertamente limitan mucho su capacidad para presentar una propuesta común. Además, sus *think tanks* no han producido hasta ahora una propuesta concreta frente al ALCA. Los grupos de empresarios y comerciantes disidentes, a excepción de la ANIT, no han sido capaces de diferenciarse públicamente y presentar una alternativa al acuerdo de integración hemisférica.

Sin propuestas claras sobre su propia problemática, los sindicatos mexicanos siguen siendo los grandes ausentes en la discusión y, si bien se incorporaron muy tardíamente al debate, aún no han dado señales, más allá del discurso, de tener capacidad real de propuesta frente al ALCA y a otros procesos de integración comercial.

Los "anarquistas" que, como el F26, han mostrado un gran poder de convocatoria, tienen, por el contrario, poca capacidad propositiva: las posibilidades de llegar a propuestas conjuntas se ven reducidas dada la diversidad ideológica y de intereses de sus simpatizantes y el hecho de que, para estos actores, la propuesta no es una consideración.

Por el lado de las ONG, la RMALC es la única que plantea propuestas concretas frente al ALCA. Esta organización envió una extensa propuesta a la convocatoria abierta por el Comité de Representantes Gubernamentales sobre la Participación de la Sociedad Civil. Incluso es la única OSC que ha publicado un documento para manifestar su propuesta de incluir en el ALCA consideraciones relacionadas con derechos humanos, medio ambiente, aspectos laborales, migración, desarrollo y mercados, entre otros temas; y elaboró documentos en los que se presentan alternativas a la integración comercial.[14] En su esfuerzo por influir la agenda del Estado mexicano, la RMALC ha logrado atraer la atención de diputados y senadores de oposición –Partido de la Revolución Democrática–, quienes ya han presentado posturas cercanas a las de la RMALC e incluso se han basado en documentos de ésta para votar en contra de acuerdos de libre comercio.

A pesar de todos estos notables esfuerzos, hasta ahora la relación con el gobierno sigue siendo aislada y muy desarticulada, neutralizándose así la capacidad de incidencia en políticas concretas. La propia RMALC señala que la relación con el gobierno en pasadas negociaciones ha sido:

> ...indirecta, porque tratamos de crear espacios públicos paralelos de discusión y consensos tanto nacionales como internacionales. [...] Logramos que nos oyeran, pero no que se asumieran nuestras propuestas. Se logró que nos reconocieran como interlocutores, pero la incidencia fue mínima. (Arroyo y Monroy, 1996: 39)

Cabe preguntarse si la agenda del ALCA es para México una oportunidad para las ONG o si las grandes transformaciones del país ya fueron realizadas en el marco del TLCAN.

En la página siguiente presentamos un sociograma donde se ubican las distintas organizaciones según su actitud de apoyo o de oposición frente a ALCA, de acuerdo con los pronunciamientos emitidos hasta mediados de 2001. El sociograma es una herramienta que nos permite hacer un mapeo en un momento determinado, identificando a los principales actores sociales inmiscuidos en un conflicto, el poder con el que cuentan, su inclinación ideológica y el tipo de relación que mantienen con los demás grupos (Villasante, 1998).

El eje vertical divide tres sectores socioeconómicos: en primer lugar, ubicamos a aquellos que tienen relación con el capital y la política transnacional –empresa-

---

14. Entre estos documentos, cabe mencionar RMALC (1991); Arroyo *et al.* (1995); Peñaloza y Arroyo (1998).

Cuadro 7.1
Postura de las OSC frente al ALCA en México

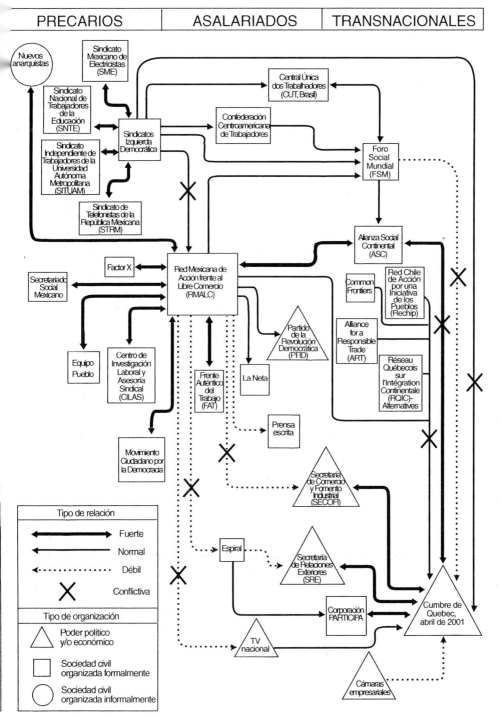

rios y organismos internacionales–, luego, los sectores productivos conformados por trabajadores fijos que cuentan con un salario estable y, por último, los sectores precarios entre los que se incluyen las clases pobres –desempleados y subempleados–.

El eje horizontal ubica a los grupos sociales de acuerdo con el tipo de ideología: de izquierda a derecha, tenemos a los radicales, los moderados y los conservadores. Los actores sociales identificados con un triángulo se refieren a grupos de poder, principalmente político. Aquellos representados a través de un cuadrado refieren a grupos formales ideologizados que cuentan con una estructura coordinada: cámaras empresariales, ONG y prensa. Por último, con un círculo identificamos a los comunicadores: los líderes locales y las bases informales. Es decir, la sociedad civil que no está formalmente organizada.

De igual forma, el sociograma nos permite distinguir, al menos, tres tipos de relaciones posibles entre los distintos actores sociales: la relación fuerte, la normal y la débil. Éstas pueden darse en términos cooperativos o conflictivos, como se indica en la figura.

4. Escenarios futuros

En un escenario en el que el gobierno mexicano reaccionara y respondiera con la apertura de canales formales de discusión sobre el ALCA, éstos tampoco estarían exentos de problemas. Si se abrieran espacios de participación institucionales, como una mesa de discusión o foros de análisis, éstos presentarían aun una serie de retos a vencer, especialmente en dos sentidos: primero, en el de la pluralidad y representatividad de los participantes en tales foros, y, segundo, en términos del reflejo de la discusión en la modificación de la agenda gubernamental. El problema de la representatividad crea ya ansiedad dentro de algunas organizaciones, pues es complicado establecer los criterios para incluir a unos y excluir a otros, así como los mecanismos para asegurar la imparcialidad, entre otros. Algunas organizaciones temen que una mesa de discusión o foro se puedan convertir en "un mecanismo tan plural, tan absolutamente diverso [...] que se convierta en pura máscara".[15] Los desencuentros entre *insiders* y *outsiders* podrían complicar aun más el escenario. El segundo problema, que remite al reflejo de la discusión en el proceso de toma de decisiones, es en sí mismo incluso más difícil. En las negociaciones del TLCAN, la RMALC reportó que, a pesar de que hubo un nivel importante de interlocución frente a las autoridades, hubo incapacidad para convertir este diálogo en una influencia real y palpable en el contenido del acuerdo (Arroyo, 2000).

Otro escenario, uno en el que las OSC se organizaran para generar opinión pública y acción colectiva, tampoco está exento de problemas. En el caso de que el EZLN resurgiera como actor en la escena política nacional, es posible la consolidación de un acercamiento entre los dos principales actores sociales que han emprendido la lucha en México en contra de la globalización: la RMALC y el EZLN. Este acercamiento potenciaría sin duda el movimiento antiglobalización y la discusión sobre el ALCA podría entrar en una nueva fase. Debemos tener en cuenta que las OSC mexicanas in-

15. Entrevista con Alberto Arroyo.

teresadas en el tema antiglobalización han construido una compleja red en la cual se alían con organizaciones, movimientos y actores que potencian su lucha, aunque no estén totalmente de acuerdo con sus posturas y con su forma de actuar, y con los cuales incluso pueden mantener sólo una alianza coyuntural. Esto explica la amplitud y heterogeneidad de esta red, en la cual están involucradas organizaciones nacionales coordinadas por la RMALC, movimientos sociales radicales y de choque, como el Comité General de Huelga de la UNAM y el F26, la ASC, legisladores federales, organizaciones antiglobalización de otros continentes y el EZLN. Dentro de este mismo escenario, el PPP podría ser el punto de encuentro que permitiera reunir a muy distintos actores y formar un frente común en contra del neoliberalismo y del ALCA.

Un tercer y último escenario contempla que el impacto de la desaceleración de la economía de Estados Unidos en la mexicana hacia finales de 2001 obligará al gobierno, a las organizaciones empresariales y a los sindicatos a buscar nuevas oportunidades comerciales y llevará a que el tema del libre comercio pase de amenaza a necesidad, desde la perspectiva de algunos grupos que se oponen. En este escenario es posible que la discusión sobre la integración comercial pueda ser mejor explotada por las ONG, si éstas logran resolver sus problemas de falta de generación de opinión pública y de acción colectiva. Sin embargo, es muy probable que ninguno de estos escenarios ocurra y que el ALCA siga siendo un asunto de escaso interés nacional hasta que resulte algo inminente en las vísperas de 2005.

5. Conclusión

Como se ha señalado, el grado de permeabilidad del gobierno mexicano hacia las propuestas de los distintos actores de la sociedad civil frente al ALCA ha sido nulo. Los primeros años de la presidencia de Vicente Fox no evidenciaron modificaciones de fondo respecto de sus predecesores priístas. Por otro lado, existe en la población en general una falta de interés real por el ALCA. Las OSC han tenido que utilizar diversos canales informales de participación que, en su mayoría, resultaron poco efectivos para influenciar la agenda gubernamental y para informar y formar a la opinión pública.

También existen una serie de problemas endógenos a las OSC que impactan negativamente sobre su capacidad de influencia. Primero, la falta de capacidad de acción colectiva. Existe un alto grado de atomización entre las OSC mexicanas. Las organizaciones en general mantienen muy poco contacto entre sí y en ocasiones incluso presentan posturas divergentes frente al libre comercio, no sólo por las distancias ideológicas, sino también por las diferencias en los estilos de negociación y cabildeo.

El problema de la formación de opinión pública es, sin duda, otro de los problemas que enfrenta la participación ciudadana. La discusión en torno del ALCA se ha quedado a nivel de las elites de ONG, sindicatos y anarquistas, y no ha logrado despertar el interés de sus propias bases. En este sentido, las OSC han mostrado una enorme lentitud para acercarse a los medios y generar opinión pública. El ALCA carece de referentes para la gran mayoría de la población mexicana y, paradójicamente, un amplio espectro de la opinión pública en México está más cerca, en términos de intereses, de Estados Unidos que del resto de América Latina.

A diferencia del ALCA, el TLCAN vincula a México con dos de los países más desarrollados del mundo. Esto ha generado en la opinión pública una serie de connotaciones que, si bien no son siempre verdaderas, hacen que una buena parte de la población perciba este acuerdo como un avance hacia el desarrollo, a diferencia de la percepción que se tiene respecto del ALCA. Las consecuencias del TLCAN en la economía nacional –por ejemplo, sobre la industria azucarera en agosto de 2000– hacen que la opinión pública siga con gran atención los conflictos y apelaciones derivadas de este acuerdo y con muy poca atención aquellas generadas por los acuerdos firmados con los países latinoamericanos.

El tercero y quizá el mayor problema que enfrentan las OSC en México es la falta de propuestas frente al ALCA. Con excepción de la RMALC, ninguna otra organización tiene un planteamiento alternativo serio frente a la postura gubernamental de negociación del acuerdo hemisférico. La estrategia de muchas OSC consiste en coaligarse con redes internacionales y tratar de "colgarse" de sus propuestas. La falta de propuestas puede ser también resultado de la indiferencia que exhiben muchas OSC mexicanas frente al ALCA.

La sociedad civil en el proceso de integración comercial: el caso chileno

Francisco Rojas Aravena y Coral Pey

Los beneficios del proceso de globalización, principalmente del comercio y las finanzas, no están asegurados de la misma forma, en la misma magnitud y con la misma rapidez, para el conjunto de los actores regionales y nacionales. En los últimos años, los sectores más vulnerables a este proceso han tenido un rol crecientemente activo en la arena internacional, demandando mayores espacios de participación en la construcción de las normas que regulan las transacciones en este mundo global. Las organizaciones de la sociedad civil (OSC) han encabezado este movimiento. De esta forma, al mismo tiempo que nociones como transparencia y fiscalización fueron ganando su espacio en la agenda internacional, la instrumentalización de mecanismos para una mayor participación de la sociedad civil se ha ido imponiendo en los procesos de carácter internacional y, especialmente, en los procesos de negociaciones comerciales. Si bien estas tendencias son aún incipientes, han ido cobrando fuerza creciente y reflejan una demanda de carácter global, es decir, no circunscrita a un país o grupo de países. Las manifestaciones desde Seattle hasta Génova y Nueva York lo han demostrado, así como también el Foro Social Mundial de Porto Alegre.

Sin embargo, luego de los atentados terroristas del 11 de septiembre de 2001 en Nueva York y Washington, las principales tendencias del sistema internacional parecen haber cambiado. Una parte significativa del debate es si este hecho deviene un elemento de tal significación como para cambiar las prioridades globales o, si más allá de las graves pérdidas humanas y materiales, constituye un evento singular. Sin detenernos en el peso de las ideas de cada uno de los participantes en este debate, lo central está dado por la definición de Estados Unidos: este país declaró estar en guerra contra el "terrorismo global", tarea que asumiría como prioritaria. Ciertamente, esta definición de política posee efectos significativos en el conjunto del sistema internacional y en el ámbito hemisférico. La idea de Estados Unidos como un país en guerra reordena su agenda, concentrando los recursos humanos y materiales a partir de este elemento organizador de su política nacional y global.

Un aspecto esencial a ser evaluado es cuál es el impacto sobre el sistema de comercio internacional y, en particular, en las negociaciones del Área de Libre Comercio de las Américas (ALCA). En este sentido, han surgido distintas visiones sobre la posibilidad de avanzar de manera efectiva en la concreción del acuerdo hemisférico. Por un lado, hay quienes creen que será muy difícil, en el actual contexto internacional y dadas las prioridades de la política estadounidense, ubicar los temas regionales en un lugar destacado de la agenda de este país. Por otro lado, hay quienes, como el secretario de Comercio de Estados Unidos, Robert Zoellick, señalan que el atentado terrorista impulsa y promueve, aún con más fuerza, la apertura comercial y la formalización de acuerdos.

Este contexto internacional se hace más complejo todavía, cuando se suma la situación latinoamericana. La renuncia del presidente argentino Fernando de la Rúa (1999-2001) a finales de 2001 y la posterior crisis económico-financiera generaron un clima de intranquilidad y de gran incertidumbre en la región. Basta recordar que además de la crisis argentina y su impacto, se destacan procesos como la creciente polarización en el sistema político venezolano, la caída en la popularidad del presidente peruano y la continuidad de la guerra en Colombia, entre otros. Todo lo anterior hace que, si bien el proceso no se detendrá, no es de esperar que se produzcan escenarios que impulsen y promuevan una negociación rápida para culminar con la meta establecida de un acuerdo comercial hemisférico en 2005. No obstante, las negociaciones comerciales continúan y los grupos técnicos siguen trabajando.

La negociación de acuerdos comerciales ha llevado a algunos países, como Chile, a incentivar mecanismos de participación para las OSC, organizaciones empresariales, sindicales, académicas y organizaciones no gubernamentales (ONG). En este marco, se ha dado particular importancia a la incorporación de las OSC en las negociaciones comerciales del ALCA. Desde el gobierno, se ha intentado así dotar de un mayor grado de legitimidad democrática y de sustento social a las decisiones que toman los gobernantes en las instancias de diálogo y de coordinación de políticas. Para las OSC involucradas, esto significa poder abrir espacios de participación ciudadana en las políticas nacionales e internacionales.

El llamado a la participación es un proceso promovido activamente desde el gobierno, situación que diferencia a Chile de los otros países latinoamericanos. En parte esto tiene que ver con la transformación política llevada a cabo por los gobiernos de la Concertación, que incluyen las presidencias de Patricio Aylwin (1990-1994), Eduardo Frei (1994-2000) y que continúa hasta la fecha con Ricardo Lagos.

Desde el punto de vista de la participación de las OSC en temas vinculados a las negociaciones comerciales internacionales y, en general, en relación con la definición de normas en el sistema internacional, se puede señalar que su influencia ha sido muy limitada. No obstante, se reconoce que la participación de estos actores es una cuestión esencial para la gobernabilidad democrática nacional y para el desarrollo de perspectivas de mayor estabilidad en el sistema global (Silva, 1993). Chile se presenta como uno de los casos más claros en América Latina, donde el gobierno parece estar decidido a impulsar la participación de la ciudadanía en las negociaciones comerciales (Alvear, 2000a). Para las autoridades este tema es estratégico en la negociación, dado que asegura un mayor respaldo social a las posiciones nacionales, buscando así generar políticas de Estado. El sello de la política apunta a promover una mayor cercanía con la gente y formas de expresión específicas en materia de política exterior. Si bien se han realizado actividades esporádicas e improvisadas entre grupos de interés e instancias de negociación, hasta el momento no existe una política oficial global capaz de ofrecer canales efectivos para la recepción de propuestas y la participación en las etapas de diseño, implementación y evaluación en el campo de las relaciones comerciales internacionales.

En este trabajo describimos la evolución histórica de las OSC chilenas y analizamos las dificultades y las formas de participación que se han abierto hacia la sociedad civil chilena en el marco del proceso de las cumbres de las Américas, haciendo especial hincapié en las negociaciones del ALCA. En el trabajo también se describe el rol que cumple el gobierno chileno en la promoción de la participación de la sociedad civil.

1. Un proceso de participación limitado

Dadas las características del proceso político chileno de la últimas décadas, el tema de la participación de las OSC en la definición de las políticas nacionales ha estado asociado, en primera instancia, a la reivindicación democrática como derecho fundamental. Luego, en la década de los 90, la atención se centró en el restablecimiento de derechos en el marco de la consolidación democrática. En estos años, se evidencia un fuerte desencanto de la ciudadanía producto de la ausencia de foros de participación, dando lugar a una situación que se ha denominado "el malestar ciudadano". A inicios del siglo XXI el nuevo gobierno intenta revertir esta situación, promoviendo una mayor participación y la realización de distintos procesos de consulta.

El concepto de sociedad civil es amplio, abierto y recoge la diversidad propia de la sociedad (Varas, 1998). La sociedad civil es, junto con el Estado y el mercado, uno de los tres polos en torno de los cuales es posible analizar el conjunto de las relaciones sociales. Ésta se organiza a través de las más diversas instituciones, que aglutinan en su seno una amplia variedad de intereses y de formas de expresión (Correa y Noé, 1998). Encontramos, entre ellas, desde actores sociales con un gran peso dada su incidencia económica, como las organizaciones empresariales, hasta instituciones más débiles y que focalizan su accionar en la reivindicación de derechos puntuales o particulares a nivel micro.

Retomando el proceso sociopolítico, cabe señalar que Chile ha experimentado profundas transformaciones en los últimos cuarenta años (Milet, 2001). Entre 1960 y 1973, el país atravesó un período de gran agitación y convulsión política, ligado esencialmente a la reivindicación de derechos ciudadanos básicos y, en algunos casos, incluso del respeto a los derechos humanos: el derecho a la vida, a la justicia, la libertad y el libre desplazamiento, entre otros. En 1973, un golpe de Estado quebró el orden político y social generado a lo largo de cincuenta años e inhibió la participación de la sociedad civil al eliminar el sistema democrático de gobierno. Se proscribió toda actividad política y social y esto obligó a desarrollar nuevas formas de organización. En la medida en que los canales para plantear reivindicaciones y demandar derechos ciudadanos habían sido bloqueados, surgieron nuevas formas de incidencia en las políticas públicas, en especial para las asociaciones empresariales. En estos años, las ONG también crecieron en número e importancia. Los sectores más desfavorecidos se organizaron y adquirieron, a lo largo de la década del 80, un perfil eminentemente contestatario, situación que cambiaría con el advenimiento de la democracia.

En términos de la capacidad de incidencia, del acceso a la información y a las decisiones, las OSC muestran altos grados de diferenciación y asimetría. Así, a lo largo de más de dos décadas, las organizaciones empresariales y, dentro de éstas, la Confederación de la Producción y el Comercio (CPC), han tenido un acceso privilegiado a las instancias decisorias y han participado en la definición de políticas sustantivas respecto de la inserción internacional del país. Sin duda, esta asociación empresarial fue el actor más influyente en la política de apertura unilateral y en otras decisiones que el gobierno militar adoptó a partir de 1985, año en que asume Hernán Büchi como ministro de Hacienda.

Bajo los gobiernos democráticos que le sucedieron, los sectores empresariales han mantenido un acceso privilegiado, dada la fuerte orientación exportadora del modelo de desarrollo económico. En efecto, en el marco de la redefinición de la reinserción internacional del país, los empresarios fueron consultados y participaron activamente en cada uno de los acuerdos de complementación económica y de libre comercio que Chile suscribió prácticamente con todos los países latinoamericanos.

Con el retorno a la democracia, se generó una expectativa de mayor participación y se reactivaron distintas formas de organización y movilización social, tal como lo muestra la experiencia del sindicalismo. Durante el período militar, las organizaciones sindicales sufrieron todo tipo de prohibiciones legales que limitaron su accionar y redujeron brutalmente el nivel de afiliación. Si bien el grado de sindicalización pareció incrementarse entre 1990-1992, con el retorno de la democracia, decayó de manera constante y nunca más recuperaría el peso sustancial que había tenido en la política nacional en la década de los 60 y principios de los 70. Aún hoy, a inicios del siglo XXI, las reivindicaciones básicas de este actor giran en torno a una mayor libertad sindical, el respeto de los fueros y la eliminación de prácticas antisindicales. Sin embargo, los cambios económicos, las incertidumbres de la globalización y el peso de una cultura fuertemente individualista, sumados a las dificultades para la generación y el mantenimiento del pleno empleo, nos indican que, a futuro, este actor social continuará perdiendo peso y significación política en el conjunto de las OSC (De la Maza, 1999).

Históricamente, las ONG se han dividido en asistencialistas o humanitarias, por un lado, y las llamadas ONG de desarrollo, por otro. Sin embargo, las diferencias entre las primeras y las segundas se han ido acortando, en la medida en que las ONG asistencialistas han comenzado a plantearse temas de desarrollo. Como muestra de esto, cabe señalar que desde hace ya unos años se utiliza el término "ONG" para referirse a ambos tipos de organización. En el cuadro 8.1 se contrasta la condición inicial y la evolución que estas organizaciones han seguido en la sociedad chilena.

En la década de los 80, las ONG chilenas jugaron un papel muy activo en distintas áreas: en la construcción de iniciativas para enfrentar la pobreza y desarrollar estrategias de supervivencia; en el apoyo al proceso de transición a la democracia, proveyendo un espacio y un medio para el desarrollo del pensamiento independiente y ayudando así a evitar el éxodo de un importante grupo de intelectuales y profesionales. Durante el primer gobierno democrático, estas mismas organizaciones jugarán un papel importante en el diseño de políticas.

Sin embargo, en los años 90 las perspectivas fueron más difusas ante la falta de identidad y los obstáculos para fijar objetivos y una metodología acorde a los nuevos desafíos. Básicamente, las ONG han tenido grandes dificultades para inser-

Cuadro 8.1
Clasificación de las ONG chilenas

	ONG *asistencialistas o humanitarias*	ONG *de desarrollo*
Fecha de aparición	Surgen en 1950, bajo el alero de la Iglesia Católica.	Se establecen en 1980, bajo el alero de organismos internacionales o de las Iglesias –católica, metodista, evangélica, entre otras–.
Misión	Lograr el bien común, sin incorporar a los sujetos de cambio.	Promover el liderazgo para un cambio social y cultural, en el marco de una agenda de responsabilidad social.
Administración	A menudo no cuentan con un *staff* profesional.	Cuentan con un precario equipo de gestión permanente.
Temas	Salud, educación, adultez mayor, entre otros.	Defensa de derechos humanos, apoyo a organizaciones populares, culturales, rurales y trabajadores autogestionados.
Status legal	Las organizaciones afiliadas a la Iglesia Católica no necesitan reconocimiento jurídico por parte del Estado.	No existe un status jurídico para las ONG. Se adoptan entonces figuras diversas y supervisadas por el Estado: organización comunitaria, asociación gremial, corporación o fundación. También pueden constituirse como sociedades de responsabilidad limitada, supervisadas por actores privados. El tema del "vacío legal" de las ONG está siendo discutido a nivel gubernamental.

Fuente: Elaboración propia.

tarse en el nuevo escenario de la transición democrática. A esto se agrega la reducción de fondos y el redireccionamiento de la cooperación internacional hacia programas estatales, generando luego un desplazamiento de personas vinculadas a estas organizaciones hacia la función pública. Si bien no hay datos precisos sobre la cantidad de ONG que existen en Chile, en 1994 se estimó que el total de organizaciones llegaba a 567 entidades, de las cuales un tercio eran ONG de desarrollo (Programa de las Naciones Unidas para el Desarrollo, 2000). Un análisis sobre el capital social chileno señala que hay 83.386 organizaciones registradas, a razón de cincuenta y seis asociaciones por cada 10 mil habitantes.

Así, en la actualidad las ONG chilenas se ven enfrentadas a dos opciones, no del todo definidas, dada su polaridad. Por un lado, pueden asumir un discurso contestatario y continuar desarrollando líneas de acción similares a las implementadas durante el régimen militar. Es decir, retomar los temas de la construcción democrática y reposicionar cuestiones en el ámbito global. Por otro lado, pueden constituirse como entidades auxiliares del Estado, decisión que influye tanto en la fuente y en el destino del financiamiento como en las membresías políticas de los actores. Lo que está en juego entonces es la autonomía y la eficacia, aspectos que muchas veces se plantean como antagónicos: la primera opción supone el reemplazo de lo político por una suerte de decálogo de principios; mientras que en la segunda, la dependencia respecto del Estado dificulta el rol crítico, interpelador y eficaz de estas organizaciones. En tal sentido, la relación entre gobierno y sociedad civil y la necesaria articulación entre diálogo y autonomía, han cruzado las agendas de las OSC y se mantiene aún como una asignatura pendiente.

2. De la apertura autoritaria a la apertura con participación

La política económica en general, así como la estrategia de apertura, han sido dos marcas de continuidad del sistema chileno entre el régimen militar y el nuevo sistema democrático. En la década del 90, la apertura fue acompañada por la suscripción de acuerdos de libre comercio en la región latinoamericana, con Estados Unidos y la Unión Europea (UE), entre otros. Desde la lógica oficial, dado el alto nivel de apertura externa de la economía chilena, estos acuerdos constituyen un mecanismo de protección frente a las fluctuaciones en el sistema económico internacional, al evitar el cierre unilateral de mercados.

Sin embargo, voces provenientes de las OSC involucradas en estos procesos señalan que los tratados de libre comercio han promovido la inversión extranjera en sectores básicos de la economía, reforzando así el patrón exportador y profundizando la vulnerabilidad de la economía chilena ante las crisis internacionales. Además, han sido un factor decisivo en los procesos de privatización, al incorporar la gestión privada en áreas económicas estratégicas. Como tal, son parte de una discusión política que está en el centro del debate nacional y que plantea la necesidad de establecer regulaciones claras frente al mercado o bien de crear nuevas reglas internacionales, basadas en los principios de la Organización Mundial del Comercio (OMC).

El programa presidencial del tercer gobierno de la Concertación, liderado por el presidente Ricardo Lagos, promueve una profundización de la inserción internacional del país a través de lo que se denominó "Chile en sintonía con el mundo", donde se destaca que el país debe aprovechar las oportunidades que ofrece la globalización y contribuir al desarrollo de la sociedad civil internacional. En este sentido, una de las metas significativas del gobierno es que Chile participe en la construcción de la nueva arquitectura global, de manera articulada con otros países de la región y fuera de ella, que compartan esta misma visión. En este marco, el compromiso con la equidad aparece como una cuestión central, como un desafío moral y ético, además de económico. La profundización de la inserción de Chile en la economía global acentúa especialmente los vínculos con el Mercado Común del Sur (Mercosur) y con el ALCA, sobre la base del regionalismo abierto (Concertación de Partidos por la Democracia, 1999).

Entre los objetivos de gobierno planteados para 2002 se destacan la conclusión del borrador del tratado de libre comercio (TLC) con la UE, a ser definido en el transcurso de la Cumbre Birregional, y la finalización de las rondas de negociación comercial con Estados Unidos a fin de suscribir un acuerdo con este país. De esta manera, Chile quedará protegido ante cierres de mercado unilaterales en dos de los principales destinos de sus exportaciones. Si bien ambos procesos conllevan algún tipo de participación y consulta a la sociedad civil, no se han establecido mecanismos de vinculación ni coordinación entre ellos, tanto desde la perspectiva gubernamental como desde las OSC. La promoción de la participación por parte del gobierno de la Concertación busca dar sustento al proceso de apertura y legitimar su accionar, fundándolo en un consenso de política de Estado.

El ALCA se encuentra inmerso en el proceso de las cumbres de las Américas, que se viene desarrollando desde 1994 e incluso desde antes, cuando en 1991 el entonces presidente George Bush (1989-1993) propuso al resto del continente, a excepción de Cuba, la denominada "Iniciativa para las Américas".

Entre los diversos temas de la agenda, la I Cumbre de las Américas (Miami, 1994) (ver "Cronograma" en Anexos) destacó la importancia de la participación de la sociedad civil, aunque no se explicitaron los mecanismos concretos a adoptar. Como parte del proceso previo a la discusión de la Declaración y del Plan de Acción que surgirían de este encuentro, el gobierno de Estados Unidos fue el único que desarrolló un proceso de consulta con algunas OSC.

La II Cumbre de las Américas (Santiago de Chile, 1998) (ver "Cronograma" en Anexos) fue precedida por la realización de diferentes consultas en varios de los treinta y cuatro países que participarían de la misma. El hecho de que Chile fuera el país anfitrión puede haber facilitado un incremento en la participación de las OSC. Entre las distintas iniciativas que se desarrollaron en torno de esta segunda reunión presidencial, se destacan dos. La primera, por el lado de los llamados *insiders* (ver Korzeniewicz *et al.* en este volumen), fue encabezada por Corporación PARTICIPA, una ONG chilena. La segunda, por el lado de los *outsiders,* implicó la realización de la I Cumbre de los Pueblos (ver "Cronograma" en Anexos). Mientras que esta cumbre, convocada por la Alianza Social Continental (ASC), contó con la masiva presencia de más de mil delegados de organizaciones de todos los países de la región, la iniciativa encabezada por Corporación PARTICIPA congregó a autoridades oficiales, a representantes de ONG y a sectores académicos de diferentes países de las Américas.

Corporación PARTICIPA es una organización ciudadana surgida durante el régimen militar y en oposición a éste. Durante la transición democrática tuvo un papel fundamental, organizando y movilizando a la ciudadanía a favor de la apertura democrática. Asegurada la democracia, PARTICIPA redefine su estrategia promoviendo nuevas agendas y el desarrollo de alianzas internacionales. A partir de entonces cumple un importante papel en la sistematización de los procesos de consulta a las OSC en el marco del proceso de las cumbres de las Américas. Convocada por el Ministerio de Planeamiento, fue la encargada de coordinar el proceso de consultas con la sociedad civil en Chile, el cual contó con financiamiento del propio gobierno chileno, de la Organización de los Estados Americanos (OEA), del Banco Interamericano de Desarrollo (BID) y del gobierno canadiense. Durante el segundo semestre de 1997, PARTICIPA convocó a las OSC a dos reuniones, de las cuales participaron alrededor de ciento veinte organizaciones.

Del lado de las *outsiders*, la ASC organizó la I Cumbre de los Pueblos, desarrollada en forma paralela a la cumbre oficial. El capítulo chileno de la ASC estuvo representado en ese momento por la Red Chile de Acción por una Iniciativa de los Pueblos (Rechip), que funcionó entre 1991 y 1999. La Rechip, junto con otras organizaciones chilenas y OSC y redes de Estados Unidos y Canadá, desempeñó un papel importante a mediados de los 90 cuando comenzó a discutirse la posible expansión del Tratado de Libre Comercio de América del Norte (TLCAN) a Chile. Esta actuación le permitió adquirir experiencia/pericia tanto en el tema como en estrategias de participación.

La iniciativa de convocar a la Cumbre de los Pueblos como un foro paralelo había surgido en el marco de la III Reunión Ministerial de Belo Horizonte (mayo de 1997) (ver "Cronograma" en Anexos). De manera paralela a esta reunión, un gran número de representantes sindicales y sociales se reunieron a partir de la convocatoria de la Organización Regional Interamericana de Trabajadores (ORIT) en el Foro Nossa América. Allí se comprometieron a promover la construcción de una ASC y a elaborar una estrategia común, con el objetivo de oponerse a la lógica neoliberal que se imponía, a su entender, sobre el continente a través del ALCA.

En la I Cumbre de los Pueblos participaron alrededor de dos mil representantes de OSC de todo el continente, con una gran presencia de organizaciones de Chile. Esta cumbre fue un hito en lo que a citas internacionales se refiere, no sólo por su carácter masivo, sino también por la construcción de un sujeto internacional e intersectorial, a cargo de la organización, realización y posterior seguimiento del encuentro. Además, tuvo una importante repercusión en los medios de comunicación. Otro elemento a destacar es la elaboración del documento "Alternativas para las Américas", estructurado sobre la base de capítulos y donde han participado especialistas en temas relevantes en las negociaciones del ALCA, en su calidad de miembros de distintas organizaciones, sectores y países del continente. De todas maneras, a pesar de estos importantes logros, la ASC ha debido enfrentar problemas de desarrollo, especialmente en lo que hace a la construcción de una agenda clara de prioridades y de intervención real.

En Chile, las diferentes visiones existentes en el interior de la Rechip, en términos de estrategias a implementar, condujeron a su división. La Alianza Chilena por un Comercio Justo y Responsable (ACJR) nació a partir de organizaciones y personas vinculadas a la Rechip, como un intento de superación de las falencias de su antecesora. Está integrada por distintas organizaciones, entre las que se encuentran el Instituto de Ecología Política (IEP), Consumers International, Corporación Nacional de Consumidores y Usuarios, la Liga de Consumidores Conscientes, la Organización de Consumidores y Usuarios de Chile, la Red Latinoamericana de Mujeres Transformando la Economía-Capítulo Chile, la Red Internacional de Género y Comercio, la Red Nacional de Género y Comercio, la Plataforma Continental de Derechos Humanos-Capítulo Chile, la Asociación de Peruanos por la Integración de Latinoamérica (APILA) y Corporación Ayún, entre otras. Desde su fundación ha planteado la construcción de alianzas amplias, una activa relación con organizaciones internacionales, así como la necesidad de influir en las políticas públicas sobre la base de una relación permanente con las instancias oficiales, particularmente con la Dirección General de Relaciones Económicas Internacionales (Direcon) dentro del ámbito de la Cancillería. Con el tiempo, la ACJR se convirtió en el Capítulo Chile de la ASC.

La ACJR se encuentra abocada a temas vinculados con el comercio justo y el desarrollo frente a los impactos de las políticas y los procesos de libre comercio, impulsados por Chile desde el comienzo de la apertura comercial en los años 80. Una línea importante en su quehacer es el monitoreo y seguimiento de las negociaciones y de la campaña de participación ciudadana en estos procesos, junto con la "investigación para la incidencia", que consiste en una serie de estudios participativos realizados por expertos en globalización y comercio. A fin de implementar esta línea de intervención, ha venido impulsando la Campaña de Creación del Foro Social de Integración, en tanto mecanismo de diálogo, incidencia y fiscalización de las negociaciones comerciales. La ACJR ha logrado desarrollar capital social, superando la tradicional fragmentación entre las ONG y otras organizaciones sociales, como los sindicatos. Por otra parte, ha sido reconocida como interlocutora por las instancias oficiales. En este sentido, y siguiendo las definiciones de *insiders* y *outsiders*, la ACJR utiliza ambas estrategias, superando la dicotomía existente a nivel nacional y global. Otro aspecto interesante es su composición: está conformada por investigadores académicos, activistas y educadores populares, sectores que en Chile usualmente marchan por carriles distintos.

De cara a la III Cumbre de las Américas (Quebec, 2001) (ver "Cronograma" en Anexos) y a los procesos de debate de los resultados de los Grupos de Negociación (GN) del ALCA, las OSC organizaron una serie de iniciativas a fin de incidir en el proceso. Cabe destacar que Canadá, como país anfitrión, prestó especial atención a la participación de la sociedad civil (Corporación PARTICIPA, 1999a) y contribuyó de manera significativa a la realización de consultas con estas organizaciones, consultas que han estado a cargo de Corporación PARTICIPA.

En este proceso, la ONG chilena fue responsable de dos iniciativas. Una primera estrategia –"Avance en la implementación del tema fortalecimiento de la sociedad civil"– consistió en promover y/o profundizar el diálogo entre el gobierno y la sociedad civil, para fomentar la concreción de acciones gubernamentales que promovieran el desarrollo de la sociedad civil, tales como la formulación o puesta en marcha de políticas que apoyen al sector, la existencia de fondos concursables, programas de fortalecimiento de las OSC, entre otras. Este proyecto fue desarrollado en la Argentina, Colombia, Chile y Perú, con financiamiento de la Fundación Ford, la OEA, el BID, en tanto el aporte de la Agence Canadien de Développement Internationelle permitió que también se implementara en Paraguay y Uruguay. En cada uno de estos países, una ONG local se constituía como contrapartida de PARTICIPA y era la encargada de la realización de las consultas a nivel nacional (ver Guiñazú, en este volumen).

La segunda estrategia –"Proceso de participación ciudadana para la Cumbre de Canadá"– consistió en una serie de encuentros lo más amplios posibles, donde la ciudadanía formuló recomendaciones y propuestas hacia los gobiernos en relación con temas que pudiesen ser incluidos en la agenda de la Cumbre de Quebec.[1] Esta iniciativa, que se dio en el marco de la alianza formada entre Corporación PARTICIPA, Fundación Grupo Esquel (Estados Unidos) y Fundación Canadiense para las Américas (Canadá), articuló a organizaciones de prácticamente todos los países de América y sistematizó las propuestas que emanaron de ellas, con el objetivo de fortalecer el proceso de las cumbres de las Américas y el rol de la sociedad civil. Los

---

1. Corporación PARTICIPA solicitó la colaboración y el asesoramiento de la ACJR, para incluir el tema del ALCA en el seguimiento del proceso de las cumbres de las Américas.

resultados de la consulta hemisférica, que contó con el financiamiento de la Fundación Ford, la OEA y el BID, fueron presentados en una reunión realizada en Miami en enero de 2001. A su vez, representantes de estas tres organizaciones estuvieron presentes en el encuentro con OSC, organizado por el gobierno canadiense en el marco de la III Cumbre de las Américas. De esta manera, pudieron presentar a los representantes de los gobiernos las propuestas surgidas a través de las consultas. Por primera vez, la agenda oficial de la Cumbre Presidencial incluía un encuentro con representantes de la sociedad civil.

En Chile, se presenta una situación particular ya que, a diferencia de otros países, existe un contacto fluido entre organizaciones *insiders* y *outsiders*. Como ejemplo, vale mencionar la iniciativa conjunta de Corporación PARTICIPA y la ACJR, que trabajaron en la instrumentación de una página electrónica con información sobre el proceso y donde también se recogían propuestas para ser presentadas al gobierno chileno. Adicionalmente, PARTICIPA se ha relacionado con el gobierno de Chile en un marco más general, tendiente a promover la participación ciudadana. En esta tarea, se ha vinculado con el Ministerio de Planeamiento, la Secretaría General de Gobierno, la Secretaría de Recursos Naturales y Medio Ambiente y otras entidades nacionales (Sanhueza, 2000).

Por su parte, la ACJR realizó la consulta ciudadana "De la Cumbre de Santiago a la Cumbre de Quebec", para evaluar los cumplimientos del Plan de Acción de Santiago en las áreas de educación, democracia y derechos humanos, versus el avance del libre comercio y la integración. Esta consulta contó con la participación del entonces coordinador del proceso de las cumbres de las Américas por parte de la Cancillería, el embajador Alberto van Klaveren. A fin de fomentar la participación intersectorial en la convocatoria, la ACJR diseñó una metodología de trabajo coordinado con entidades sindicales, organizaciones sociales, ONG de desarrollo y centros académicos; además de organizaciones de mujeres, medio ambiente y recursos naturales. Asimismo, y en tanto es miembro de la ASC, participó de la organización y del debate que se dio en la II Cumbre de los Pueblos (Quebec, 2001) (ver "Cronograma" en Anexos). En este mismo sentido, la ACJR ha venido desarrollando distintas actividades, que incluyen el "Seminario ALCA y ciudadanía: participación de la sociedad civil en los procesos de negociaciones comerciales", realizado junto con la Cancillería. Esta actividad permitió que por primera vez en Chile el equipo negociador del ALCA informara sobre los alcances de las negociaciones a casi un centenar de personas. Los resultados de esta experiencia fueron parte de una publicación conjunta con la Facultad Latinoamericana de Ciencias Sociales (FLACSO)-Chile.

3. La participación en la agenda comercial: sus particularidades

Sin duda, Chile es un caso diferencial respecto del universo latinoamericano en términos del diálogo gobierno-sociedad civil y de la vinculación entre las mismas organizaciones. El rol del gobierno ha sido fundamental en la articulación de esta dinámica de interacción, en especial en lo que se refiere a las negociaciones comerciales. También ha promovido la madurez y la experiencia de las OSC en todo lo relacionado con el control ciudadano y la transparencia. Esta política activa tuvo su origen durante las negociaciones del TLC entre Chile y Canadá, donde ya se evidenciaron mecanismos de fiscalización por parte de la ciudadanía en distintas cuestiones. Desde la perspectiva gubernamental, uno de los principales objetivos es

> ...escuchar una diversidad y pluralidad de visiones e intereses, más allá de la representatividad de cada grupo. La naturaleza de estos mecanismos de interlocución debe adecuarse a las actividades específicas de los distintos organismos del Estado.[2]

Si bien las consultas con la sociedad civil organizada se desarrollaron durante toda la década del 90, será la administración del presidente Ricardo Lagos la encargada de dar, en 2000, instrucciones explícitas en este sentido. Se dispuso entonces la creación de canales de diálogo y de participación, especialmente a través de la Direcon, órgano a cargo de la coordinación de las negociaciones comerciales. A través de esta dirección, el gobierno chileno ha estrechado los vínculos con el Departamento de Relaciones Exteriores y Comercio Internacional de Canadá y, dentro de éste, con la oficina de vinculación con las OSC. Como parte de este intercambio, se han desarrollado seminarios conjuntos que han permitido profundizar sobre la experiencia canadiense, país pionero en el involucramiento de la sociedad civil en la negociación de temas comerciales. Así, por ejemplo la página de internet de la Direcon presenta un diseño similar a la de su par canadiense y brinda información actualizada sobre el estado de las negociaciones, la apertura de procesos de consulta y otros temas relacionados.

El principal trabajo de esta dirección se ha centrado en el sector empresarial, pero no de manera exclusiva. Los actores empresariales ligados a la exportación, liderados por la CPC, han tenido una buena recepción al plantear la necesidad de expandir el comercio como un indicador de crecimiento y de una "economía sana". Si bien los empresarios apoyan los acuerdos de liberalización comercial, sus intereses son diferentes en función del tratado específico que se promueva. Así, los sectores agrícolas, por ejemplo, abogan por un mayor proteccionismo tanto en lo regional –Mercosur– como en la relación con Estados Unidos y la UE (Milet, 1996). En cuanto a la sociedad civil organizada, su participación se ve dificultada por la creciente especialización de los temas negociados, comprobándose así la tesis que plantea que a mayor complejidad técnica, menor grado de participación de los actores no empresariales (Frohmann, 2000). Acá se observa un corte entre las distintas organizaciones: mientras que las grandes empresas disponen de equipos técnicos con fuertes conocimientos y una importante capacidad de incidencia, los sindicatos o las ONG carecen de estos recursos. Este patrón de participación diferencial explica la fuerte demanda de la sociedad civil en pos de una mayor transparencia y de la democratización del proceso. En este sentido, resulta esencial generar mecanismos específicos que aseguren la equidad en la información.

Más allá de las dificultades, ciertos sectores de la sociedad civil sí se han manifestado en el caso del ALCA, exponiendo sus visiones críticas a la forma en que se han

---

2. "Iniciativas para el diálogo con la sociedad civil en las negociaciones comerciales internacionales", presentación de Chile ante el Comité de Representantes Gubernamentales sobre la Participación de la Sociedad Civil (CRG) (www.direcon.cl/frame/sociedad_civil/f_sociedad_civil.html).

desarrollado las negociaciones. En muchos casos, se cuestiona el rol de la Cancillería y su criterio "mercadista", que ha llevado a priorizar el tema financiero y la liberalización de inversiones, por encima de la integración y los aspectos sociales. Esto se reflejaría en distintos elementos: en la poca discriminación para definir los países que serían socios comerciales, en el rechazo a la inclusión de cláusulas sociales y ambientales, así como en la exigencia de regirse únicamente por las leyes nacionales y no por los derechos internacionalmente reconocidos. De todas maneras, y a pesar de las críticas, algunas organizaciones han establecido un diálogo con el gobierno. Entre ellas, cabe mencionar la Central Única de Trabajadores, la Agrupación Nacional de Empleados Fiscales y el Movimiento Sindical por los Cambios.

Las ONG medioambientalistas, sobre todo las de actuación internacional o con una fuerte inserción en redes internacionales, han logrado incidir dado que se han focalizado en exigencias y demandas concretas, como por ejemplo el derecho a la información. Tal es el caso de la Fundación Terram, organización que, junto con la ACJR, presentó una propuesta para la creación de un mecanismo formal y concreto para las negociaciones de un TLC entre Chile y Estados Unidos. La ACJR ha coordinado organizaciones de distinto carácter en tareas de investigación, difusión, capacitación y también en el área de incidencia desde hace un par de años. Estas redes actúan tanto en el plano nacional e internacional, entendiendo la acción en este último como una manera de colaborar con la elaboración de instrumentos y propuestas nacionales. En este sentido, impulsan estrategias de trabajo simultáneas. Por un lado, promueven la democratización de las negociaciones, esto es, la búsqueda de un diálogo con el gobierno a fin de que se incluyan los intereses de los sectores sociales y los temas hasta ahora excluidos. Por otro lado, una segunda línea de trabajo consiste en la elaboración de propuestas en torno de las regulaciones y los derechos ciudadanos, como parte de la construcción de alternativas ciudadanas al proceso actual de apertura indiscriminada y sin condiciones.

Una línea crítica más radical, pero sin la amplitud, masividad ni diversidad de las anteriores, se manifestó en el marco de las reuniones de los organismos internacionales durante 2001, tal como se dio en ocasión de la reunión del BID realizada en Santiago de Chile en marzo de ese mismo año. Estas movilizaciones tuvieron un rasgo partidario, marcado por el Partido Comunista, y dieron lugar a la creación de la Coordinadora Anticapitalista, red que se manifestó "contra la globalización, los empresarios y el gobierno de Lagos", pero que no formuló propuestas concretas. Sin embargo, contaron con una fuerte cobertura de prensa, mucho mayor incluso que la que se dio a los foros e iniciativas semioficiales frente al BID y de los cuales participaron diversos actores nacionales e internacionales.

En términos de las vinculaciones en el interior de la sociedad civil, cabe señalar que no se registran acercamientos entre algunas de las organizaciones calificadas como *insiders* y *outsiders*, es decir, entre organizaciones como Corporación PARTICIPA y la Coordinadora Anticapitalista: mientras que PARTICIPA no se ha involucrado en las movilizaciones convocadas por esta última, los integrantes de la llamada "Coordinadora" tampoco han utilizado los espacios abiertos por la Direcon, ni han dialogado con el equipo negociador en los encuentros organizados a tal fin.

Son varios los actores que se han mantenido al margen del proceso de debate. Entre éstos, se destaca la ausencia del Parlamento. En efecto, si bien los parlamentarios han desarrollado algunas acciones en este campo, no han tenido una participación activa ni han presentado un diseño específico en esta materia. Tampoco han establecido un vínculo con la sociedad civil en temas comerciales. Otros sectores prácticamente ausentes son las universidades, los colegios profesionales y las asociaciones de consumidores –exceptuando la organización Consumers International, miembro de la ACJR–.

A nivel hemisférico, se han planteado diversas iniciativas con el objetivo de promover la participación de la sociedad civil. En éstas, el gobierno chileno ha cumplido un importante papel, que se tradujo en invitaciones para el debate público, una mayor difusión de la información sobre el ALCA y la promoción de distintos seminarios. Evidentemente, una de las propuestas más significativas y que constituyó una importante transformación fue la participación de las OSC chilenas en el CRG. En esa ocasión, el gobierno difundió a través de los medios de prensa una invitación a enviar recomendaciones por medio de dos convocatorias, que se realizaron en 1999 y en 2000. También ha promovido la realización de seminarios y encuentros. Como consecuencia de estas distintas acciones, se ha producido un importante incremento en las propuestas enviadas al CRG. Pese al reducido margen de incidencia que estas convocatorias han tenido en el proceso general, la ACJR y Corporación PARTICIPA desarrollaron una línea de intervención basada en la promoción de la participación ciudadana a través del envío de ponencias al CRG.

En la primera convocatoria realizada en 1999, se recibieron setenta propuestas, de las cuales sólo tres pertenecían a organizaciones chilenas. La primera de éstas correspondía a la Rechip, organización que participó en la elaboración de recomendaciones junto con Common Frontiers, Réseau Québécois sur l'Intégration Continentale (RQIC, Canadá) y Alliance for Responsible Trade (ART, Estados Unidos). En segundo lugar, FLACSO-Chile presentó las conclusiones de dos seminarios académicos realizados en el marco de la Cumbre de Santiago, juntamente con Latin American and Caribbean Center (LACC) de Florida International University (Rojas Aravena, 1998). Finalmente, el Centro de Investigación y Planificación del Medio Ambiente (CIPMA) formó parte de un grupo de trabajo que incluía representantes de OSC pertenecientes a otros trece países y, que envió recomendaciones sobre temas vinculados al comercio y al medio ambiente.[3]

En el marco de la segunda convocatoria, la Direcon tuvo un rol activo y promovió distintas actividades. Entre los seminarios impulsados por ésta, cabe señalar el encuentro sobre "ALCA y ciudadanía" realizado en conjunto con la ACJR. Esta iniciativa marca un precedente a nivel regional: por primera vez en América Latina los negociadores informaban sobre el grado de avance en seis de los nueve GN y participaban en un debate público sobre las implicancias de las tratativas en temas como inversiones, servicios, agricultura, compras públicas, acceso a mercados, pequeñas economías y participación de la sociedad civil. También se entregaron documentos escritos sobre el proceso, que fueron difundidos por la ACJR y analizados a nivel nacional e internacional. Una vez finalizado el seminario, esta misma organización elaboró un documento donde se resumen las exposiciones de los negociadores y los comentaristas y donde se presenta una matriz con las posiciones de ambos actores y las recomendaciones sugeridas.[4] Esta publicación fue distribuida por el gobierno

---

3. Véase www.sice.oas.org/FTAA/toronto/csoc_sub.asp (sitio visitado el 15 de enero de 2002).

4. Este informe se encuentra disponible en el sitio web de la ACJR (www.comerciojusto.terra.cl).

chileno a los representantes gubernamentales vinculados a la participación de la sociedad civil en el proceso de las cumbres de las Américas (Lara y Pey, 2000).

En esta segunda convocatoria, el CRG recibió setenta y cinco propuestas, veinticuatro de las cuales provenían de Chile, es decir que alrededor de 31 por ciento del total de las recomendaciones eran de origen chileno. Esto representó un incremento de casi 27 por ciento en un plazo de aproximadamente dos años. De esta forma, en función del número de recomendaciones, Chile se acercaba más a Estados Unidos, al tiempo que aumentaba la brecha con sus pares latinoamericanos: Brasil presentó ocho recomendaciones, México y Argentina, sólo dos cada uno. El cuadro 8.2 presenta las recomendaciones propuestas en cada una de estas convocatorias y da cuenta del incremento en las mismas.

Del análisis de las recomendaciones enviadas al CRG, surgen las siguientes tendencias:

1) Es notoria la ausencia de sectores empresariales, representantes de partidos políticos y parlamentarios.
2) En el trabajo de seguimiento es fundamental el papel de las redes, sea en términos de participación de las OSC, tal como la ACJR, o en la articulación entre estas organizaciones y actores académicos, que se da por ejemplo entre la ACJR, Corporación PARTICIPA y FLACSO-Chile. En este sentido, se percibe una mayor participación por parte de aquellas OSC articuladas en redes y, dentro de ellas, de sectores ambientalistas.
3) Existe una visión crítica respecto de las negociaciones en cuanto a su carácter secreto y a las posibles implicancias que éstas tendrían sobre las economías, el medio ambiente, la educación, la agricultura y la propiedad intelectual en los países miembros.
4) El tema que aparece de manera más recurrente es el de la necesidad de generar mecanismos de participación efectiva para la sociedad civil en el proceso del ALCA y en las respectivas negociaciones.

Si bien crece la convicción acerca de la necesidad de influir en la agenda pública, el contenido de los discursos de las OSC se ha focalizado principalmente en:

1. Una crítica al modelo de desarrollo y a los impactos que éste ha producido en la canasta exportadora, a partir de un enfoque fundamentalmente nacional.
2. La progresiva decisión de intervenir en la agenda oficial del proceso del ALCA, elevando propuestas relacionadas al derecho a la información y la participación, que el mismo proceso de liberalización comercial y los planes de acción contemplan. La ACJR ha impulsado la campaña por la "democratización de las negociaciones" y la creación del Foro Social de Integración. En la práctica, esto ha significado una progresiva superación de las visiones de "resistencia" u "oposición", como contrapuestas a la "institucionalización de la participación ciudadana". Así, el movimiento internacional frente al libre comercio, del cual las redes ciudadanas hemisféricas que trabajan este tema son parte, propone una estrategia de crítica y oposición, exigiendo al mismo tiempo información y participación en las negociaciones. El objetivo de esta estrategia es incorporar en los procesos de integración otras dimensiones esenciales al desarrollo sustentable.

3. Una mayor comprensión de la necesidad de articular las distintas instancias, redes y organizaciones que trabajan temas colaterales, como se da en el proceso de las cumbres de las Américas y los planes de acción resultantes.

Así como se ha dado un creciente interés y participación de las OSC en el CRG, a diferencia de lo que sucede en otros casos latinoamericanos, la presencia chilena en las reuniones del Foro Empresarial de las Américas no ha sido muy significativa. Esto contrasta notablemente con los casos de la Argentina, Brasil y México, donde las organizaciones empresariales sí han tenido una importante presencia (ver Guiñazú; Botelho; Natal *et al.* en este volumen).

Desde el gobierno, se ha evidenciado una preocupación por abrir algunos espacios de participación, especialmente, de información sobre el proceso de negociación nacional del ALCA. Desde la Cancillería se ha generado una mayor apertura, al aceptar la necesidad de establecer instancias de diálogo con la sociedad civil, sea que fuera convocada por la Direcon o por las mismas OSC. En estas instancias, los funcionarios se han visto impelidos a entregar información sobre las agendas y el alcance de las negociaciones. Por medio de esta dirección, el gobierno ha respondido a la demanda de hacer público el borrador del ALCA, tema central en la campaña de la ASC y sus capítulos nacionales. Como resultado de este proceso de aprendizaje, el acercamiento del gobierno a la sociedad civil no se agota en la actualidad en el proceso de las negociaciones hemisféricas, sino que se ha extendido a otros acuerdos comerciales. De hecho, el proceso de negociación del TLC entre Chile y Estados Unidos, que comenzó hacia finales de 2000, también ha incluido un fluido contacto con la sociedad civil organizada, tanto en Chile como en su socio del norte.

4. A manera de conclusión

La agenda del libre comercio ha seguido su curso a pesar de este esfuerzo de movilización de la sociedad. ¿Qué han significado, entonces, estas movilizaciones?

Por un lado, pueden ser vistas como el comienzo de un movimiento internacional frente al libre comercio y al nuevo orden mundial. Si bien en ellas a menudo no se percibe un grado muy alto de articulación entre los diferentes sectores que concurren, ni una clara incidencia frente a los procesos oficiales, no cabe duda de que reclaman un orden mundial alternativo. Son reflejo de una demanda manifiesta, aún de forma bastante genérica: la necesidad de crear una nueva *governance* donde estén representados más equitativamente todos los intereses. Por otro lado, y desde la perspectiva de estas organizaciones, la demanda de participación de la sociedad civil no implica solamente sentarse a la mesa u observar a los que toman las decisiones, sino también hacer llegar sus propuestas sectoriales y temáticas de manera tal que sean consideradas, en este caso, en las negociaciones comerciales o en los temas conexos. Finalmente, y de acuerdo con los gobiernos, estas demandas aparentemente difusas han significado una toma de conciencia acerca de la necesidad de ofrecer espacios de participación que tiendan a descomprimir el malestar y a legitimar las políticas comerciales.

Cuadro 8.2
Presentaciones de las OSC chilenas al CRG

Convocatoria CRG	Organización	Tema de recomendación
I Convocatoria, noviembre 1999	FLACSO-Chile, junto con LACC, Florida International University	Proceso del ALCA
	Rechip junto con Common Frontiers, RQIC y ART	Proceso del ALCA
	CIPMA	Medio ambiente y comercio
II Convocatoria, abril 2001	Jorge Hernán Rubio Parada	Economías más pequeñas
	Fundación Crate	Agricultura
	Fundación Otway	Agricultura, subsidios, medidas compensatorias, sociedad civil
	Casa de la Paz	Inversiones, sociedad civil
	Carlos Contreras Quina	Proceso del ALCA, agricultura, subsidios, medidas compensatorias, propiedad intelectual
	Asociación de Organismos No Gubernamentales	Servicios, sociedad civil
	Federación Nacional de Mujeres de Negocios y Profesionales de Chile	Servicios, sociedad civil, economías más pequeñas
	Asociación de Abogadas Matilde Troup	Propiedad intelectual, servicios, sociedad civil, proceso del ALCA
	Consumers International	Servicios
	Organización Ecológica "El Día de la Mascota"	Agricultura, política de competencia, servicios
	FLACSO-Chile, Corporación PARTICIPA y ACJR	Sociedad civil

Centro de Estudios Nacionales de Desarrollo Alternativo (CENDA)	Acceso a mercados
CIPMA, Global Environment and Trade Studies, University of Yale	Agricultura, inversiones, acceso a mercados, medidas de defensa comercial, sociedad civil, proceso del ALCA
FLACSO-Chile	Proceso del ALCA
Grupo de Estudios Agrorregionales	Agricultura
Programa de Economía del Trabajo	Compras gubernamentales
CENDA	Economías más pequeñas
IEP	Acceso a mercados
Plataforma Interamericana de Derechos Humanos, Democracia y Desarrollo-Capítulo Chile	Sociedad civil
ACJR-Área Educación	Educación
Colegio de Ingenieros de Chile Asociación Gremial, Organismo Profesional de Ingeniería Pertinente	Servicios
Defensores del Bosque Chileno	Agricultura, inversiones, acceso a mercados, medidas de defensa comercial
FLACSO-Chile y Corporación PARTICIPA	Proceso del ALCA

Fuente: ALCA, Informe del Comité de Representantes Gubernamentales sobre la Participación de la Sociedad Civil en el ALCA, FTAA.soc/08/Rev.1, 30 de abril de 2001 (www.ftaa-ALCA.org).

En definitiva, el rol central de las OSC corresponde a la construcción social de "derechos de ciudadanía", es decir, del ejercicio de derechos básicos de la persona humana. Esto conlleva necesariamente la valorización de la democracia como práctica y como forma esencial de organización de la sociedad. Es en el contexto democrático donde las oportunidades de expresión de la sociedad civil se incrementan y es por medio de sus prácticas como es posible definir intereses e instituciones que promuevan el bien global de la sociedad. El universo de las OSC está caracterizado por la pluralidad, diversidad y por altos grados de asimetría. Sin embargo, todas las organizaciones buscan esencialmente incidir, de manera fundamental, en el accionar estatal y en la definición de las políticas públicas. En este sentido, si bien se focalizan en intereses particulares, necesariamente deberán visualizar la construcción de derechos ciudadanos como un camino para satisfacer sus requerimientos y, simultáneamente, los de la mayoría de la sociedad.

La globalización ha complejizado este proceso al eliminar las divisiones que separaban de manera clara los contextos nacional e internacional. La frontera entre lo interno y lo externo ha prácticamente desaparecido, situación que se vuelve crecientemente compleja al agregar la variable temporal: los medios de comunicación presentan de manera instantánea sucesos en distintas y lejanas partes del globo. La búsqueda de participación está ligada al desarrollo democrático y a la promoción de la cooperación y el desarrollo, tanto a nivel nacional como hemisférico. Sin embargo, existe un importante déficit conceptual en términos de cómo interpretar la participación de la sociedad civil en el actual contexto de globalización, generando así importantes problemas de legitimidad. Para el gobierno chileno el tema de la representación es irresoluble y no es una cuestión central,[5] mientras que sí lo es en el debate académico. Por otra parte, la principal demanda gira en torno del acceso a la información, más que de la participación en sí misma, dado que existen altos grados de asimetría, no sólo entre los gobiernos y la OSC, sino también entre las organizaciones del norte desarrollado *vis à vis* las del sur.

En lo que respecta al grado de incidencia de las OSC en cuestiones internacionales y, en particular, en lo referente a los acuerdos comerciales, en Chile se ha iniciado un proceso de participación aún lento y con grandes debilidades. En lo que hace al gobierno, a diferencia de otros casos de América Latina, éste ha sido un articulador del diálogo con la sociedad civil. En este sentido, la negociación comercial con Canadá ha sido fundamental ya que le permitió profundizar sus conocimientos sobre las políticas implementadas en los países desarrollados en relación con este actor. Sin duda, esto se refleja no sólo en el nivel de intercambio que existe entre las dependencias gubernamentales y las OSC, sino también en la interrelación entre las mismas organizaciones. Si tomamos la experiencia de la sociedad civil, surge otra característica específica del caso chileno: las relaciones de colaboración entre los *insiders* y los *outsiders*. Esta articulación ha posibilitado la formación de redes temáticas y la realización de procesos de consulta, promoviendo así la información, socialización y sensibilización ciudadana en un tema fre-

---

5. Alicia Frohmann (2000: 5) señala: "En realidad no es muy importante si las organizaciones representan a mil personas o a una docena. Lo que importa son sus puntos de vista concretos. Es muy difícil hacer también una contabilidad o estadística de cuán representativa es tal o cual organización. Eso es prácticamente imposible".

cuentemente ajeno a sus preocupaciones. Evidentemente esta relación poco conflictiva entre estos dos sectores se explica, en parte, por las características del proceso político-económico chileno. Dado que la reforma estructural y la gran apertura fueron realizadas por el gobierno militar, la década del 90 mostró en Chile índices de crecimiento sostenido, en la medida en que parte de los costos del ajuste ya se habían licuado durante la década anterior. Consecuentemente, la oposición a la apertura ha sido menos radical que en otros países como la Argentina, donde los costos de las reformas se sintieron de manera simultánea, a medida que se multiplicaban las negociaciones comerciales. Sin embargo, es aún reducida la participación de la sociedad civil organizada en diferentes temas, a lo que se suman la apatía, el desencanto que existe a nivel social y la inaccesibilidad de estas cuestiones para el ciudadano o la ciudadana común, en la medida en que resulta difícil vincularlos a su vida diaria.

Este proceso se encuentra en pleno desarrollo y es de prever que se acelere a medida que se vaya generando más información sobre el impacto que los nuevos acuerdos comerciales, y en particular la conformación del ALCA, tendrán en la vida cotidiana. El desafío pendiente es determinar si este proceso contribuirá o debilitará la consolidación de prácticas democráticas y de transparencia en el proceso político.

CUARTA PARTE

Mitos y realidades de la participación no gubernamental

Mercedes Botto

Los 90 resultaron ser una década de profundas transformaciones –el fin de la Guerra Fría, la distensión del conflicto este-oeste, las reformas macroeconómicas promovidas por los organismos de crédito multilateral, entre otras–, que dieron paso a nuevas prioridades y formas de hacer política. En la agenda global, el éxito inicial que trajeron la apertura comercial y la consolidación democrática dieron sustancia a una nueva forma de multilateralismo, donde además de los actores gubernamentales se sumaría la participación de empresarios y de la sociedad civil. Este escenario optimista y entusiasta de las relaciones internacionales se vio repentinamente interrumpido por los atentados terroristas del 11 de septiembre de 2001 y la ofensiva bélica y unilateral de Estados Unidos contra Irak.

Las cumbres de las Américas fueron parte de la tendencia mundial hacia la proliferación de una nueva diplomacia multilateral durante los 90. Su tema prioritario y constante es la integración económica, pero incluyen además un amplio espectro de iniciativas de índole política y social. Agrupadas bajo cuatro grandes "canastas", estas iniciativas políticas y sociales suscitan el interés de todos los gobiernos dado su amplio grado de generalidad aunque, como veremos más adelante, no sucedió lo mismo con los planes de acción consensuados para implementarlas. Identificadas inicialmente como el fortalecimiento democrático, la promoción de la prosperidad económica, la erradicación de la pobreza y la conservación del medio ambiente, estas canastas se han mantenido de manera más o menos constante a lo largo de las sucesivas cumbres. Tan sólo sufrieron cambios y redefiniciones simbólicas, reflejo de la visión particular que cada país tiene sobre cómo enfocar el tema y, por sobre todo, de su afán por sentar una marca visible en la definición de la agenda y en el liderazgo regional.

El gobierno anfitrión de las cumbres es el encargado de definir el borrador de la agenda, que luego será aprobado por todos los jefes de Estado de las Américas, con la única excepción de Cuba. A fin de elaborar este borrador, el gobierno convoca, de acuerdo con los recursos provenientes de fundaciones y de la cooperación bilateral, a las organizaciones de la sociedad civil (OSC) a una ronda de consultas sobre sus propuestas y visiones. Posteriormente, eleva el borrador al Grupo de Revisión e Implementación de Cumbres (GRIC),[1] el cual está integrado por funcionarios

---

1. El GRIC fue creado por iniciativa del gobierno de Estados Unidos en 1995, con el objetivo de coordinar y revisar la implementación de los mandatos del Plan de Acción de Miami. La coordi-

de las cancillerías de todos los países de la región, para que resuelva su redacción definitiva. Por último, el país anfitrión selecciona, de entre todas las iniciativas, una *idea fuerza* para la convocatoria oficial del evento. Sin embargo, la elección de esta idea no es tarea sencilla ya que no sólo debe convocar un interés común a la región sino que además debe reflejar las prioridades de la agenda del país anfitrión. En la I Cumbre de las Américas, el gobierno de Clinton centró la discusión en la necesidad de consolidar las democracias emergentes a través de la lucha contra la corrupción y el narcotráfico. En la Cumbre de Santa Cruz de la Sierra, el gobierno de Bolivia escogió la consigna del desarrollo sustentable para dar un giro latinoamericanista al debate que se estaba desarrollando entre medio ambiente y comercio. En la Cumbre de Santiago, el gobierno chileno priorizó la educación y puso como meta la eliminación del analfabetismo para 2010; y finalmente, en la Cumbre de Quebec, Canadá resaltó la justicia social y el desarrollo del potencial humano como consignas convocantes.

Los capítulos incluidos en este libro reflejan un análisis minucioso y exhaustivo sobre el origen, el contenido y los avances de distintas iniciativas regionales en materia de medio ambiente, educación y justicia. Su común denominador ha sido identificar los espacios y canales de participación que en cada uno de estos temas se fueron abriendo a los actores no estatales tanto a nivel regional como nacional, tomando en este último caso los ejemplos de la Argentina, Brasil, Chile y México. A partir de los hallazgos y aportes de estos estudios de caso, en las páginas que siguen nos dedicaremos a evaluar en qué medida las cumbres de las Américas y la inclusión del mandato de transparencia y participación no gubernamental transformaron algunas pautas de las políticas nacionales en cada uno de los países y temas analizados.

El análisis comparado nos muestra una tendencia inicial fuertemente contrastante en términos temáticos: mientras la agenda comercial avanza de manera sistemática y sostenida en la construcción de consensos gubernamentales, sobre todo en lo que se refiere a transparencia y fiscalización, las agendas restantes encuentran resistencias y obstáculos para superar la discusión regional. No obstante ello, la agenda de comercio mantiene sobre el resto una fuerza motriz que las arrastra y subordina. En este efecto de arrastre, el liderazgo gubernamental comparte, de manera creciente, espacio con las redes transnacionales.

El desarrollo de estas conclusiones se encuentra dividido en dos partes. La primera identifica las principales líneas de contraste entre las agendas temáticas y los factores que explican su desigual avance en términos de consensos gubernamentales y de apertura a la sociedad civil. La segunda parte, en cambio, está dedicada exclusivamente a la agenda del Área de Libre Comercio de las Américas (ALCA) y al análisis de la tendencia convergente que caracteriza a los gobiernos de estos países en la implementación de una política de transparencia y de participación de la so-

---

nación del grupo está a cargo del país anfitrión, con lo cual en 1997 esta responsabilidad pasó a manos del gobierno chileno y, en 2000, quedó a cargo de Canadá. Para complementar la tarea del GRIC, en 1996 el Consejo Permanente de la OEA crea la Comisión Especial de Gestión de Cumbres Interamericanas (CEGCI), de la cual participan OSC y expertos de la región. En julio de 2002, la Comisión se fusiona con la Comisión sobre Participación de la Sociedad Civil en las Actividades de la OEA (ver "Organigrama" en Anexos).

ciedad civil, para concluir con un análisis sobre los impactos que esta política de apertura y participación ha tenido sobre la agenda regional y nacional, así como también sobre los actores no estatales que participan del mismo proceso.

1. La agenda de las cumbres de las Américas y sus principales contrastes

Una lectura comparada de los estudios temáticos pone en evidencia la existencia de fuertes contrastes en términos de la capacidad de los gobiernos de construir consensos y de abrir canales de participación a actores no gubernamentales. De todas las agendas propuestas, la más permeable a las transformaciones en materia de transparencia y participación fue la comercial y la más hermética fue la de defensa. Entre estas dos, se ubican los restantes casos temáticos. La caracterización de cada uno de ellos se hace tomando en consideración dos aspectos de los canales o espacios de participación: el primero se refiere al origen de la iniciativa y en este caso diferenciamos entre los canales abiertos por los gobiernos u organismos multilaterales y los que resultan de la organización y convocatoria de los actores privados o de la sociedad civil. La segunda dimensión resulta del ámbito de competencia o nivel de acción de la participación, dividiéndose ésta en nacional o regional.

1. 1. *La apertura comercial: el* ALCA

Como se describe en la introducción de este libro, la decisión de los gobiernos respecto de la apertura de las negociaciones comerciales hacia la sociedad civil no fue inmediata ni fácil sino que se caracterizó por un avance progresivo, producto de las presiones exógenas, y controvertido en sus alcances y apertura. Sin embargo, en la actualidad presenta una gran variedad de canales y oportunidades de participación regional y los espacios abiertos reconocen principalmente dos orígenes: un origen gubernamental y otro no gubernamental, que aún carece de reconocimiento oficial.

Entre los primeros se encuentran las iniciativas consensuadas entre todos los países a nivel de las cumbres, como es la decisión de:

— organizar y contribuir al financiamiento del Foro Empresarial de las Américas que, como espacio consultivo, se reúne de manera previa a cada reunión ministerial;
— convocar a consultas abiertas y por internet a todo tipo de organizaciones no estatales, *ad referendum* de los gobiernos;
— y por último, difundir y dar acceso amplio de los acuerdos alcanzados durante las negociaciones, iniciativa acordada en la VI Reunión Ministerial de Buenos Aires, sin que se estableciera ningún efecto vinculante sobre reuniones sucesivas.

Entre los canales gubernamentales, también encontramos iniciativas que han sido adoptadas por algunos gobiernos de manera unilateral y dentro del margen de acción del que gozan en su carácter de gobiernos anfitriones de los encuentros. Entre ellas se incluyen:

– el coloquio académico, que se origina en una propuesta financiada y promovida por los organismos multilaterales de carácter regional –OEA, Banco Interamericano de Desarrollo (BID) y la Comisión Económica para América Latina y el Caribe– y que cuenta con el consentimiento de los gobiernos anfitriones, pero que sólo tuvo lugar en ocasión de la IV Reunión Ministerial de San José y de la VI Reunión de Buenos Aires, y
– el reconocimiento implícito del gobierno de Canadá a la Cumbre de los Pueblos a través del financiamiento parcial de su organización y de la invitación a presentar sus recomendaciones a los ministros reunidos en Quebec, junto con otras OSC.

Dentro de los canales de participación no oficial sobresale la Cumbre de los Pueblos, foro multitemático organizado por la Alianza Social Continental (ASC) y que se reúne de manera paralela a las reuniones gubernamentales con la propuesta de redefinir la agenda de las cumbres de las Américas, poniendo el énfasis en el ALCA y sus impactos sobre el resto de las agendas.

La agenda del ALCA no sólo abre canales de participación a nivel regional, sino también a nivel nacional, tal como analizaremos en la segunda parte de este capítulo. Sin embargo, tradicionalmente este tema ha marcado una importante ruptura entre los países desarrollados y en desarrollo del continente, brecha que el ALCA y los acuerdos asimétricos parecen superar de manera definitiva. Mientras los primeros –Estados Unidos y Canadá– se caracterizan por la existencia de canales institucionalizados de participación para el sector privado y la sociedad civil en la elaboración de la política comercial, en los países latinoamericanos esta participación ha sido informal y recortada a los sectores privados con intereses directos en la agenda de comercio y en la expansión de sus exportaciones. En efecto, el involucramiento de los sindicatos estadounidenses se retrotrae a la década del 30 y la participación de las organizaciones medioambientalistas a los años 70. Su participación hoy en día, al igual que la del sector empresarial, se canaliza a través de los comités asesores con los que cuenta el Congreso y que suman más de cuarenta. El más importante de ellos es el US Advisory Committee on Trade and Negotiation, cuyos miembros son designados por el presidente, y tiene como función sintetizar los trabajos de los distintos comités. La Office of the United States Trade Representative, organismo responsable de la política comercial de Estados Unidos, se estructura de manera jerárquica y aislada del resto de los ministerios como una agencia coordinadora, cuya autoridad máxima participa de las reuniones del gabinete nacional.

En el caso de Canadá, el involucramiento de la sociedad civil ha sido posterior y nos retrotrae a la Ronda Kennedy del GATT (General Agreement on Tariffs and Trade-Acuerdo General sobre Aranceles Aduaneros y Comercio) (1964-1967). Sin embargo, es recién en 1985 y cuando se incluyen temas no arancelarios en las negociaciones que el gobierno somete al escrutinio público la política comercial, ampliando la convocatoria a las organizaciones sindicales y de la sociedad civil. Con motivo del acuerdo con Estados Unidos (Canada-United States Free Trade Agreement Implementation Act) se institucionalizan dos canales: el International Trade Advisory Committee (ITAC)[2] y el Special Advisory Committee on International Trade. Ambos están integrados por empresarios, líderes sindicales, representantes de organizaciones de consumidores y académicos, y reportan al Ministerio de Comercio Internacional. Finalmente, en 1998 el Deputy Minister of International Trade establece un Academic Advisory Committee, el cual está formado por quince académicos de distintas disciplinas –derecho, economía, ciencia política, comercio y ciencias ambientales– y se reúne dos veces al año. Otros ministerios también han establecido cuerpos de consulta propios de carácter informal, tal es el caso del Ministro de Agricultura y Agroalimentos y del Ministro de Industria. Incluso el mismo Parlamento ha tomado cartas en el asunto, creando mecanismos como el Standing Committee on Foreign Affairs and International Trade, el Parliamentary Centre y el Centre for Foreign Policy Development. De manera más reciente, el gobierno ha abierto un sitio en internet –Consulting with Canadians– con el objetivo de promover la difusión de información y el diálogo con los ciudadanos.

1. 2. *Defensa-seguridad hemisférica*

La agenda de defensa y seguridad contrasta fuertemente con la de comercio. El tema de la participación de la sociedad civil y la transparencia tuvo una mención secundaria en el Plan de Acción consensuado por los gobiernos en la I Reunión de Ministros de Defensa de Williamsburg (julio de 1995) (ver "Cronograma" en Anexos). La Declaración de Williamsburg proponía, entre otras cosas, la subordinación de las fuerzas armadas a la autoridad civil dentro del marco de la Constitución nacional democrática y la transparencia en políticas de defensa a través de intercambios de información, informes sobre el gasto militar y el diálogo entre civiles y militares.[3] Pero esta mención explícita no suscitó la apertura de espacios de participación por parte de los gobiernos a escala regional, ni tampoco a nivel nacional. Pocas son las excepciones. La primera de éstas provino del gobierno chileno, que encaró una propuesta a escala regional y en el marco de la OEA. Una segunda excepción fue una iniciativa de la Argentina y Chile, que luego fue seguida por otros países. En abril de 1999, la misión permanente de Chile ante la OEA organizó un encuentro académico-diplomático llamado "Foro sobre el Futuro de la Seguridad Internacional en el Hemisferio". El objetivo de este foro era contribuir a la definición de una nueva agenda de seguridad que superara la visión tradicional que lo circunscribe a lo político-militar y sumarle otras dimensiones, como lo económico, lo social y lo medioambiental. Sin embargo, la propuesta no alcanzó el mínimo con-

---

2. Actualmente el ITAC ha sido reemplazado por el Team Canada Inc Advisory Board, encargado de brindar asesoramiento no sólo en temas de política comercial y de acceso a mercados sino también en cuestiones ligadas a la promoción de las inversiones y del comercio.

3. Para conocer la agenda, así como los talleres y encuentros realizados en el marco de la I Reunión de Ministros de Defensa, véase www.summit-americas.org/Williamsburg-spanish.htm, sitio visitado el 4 de febrero de 2003.

senso entre los países participantes y el evento pasó a la historia como un primer paso en el acercamiento entre la sociedad civil y los gobiernos.

El segundo canal o espacio de participación abierto por el gobierno chileno, y también por su par argentino, se circunscribió al ámbito nacional y buscaba implementar algunas de las ideas de la reunión de Williamsburg, entre ellas, la discusión y elaboración conjunta entre la sociedad civil y los gobiernos de los llamados "libros blancos". En esta dirección, los gobiernos del Cono Sur realizan talleres y conferencias con el objetivo de analizar y acercar recomendaciones para la redacción de un nuevo libro de defensa nacional. El proyecto cuenta con la participación de OSC, específicamente del sector académico.[4] Ecuador siguió este camino y publicó su libro en diciembre de 2002, y Guatemala se encuentra elaborando su texto con participación de las OSC, mientras que en México y Brasil este proceso es más lento, pues el sector académico no ha sido convocado, o bien su participación se da de manera individual, para la formulación de las políticas de seguridad y defensa.

1. 3. *Educación*

El debate abierto en las cumbres de las Américas en torno de la problemática educativa se centra básicamente, como lo afirma Marcela Gajardo en su capítulo, en dos reformas: la descentralización en la administración a nivel local y la privatización de servicios y bienes educativos a través de la convocatoria del sector privado y de la comunidad en general. No obstante el peso fundamental dado a los actores no gubernamentales y a los gobiernos locales, la oferta de canales y espacios de participación surgieron por iniciativa de los actores no estatales, principalmente del sector privado y académico. Entre ellas se destaca:

– la implementación de un programa regional para fortalecer los sistemas nacionales de evaluación: Foro Hemisférico de Evaluación Educativa, programa liderado por el Instituto Nacional de Estudos e Pesquisas Educacionais, financiado con aportes de organismos internacionales y que cuenta con la participación del sector privado a nivel nacional –Grupo de Institutos, Fundações e Empresas, entre otros–;
– la convocatoria a la Cumbre Latinoamericana de Educación Básica en marzo de 2001 en Miami. Ésta contó con el auspicio de grandes empresas transnacionales y del gobierno de Estados Unidos y con la asistencia de empresarios y de representantes gubernamentales, especialmente de Brasil, interesados en influir en la formulación e implementación de las políticas educativas regionales;
– la realización de tareas de seguimiento y de monitoreo del Plan de Acción de las cumbres, a cargo del sector académico y de *think tanks* –North-South Center de la Universidad de Miami, The Inter-American Dialogue y la Corporación

---

4. En el caso particular de Chile, las reuniones se llevaron a cabo entre 1996 y 1997 y contaron con la participación de expertos militares y altos oficiales castrenses, junto con especialistas civiles y *think tanks,* entre los que se encontraban la Facultad Latinoamericana de Ciencias Sociales y el Centro de Estudios del Desarrollo.

de Investigaciones para el Desarrollo– con el objetivo de evaluar en qué medida los gobiernos dan cumplimiento a los compromisos asumidos y cuáles son sus posibilidades reales de hacerlo, y

– la organización de un Foro Hemisférico sobre Educación en el marco de la Cumbre de los Pueblos, del cual participan sindicatos y OSC de manera periódica y paralela a las cumbres presidenciales, con el objetivo de cuestionar y modificar los lineamientos de la reforma educativa consensuada por los gobiernos a nivel regional.

En el área de educación, la oferta de canales abiertos colectivamente por los gobiernos es menos abundante y resulta más de la decisión unilateral de los responsables en el área que de una discusión consensuada:

– la convocatoria realizada por los coordinadores de la temática en el GRIC, quienes desde 1998 se valen del Programa de Promoción de la Reforma Educativa en América Latina y el Caribe, para que observe y asista al grupo en la definición y seguimiento de las iniciativas en la materia, y

– la realización de consultas nacionales y regionales a la sociedad civil de manera previa a las cumbres con el fin de hacer llegar recomendaciones a los gobiernos y al mismo GRIC. Sin embargo, estas consultas no se limitan a la problemática educativa, sino que incluyen todos los temas de la agenda de las cumbres de las Américas. En un comienzo fue el gobierno de Estados Unidos el que llevó adelante una consulta de estas características antes de la Cumbre de Miami. Luego, y de manera progresiva, la tarea fue delegada en OSC, especialmente en ONG "ciudadanas" –Corporación PARTICIPA, Asociación Conciencia y Espiral– centradas en la promoción de la participación ciudadana y el fortalecimiento de la educación para la democracia.

1. 4. *Reforma judicial*

En materia de reforma judicial, los jefes de Estado y de gobierno de las Américas pusieron énfasis en tres ejes: el acceso a la justicia, la independencia del Poder Judicial y la interacción a nivel regional para lograr un desarrollo institucional de los sistemas judiciales. Sin embargo, estos consensos no fueron lo suficientemente vinculantes como para promover el avance de la reforma y la apertura de espacios de participación a nivel nacional. En efecto, como lo señalan Carlos Acuña y Gabriela Alonso en este volumen, la única experiencia de involucramiento de la sociedad civil en el tema se circunscribe al ámbito regional a través de la reciente creación del Centro de Estudios de Justicia de las Américas (CEJA), con sede en Chile.

Bajo la coordinación de la OEA, el CEJA está dedicado al perfeccionamiento de los recursos humanos, al intercambio de información y de otras formas de cooperación técnica, y a brindar apoyo a los procesos de reforma y modernización de los sistemas judiciales en todos los países del continente. Desde este ámbito se promueve la conformación de dos redes: una gubernamental y otra de la sociedad civil. Esta última finalmente se institucionaliza en marzo de 2002 como la Red de OSC de Justicia de las Américas, la cual reúne mayoritariamente a instituciones académicas, fundaciones y ONG interesadas en el tema. A partir de esta reunión fundacional, la Red emprende una agenda de reuniones de intercambio y debate a nivel regional. En este punto, resulta interesante remarcar que muchas de las organizaciones que integran esta red también se encuentran involucradas en la implementación de programas del Banco Mundial y del BID a nivel nacional, pero no buscan presionar sobre sus propios gobiernos para incidir en la agenda de las cumbres.

1. 5. *El medio ambiente*

En términos de consulta y convocatoria a las organizaciones no estatales, la agenda de medio ambiente también presenta sus peculiaridades y complejidades. Como señala Marisa von Bülow en este libro, el tema medioambiental ha dividido las opiniones de los gobiernos en las cumbres de las Américas desde un comienzo. En consecuencia, resulta imposible identificar espacios de apertura a la sociedad civil surgidos de común acuerdo entre los gobiernos. Dentro de las iniciativas gubernamentales encontramos:

– la convocatoria amplia para la formulación de la Estrategia Interamericana para la Promoción de la Participación Pública en la Toma de Decisiones sobre Desarrollo Sostenible. Sin embargo, en este caso se trataba de una iniciativa convocada por la OEA a partir de un mandato de las cumbres, y
– la constitución del Foro Empresarial Energético de las Américas. En el marco de la IV Reunión de Ministros de Energía, se alentó la organización de este foro a fin de que los empresarios allí reunidos colaboraran en la consecución de los objetivos propuestos en la Iniciativa Energética Hemisférica. Sin embargo, la respuesta del sector privado ha sido muy desigual: sólo asisten representantes estadounidenses, canadienses y chilenos, y es notable el predominio de los primeros.

El resto de las iniciativas de consulta a la sociedad civil en materia de medio ambiente respondió a la decisión unilateral de los gobiernos anfitriones de las cumbres o de las mismas OSC. Entre las primeras encontramos:

– la convocatoria que el gobierno de Bolivia hiciera a World Resources Institute –ONG estadounidense– para que lo asesorara en la organización de la Cumbre de Santa Cruz de la Sierra y, a su vez, contribuir a la construcción de consensos políticos;
– el proceso de consulta que los gobiernos primero, y las ONG después, hicieran a las OSC antes de cada reunión cumbre. Lo interesante de remarcar es que la convocatoria gubernamental sobre este tema estuvo inicialmente liderada por Estados Unidos y Canadá frente al desinterés de los gobiernos latinoamericanos; en la Cumbre de Santa Cruz pasó a manos de una ONG medioambientalista –Fundación Futuro Latinoamericano– y el North-South Center de la Universidad de Miami; mientras que en las cumbres sucesivas la tarea fue encomendada a ONG ciudadanas que, como Corporación PARTICIPA, Fundación Canadiense para las Américas y Fundación Esquel, no estaban involucradas directamente en el tema medio ambiente y/o comercio, y

– la creación de una Red Interamericana de Informaciones sobre Biodiversidad y un Foro Interamericano sobre Legislación Ambiental en el ámbito de la OEA. En ambas instancias, introducidas por la Cumbre de Santa Cruz, se prevé la participación de la sociedad civil. En el primer caso, el Comité Ejecutivo cuenta con la presencia de un representante de las ONG y, en el segundo, la membresía en el foro está abierta a representantes gubernamentales y no gubernamentales. Sin embargo, y dado que estas dos iniciativas son muy recientes, aún resulta difícil evaluar sus impactos.

A medida que el tema medioambiental perdía protagonismo en la convocatoria gubernamental, como quedó demostrado en la Cumbre de Santiago, un nuevo canal de participación surgido desde la sociedad civil –la denominada "Cumbre de los Pueblos"– ponía nuevamente el tema en el centro del debate, a través de la organización de un Foro de Medio Ambiente. Este foro contó con la participación del movimiento sindical y más de noventa organizaciones, la mayor parte proveniente de Chile, y luego se repetiría en la Cumbre de Quebec.

2. Factores que explican los contrastes en el diálogo sociedad civil y gobiernos

La caracterización de los distintos temas nos habla de patrones de participación y de cooperación entre gobierno-sociedad civil-mercado muy distintos e, incluso, contrastantes. Distintas razones contribuyen a explicar sus diferencias. La primera de ellas se refiere al interés de los gobiernos miembros en avanzar en la discusión del tema y en la construcción de consensos. Esto no significa, como señalamos en la introducción del libro, que temas tradicionalmente controvertidos –seguridad y apertura comercial– no susciten diferencias entre los países, sino que todos ellos encuentran incentivos y beneficios en el avance hacia la construcción de consensos y de un plan de acción común. El segundo, en cambio, se vincula con el tipo de temática y con el número de actores en ella involucrados, sea en virtud de sus efectos redistributivos o del grado de conocimiento o experiencia que se requiere para involucrarse en su discusión. Ambos factores se potencian positivamente en el ALCA.

De todos los temas de la agenda de las cumbres de las Américas, la integración comercial y financiera es el único que suscitaría el interés de todos los gobiernos por participar en la discusión e influir en su agenda. Sin embargo, ello no significa que compartieran las mismas expectativas ni que tuvieran las mismas visiones sobre cómo avanzar en ella. Por el contrario, los intereses varían de país en país y de región en región, dependiendo del nivel de desarrollo y la posición estratégica. Una primera gran división separa a los países más desarrollados de los menos desarrollados. Para los primeros, Canadá y más especialmente Estados Unidos, el ALCA representa la ampliación de sus mercados de exportación para bienes y servicios con alto valor tecnológico; y en segundo lugar, la posibilidad de reforzar y consolidar los compromisos asumidos por los países latinoamericanos en la Organización Mundial del Comercio (OMC) en materia de propiedad intelectual, avanzando, al mismo tiempo, en disciplinas novedosas, como el capítulo de inversiones, en lo que técnicamente se da en llamar la "estrategia en espiral".[5] Para los países latinoamericanos, en cambio, las expectativas creadas en torno del AL-CA se resumen en la mejora cualitativa de su capacidad exportadora, ya que con este acuerdo países como Estados Unidos y Canadá se comprometen a eliminar sus barreras arancelarias y paraarancelarias y reducir drásticamente los subsidios que por el momento impiden el acceso de los productos de América Latina a los grandes mercados de consumo del norte. En segundo lugar, se aspira a promover y asegurar el aumento de la inversión externa directa en un contexto mundial donde la cooperación bilateral y la ayuda financiera son cada vez más escasas.

A partir de este común denominador de interés gubernamental, se abre sin embargo una segunda división entre los países de América Latina en el nivel de adhesión al acuerdo. Los más entusiastas son los países de la región de América Central y del Caribe que evalúan al ALCA como una manera de diversificar su producción primaria –petróleo, café, banana, entre otros– y articularse a la cadena productiva de las economías más desarrolladas a través de las zonas de procesamiento de exportaciones –maquilas– u ofreciendo algunos servicios, como el turismo. Los menos entusiastas son los gobiernos con mayor densidad industrial como los miembros del Mercado Común del Sur (Mercosur) y más especialmente Brasil, para el cual la integración hemisférica constituye una amenaza tanto en términos comerciales como político-estratégicos. En ambas esferas, la integración con Estados Unidos terminaría por subsumir los efectos preferenciales de los acuerdos subregionales preexistentes –como el Mercosur, la Comunidad Andina de Naciones y el Grupo de los 3, entre otros– y su liderazgo político y estratégico en América del Sur. En términos de países, los intereses más contrastantes se dan entre Chile y México. Para Chile, el ALCA implicaba un balance de ganancia pura, dado que al ser la economía más abierta de la región, esto le permitía acceder a nuevos mercados sin mayores costos de reconversión. Para México, la situación era la opuesta, ya que de concretarse el ALCA perdería el acceso preferencial a Estados Unidos y Canadá que le da el TLCAN. El desafío a su posición provendría principalmente de los países centroamericanos que, por la cercanía y los bajos costos laborales, podrían convertirse en el principal competidor para sus maquilas en la región. No obstante estas diferencias entre países y regiones en torno del proyecto de integración comercial, los gobiernos latinoamericanos son conscientes de la necesidad de mantenerse dentro de la negociación y de asegurar que el *momentum* de la discusión no decaiga.

En este sentido y a medida que fue avanzando la negociación y se multiplicaron los foros de encuentro gubernamental, se fueron sumando también nuevos actores al debate. Algunos, como el sector privado y el académico, fueron convocados por los gobiernos y organismos regionales para suplir sus necesidades de informa-

---

5. Estados Unidos aspiraba a reavivar la disyuntiva regionalismo-multilateralismo, de manera similar a la estrategia "en espiral" implementada en los 80 y a principios de los 90, cuando simultáneamente a la negociación de la Ronda Uruguay (1986-1994) firmó acuerdos de libre comercio con Israel (1985), Canadá (1988) y luego el Tratado de Libre Comercio del Norte (TLCAN o NAFTA, en su sigla en inglés) en 1992. A fin de que toda nueva negociación adquiera un sentido preferencial, la estrategia de Estados Unidos ha sido la de incluir como "piso" de cada negociación todo lo acordado como "techo" en las negociaciones anteriores, asegurándose así un avance sostenido en la agenda multilateral.

ción y conocimiento; otros en cambio se autoconvocaron en reuniones y foros no oficiales, por sentirse perjudicados por los alcances de la apertura. Por su efecto esencialmente redistributivo, la temática comercial involucra en la discusión a un gran número de actores no estatales, sin necesidad de un conocimiento experto, sino con el solo objeto de demandar a los gobiernos y los Estados políticas y prebendas que reparen y compensen los daños producidos por la reforma.

A diferencia de la agenda comercial, el resto de las iniciativas regionales analizadas en este libro –que remiten a bienes públicos– encontraron fuertes dificultades y resistencias por parte de los gobiernos para avanzar en la construcción de un consenso y una agenda de acción conjunta. Sin lugar a dudas, las agendas de defensa y medio ambiente fueron las más controvertidas y evidenciaron, desde un principio, la existencia de disensos que, a la larga, mostrarían ser insuperables. En términos de la defensa hemisférica, el eje de la discusión giró en torno de la necesidad de adecuar las instituciones del sistema interamericano vigentes durante la Guerra Fría[6] a las nuevas amenazas del mundo unipolar –narcotráfico, terrorismo, corrupción–. Si bien todos los ministros de defensa del continente coincidían con este diagnóstico, a la hora de diseñar un modelo alternativo, los países de América Latina, liderados por México y Brasil, pondrían fuertes resistencias y desconfianzas frente al intervencionismo y poder de Estados Unidos sobre la soberanía nacional (Benítez Manaut, 2000). En materia de medio ambiente, la principal línea de fractura se estableció a partir de la definición de desarrollo sustentable, la vinculación entre comercio y medio ambiente y respecto de cuestiones globales como el rechazo de Estados Unidos al Protocolo de Kyoto. Como señala Marisa von Bülow en su capítulo, para Estados Unidos la agenda regional debía centrarse en temas específicos –energía, aguas, bosques y biodiversidad–; mientras que para los países latinoamericanos, sobre todo para Bolivia, Brasil y México, era inaceptable que de ella se excluyeran temas como pobreza, salud y educación, cuestiones que reflejan el espíritu integral del desarrollo sustentable.

Sin embargo, más allá de sus semejanzas a nivel de desacuerdos gubernamentales, las agendas de defensa y de medio ambiente se diferenciarían fuertemente por el involucramiento de actores no estatales en el debate. Mientras la agenda de medio ambiente logró cautivar el interés y el activismo de distintos sectores de la sociedad civil, desde ONG especializadas en la temática hasta organizaciones de derechos humanos y sindicatos, que enfatizaban principalmente la necesidad de vincular el medio ambiente con el comercio; la discusión de la seguridad y defensa hemisféricas no logró suscitar el interés de las OSC, salvo de los sectores académicos más vinculados con el estudio y el análisis del tema. Dada su alta especialización y su tradicional caracterización como razón de Estado, este tema permanece aún concentrado en manos de las Fuerzas Armadas y funcionarios civiles de la cartera y sólo esporádicamente abre oportunidades de consultoría o intercambio de información con los actores no gubernamentales.

---

6. Si bien el sistema de seguridad interamericano está formado por la Junta de Defensa Interamericana (JID) creada en 1942, el Tratado Interamericano de Asistencia Recíproca (TIAR) de 1947, el Tratado Americano de Soluciones Pacíficas y la misma OEA, creados ambos en 1948, el cuestionamiento giró básicamente en torno del TIAR y la JID, las dos instituciones destinadas a la defensa.

Los estudios de seguimiento y evaluación de la evolución de estas agendas tienden a hacer hincapié en que, además de existir profundos desacuerdos sobre las iniciativas, éstas encuentran grandes dificultades en su avance e implementación dado que carecen de una clara división de responsabilidades y, sobre todo, de recursos financieros. Efectivamente, avances y consensos en las agendas de educación y de reforma judicial cuentan con tales recursos. Como muy bien señalan sus autores, el protagonismo de ambas iniciativas en la agenda de las cumbres de las Américas fue tardía y reproducía los principales lineamientos de los foros globales especializados en las temáticas e incluso de los bancos multilaterales de desarrollo, en lo que se daba en llamar "reformas de segunda generación". En efecto, Marcela Gajardo demuestra que la reforma educativa no era en absoluto novedosa, sino que en muchos países de la región ya había sido puesta en marcha con anterioridad a su inclusión en la agenda de las cumbres. Esta evidencia explica por qué estas agendas, a diferencia de las de medio ambiente y defensa, alcanzaron algún grado de consenso intergubernamental, pero no logra dar cuenta de por qué los gobiernos se resistían a implementarlas y a profundizar en el ámbito nacional la participación de actores de la sociedad civil. A este respecto, la experiencia de la reforma judicial aporta algunos instrumentos para su análisis. Como señalan Carlos Acuña y Gabriela Alonso, los gobiernos avanzan en consensos de carácter regional, sobre todo en aquellos temas que no significan erogación alguna para ellos, mientras que se oponen y se resisten a implementar las consignas que favorecen la independencia de la Justicia y descentralizan su administración. De esta manera, los poderes ejecutivos logran retener en sus manos una poderosa arma política: la subordinación del Poder Judicial al político.

Frente al desinterés de los gobiernos por construir nuevos consensos y profundizar la implementación de las reformas, las OSC, especialmente aquellas dedicadas a la "influencia política", no se interesan por incidir sobre las decisiones de las cumbres de las Américas, salvo en las cuestiones vinculadas, directa o indirectamente, con el comercio, aparentemente la única agenda innovadora en la región. Carecientes de recursos humanos y financieros, estas organizaciones dirigen su accionar a otros foros políticos más fuertes y con mayor poder de incidencia y condicionamiento sobre las agendas nacionales. Distinto es el caso de las ONG ciudadanas y *think tanks* que lograron articularse en torno de la dinámica de las cumbres, atrayendo para sí los escasos recursos disponibles a cambio de la contraprestación de sus servicios y de su experiencia en materia de evaluación de los avances en la implementación de los mandatos y de la organización de consultas regionales.

En el cuadro 9.1 resumimos las principales características de los distintos temas, identificando en qué medida el avance de cada una de ellas ha respondido al interés de los gobiernos, de la sociedad civil y del sector privado.

Cuadro 9.1
Comparación del grado, nivel de avance y actores que mueven las agendas de las Américas (1994-2002)

Agendas	Nivel de análisis	Grado de avance de la apertura	Gobierno	Mercado	Sociedad civil
ALCA	Regional	Alto	+	+	+
	Nacional	Alto	+	+	+
Medio ambiente	Regional	Medio	-	-	+
	Nacional	Bajo	-	-	+
Educación	Regional	Medio	+/-	+	+/-
	Nacional	Bajo	-	-	-
Justicia	Regional	Medio	+/-	+	+/-
	Nacional	Bajo	-	+	-
Defensa	Regional	Bajo	-	+	-
	Nacional	Bajo	-	-	+/-

Fuente: Elaboración propia.

3. La agenda comercial y las convergencias nacionales

La agenda comercial –ALCA– fue la única iniciativa de las cumbres de las Américas, donde el mandato de abrir la participación a los actores no estatales a nivel nacional encontró la mayor aceptación por parte de los gobiernos latinoamericanos. Con ello se rompería una larga tradición histórica en la que las negociaciones comerciales eran, al menos en lo formal, un ámbito de decisión exclusivo de los gobiernos y ajeno al escrutinio de la ciudadanía.

Hasta los años 90, el modelo de gestión del comercio exterior en América Latina presentaba dos características. En primer lugar, un reducido protagonismo de los presidentes en las decisiones relativas al tema, frecuentemente más interesados y preocupados en resolver las cuestiones y tensiones internas. En segundo lugar, la escasez de funcionarios y burocracias formadas. Si bien el estilo organizativo de la política exterior variaría de país en país,[7] en la mayoría de ellos su eficacia fue reducida. Ello no dependería tanto del modelo predominante sino de su bajo grado de institucionalización, del recambio motivado más por razones políticas que por el rendimiento y de los escasos e ínfimos recursos destinados a la profesionalización del servicio civil (Jordana y Ramió, 2002). Otro elemento que también contribuye a la falta de institucionalización, en términos de causa y efecto, es la existencia de conflictos y competencias interministeriales por ver quién impone su

---

7. En América Latina existen tres modelos básicos: el primer modelo se centra en el Ministerio de Relaciones Exteriores, como se da en la Argentina, Bolivia, Brasil, Chile y Uruguay; el segundo tiene su eje en el Ministerio de Industria como en el caso de Ecuador, México, Nicaragua, Perú y República Dominicana; y un tercer y último modelo que, a semejanza de Estados Unidos, presenta una agencia coordinadora superior, como ocurre en Colombia y Costa Rica.

visión y los intereses privados más cercanos, de cara a la presidencia. En tercer lugar, la gestión y las decisiones públicas se han caracterizado por un Congreso nacional generalmente distante de las cuestiones comerciales. Limitado básicamente a ratificar los tratados y acuerdos marcos cerrados por el Poder Ejecutivo, en aquellos casos donde su injerencia fue mayor, ésta obedecería a la presión de *lobbies* del sector privado (Mustapic y Llanos, 2000).

En franco contraste con el sector público, los empresarios latinoamericanos, especialmente los sectores más tradicionales, se encuentran fuertemente organizados y articulados en redes privadas –asociaciones y confederaciones– y/o semipúblicas –cámaras– y, en ambos casos, estrechamente vinculados a los tomadores de decisiones. En cuanto a la organización y participación de los intereses privados, éstos se implican en las decisiones de comercio exterior a través de la influencia personal, el cabildeo y los contactos personales, dado el bajo nivel de institucionalización de los canales habilitados. Las diferencias entre los países, a este respecto, dependen de la diversidad sectorial y la fragmentación territorial: mientras que en Bolivia, Brasil, Ecuador y México predominan las redes extendidas, en Chile, Colombia y Perú existe una fuerte concentración sectorial y territorial. Desde esta perspectiva, la Argentina constituye un caso peculiar porque cuenta con redes amplias y dispersas y con poderosas asociaciones representativas de los sectores de exportación tradicional –cámaras exportadoras y sectores más dinámicos del comercio exterior–. Sin embargo, en todos los casos la capacidad de influencia efectiva ha dependido más de la omisión y la falta de dirección política de los gobiernos, de la proximidad y el acceso a los decisores, que del tipo de articulación privada.

La decisión de institucionalizar y abrir la participación a actores no estatales a nivel nacional, sin embargo, no fue abarcativa ni inmediata en todos los países de la región. El primero en realizar la apertura fue México; luego lo siguieron Chile, Costa Rica, Brasil y Perú y, más recientemente, la Argentina. En el resto de la región, esta institucionalización se encuentra aún en camino.

3. 1. *El caso mexicano*

Ya en 1988 el gobierno priísta introdujo una reforma institucional en dos líneas: en primer lugar, revitalizó la Secretaría de Comercio y Fomento Industrial (SECOFI), designando a su frente a un académico con concepciones "librecambistas"; y en segundo lugar, estableció distintos mecanismos de consulta y participación para el sector privado y la sociedad civil. Entre ellos y en orden de aparición se encuentran la convocatoria a una consulta ciudadana para legitimar la firma del acuerdo de libre comercio con Estados Unidos y Canadá, implementada por el Congreso nacional, a la que le siguió la apertura de dos canales de participación para el sector empresarial –la Oficina para la Negociación del Acuerdo de Libre Comercio y la Comisión Inter-Ministerial del Tratado de Libre Comercio–. A través de estos canales, el sector privado más transnacionalizado, reunido en la Coordinadora de Organismos Empresariales de Comercio Exterior (COECE), tendría un lugar protagónico en el proceso negociador, proveyendo al gobierno de estudios sectoriales y de impacto, necesarios para armar su propuesta negociadora. Esta práctica no fue exclusiva del sector privado sino que también los sindicatos más grandes, como la

Confederación de Trabajadores de México, tuvieron acceso a ella. No obstante esta formalización, las prácticas de cabildeo se mantuvieron vigentes para ver quién lograba influir en los aspectos específicos del acuerdo y acceder a las ayudas financieras del gobierno para la reconversión del sector.[8]

Con posterioridad, y por sugerencia del Senado, el gobierno amplía la convocatoria a otros sectores de la sociedad civil, a través del llamado "Consejo Consultivo del Acuerdo Comercial". Se invita entonces a participar al sector privado, la academia, los sindicatos y campesinos. La principal función de este consejo sería informar a la sociedad civil, pero también ayudaría a generar apoyo y consenso para la política comercial y las distintas negociaciones. A diferencia de la convocatoria empresarial cuyos integrantes eran definidos por la COECE, los participantes en el consejo fueron designados por el mismo gobierno, excluyendo de esta forma a las organizaciones que, como las ONG medioambientalistas y los sindicatos más pequeños, eran críticos respecto de la gestión gubernamental.

Sin embargo, como bien señalan Alejandro Natal y Tonatiuh González en este libro, el liderazgo de la gestión de Carlos Salinas de Gortari en materia de activación y participación no estatal en el TLCAN contrasta fuertemente con la de sus sucesores en las negociaciones en curso para la conformación del ALCA. En el marco de la integración hemisférica, el gobierno mexicano no sólo no ha creado nuevos canales de participación sino que tampoco ha activado los preexistentes. Las OSC, en especial las ONG, tenían fuertes expectativas respecto de un cambio de rumbo luego de la retirada del Partido Revolucionario Institucional, pero la nueva administración de Vicente Fox no ha introducido aún ninguna novedad al respecto. De hecho, no sólo no convocó a las reuniones periódicas del Consejo Consultivo sino que además dividió las competencias de la antigua SECOFI entre la Secretaría de Economía y la Secretaría de Relaciones Exteriores.

3. 2. *El caso chileno*

El gobierno chileno fue el primero en América Latina en institucionalizar la participación empresarial y abrir el diálogo a las OSC en el marco de las negociaciones del ALCA. La decisión y forma de implementación, como señalan Francisco Rojas Aravena y Coral Pey en su capítulo, estuvo influenciada por la experiencia del acuerdo de libre comercio previamente firmado entre Canadá y Chile, así como por la necesidad de diferenciarse de la anterior gestión pinochetista.

La creación de estos espacios estuvo acompañada de una reforma ministerial, cuyo objetivo era dar más protagonismo y eficacia a la gestión en materia de comercio exterior. El gobierno de la Concertación crea, entonces, una instancia de coordinación entre los ministerios denominada Comité Interministerial de Relaciones Económicas Internacionales, presidida por el ministro de Relaciones Exteriores e integrada por los ministerios de Hacienda, Economía, Agricultura y la Secretaría General de la Presidencia.

---

8. Esto último fue especialmente válido en el caso de los transportistas y los textiles (Pastor y Wise, 1994).

En materia de articulación con los actores no estatales, el gobierno dividió las tareas y los ámbitos. A fin de institucionalizar el diálogo con el sector privado, estableció el Comité de Participación Público-Privado de Negociaciones Económicas Internacionales, que funciona en el ámbito del Ministerio de Economía y está conformado por los funcionarios del Ministerio de Hacienda, de Relaciones Exteriores, Agricultura y por la Confederación de la Producción y el Comercio, además de otras asociaciones de exportadores, en representación del sector privado.

Fue recién con la administración socialista del presidente Ricardo Lagos cuando este diálogo se amplía a las OSC, principalmente ONG y sindicatos; aunque, como ocurre en el caso de México, esta instancia mantendría diferencias de status respecto del Comité Público-Privado. En primer lugar, la coordinación se encuentra a cargo de la Dirección General de Relaciones Económicas Internacionales (Direcon), cuyo ámbito de acción es la Cancillería. En segundo lugar, las consultas no están institucionalizadas ni son sistemáticas sino *ad referendum* del gobierno. Finalmente, y en tercer lugar, la participación de las OSC y su capacidad de propuesta se ve dificultada por la complejidad técnica de los temas tratados.

Entre las actividades promovidas por la Direcon se encuentran la designación de Corporación PARTICIPA como coordinadora de la Cumbre de Santiago, y la difusión y las campañas de promoción realizadas para que la ciudadanía hiciera llegar sus recomendaciones al buzón abierto por el Comité de Representantes Gubernamentales sobre la Participación de la Sociedad Civil del ALCA a nivel regional. Entre estas últimas cabe mencionar la organización del Seminario "ALCA y ciudadanía", donde los negociadores gubernamentales informaron sobre los avances del proceso de negociación en cada uno de los Grupos de Negociación. También allí, y por primera vez, pusieron a disposición el borrador de la negociación. Pero su mayor éxito, sin dudas, fue conseguir que organizaciones con perfiles tan disímiles como son PARTICIPA y la Alianza por un Comercio Justo y Responsable trabajaran juntas. De esta manera, Chile reproducía la dinámica de los países del norte, cuyas organizaciones nacionales actúan de manera coordinada con los gobiernos nacionales, sin importar la adscripción ideológica y estratégica que cada una profese a nivel regional.

Por último, también se perfilan algunos cambios en el rol y el involucramiento del Congreso nacional. Sin embargo, esta participación y debate devienen más claros y evidentes en las etapas finales de la negociación, cuando las ofertas y los pedidos se hacen explícitos y resulta fácil identificar qué sectores serán los ganadores y perdedores del acuerdo. En los recientes tratados de libre comercio –con Estados Unidos y con la Unión Europea– los legisladores han abierto un debate sobre cómo compensar a los sectores afectados por la apertura.

3. 3. *El caso brasileño*

Al igual que en el caso chileno, la apertura de canales de participación oficiales ha estado acompañada por cambios profundos en la estructura institucional del Estado. Hasta 1996, la política y las decisiones de comercio exterior era asunto casi exclusivo del Ministerio de Relaciones Exteriores; en octubre de ese año, Itamaraty crea la Seçao Nacional de Coordenação dos Assuntos Relativos al ALCA (Senalca) como un espacio de interacción y coordinación interministerial donde se define la posición nacional en las negociaciones del ALCA. De manera más reciente, los gobiernos estaduales o provinciales, como el gobierno de Rio Grande do Sul, intentan participar del debate y regionalizar la discusión, proponiendo a la Cancillería la creación de una instancia donde los gobiernos estaduales puedan hacer llegar sus propuestas al gobierno central, iniciativa que fue apoyada y motorizada por las respectivas cámaras empresariales que buscaban así fortalecer su protagonismo en las decisiones.

En términos de la participación de la sociedad civil, el decreto que da vida a la Senalca prevé la participación de actores no estatales, quienes participan de esas reuniones en carácter de observadores y por invitación explícita del gobierno. Hasta fines de 2000, la convocatoria estuvo especialmente dirigida a los grupos empresariales y sindicales; pero a partir de entonces, se amplió a ONG y a otras organizaciones sociales. Como señala Antonio José Junqueira Botelho en este volumen, esta decisión responde a un cambio en la estrategia negociadora de Brasil en el hemisferio: abandona su interés en el proyecto Mercosur y decide fortalecer su presencia en el ALCA, a través de una "participación conflictiva", en la que el propio Estado activa la movilización y articulación de los distintos sectores.

Con el tiempo, Itamaraty irá profundizando su diálogo con las OSC. En primer lugar, crea una página en internet a fin de mejorar el acceso y el intercambio de información. También promueve la difusión y la participación de los actores no estatales en las consultas regionales, actitud que contrasta fuertemente con la convocatoria inicial en la que el gobierno brasileño sólo cumplió con las formalidades. En tercer lugar, aunque recortado a la voluntad de los funcionarios de los llamados Grupos Interministeriales Temáticos, se irán abriendo nuevos espacios para el sector empresarial a medida que avanzan las negociaciones y se profundiza la complejidad de los temas.

3. 4. *El caso argentino*

La apertura de canales de participación a la sociedad civil en este país fue más tardía que en los anteriores y producto de una decisión tomada por la Cancillería argentina luego de la VII Reunión Ministerial de Quito (noviembre de 2002) (ver "Cronograma" en Anexos). A diferencia de los dos casos ya analizados, esta innovación no conllevó un ajuste en la estructura ministerial ni la creación de una agencia coordinadora, hecho que en este país adquiere una dimensión mucho más grave que en el resto de los casos aquí analizados, dada la superposición de competencias y la duplicidad de estructuras y recursos existentes entre el ministerio de Relaciones Exteriores y el de Economía.[9]

En términos de la participación de actores no estatales, la Cancillería argentina propone dos canales paralelos y no comunicantes. El primero de ellos es el Consejo de Comercio Internacional en el que interactúan distintos funcionarios del mi-

---

9. En gran medida esta duplicidad es consecuencia de los cambios introducidos por Domingo Cavallo cuando éste era ministro de Relaciones Exteriores en el comienzo del gobierno de Menem (1989-1995). Desde entonces la gestión y las decisiones en temas de comercio exterior siguen siendo compartidas, sin una clara división de trabajo y competencias entre estas dos carteras.

nisterio y representantes del sector empresarial y académico, junto con fundaciones elegidas por el gobierno.[10] Este comité contempla dos instancias y actividades: una de carácter político, llamada Comité Público-Privado, donde se discuten e intercambian ideas sobre los lineamientos generales de la política exterior; y otra, de carácter técnico, donde el gobierno consulta a analistas, investigadores y especialistas sobre cuestiones relacionadas con su implementación.

El segundo espacio de participación es el Consejo Consultivo de la Sociedad Civil, a través del cual la Cancillería convoca a distintas organizaciones no empresariales –ONG, sindicatos y academia– para promover el diálogo y el intercambio de información y visiones con los negociadores a cargo de los temas a discutir.[11] A diferencia del canal anterior, éste carece de institucionalización y su permanencia dependerá de la evaluación que de ella haga la parte convocante. A fin de contribuir con su difusión y facilitar el acceso a los documentos, la Cancillería ha abierto una página en internet donde se publican las síntesis y los materiales a discutir en las reuniones. Además, ofrece la posibilidad de que las propias OSC den a conocer sus ideas y publicaciones en torno de los temas de discusión. Estos últimos no necesariamente reflejan la agenda negociadora de los gobiernos sino las preocupaciones de las organizaciones, centradas no sólo en el tema de agricultura, servicios y propiedad intelectual, sino también en cuestiones como la relación entre comercio y medio ambiente o comercio y trabajo.

Tanto el Comité Público-Privado como el Consejo Consultivo de la Sociedad Civil son de carácter consultivo y no tienen efecto vinculante sobre las decisiones gubernamentales. Sin embargo, queda claro que existe una importante diferencia entre ambas instancias en términos de permanencia y de institucionalización de reglas.

4. Factores que explican la convergencia

Aun cuando algunos de sus rasgos o aspectos pueden no estar presentes en un caso específico, el mapeo de los casos nacionales habla de la existencia de un paradigma de apertura convergente en la región, el cual presenta las siguientes características:

– *Forma parte de un proceso de reforma institucional más amplio,* en el que se modifica la estructura ministerial y se redefinen los roles y competencias. La innovación más evidente es la creación de una unidad de coordinación que reúne a funcionarios y técnicos de las distintas áreas y ministerios involucrados en la negociación. Esta reforma obedece básicamente a los cambios ocurridos

---

10. En esta primera etapa de la discusión, el sector bancario, junto con el de pequeños productores y los sindicatos, son excluidos de la convocatoria oficial.

11. Con el mismo carácter de diálogo informal, se ha abierto un espacio de intercambio con los legisladores nacionales llamado "Grupo de Trabajo Legislativo", del cual participan funcionarios de la Cancillería, junto con legisladores miembros de las comisiones de Relaciones Exteriores, Mercosur, Integración, Comercio, Industria, Negociaciones Comerciales y Agricultura, de ambas cámaras.

en los 90, que le han dado un mayor protagonismo al comercio y a la agenda de negociaciones; y tiene por objetivo evitar las guerras de posiciones entre estos equipos y trincheras ministeriales a través de una clara definición de competencias y de liderazgos.

— *Deviene una convocatoria amplia a todas las organizaciones no estatales,* en la que interactúan los responsables de la negociación con los representantes de asociaciones empresariales y OSC. Estos espacios se constituyen como foros consultivos en los que predomina un escaso análisis y debate de los temas técnicos. Si bien han permitido establecer una vía de relación formal, su profundización dependerá, en gran medida, de la dinámica y del comportamiento de los distintos actores involucrados: la voluntad y los objetivos del gobierno, la capacidad de articulación de las principales organizaciones privadas y de la pericia que adquieran las OSC.

— *Su organización e instrumentación están a cargo de la Cancillería,* el ámbito donde priman las posiciones políticas por sobre las técnicas. Con ello se logra que el involucramiento institucional de estos actores, en especial de la sociedad civil, se mantenga al margen del proceso de decisión gubernamental. A este respecto, el modelo de gestión estadounidense es un buen ejemplo de las ventajas que se pueden obtener dinamizando la participación de los actores no gubernamentales mediante la creación de comisiones asesoras, al margen de la estructura de decisión.

— *Existe un marcado protagonismo del sector privado,* diferencia que se manifiesta no sólo en el número de espacios de participación abiertos sino también en el status otorgado y en el ámbito de acción. Esto se explica, en gran medida, por la necesidad del gobierno y del Estado de suplir sus propias carencias y déficit en términos de capacidades, conocimiento técnico y recursos propios, por medio de la convocatoria a actores que, como el sector privado, cuentan con información, recursos y pericia en estos asuntos. Esta asimetría de informaciones es especialmente importante en los países en desarrollo y en todo lo vinculado con la agenda comercial, donde el alto grado de tecnicismo de la discusión y la complejidad de los temas tratados afectan las posibilidades de éxito en las negociaciones y en los conflictos comerciales.

Muchos factores pueden contribuir a explicar la decisión de los gobiernos de implementar una decisión o mandato supranacional. La literatura plantea la incidencia de dos tipos de factores que favorecen la permeabilidad de los Estados nacionales. Uno se vincula con el tipo de problemática, y agrega que cuanto más regulado se encuentra un tema en el ámbito internacional, mayor es la transnacionalización de la agenda nacional. El otro se refiere a las estructuras nacionales, específicamente a las características de los Estados y de la sociedad civil, en el sentido de que cuanto más centralizado el Estado[12] y más pluralista el entramado social, mayor es la influencia de las agendas externas. Estos elementos ayudan a entender la supe-

---

12. El factor de la centralización/descentralización del Estado y de las estructuras organizativas suman una complejidad extra. Si bien los Estados centralizados son menos permeables a las influencias externas por la fortaleza y el hermetismo de sus burocracias, una vez que logran atravesarlas, sus impactos son durables y más efectivos que en las burocracias descentralizadas.

rioridad de la agenda comercial por sobre los otros temas de las cumbres de las Américas, pero no son suficientes para explicar las diferencias observadas entre los países en términos del alcance, la modalidad y los momentos en la implementación del mandato de participación y fiscalización de las decisiones a nivel nacional.

Los aportes de la investigación aquí presentada demuestran un uso y cálculo estratégico por parte de los líderes y gobiernos en la implementación de este mandato.

En primer lugar, como instrumento para mejorar su posición negociadora en la mesa de discusión del ALCA. Éste es en gran medida el elemento que primó en la decisión del gobierno brasileño, para el cual el acuerdo hemisférico supone grandes desafíos estratégicos y económicos. En tal sentido, y a fin de aumentar su poder de negociación, ha optado por promover y activar la presencia de los actores nacionales en la discusión. Intenta así expandir el debate interno al hemisferio, de la misma manera que lo hace Estados Unidos con la discusión de la autorización parlamentaria conocida como *fast track*.[13] Si bien esta activación, como señala Antonio José Junqueira Botelho en este volumen, se ha iniciado en 2000 con el fracaso de la estrategia conjunta del Mercosur, cobra mayor protagonismo con la asunción presidencial de Luiz Inácio Lula da Silva en enero de 2003, como líder indiscutido del Partido dos Trabalhadores y con fuertes vínculos con la Central Única dos Trabalhadores.

Distinto es el caso de México: si bien por una parte mira con cautela el ALCA dado que éste implicaría la pérdida de su relación privilegiada con Estados Unidos y Canadá; por la otra, desconfía de la autonomía de las ONG nacionales y considera que sus agendas y fuentes de financiamiento se encuentran fuertemente influenciadas por las redes transnacionales. De esta forma, el gobierno mexicano ha optado por el mutismo y ha mantenido una actitud ambigua, en la que no se manifiesta públicamente en contra del acuerdo, pero en la práctica desactiva toda participación de las OSC. Esta actitud es asumida, como demuestran Alejandro Natal y Tonatiuh González en este libro, en plena sintonía con las grandes empresas y las principales centrales sindicales.

En segundo lugar, el mandato de la apertura de la participación fue visualizado por los gobiernos como un mecanismo o instrumento para asegurar la legitimidad de sus decisiones. Si bien esto es, como lo planteáramos en la introducción de este libro, una constante en estas políticas de apertura comercial, en el caso del ALCA los gobiernos no sólo se mostraron preocupados por ser "fiscalizables" frente a los ojos de los actores nacionales, sino principalmente frente a la mirada de los actores externos, entre los que predominan las redes transnacionales, que hacen de la transparencia y la fiscalización una de sus principales banderas de lucha. En este sentido, los gobiernos evalúan que la implementación de este mandato de participación es una forma de dar respuesta a esta presión externa y asegurar la legitimidad y representatividad de su "posición negociadora".

Pero además de mejorar su puntaje en el ranking regional como país "políticamente correcto", la apertura de espacios de participación representaba para las organizaciones privadas y de la sociedad una oportunidad para capacitarse e identifi-

---

13. Desde 1974, esta autorización permite al Poder Ejecutivo avanzar en las negociaciones con sus contrapartidas, con la garantía de que las concesiones recíprocas no serán enmendadas ni modificadas *a posterori* y de manera unilateral por el Congreso estadounidense. Éste se reserva únicamente la potestad de aprobar o desechar los acuerdos *in toto* en el momento de la ratificación.

car nuevos nichos de acción y de negocios. Esto es lo que ocurrió en Chile, donde, a diferencia del resto de los países analizados, el gobierno estaba en mejores condiciones para promover el diálogo y la participación, sin que esto conllevara resistencias a los lineamientos de su política económica. En efecto, como bien señalan Francisco Rojas Aravena y Coral Pey en este libro, la apertura de la economía chilena[14] no es una cuestión reciente y mucho menos cuestionada por los actores sociales y económicos. Iniciada bajo el gobierno militar de Augusto Pinochet, las voces disidentes –de los sindicatos y de la pequeña burguesía centrada en el mercado interno– fueron reprimidas y debilitadas. Con el advenimiento de la democracia, el modelo exportador se mantuvo: el empresariado exportador se aseguró su acceso privilegiado a las decisiones y los partidos y académicos volvieron a ocupar posiciones en el gobierno. El Estado comenzaría a implementar algunas políticas de reparación y a buscar el acceso a nuevos mercados a través de acuerdos bilaterales. Los distintos actores sociales con alguna capacidad de incidencia en la opinión pública no se oponen a esta agresiva política comercial, a diferencia de lo que ocurriría en Brasil, Argentina y México donde el sector mercado-internista sigue siendo fuerte.

En el caso del gobierno argentino, la implementación del mandato fue tardía y debió esperar, como bien señala María Clelia Guiñazú en su capítulo en este libro, a que se dieran ciertos requisitos básicos, entre ellos, el fin de la puja interministerial entre la Cancillería, que controlaba la negociación externa, y Economía, que tenía un peso definitorio en las decisiones políticas. Recién hacia fines de 2001, y luego de la decisión alcanzada en la Cumbre de Quebec respecto de hacer público el borrador de las negociaciones, sumado al recambio de la administración De la Rúa y la profunda crisis económica argentina, la Cancillería comienza a institucionalizar sus vínculos con el sector privado y pone fin a la visión dicotómica ALCA o Mercosur. En este sentido, la apertura del diálogo busca no sólo responder a los nuevos estándares regionales de fiscalización y transparencia, sino que intenta también reforzar la posición negociadora, siguiendo así los pasos de Brasil.

5. Principales impactos de la participación de la sociedad civil

Del relato hasta aquí vertido, sobra evidencia empírica para afirmar que el proceso de las cumbres de las Américas abre una multiplicidad de espacios de participación a actores no estatales. En esta última parte de las conclusiones nos ocuparemos de sintetizar sus efectos e impactos sobre la agenda pública.

¿Acelera el avance en la integración regional?

Como lo señalamos en las páginas anteriores, los avances y consensos intergubernamentales no son causa ni consecuencia de la apertura de canales de participación. El caso de la agenda de medio ambiente es un buen ejemplo de ello: los canales

---

14. En términos comparados, Chile se caracteriza por ser la economía más abierta de la región: sus exportaciones superan 30 por ciento del producto bruto interno, mientras que las de Brasil sólo alcanzan 16,7 por ciento y las de Estados Unidos, 16,3 por ciento.

y foros abiertos a la sociedad civil no resultaron del consenso amplio de los gobiernos de la región y tampoco generaron un mayor acuerdo entre los países sobre la materia. No obstante ello, la participación y la activación de los actores privados y de la sociedad civil en todos los temas aquí analizados, han fortalecido el proceso de negociación y han evitado que la discusión se detuviera. De hecho, la permanencia y regularidad de reuniones y foros ministeriales en temas donde las disidencias son irreductibles, como en el caso de defensa y medio ambiente, constituyen un ejemplo elocuente de este planteo. Esto es posible porque los actores involucrados en el proceso han ido construyendo consensos a manera de una densa red de anillos burocráticos, empresariales y de la sociedad civil que se articulan entre sí, horizontal y verticalmente. Pero si bien el involucramiento de actores e intereses tan diversos contribuye a dar continuidad al proceso, también le suma una alta cuota de incertidumbre respecto de sus resultados. En este sentido, la agenda comercial es paradigmática dado que amplía la base de sustentación del proceso negociador, en tanto que promueve, al mismo tiempo, la inclusión de distintos temas y demandas, que dificultan la posibilidad de alcanzar un consenso gubernamental, al menos en el corto plazo.

¿Introduce nuevos temas en la agenda regional?

La presión de los actores no estatales para incluir nuevos temas en la agenda de las cumbres de las Américas, y más específicamente en la del ALCA, es fuerte. En este último caso, la demanda de las organizaciones sindicales y medioambientales de Canadá y Estados Unidos, que exigían la inclusión en el acuerdo comercial de una cláusula que protegiera los propios estándares laborales y medioambientales, se ha hecho sentir desde un comienzo, primero a nivel nacional y a través de las propias instituciones políticas y, más tarde, a nivel regional y a través de la ASC. Sin embargo, la oposición de los gobiernos latinoamericanos se ha hecho explícita: no sólo se oponen a la inclusión de una cláusula semejante a la del TLCAN, que penaliza comercialmente a los gobiernos nacionales, sino también a cualquier mención del tema a lo largo del acuerdo.[15]

La mayoría de los gobiernos latinoamericanos temen que las cláusulas de protección medioambiental y laboral sean utilizadas como medidas proteccionistas por las naciones más poderosas, que en la actualidad hacen uso y abuso de las reglas fitosanitarias para impedir el acceso de los productos de origen latinoamericano al mercado del norte. Con este conflicto de interés es poco probable que el gobierno de Bush y el de Canadá, que se ha venido alineando con la posición de Estados Unidos en esta cuestión, apoyen el lenguaje y las demandas de sus actores domésticos a nivel hemisférico, como quedó explicitado en la Declaración Final de

---

15. En el texto del TLCAN, por ejemplo, se hacía mención de los estándares laborales y medioambientales en el "Capítulo 11: Inversión". Aunque de manera no taxativa ni penalizada, la norma establecida consideraba "que es inadecuado alentar la inversión por medio de un relajamiento de las medidas internas aplicables a salud o seguridad o relativas a medio ambiente" (Tratado de Libre Comercio de América del Norte, Artículo 1114: Medidas relativas al medio ambiente). Sin embargo en estos temas, y a diferencia del acuerdo paralelo sobre cuestiones ambientales y laborales, en el caso de que se produjeran violaciones no se preveía sanción alguna, sino que el único mecanismo y recurso que se establecía eran las consultas entre los gobiernos.

la Cumbre de Quebec. Sin embargo, esto no implica que los países del norte no utilicen estas temáticas como una moneda de intercambio para otros temas de la negociación o que no avancen en su reconocimiento a través de los acuerdos bilaterales, donde el poder de negociación se reduciría drásticamente en perjuicio de los países menos poderosos.[16]

Si bien las OSC y sus redes transnacionales no parecen contar con el poder ni los recursos necesarios para introducir nuevos temas en la agenda, el proceso de las cumbres hace manifiesta la capacidad de las mismas para redireccionar la discusión de los gobiernos. En efecto, la movilización de los sindicatos y de las ONG en la Cumbre de los Pueblos ha contribuido, junto con el desinterés arriba descrito de los gobiernos, a restarle legitimidad a la discusión de las agendas políticas y sociales de las cumbres de la Américas como un tema aislado y desconectado de la agenda comercial, es decir, del ALCA. Estas organizaciones hacen hincapié no sólo en los efectos perjudiciales de la apertura sobre las condiciones laborales, sino además sobre la privatización de la educación pública y la destrucción del medio ambiente, entre otras cuestiones.

¿Favorece la democratización de los procesos?

Sin lugar a dudas, uno de los efectos más conocidos de las redes transnacionales y de incidencia en políticas públicas es su rol y capacidad para diseminar información y conocimiento entre los actores de la sociedad civil. El proceso de las cumbres de las Américas y la apertura de canales de participación han contribuido en esta dirección, si bien, como ya lo señaláramos, esta convocatoria estuvo inicialmente limitada al sector privado. La exclusión de los actores laborales y la marginación de las ONG del debate comercial generaron la activación y la movilización de los mismos en forma de redes transnacionales, que vinculaban a organizaciones sindicales y ONG del norte con las del sur. En ellas prevaleció un fuerte intercambio no sólo de recursos sino también de experiencia de las primeras hacia las segundas sobre temas que, como el comercio internacional, no formaban parte de las agendas de la mayoría de las organizaciones latinoamericanas. Los avances en esta dirección fueron numerosos. Sin embargo, aún resta mucho por hacer dado que hasta el momento las oportunidades y los beneficios abiertos por esta articulación se encuentran recortados a las organizaciones nacionales más internacionalizadas.

El proceso del ALCA deja traslucir, con mayor claridad que otras negociaciones comerciales, que la activación de las organizaciones sociales y económicas no responde necesariamente a estrategias defensivas frente a los derechos amenazados sino que puede ser también un arma proactiva. Un claro ejemplo de esto es la actitud asumida por el sector empresarial con intereses directos en la ampliación de nuevos mercados: éstos se han articulado en la Red Empresarial para la Integración Hemisférica con el objetivo de promover el intercambio de información, generar nuevos vínculos y confianzas entre sectores empresariales, que puedan empujar a los Estados y gobiernos más reacios a la apertura. Sin embargo, el elemento

---

16. En efecto, en el acuerdo de libre comercio firmado entre Estados Unidos y Chile en diciembre de 2002, la protección de los estándares laborales y medioambientales está incluida en su texto a pesar de la resistencia del gobierno chileno.

más novedoso que introduce el ALCA es la internacionalización de la acción colectiva de los actores de la sociedad civil, lo cual ha llevado a la mayoría de los sindicatos latinoamericanos y de las ONG a ocuparse y capacitarse en temas que trascienden el ámbito estrictamente nacional.

Esta activación y movilización de los actores no estatales no sólo generó una espiral de demandas y de oportunidades de participación por parte de los gobiernos por ver quién se llevaba la bandera y el galardón de la "transparencia y responsabilidad públicas", sino también una feroz competencia entre los organismos multilaterales. Como lo describimos en las páginas anteriores, a nivel de los gobiernos esta carrera se circunscribió a los países anfitriones que gozaban de cierto margen de autonomía y maniobra. A nivel de las organizaciones regionales, la competencia se estableció entre las cumbres y la propia OEA, con la consecuente superposición de espacios y competencias. Además de las oportunidades y canales descriptos en cada una de las temáticas estudiadas, el Consejo Permanente de la OEA creó la Comisión Especial de Gestión de Cumbres Interamericanas (CEGCI), la cual reproducía, en gran medida, las funciones del GRIC.[17] De esta manera, la sociedad civil devino, para ambas instancias de gestión regional, la principal si no la única herramienta que legitimaría su permanencia y eficacia.

¿Impone nuevos estándares regionales?

Si bien la oposición de los gobiernos, en definitiva, los únicos con voz y voto en la mesa de negociaciones regionales, ha logrado explícitamente la mención de condicionamientos de carácter laboral o medioambiental en la agenda de negociaciones de las cumbres, otros temas vinculados a las nuevas formas de *governance*, como la rendición de cuentas por parte de los gobiernos y la responsabilidad social de las empresas, obtuvieron el consentimiento de todos los gobiernos de la región y quedaron incluidos en la última Declaración y Plan de Acción de la Cumbre de Quebec. A tono con esta declaración, por primera vez, los gobiernos ponían a disposición de toda la ciudadanía el borrador del texto de negociación del ALCA. Con ello, aceptaban elevar los estándares de transparencia y fiscalización con los que venían manejándose a nivel nacional. Salvo las excepciones de Estados Unidos, Canadá y Chile, la posición negociadora de los gobiernos se mantenía en reserva así como también los temas incluidos en la negociación regional. Esta innovación en términos de los estándares regionales sobre lo que es un "buen gobierno" obviamente conllevaría efectos e impactos en el ámbito nacional y en la forma en que los gobiernos abrirían la consulta y la participación a los propios actores nacionales, los que en definitiva, tarde o temprano, accederían a esa información de mano de la interpretación de sus pares y de los actores transnacionalizados.

---

17. Una importante diferencia entre ambas era que la CEGCI preveía la participación institucionalizada de las OSC. Es a partir de la importancia dada a este tema y a la superposición generada en el propio ámbito de la OEA que en julio de 2002, el Consejo Permanente decide fusionar la CEGCI con la Comisión sobre la Participación de la Sociedad Civil en las Actividades de la OEA. Esta comisión había sido creada en diciembre del 1999, como resultado del proceso de revisión del mandato histórico de la OEA de incluir a la sociedad civil en sus actividades.

ANEXOS

Cronograma 1994-2003: reuniones gubernamentales y foros de organizaciones de la sociedad civil*

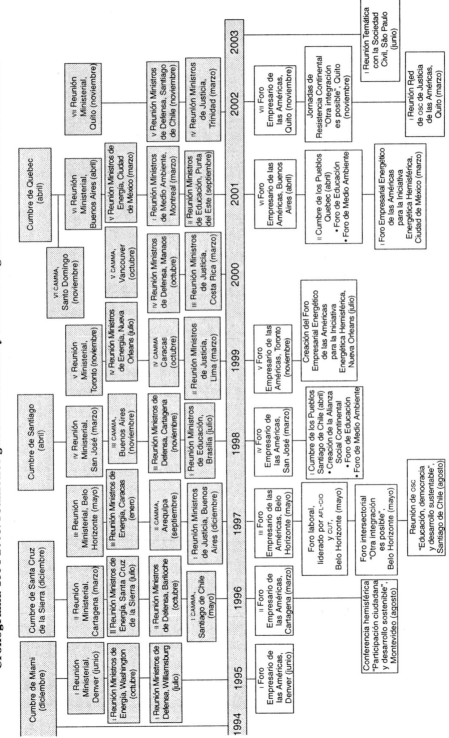

* Sólo se incluyen las áreas analizadas en este libro

Anexo 2

Organigrama: proceso de las cumbres de las Américas y Área de Libre Comercio de las Américas

Secretaría general

Secretaría de Cumbres de las Américas

Unidad de Comercio

Unidad para la Promoción de la Democracia (UPD)

Unidad de Desarrollo Sostenible y Medio Ambiente (UDSMA)

Unidad de Desarrollo Social y Educación

Coordinador para los Asuntos de Seguridad Hemisférica

Consejo Interamericano para el Desarrollo Integral (CIDI)

Agencia Interamericana para la Cooperación y el Desarrollo (AICD)

Comisión Interamericana para el Control del Abuso de Drogas (CICAD)

OEA

Consejo Permanente

Comisión de gestión de cumbres interamericanas y participación de la sociedad civil en las actividades de la OEA

Grupo de Revisión e Implementación de Cumbres (GRIC)

Coordinadores nacionales

Cumbres de las Américas

Reuniones ministeriales: defensa, educación, energía, justicia, entre otras

Reuniones ministeriales: comercio

Comité de Negociaciones Comerciales

Grupos de negociación (GN)

Acceso a mercados

Agricultura

Servicios

Derechos de propiedad intelectual

Inversión

Subsidios, antidumping y medidas compensatorias

Compras del sector público

Políticas de competencia

Solución de controversias

Comités especiales

Secretaría administrativa

Comité tripartito: OEA, BID, CEPAL

Foro Empresarial de las Américas (FEA)

Grupo consultivo sobre economías más pequeñas

Comité de Representantes Gubernamentales sobre la Participación de la Sociedad Civil (CRG)

Comité conjunto de expertos del sector público y privado en comercio económico

Anexo 3
Análisis de contenido de las cumbres de las Américas

Tema	Cuadro estadístico				Distribución porcentual
	Cumbre de Miami 1994	Cumbre de Santiago 1998	Cumbre de Quebec 2001	Total	
Democracia	7	10	6	23	4,4%
Derechos humanos	23	22	44	89	17%
Seguridad internacional, hemisférica y regional	16	21	18	55	10,4%
Integración económica	27	24	31	82	15,5%
Desarrollo social	32	40	47	119	22,5%
Modernización del Estado	7	22	32	61	11,6%
Desarrollo sostenible	31	7	15	53	10,1%
Aspectos internacionales	3	3	2	8	1,5%
Otros		37		37	7%
Total	**146**	**149**	**232**	**527**	**100%**

Fuente: Francisco Rojas Aravena (2000) y actualización del autor.

Anexo 4

Gobiernos y organizaciones de la sociedad civil (OSC) en las Américas: espacios de participación oficial y no oficial

Año	Reunión	Canales oficiales	Canales no oficiales
1995	I Reunión Ministerial, Denver		I Foro Empresarial de las Américas (FEA)
1996	II Reunión Ministerial, Cartagena	Reconocimiento institucional del FEA	
	Cumbre de Santa Cruz de la Sierra	– Creación de la Estrategia Interamericana para la Promoción de la Participación Pública en la Toma de Decisiones para el Desarrollo Sustentable – Red Interamericana de Informaciones sobre Biodiversidad, cuyo Comité Ejecutivo contempla la participación de un representante de las organizaciones no gubernamentales – Foro Interamericano sobre Legislación ambiental, donde la membresía está abierta a representantes gubernamentales y no gubernamentales (ONG)	
1997	III Reunión Ministerial, Belo Horizonte		Lanzamiento de la idea de constitución de una Alianza Social (¡Foro Nuestra América: "Otra integración es posible")
1998	Cumbre de Santiago	– Programa Interamericano de Educación - Proyecto Regional de Indicadores Educativos de la Cumbre de las Américas	I Cumbre de los Pueblos (Foro sobre Medio Ambiente, Trabajo, entre otros)
	IV Reunión Ministerial, San José	- Creación del Comité de Representantes Gubernamentales sobre la Participación de la Sociedad Civil (CRG) - Institucionalización del FEA	

1999	Asamblea General de la Organización de los Estados Americanos, en seguimiento del Plan de Acción de Santiago	Creación del Centro de Estudios de Justicia de las Américas (CEJA)
	V Reunión Ministerial, Toronto	Convocatoria empresarial para la identificación de medidas de facilitación de negocios
	IV Reunión Ministros de Energía, Montreal	Foro Empresarial Energético de las Américas para la Iniciativa Energética Hemisférica
2000	V Conferencia Anual de Ministerios de Minería de las Américas, Vancouver	Acreditación de ONG como observadoras
	Organización de los Estados Americanos, en seguimiento del Plan de Acción de Santiago	- Foro Hemisférico de Evaluación Educativa - Programas para el seguimiento y evaluación del Plan de Acción de las Cumbres
2001	Miami	Cumbre Latinoamericana de Educación Básica (Latin American Basic Education Summit, LABES)
	Cumbre de Quebec	III consulta electrónica	II Cumbre de los Pueblos (Foro Hemisférico sobre Educación, Medio Ambiente, entre otros)
2002	VII Reunión Ministerial, Quito	Creación de las Reuniones Temáticas con la Sociedad Civil	II Cumbre de los Pueblos (Foro Hemisférico sobre Educación, Medio Ambiente, entre otros)

Anexo 5
Entrevistas realizadas

Entrevistado	Institución	Lugar y fecha
Alberto Arroyo	Miembro, Red Mexicana de Acción Frente al Libre Comercio (RMALC)	Ciudad de México, 30 de enero de 2001
Mindahí Batista	Presidente, Centro Mexicano para el Desarrollo Sustentable	Toluca, 15 de mayo de 2001
Susan Blass	Directora, Programa Ambiental Interamericano, Environmental Law Institute	Washington, DC, 9 de septiembre de 2001
Jorge Carpio	Director, Instituto para el Desarrollo de la Micro y Mediana Empresa	Buenos Aires, 23 y 26 de febrero de 2001
Luciano de Freitas Borges	Secretario de Minas y Metalurgia, Ministerio de Minas y Energía	Brasilia, 16 de febrero de 2001
Héctor de la Cueva	Secretario General, Alianza Social Continental	México, DF, 5 de febrero de 2001
Claudio de Paiva	Equipe de Atendimento, Rede Brasileira pela Integração dos Povos	Conversación telefónica, 2000
Raúl Estrada Oyuela	Embajador, Ministerio de Relaciones Exteriores y Culto	Buenos Aires, 27 de julio de 2001
Antonio Estrany y Gendre	Representante del Grupo Bridas, miembro del Consejo Interamericano de Comercio y Producción, y presidente de la Red Empresarial para la Integración Hemisférica (REIH)	Buenos Aires, julio de 2001
Zoila Girón	Coordinadora, Estrategia Interamericana para la Promoción de la Participación Pública en la Toma de Decisiones sobre Desarrollo Sostenible, Organización de los Estados Americanos (OEA)	Washington, DC, 9 de noviembre de 2001
Rosana Heringer	Cidadania, Estudo, Pesquisa, Informação e Ação	Río de Janeiro, 8 de julio de 2001
Jorge Lavopa	Consejo Argentino para las Relaciones Internacionales	Buenos Aires, 6 de septiembre de 2000
Claudio Lozano	Director, Instituto de Estudios y Formación, Central de los Trabajadores Argentinos	Buenos Aires, 16 de agosto de 2000 y 27 de febrero de 2001
Álvaro Luchiezi Júnior	Técnico en Comércio Internacional y Medio Ambiente, World Wild Life-Brasil	Brasilia, 24 de noviembre de 2000 y 16 de abril de 2001
Cristina Martín	Directora General de Participación Pública, Unidad Coordinadora de Participación Social y Transparencia, Secretaría de Medio Ambiente y Recursos Naturales	Ciudad de México, 25 de mayo de 2001
Richard Meganck	Director, Unidad de Desarrollo Sostenible y Medio Ambiente, OEA	Washington, DC, 29 de noviembre de 2001
Fátima Mello	Asesora del Área de Relaciones Internacionales, Federação de Órgãos para a Assistência Social e Educacional	Río de Janeiro, 7 de julio y 13 de noviembre de 2000 y 22 de febrero de 2001
Francisco Milanez	Director, Associação Gaúcha de Proteção ao Ambiente Natural y, ex representante del Fórum Brasileiro de ONG e Movimentos Sociais para o Meio Ambiente e Desenvolvimento	Comunicación telefónica, 8 de marzo de 2001

Nombre	Cargo	Lugar y fecha
Lelia Mooney	Directora, Proyecto Red Cívica Panamericana, Asociación Conciencia	Buenos Aires, 1 de septiembre de 2000
João Carlos Parkinson	Coordenação-Geral de Acompanhamento da Implementação das Decisões das Cúpulas das Américas, Ministério de Relaciones Exteriores	Brasilia, 16 de marzo de 2001
Maria Silvia Portela de Castro	Consultora sindical sobre temas de integración comercial, especialmente Mercado Común del Sur	Conversaciones telefónicas a lo largo de 2000 y 2001
Alberto E. Prosperi	Subsecretaría de Políticas Latinoamericanas, Ministerio de Relaciones Exteriores	Buenos Aires, 2000
Adalberto Rodríguez Giavarini	Canciller argentino	Buenos Aires, 17 de noviembre de 2000
Robin Rosenberg	Vicedirector, North-South Center, Universidad de Miami	Miami, 7 de diciembre de 2001 Comunicación electrónica: 7 de enero de 2002
Silvia Rueda de Uranga	Presidenta, Asociación Conciencia	Buenos Aires, 15 de mayo de 2001
Daniel Ryan	Director Ejecutivo Adjunto, Fundación Ambiente y Recursos Naturales	Buenos Aires, 23 de julio de 2001
Soraya Saavedra Rosar	Unidade de Integração Internacional, Confederação Nacional da Indústria	Rio de Janeiro, 2 de marzo de 2001
Bertrand Sampaio de Alencar	Director, Associação Pernambucana de Proteção da Natureza	Comunicación telefónica, 11 de mayo de 2001
Donald Sawyer	Director, Instituto Sociedade, População e Natureza	Brasilia, 18 de diciembre de 2000
Sergio Schlesinger	Coordinador, Proyecto "Alca e Meio Ambiente", Federação de Órgãos para a Assistência Social e Educacional	São Paulo, 28 de noviembre de 2000
José Seoane	Coordinador, Observatorio Social de América Latina, Consejo Latinoamericano de Ciencias Sociales (CLACSO)	Buenos Aires, 8 de mayo de 2001
José Antonio Simões	Jefe, Núcleo de Coordenação da ALCA y Secretario Ejecutivo, Seçao Nacional de Coordenação dos Assuntos Relativos al ALCA	Rio de Janeiro, 20 de junio de 2000
Emilio Taddei	Área académica, CLACSO	Buenos Aires, 14 de febrero de 2001
Miguel G. Vallone	Dirección Nacional de Cooperación Internacional, Ministerio de Cultura y Educación de la Nación	Buenos Aires, 2000
Everton Vargas	Jefe, Divisão do Meio Ambiente, Ministerio de Relaciones Exteriores	Brasilia, 26 de diciembre de 2000
Marco Velásquez	Secretaría Ejecutiva, Alianza Social Continental	Ciudad de México, 18 de mayo de 2001
Alejandro Villamar	RMALC	Ciudad de México, 21 de mayo de 2001

Elia Villanueva	Miembro de Espiral	Ciudad de México, 22 de mayo de 2001
Aarón Zazueta	Ex director para América Latina, World Resources Institute	Washington, DC, 1 de noviembre de 2001
Jorge Horacio Zorreguieta	Presidente, Centro Azucarero Argentino,, integrante de la Unión Industrial Argentina, y miembro de la REIH	Buenos Aires, agosto de 2001
Entrevista anónima	Asesor Internacional, Ministerio de Minas y Energía	Brasilia, 16 de febrero de 2001
Entrevista anónima	Directivo, Unidad Coordinadora de Asuntos Internacionales, Secretaría de Medio Ambiente y Recursos Naturales	Ciudad de México, 22 de mayo de 2001
Entrevista anónima	Asesor Internacional, Ministerio de Medio Ambiente	Brasilia, 16 de julio de 2001

Bibliografía

ABREU, Marcelo de Paiva (1997), "O Brasil e a ALCA: interesses e alternativas", *Texto para discussão*, N° 371, Río de Janeiro, Departamento de Economia, Pontifícia Universidade Católica do Rio de Janeiro.

ACUÑA, Carlos H. (1995a), "Intereses empresarios, dictadura y democracia en la Argentina actual. (O sobre por qué la burguesía abandona estrategias autoritarias y opta por la estabilidad democrática)", en Carlos H. Acuña (comp.), *La nueva matriz política argentina*, Buenos Aires, Nueva Visión.

– (1995b), "Introducción. La nueva matriz política argentina", en Carlos H. Acuña (comp.), *La nueva matriz política argentina*, Buenos Aires, Nueva Visión.

– (1995c), "Sobre los juegos, las gallinas y la lógica política de los pactos constitucionales", en Carlos H. Acuña (comp.), *La nueva matriz política argentina*, Buenos Aires, Nueva Visión.

– (1997), "Guarding the Guardians in Argentina: Some Lessons about the Risks and Benefits of Empowering the Courts", en James McAdams (comp.), *Transitional Justice and the Rule of Law in New Democracies*, Notre Dame, Indiana, University of Notre Dame Press.

– (2000), "Transitional Justice in Chile and Argentina: A never ending story?", en Jon Elster (ed.) (a publicar en 2003) *Transitional Justice* (titulo tentativo), Cambridge University Press.

ACUÑA, Carlos y Catalina SMULOVITZ (1995), "Militares en la transición argentina: del gobierno a la subordinación constitucional", en Carlos Acuña (comp.), *La nueva matriz política argentina*, Buenos Aires, Nueva Visión (versión sintética) y en Carlos Acuña *et al.* (eds.), *Juicio, castigos y memorias. Los derechos humanos y la justicia en la política argentina*, Buenos Aires, Nueva Visión (versión extensa).

ACUÑA, Carlos H. y María Fernanda TUOZZO (1999), "La participación de la sociedad civil en los Programas del Banco Mundial y del Banco Interamericano de Desarrollo (BID). El caso de Argentina", Serie de Documentos e Informes de Investigación del Proyecto *Strenghtening the Role of Civil Society in Local and Global Governance: The Looming Reform Agenda of Multilateral Development Banks,* N° 10, Buenos Aires, Facultad Latinoamericana de Ciencias Sociales.

ACUÑA, Carlos H. y William C. SMITH (1994), "The Political Economy of Structural Adjustment: The Logic of Support and Opposition to Neoliberal Reform", en William C. Smith, Carlos H. Acuña y Eduardo A. Gamarra (eds.), *Latin American Political Economy in the Age of Neoliberal Reform: Theoretical and Comparative Perspectives for the 1990s*, Coral Gables, Florida, North-South Center Press, University of Miami.

ACKERMAN, Bruce (1999), "Liberando la abstracción", en Bruce Ackerman (ed.), *La política del diálogo liberal*, Barcelona, Gedisa.

ADAMS, Barbara (1999), "Ecosoc and NGOs: A Review of the Review", *Civil Society Engaging Multilateral Institutions: At the Crossroads*, Montreal International Forum (FIM), vol. 1, N° 1.

ALBA, Carlos V. y Gustavo C. VEGA (2002), "Mecanismos de consulta comercial en México", en BID, Inter-American Dialogue y Munk Centre for International Studies, *El proceso de formulación de la política comercial. Nivel uno de un juego de dos niveles: estudios de países en el hemisferio occidental*, Serie INTAL-ITD-STA, Documento de Divulgación 13, Buenos Aires, BID-INTAL.

ALIANZA CHILENA POR UN COMERCIO JUSTO Y RESPONSABLE (ACJR) (1998a), "Participación ciudadana: diez iniciativas prioritarias de la sociedad civil para la integración hemisférica", presentado en el Foro Ambiental, Cumbre de los Pueblos de América, Santiago de Chile, abril.

– (1998b), "Recomendaciones y propuestas ciudadanas", presentado en el Foro Ambiental, Cumbre de los Pueblos de América, Santiago de Chile, abril.

– (1999), *Para una Carta Social de las Américas*, Santiago de Chile, Edición Cumbre de los Pueblos de América.

– (2000a), "Propuesta de la Alianza Chilena por un Comercio Justo y Responsable (ACJR) sobre la creación de una instancia de participación de la Sociedad Civil con el Ministerio de Relaciones Exteriores de Chile-Dirección de Relaciones Económicas Internacionales" (www.comerciojusto.terra.cl/alcadoc/document.htm).

– (2000b), "Consulta Nacional. Chile: entre Mercosur y libre comercio", Santiago de Chile, 7 de diciembre.

– y CENTRO DE ESTUDIOS NACIONALES DE DESARROLLO ALTERNATIVO (CENDA), (1999), *Seminario-Taller "Mercosur, los trabajadores, inversiones e integración. Hacia la Alianza Social Continental"*, Santiago de Chile, 12 de noviembre.

ALIANZA SOCIAL CONTINENTAL (ASC) (15 de mayo de 1997), "Declaración: construyendo la Alianza Social Continental frente al libre comercio", *Observatorio Social de América Latina (OSAL)*, N° 3, enero de 2000, pp. 62-64, Buenos Aires, Consejo Latinoamericano de Ciencias Sociales.

– (1999a), "Building a Hemispheric Social Alliance in the Americas" (http://www.web.net/comfront/hems_main.htm).

– (1999b), "Alternatives for the Americas: Building a People's Hemispheric Agreement". Véase también "Discussion Draft N° 3: An Expanded and Revised Edition Prepared for the 2nd Peoples' Summit of the Americas (Quebec City, Canada, april 2001)", auspiciado por la ASC (www.asc-hsa.org).

– (1999c), "La exclusión social, el empleo y la pobreza en las Américas", documentos básicos (www.asc-hsa.org).

– (1999d), "La inversión, las finanzas y la deuda en las Américas", documentos básicos (www.asc-hsa.org).

– (1999e), "Final Declaration of the Summit: Peoples' Summit of the Americas", en Richard E. Feinberg y Robin L. Rosenberg (eds.), *Civil Society and the Summit of the Americas: The 1998 Santiago Summit*, Coral Gables, Florida, North-South Center Press, University of Miami.

– (2000a), *Acta de la Reunión de la Coordinación Sur*, Santiago de Chile, documento divulgado por correo electrónico, enero.

– (2000b), Carta abierta a los ministros de comercio del Área de Libre Comercio de las Américas, Toronto, Canadá, 3 de noviembre de 1999 (web.net/comfront/cf-_docs_main_letter_spanish.htm).

– (2001), "Informe sobre la semana de actividades de la Alianza Social Continental con ocasión del lanzamiento público de la Segunda Cumbre de los Pueblos de las Américas a realizarse en la Ciudad de Quebec, Canadá en abril 2001", documentos básicos (www.asc-hsa.org).

– (última versión diciembre 2002), *Alternativas para las Américas* (www.asc-hsa.org/Alternativas_Para_Las_Americas.htm).

ALONSO, Gabriela (1999), "Introducción a la edición en castellano", en Bruce Ackerman (ed.), *La política del diálogo liberal*, Barcelona, Gedisa.

ALVEAR, Soledad (2000a), "Política exterior con sentido ciudadano", *El Mercurio,* Santiago de Chile, 20 de abril.

– (2000b), Discurso de clausura en la "Jornada de consulta a organizaciones de la sociedad civil en el marco de la Cumbre de Canadá", Santiago de Chile, Corporación PARTICIPA, 26 de octubre.

AMERICAN FEDERATION OF LABOR-CONGRESS OF INDUSTRIAL ORGANIZATIONS (AFL-CIO) (2001a), "Global Fairness and the Free Trade Area of the Americas (FTAA)", Los Ángeles, California, AFL-CIO, 14 de febrero.

– (2001b), "After NAFTA, FTAA Could Bring More Disaster", Los Ángeles, California, AFL-CIO, 19 de abril.

– (2001c), "Words Without Substance: Bush on FTAA Workers' Rights and the Environment", Los Ángeles, California, AFL-CIO, 23 de abril.

– y ORGANIZACIÓN REGIONAL INTERAMERICANA DE TRABAJADORES (ORIT) (1995), "A Hemispheric Commitment for Sustainable Development", en Robin Rosenberg y Steve Stein (eds.), *Advancing the Miami Process: Civil Society and the Summit of the Americas,* Coral Gables, Florida, North-South Center Press, University of Miami.

ANDERSON, Sarah y Karen HANSEN-KUHN (eds.) (2001), *America's Plan for the Americas: A Critical Analysis of the U.S. Negotiating Positions on the FTAA*, Washington, Alliance for Responsible Trade (ART).

ÁREA DE LIBRE COMERCIO DE LAS AMÉRICAS (ALCA) (1999), *Informe del Comité de Representantes Gubernamentales sobre la Participación de la Sociedad Civil en el ALCA*, FTAA.soc/03, 4 de noviembre (www.ftaa-alca.org).

– (2001), *Informe del Comité de Representantes Gubernamentales sobre la Participación de la Sociedad Civil en el ALCA*, FTAA.soc/08/Rev.1, 30 de abril (www.ftaa-alca.org).

ARRAYA, Mónica (2001), "El rechazo del tema ambiental en el ALCA: una taxonomía", *Foreign Affairs* en español, mayo-agosto, México DF, Instituto Tecnológico Autónomo de México (ITAM) y Council on Foreign Affairs.

ARROYO, Alberto (2000), "La sociedad civil de las Américas se organiza en búsqueda de una globalización distinta", presentación en el Seminario Internacional "Globalización, sociedad civil y movimientos sociales en América Latina y Canadá", Ciudad de México.

– (s/f), "Una experiencia de participación civil en la definición de un proyecto nacional en un mundo globalizado", mimeo.

– *et al.* (1995), *Tenemos propuesta*, México DF, Red Mexicana de Acción Frente al Libre Comercio (RMALC).

ARROYO, Alberto y Mario MONROY (1996), *Red Mexicana de Acción Frente al Libre Comercio: cinco años de lucha (1991-1996)*, México DF, RMALC.

ASOCIACIÓN CONCIENCIA (s/f), "Red Interamericana para la Democracia", Buenos Aires, material de divulgación.

ASOCIACIÓN CONCIENCIA, FUNDACIÓN PODER CIUDADANO Y FORO DEL SECTOR SOCIAL (2000), *Sugerencias para fortalecer a la sociedad civil a presentar en la próxima Cumbre de Presidentes Americanos, Canadá 2001*, taller de consulta a las organizaciones de la sociedad civil, Buenos Aires, septiembre.

ASSOCIAÇÃO BRASILEIRA DE ORGANIZAÇÕES NÃO GOVERNAMENTAIS (ABONG) e INSTITUTO DE ESTUDOS DA RELIGIÃO (ISER) (1998), *ONG: Um Perfil. Cadastro das Filiadas à Associação Brasileira de ONG*, São Paulo, ABONG-ISER.

BANCO MUNDIAL (2000), "Sistema judicial argentino", documento presentado en el Foro Nacional de discusión sobre el Programa de Estrategia con el País (Country Assistance Strategy - CAS) para 2000, Buenos Aires, 13 de marzo.

BARBA, Regina (ed.) (1998), *La guía ambiental*, México DF, Unión de Grupos Ambientalistas (UGAM).

BARROS, Robert J. (2001), *By Reason or By Force: Military Constitutionalism in Chile (1973-1989)*, Cambridge University Press.

– (1998), "Dictatorship and Constitutionalism in Pinochet's Chile", Working Paper Nº 14, Buenos Aires, Universidad de San Andrés.

BECCARIA, Luis y Néstor LÓPEZ (1995), "Reconversión productiva y empleo en Argentina", en Pablo Bustos (coord.), *Más allá de la estabilidad. Argentina en la época de la globalización y la regionalización*, Buenos Aires, Fundación Friedrich Ebert.

BENÍTEZ MANAUT, Raúl (2000), "Seguridad, sociedad civil y cumbres hemisféricas", mimeo.

BIANCULLI, Andrea C. (2003), "La Organización de los Estados Americanos y la sociedad civil: el desafío de la *governance*", tesis de maestría en Relaciones Internacionales, Facultad Latinoamericana de Ciencias Sociales.

BOMBAROLO, Félix (1993), "Desafios para as Organizações Não-Governamentais na América Latina na década de 90", *Revista Administração Municipal*, Nº 40 (206), pp. 6-28, enero-marzo, Río de Janeiro, Instituto Brasileiro de Administração Municipal.

BORÓN, Atilio (2001), "El nuevo orden imperial y cómo desmontarlo", en José Seoane y Emilio Taddei (comps.), *Resistencias mundiales. De Seattle a Porto Alegre*, Buenos Aires, CLACSO.

BOTTO, Mercedes (2000), "Las cumbres de las Américas por adentro", Buenos Aires, Programa de Estudios sobre Instituciones Económicas Internacionales (PIEI), FLACSO-Argentina, mimeo.

– (2001), "La participación de la sociedad civil en los procesos de integración comercial: los casos del TLCAN, Mercosur y ALCA", *Serie BRIEF, Cumbres de las Américas*, Brief Nº 3, marzo, Buenos Aires, PIEI, FLACSO-Argentina.

– (2002), "Los nuevos regionalismos y las redes transnacionales la sociedad civil: ¿un nuevo rol para nuevos actores?", ponencia presentada ante las universidades de Maryland y de Miami, mimeo.

– y Gabriela RODRÍGUEZ LÓPEZ (2001), "Redes regionales en los procesos de liberalización comercial y financiera", Buenos Aires, PIEI, FLACSO-Argentina, mimeo.

BOUZAS, Roberto y Enrique AVOGRADO (2002), "La elaboración de políticas comerciales y el sector privado: memorando sobre Argentina", en BID, Inter-American Dialogue y Munk Centre for International Studies, *El proceso de formulación de la política comercial. Nivel uno de un juego de dos niveles: estudios de países en el hemisferio occidental*, serie INTAL-ITD-STA, documento de divulgación 13, Buenos Aires, BID-INTAL.

BOUZAS, Roberto y Enrique AVOGRADO (2001), "The Private Sector and the Trade Policy Making Process: The Case of Argentina", Buenos Aires, FLACSO-Argentina, mimeo.

BOUZAS, Roberto y Gustavo SVARZMAN (2001), "El Área de Libre Comercio de las Américas: ¿dónde está y hacia dónde va?", *Boletín Informativo Techint*, separata, N° 306, abril-junio, Buenos Aires, Techint.

BROWN, L. David y Jonathan A. FOX (1998), "Accountability within Transnational Coalitions", en Jonathan A. Fox y L. David Brown (eds.), *The Struggle for Accountability, The World Bank, NGOs, and Grassroots Movements*, Massachusetts, The MIT Press.

BRUNNER, Joaquín (2000), "Educación: escenarios de futuro. Nuevas tecnologías y sociedad de la información", documento N° 16, Santiago de Chile, Programa de Promoción de la Reforma Educativa en América Latina y el Caribe (PREAL).

– (1999), "Desafíos y tareas de la educación chilena al comenzar el siglo XXI", Santiago de Chile, Programa de Educación, Fundación Chile, mimeo.

BUCHANAN, James (2001), "Judicial Reform in the Americas", Series of Policy Papers, Ottawa, Fundación Canadiense para las Américas (FOCAL).

BUIRA, Ariel (2002), "An Analysis of IMF Conditionality", Intergovernmental Group of Twenty-Four on International Monetary Affairs Discussion Paper.

BURKI, Shahid Javed y Guillermo PERRY (1998), *Más allá del Consenso de Washington. La hora de la reforma institucional*, Washington, Banco Mundial, Estudios sobre América Latina y el Caribe, Serie Puntos de Vista.

CALVO, Ernesto (2001), "The Business of Trade Reforms: Business Associations and Trade Liberalization in Mexico and Argentina", documento presentado en la Conferencia "Representation and Democratic Politics in Latin America", Buenos Aires, Universidad de San Andrés, 7 y 8 de junio, mimeo.

CAMPBELL, Jorge (2000), *Mercosul: Entre a realidade e a utopia*, Rio de Janeiro, Relume Dumará Editora.

CARDOSO, Adalberto M. (1997), "Um Referente Fora de Foco: Sobre a Representatividade do Sindicalismo no Brasil", *Dados. Revista de Ciências Sociais*, N° 40 (2), Río de Janeiro, Instituto Universitário de Pesquisas do Rio de Janeiro (IUPERJ).

– (1999), *A Trama da Modernidade, pragmatismo sindical e democratização no Brasil*, Río de Janeiro, Instituto de Previdência do Estado do Rio de Janeiro (IPERJ), Universidade Candido Mendes (UCAM) y Editora Revan.

CARDOSO, Ruth C.L. (1997), "Fortalecimento da Sociedade Civil", *Terceiro Setor. Desenvolvimento Social Sustentado,* pp. 10-11, São Paulo, Grupo de Institutos, Fundações e Empresas (GIFE) y Editora Paz e Terra.

Carta de organizaciones ciudadanas a los presidentes de Chile y Estados Unidos de América, Santiago de Chile y Washington, enero 2001 (www.comerciojusto.terra.cl/noticias/cartaconart2.htm).

CASABURI, Gabriel y Cintia QUILICONI (2001), "Canales de participación de la sociedad civil en el ALCA", documento de trabajo presentado en el XXIII Congreso Internacional de Latin American Studies Association (LASA), Washington, DC, 8 de septiembre de 2001.

CASABURI, Gabriel y Laura ZALAZAR (2000), "Las negociaciones del Acuerdo de Libre Comercio de las Américas (ALCA). Las modalidades de participación e inclusión de la sociedad civil", Serie BRIEF, Cumbres de las Américas, Brief N° 4, Buenos Aires, PIEI, FLACSO-Argentina, mimeo.

CASTAÑARES, Jorge (1998), "Agenda social, globalización y participación civil en los umbrales del siglo XXI", Sociedad Civil, Análisis y Debates, vol. II, N° 2. México, Fundación DEMOS, Foro de Apoyo Mutuo (FAM), Instituto de Análisis y Propuestas Sociales (IAP).

CASTELLS, Manuel (1999), La era de la información. Economía, sociedad y cultura, vol. I, México DF, Siglo Veiuntiuno.

CATTERBERG, Edgardo (1989), Los argentinos frente a la política, Buenos Aires, Planeta.

CAVAGNA MARTÍNEZ, Mariano A., Rafael BIELSA y Eduardo R. GRAÑA (1994), El Poder Judicial de la Nación. Una propuesta de reconversión, Buenos Aires, La Ley.

CAVAROZZI, Marcelo (1996), El capitalismo político tardío y su crisis en América Latina, Rosario, Homo Sapiens.

– (1997), Autoritarismo y democracia (1955-1996). La transición del Estado al mercado en la Argentina, Buenos Aires, Ariel.

– y Vicente PALERMO (1994), "Estado, sociedad civil y organizaciones populares vecinales en Buenos Aires, Actores clave en la transición a la democracia en Argentina", en Charles A. Reilly (ed.), Nuevas políticas urbanas: las ONG y los gobiernos municipales en la democratización latinoamericana, Arlington, Virginia, Fundación Interamericana.

CENTRO DE ESTUDIOS LEGALES Y SOCIALES (CELS), ASOCIACIÓN POR LOS DERECHOS CIVILES, FUNDACIÓN PODER CIUDADANO, FUNDACIÓN AMBIENTE Y RECURSOS NATURALES (FARN), INSTITUTO DE ESTUDIOS COMPARADOS EN CIENCIAS PENALES Y SOCIALES (INECIP) y UNIÓN DE USUARIOS Y CONSUMIDORES (2002), "Una corte para la Democracia", Buenos Aires, marzo.

CERNY, Philip G. (1995), "Globalization and the Changing Logic of Collective Action", International Organization, N° 49, 4 (otoño), pp. 595-625, The Massachusetts Institute of Technology (MIT) Press.

CHALMERS, Douglas A., Scott B. MARTIN y Kerianne PIESTER (1997), "Associative Networks: New Structures of Representation for the Popular Sectors?", en Douglas A. Chalmers et al. (eds.), The New Politics of Inequality in Latin America. Rethinking Participation and Representation, Nueva York, Oxford University Press.

CHALOULT, Yves y Paulo Roberto ALMEIDA (comps.) (1999), Mercosul, Nafta e ALCA: A Dimensão Social, São Paulo, Editora LTr.

CITIZEN PARTICIPATION FOR THE SUMMIT OF THE AMERICAS (2000), "Citizen Participation: From the Santiago Summit to the Canada Summit" (www.sociedadcivil.org/eng/proyecto.htm).

CLARK, Anne Marie, Elisabeth J. FRIEDMAN y Kathryn HOCHSTETLER (1998), "The Sovereign Limits of Global Civil Society: A Comparison of NGO Participation in UN World Conferences on the Environment, Human Rights, and Women", World Politics, N° 51, pp. 1-35, Princeton, The Johns Hopkins University Press.

COMISIÓN CENTROAMERICANA PARA LA REFORMA EDUCATIVA (s/f), *Mañana es muy tarde*, Santiago de Chile, PREAL.

COMISIÓN INTERNACIONAL SOBRE EDUCACIÓN, EQUIDAD Y COMPETITIVIDAD ECONÓMICA EN LAS AMÉRICAS (1998), *El futuro está en juego*, Washington-Santiago de Chile, PREAL.

COMISIÓN ECONÓMICA PARA AMÉRICA LATINA Y EL CARIBE (CEPAL) (1998), "Expectativas empresariales frente a las negociaciones del ALCA", *Estudios sobre la Economía Real*, N° 7, Buenos Aires, CEPAL.

COMMON FRONTIERS (2000), "The Schedule for the 2nd Peoples' Summit" (www.web-.net/comfront/cf_Quebec_main1.htm ó www.web.net/comfront/quebec.htm).

– (1999), *Our Americas: Towards a Peoples' Vision of the Hemisphere*, Americas FTAA Civil Society Forum. Final Report, Toronto, 1-5 de noviembre.

CONCERNED CIVIL SOCIETY ORGANIZATIONS OFFICE (CCSOO) (1995), "Promises to Keep: The Unfinished Agenda for Human Rights and Economic Justice in the Americas", en Robin Rosenberg y Steve Stein (eds.), *Advancing the Miami Process: Civil Society and the Summit of the Americas*, Coral Gables, Florida, North-South Center Press, University of Miami.

CONCERTACIÓN DE PARTIDOS POR LA DEMOCRACIA (1999), *Programa de gobierno de Ricardo Lagos "Para crecer con igualdad"*, Santiago de Chile, octubre.

CONSEJO ARGENTINO PARA LAS RELACIONES INTERNACIONALES (CARI) (1996), "Programa ALCA 2005", Buenos Aires, CARI, mimeo.

CONSEJO DE LIDERAZGO PARA LAS CUMBRES DE LAS AMÉRICAS (1998), *Del dicho al hecho: cómo las cumbres pueden ayudar a forjar una comunidad de democracias prósperas en el hemisferio occidental. Un informe sobre la política de las cumbres*, Coral Gables, Florida, North-South Center Press, University of Miami.

COOPER, Andrew F. (2001), "The Quebec City «Democracy Summit»", *The Washington Quarterly*, N° 24, 2 (primavera), pp. 159-171, Washington, Center for Strategic and International Studies (CSIS).

CORPORACIÓN PARTICIPA (1998), *Educación, democracia, desarrollo. Alianza entre gobierno y sociedad civil. Reuniones preparatorias para la Cumbre de las Américas*, Santiago de Chile, Corporación PARTICIPA.

– (1999a), *Participación ciudadana en el contexto de las cumbres de las américas. Resultados del proyecto*, trabajo presentado en el taller de reflexión y difusión "Las cumbres de las Américas: del Mandato de Santiago a la Preparación de Canadá", Buenos Aires, 13 de marzo de 2000.

– (1999b), "Partnership Between Government and Civil Society: The Summit of the Americas", en Richard E. Feinberg y Robin L. Rosenberg (eds.), *Civil Society and the Summit of the Americas: The 1998 Santiago Summit*, Coral Gables, Florida, North-South Center Press, University of Miami.

– (2000a), "Comentario frente al documento «Ámbitos temáticos de la Cumbre de las Américas de 2001»", Santiago de Chile, Corporación PARTICIPA.

– (2000b), *Participación ciudadana en las cumbres de las américas*, Santiago de Chile, documento de divulgación.

– (2001), *Resultado del proceso de consulta a organizaciones de la sociedad civil en el marco de la III Cumbre de las Américas*, Santiago de Chile, Corporación PARTICIPA-FOCAL-Fundación Esquel.

– y FUNDACIÓN ESQUEL (2001), *Documento de trabajo para la "Reunión Hemisférica Final del Proceso de Consulta a las Organizaciones de la Sociedad Civil en el Marco de la III Cumbre de las Américas"*, Miami, 18 al 20 de enero.

CORRAL, Thais (1998), "As ONGS e as Relações Internacionais: emergência e limites da Governabilidade Global", *Caderno Nº 26*, noviembre, São Paulo, ABONG.

CORREA, Enrique y Marcela NOÉ (eds.) (1998), *Nociones de una ciudadanía que crece*, Santiago de Chile, FLACSO-Chile.

CORRÊA, Luiz Felipe de Seixas (s/f), "A visão Estratégica Brasileira do Processo de Integração", mimeo.

CORREA SUTIL, Jorge (1997) "«No Victorious Army Has Ever Been Prosecuted....» The Unsettled Story of Transitional Justice in Chile", en James McAdams (ed.), *Transitional Justice and the Rule of Law in New Democracies*, Notre Dame, Indiana, University of Notre Dame Press.

– (1999), "Cenicienta se queda en la fiesta. El poder judicial chileno en la década de los 90", en Paul Drake e Iván Jaksic (eds.), *El modelo chileno. Democracia y desarrollo en los 90*, Santiago de Chile, LOM Ediciones.

COSTA, Roberto Teixeira da (2001), "Alca 2005: destino ou opção?", *Política Externa*, Nº 10 (2), septiembre-noviembre, pp. 102-111.

COX, Robert W. (1999), "Civil Society at the Turn of the Millenium: Prospects for An Alternative World Order", *Review of International Studies*, Nº 25, pp. 3-28.

– y Harold K. JACOBSON (1973), *The Anatomy of Influence. Decision Making in International Organization*, Londres, Yale University Press.

CUMBRE SINDICAL DEL MERCOSUR (2000), "Por el empleo, salario y protección social (Florianópolis, 13-14 de diciembre de 2000)", *OSAL, Nº 3*, enero, pp. 60-62, Buenos Aires, CLACSO.

DARCY DE OLIVEIRA, Miguel (2000a), "ONG, sociedade civil e terceiro setor em seu Relacionamento com o Estado no Brasil" (http://idac.rits.org.br/ongs/idac_ongs.html, sitio visitado el 23 de mayo de 2000).

– (2000b), "O protagonismo dos cidadãos e de suas organizações: Um fenômeno recente, massivo e global" (http://idac.rits.org.br/protag/idac_protag.html, sitio visitado el 23 de mayo de 2000).

DE LA MAZA, Gonzalo (1999), "Los movimientos sociales en la democratización de Chile", en Paul Drake e Iván Jaksic (comps.), *El modelo chileno. Democracia y desarrollo en los 90*, Santiago de Chile, LOM Ediciones.

DIÁLOGO 2000 (2000), "Canciller reconoce derecho a saber", comunicación electrónica, Buenos Aires, 20 de noviembre.

DINIZ, Eli (2000), *Globalização, Reformas Econômicas e Elites Empresariais. Brasil Anos 90*, Río de Janeiro, Editora Fundação Getúlio Vargas.

DOIMO, Ana M. (1996), *A vez e a voz do popular: movimentos sociais e participação política no Brasil pós-70*, Río de Janeiro, Relume Dumará Editora.

DRAINVILLE, André C. (2001), "Civic Consensus and Protest in the Transnational Arena: A View from Quebec City on the Eve of the Summit of the Americas", mimeo.

– (1995), "Left Internationalism and the Politics of Resistance in the New World Order", en David A. Smith y Jozsef Borocz (eds.), *A New World Order: Global Transformations in the Late Twentieth Century*, Westport, Connecticut, Praeger Publishers.

DRAKE, Paul e Iván JAKSIC (eds.) (1993), *El difícil camino hacia la democracia en Chile (1982-1990)*, Santiago de Chile, FLACSO-Chile.

– (eds.) (1999), *El modelo chileno. Democracia y desarrollo en los noventa*, Santiago de Chile, LOM Ediciones.

DYMOND, William (2001), "Canadian Objectives for the Quebec Summit of the Americas", University of California, San Diego, Institute of the Americas.

ESQUEL GROUP FOUNDATION (1999a), "Establishing an Effective Government-Civil Society Dialogue", en Richard E. Feinberg y Robin L. Rosenberg (eds.), *Civil Society and the Summit of the Americas: The 1998 Santiago Summit*, Coral Gables, Florida, North-South Center Press, University of Miami.

– (1999b), "Civil Society Task Force: Overview", mimeo.

FAUX, Jeff (1999) ,"Will Trade Overwhelm Democracy - Or Stimulate a New Global Politics?", *The American Prospect*, N° 11, 2, Washington, The American Prospect, Inc.

FEINBERG Richard E. (1997), *Summitry in the Americas. A progress report*, Washington, Institute of International Economics.

– (2001), "The Quebec Summit: Tear Gas and Trade Pacts", University of California, San Diego, Institute of the Americas.

– y Robin L. ROSENBERG (1999), *Civil Society and the Summit of the Americas. The 1998 Santiago Summit*, Coral Gables, Florida, North-South Center Press, University of Miami.

FELDSTEIN, Martin (1998), "Refocusing the IMF", *Foreign Affairs*, vol. 77, N° 2, marzo-abril.

FERNANDES, Rubem César (1987), *Sem Fins Lucrativos*, Río de Janeiro, PREAL.

– (1994), *Privado aunque público. El Tercer Sector en América Latina*, Río de Janeiro, CIVICUS.

– (1994), *Privado, porém Público: O Terceiro Setor na América Latina*, Río de Janeiro, CIVICUS/ Relume Dumará Editora, 2ª ed.

– (2000a), "Elos de uma cidadania planetária" (http://idac.rits.org.br/elos/idac_elos.html, sitio visitado el 23 de mayo de 2000). También en *Revista Brasileira de Ciências Sociais* (1995), São Paulo, Associação Nacional de Pós-Graduação e Pesquisa em Ciências Sociais (ANPOCS).

– (2000b), "O que é o Terceiro Setor" (http://idac.rits.org.br/oquee3/idac_oquee3.html, sitio visitado el 23 de mayo de 2000. También en *3° Setor - Desenvolvimento social sustentado* (1997), Río de Janeiro, GIFE y Editora Paz e Terra.

– (2000c), "Terceiro Setor-Pistas para as interações futuras" (http://idac.rits.org.br/pista/idac_pista.html, sitio visitado el 23 de mayo de 2000).

FERNÁNDEZ, Arturo (1997), *Flexibilización laboral y crisis del sindicalismo*, Buenos Aires, Espacio.

FILMUS, Daniel (coord.), Daniel ARROYO y María Elena ESTÉBANEZ (1997), *El perfil de las ONG en la Argentina*, Buenos Aires, FLACSO-Banco Mundial.

FLORINI, Ann M. (ed.) (2000), *The Third Force: The Rise of Transnational Civil Society*, Washington, Carnegie Endowment for International Peace.

FOCAL (1999), "Toward the Santiago Summit of the Americas: Policy Options Resulting from Regional Civil Society Consultations", en Richard E. Feinberg y Robin L. Rosenberg (eds.), *Civil Society and the Summit of the Americas: The 1998 Santiago Summit*, Coral Gables, Florida, North-South Center Press, University of Miami.

– (2000a), "FOCAL's Comments to the Meeting of the Special Committee for Inter-American Summits Management of the Organization of American States", Washington, DC, 19 de septiembre.

– (2000b), Summit Newsletter 2001, "The Democracy Summit?", *A Joint Newsletter on the Quebec City Hemispheric Summit*, N° 3, septiembre, Ottawa, FOCAL.

FORO DE CONSULTA PARA LA PARTICIPACIÓN CIUDADANA (FOCO) (2000), *Boletín Electrónico*, Buenos Aires, septiembre.

– (2001a), "Informe sobre el ALCA", documento distribuido por correo electrónico, marzo.

– (2001b), *Boletín Electrónico*, Informe sobre el ALCA, Buenos Aires, mayo.

– (2001c), *Boletín Electrónico*, "Llamado de la Alianza Social Continental a los delegados y delegadas presentes del Foro Social Mundial", Buenos Aires, mayo.

– e INSTITUTO PARA EL DESARROLLO DE LA MICRO Y MEDIANA EMPRESA (IDEMI) (2000b), gacetilla "Seminario Internacional sobre el ALCA", Buenos Aires, noviembre.

FÓRUM BRASILEIRO DAS ORGANIZAÇÕES NÃO GOVERNAMENTAIS E MOVIMENTOS SOCIAIS PARA O MEIO AMBIENTE E O DESENVOLVIMENTO (1997), *Consulta nacional de ONG e Movimentos Sociais Brasileiros para a Rio+5*, realizada durante XII Encontro Nacional, Brasilia, 30 de enero-2 de febrero, Rio de Janeiro, Federação de Órgãos para a Assistência Social e Educacional (FASE).

FÓRUM DA SOCIEDADE CIVIL PARA O DIÁLOGO EUROPA, AMÉRICA LATINA E CARIBE (1999), *Declaração do Rio de Janeiro*, 28-29 de junio, Rio de Janeiro, Rede Brasileira pela Integração dos Povos (Rebrip).

FOSTER, John y Anita ANAND (1999), *Whose World Is It Anyway? Civil Society, the United Nations, and the Multilateral Future*, Ottawa, United Nations Association in Canada.

FOX, Jonathan (2001), "Evaluación de las coaliciones binacionales de la sociedad civil a partir de la experiencia México-Estados Unidos", *Revista Mexicana de Sociología*, vol. 63, N° 3, julio-septiembre, pp. 207-264, México, DF, Instituto de Investigaciones Sociales, Universidad Nacional Autónoma de México (UNAM).

– y David L. BROWN (1998), "Introduction", en Jonathan A. Fox y L. David Brown (ed.), *The Struggle for Accountability. The World Bank, NGOs, and Grassroots Movements*, Massachusetts, The MIT Press.

FROHMANN, Alicia (2000), "Comité de Representantes para la sociedad civil", en Claudio LARA y Coral PEY (eds.), ALCA *y ciudadanía*, Santiago de Chile, FLACSO-ACJR.

FRÜHLING, Hugo (1998), "Judicial Reform and Democratization in Latin America", en Felipe Agüero y Jeffrey Stark (comps.), *Fault Lines of Democracy in Post-Transition Latin America*, Coral Gables, Florida, North-South Center Press, University of Miami.

FUENTES-HERNÁNDEZ, Alfredo (2002), *Pending Challenges of Judicial Reform: The Role of Civil Society Cooperation*, Washington, World Bank.

FUNDACIÓN DE INVESTIGACIONES ECONÓMICAS LATINOAMERICANAS (FIEL) (1994), "La Reforma del Poder Judicial en la Argentina", Buenos Aires, FIEL, mimeo.

FUNDACIÓN FUTURO LATINOAMERICANO (FFL) (1995), "A Hemispheric Commitment for Sustainable Development", en Richard E. Feinberg y Robin L. Rosenberg (eds.), *Civil Society and the Summit of the Americas: The 1998 Santiago Summit*, Coral Gables, Florida, North-South Center Press, University of Miami.

GAJARDO, Marcela (1999), "Reformas Educativas en América Latina. Balance de una década", Documento N° 15, Santiago de Chile, PREAL.

– (2000), *La educación como asunto de todos. ¿Posible en el futuro?*, Santiago de Chile, Organización de las Naciones Unidas para la Educación, la Ciencia y la Cultura/Oficina Regional para América Latina y el Caribe (Unesco/OREALC).

– y Ana María de ANDRACA (1999), "La educación en la Cumbre de las Américas", *Boletín del Proyecto Principal de Educación*, N° 44, Santiago de Chile, Unesco/OREALC.

GALLARDO, Sofía (1993), "Debate on the Environmental Cooperation Agreement", en *Estados Unidos: Informe Trimestral*, México, Centro de Investigación y Desarrollo de la Educación (CIDE).

– (1994), "Environmentalists' Views on NAFTA: Sovereignty and Sustainable Development", *Voices of Mexico*, octubre-diciembre, Ciudad de México, UNAM.

GALVÃO, Luis Eduardo (2000), "Área de Livre Comércio das Américas (ALCA). Ela vem aí. O Brasil está pronto?", *Rumos Economia & Desenvolvimento para os Novos Tempos*, N° 179, diciembre, Rio de Janeiro, Associação Brasileira de Instituições Financeiras de Desenvolvimento (ABDE).

GARCÍA URRUTIA, Manuel (1993), "Libre comercio y sustentabilidad agrícola", trabajo presentado en el Taller sobre Políticas hacia una Agricultura Campesina Sustentable, Ciudad de México, 2-3 de julio.

GARRETÓN, Manuel A. (1995), *Hacia una nueva era política. Estudio sobre las democratizaciones*, Santiago de Chile, Fondo de Cultura Económica.

– (1996), "Human Rights in Democratization Processes", en Elizabeth Jelin y Eric Herschberg (eds.), *Constructing Democracy. Human Rights, Citizenship, and Society in Latin America*, Boulder, Westview Press.

GIUGNI, Marco, Doug MCADAM y Charles TILLY (eds.) (1999), *How Social Movements Matter*, Minneapolis, University of Minnesota Press.

GODIO, Julio (1991), *El movimiento obrero argentino (1955-1990). De la resistencia a la encrucijada menemista*, Buenos Aires, Legasa.

GONÇALVES, Reinaldo (2000), "As relações Brasil-Estados Unidos e a Formação da ALCA", en *Alca e Meio Ambiente*, Rio de Janeiro, Projeto Alca e Meio Ambiente-FASE.

GONZÁLEZ LÜTZENKIRCHEN, Ana Karina (1999), "Visión preliminar sobre el estado del debate comercio y medio ambiente en México, primera parte: la postura gubernamental", México, DF, Centro Mexicano de Derecho Ambiental (CEMDA), mimeo.

GRANDI, Jorge y Lincoln BIZZOZERO (1998), "Hacia una sociedad civil del Mercosur: viejos y nuevos actores en el tejido subregional", en *Participación de la sociedad civil en los procesos de integración*, publicación que recoge las presentaciones y conclusiones del seminario "Integración regional y participación de la sociedad civil", Montevideo, abril de 1998; Montevideo, Asociación Latinoamericana de Organizaciones de Promoción (ALOP), Centro de Formación para la Integración Regional (CEFIR) y Centro Latinoamericano de Economía Humana (CLAEH).

GRUGEL, Jean (2002), "State Power and Transnational Activism", mimeo.

GRZYBOWSKI, Candido (2001), "Um Arranhão no Pensamento Dominante", *Democracia Viva*, N° 10, marzo-junio, pp. 1-5, Rio de Janeiro, IBASE.

GUILHON ALBUQUERQUE, José Augusto (s/f), "Limites Conjunturais e Teóricos à Constituição de Atores Sociais num Contexto de Globalização e Integração", São Paulo, Universidade de São Paulo (USP), mimeo.

– (1999), "As divergências entre Brasil e Estados Unidos e os limites da integração continental", *Temas del Mercosur*, N° 14, Buenos Aires, Fundación Andina.

– (2001), "A ALCA na política externa brasileira", *Política Externa*, N° 10 (2), septiembre-noviembre, pp. 7-20, São Paulo.

– y Henrique ALTEMANI DE OLIVEIRA (comps.) (1998a), *Relações Internacionais e sua Construção Jurídica,* Serie ALCA, vol. 1: ALCA: Aspectos históricos, jurídicos e sociais, São Paulo, Editora FTD.

– y Henrique ALTEMANI DE OLIVEIRA (comps.) (1998b), *Relações Internacionais e sua Construção Jurídica,* Serie ALCA, vol. 2: A ALCA e os blocos internacionais, São Paulo, Editora FTD.

–y Henrique ALTEMANI DE OLIVEIRA (comps.) (1998c), *Relações Internacionais e sua Construção Jurídica,* Serie ALCA, vol. 3: A ALCA e os interesses nacionais, São Paulo, Editora FTD.

– y Elizabeth BALBACHEVSKI (1998), "O Brasil e o Mercosul: agenda e percepções dos atores sociais", en José Augusto Guilhon Albuquerque y Henrique Altemani de Oliveira (comps.), *Relações Internacionais e sua Construção Jurídica,* Serie ALCA, vol. 1: ALCA: Aspectos históricos, jurídicos e sociais, São Paulo, Editora FTD.

GUIMARÃES, Samuel Pinheiro (comp.) (1999), *Alca e Mercosul-riscos e oportunidades para o Brasil,* Brasilia, Instituto de Pesquisa em Relações Internacionais (IPRI)-Fundação Alexandre de Gusmão (FunAG).

HAAS, Ernst B. (1992), "Introduction: Epistemic Communities and International Policy Coordination", *International Organization,* N° 46, pp. 1-35.

HAKIM, Peter (2001), "Clearing the Air in Quebec", *Christian Science Monitor,* 25 de abril, Boston.

HAMMERGREN, Linn (1999), "Fifteen Years of Judicial Reform in Latin America: Where are We and Why We haven't made More Progress?", Washington, Agencia de los Estados Unidos para el Desarrollo Internacional (USAID)-Global Center for Democracy and Governance.

HELD, David (1995), "Democracy and the New International Order", en Daniele Archibugi y David Held (eds.), *Cosmopolitan Democracy: An Agenda for a New World Order,* Cambridge, Polity Press.

HENGSTENBERG, Peter, Karl KOHUT y Günter MAIHOLD (1999), "Estado y sociedad en América Latina: en búsqueda de un nuevo equilibrio", en Peter Hengstenberg, Karl Kohut y Günter Maihold (eds.), *Sociedad civil en América Latina: representación de intereses y gobernabilidad,* Caracas, Friedrich Ebert Stiftung (FES) y Nueva Sociedad.

HERNÁNDEZ, Rogelio (1991), "Los problemas de representación en los organismos empresariales", *Foro Internacional,* vol. XXXI, N° 3, enero-marzo, pp. 446-471, México, DF, Centro de Estudios Internacionales, El Colegio de México.

HILBINK, Lisa (1999), "Un Estado de derecho no liberal: la actuación del Poder Judicial chileno en los años 90", en Paul Drake e Iván Jaksic (eds.), *El modelo chileno. Democracia y desarrollo en los noventa,* Santiago de Chile, LOM Ediciones.

HOLSTON, James y Teresa CALDEIRA (1998), "Democracy, Law and Violence: Disjunctions of Brazilian Citizenship", en Felipe Agüero y Jeffrey Stark (eds.), *Fault Lines of Democracy in Post-Transition Latin America,* Coral Gable, Miami, North-South Center Press, University of Miami.

"Iniciativas para el diálogo con la sociedad civil en las negociaciones comerciales internacionales", presentación de Chile ante el Comité de Representantes Gubernamentales para la Sociedad Civil (CRG) del Área de Libre Comercio de las Américas, ALCA (www.direcon.cl/frame/sociedad_civil/f_sociedad_civil.html).

INSTITUTO BRASILEIRO DE ANÁLISES SOCIAIS E ECONÔMICAS (IBASE) y PROGRAMA DE LAS NACIONES UNIDAS PARA EL DESARROLLO (PNUD) (1992), Primeiro Encontro Internacional de ONG e o Sistema de Agências das Nações Unidas "Desenvolvimento, Cooperação Internacional e as ONG", Rio de Janeiro, IBASE y PNUD.

INSTITUTO NACIONAL DE ECOLOGÍA (INE), CEMDA y CENTER FOR INTERNATIONAL ENVIRONMENTAL LAW (CIEL) (1995), *Comercio y medio ambiente. Derecho, economía y política*, México, INR-CEMDA-CIEL.

INTERNATIONAL INSTITUTE FOR SUSTAINABLE DEVELOPMENT (IISD) y WORLD WILD LIFE (WWL) (2001), *Private Rights, Public Problems. A Guide to NAFTA's Controversial Chapter on Investor Rights*, Winnipeg, Manitoba, IISD.

JAY, Bruce A. (2001), "Labor at the Summit", *Summit 2001*, N° 5, 4, Summit of the Americas Center (SOAC)-FOCAL.

JAKOBSEN, Kjeld (1999), "Uma visão sindical em face da ALCA e de outros esquemas regionais", en Yves Chaloult y Paulo Roberto Almeida (comps.), *Mercosul, Nafta e ALCA: A Dimensão Social*, São Paulo, Editora LTr.

– (2001), "A estratégia da desobediência", *Política Externa*, N° 10 (2), septiembre-noviembre, 2001, pp. 48-62, São Paulo, Paz e Terra.

JORDANA, Jacint y Carles RAMIÓ (2002), *Diseños institucionales y gestión de la política comercial exterior en América Latina*, Instituto para la Integración de América Latina y el Caribe (INTAL), División Integración, Comercio y Asuntos Hemisféricos (ITD) y Unidad de Estadística y Análisis Cuantitativo (STA), Documento de Divulgación 15, Buenos Aires, BID-INTAL.

KECK, Margaret E. y Kathryn SIKKINK (1998), *Activists Beyond Borders. Advocacy Networks in International Politics*, Ithaca-Londres, Cornell University Press.

KEOHANE, Robert y Joseph S. NYE (1977), *Power and Interdependence: World Politics in Transition*, Boston, Little, Brown.

KORZENIEWICZ, Roberto Patricio y William C. SMITH (1996), "A Great Transformation?", en Roberto Patricio Korzeniewicz y William C. Smith (eds.), *Latin America in the World-Economy*, Westport, Connecticut, Praeger Publishers.

– (2000a), "Los dos ejes de la Tercera Vía en América Latina", ponencia presentada en el XXII Congreso Internacional de LASA, Miami, Florida, 16 al 18 de marzo.

– (2000b), "Pobreza, desigualdad y crecimiento en América Latina: en búsqueda del camino superior a la globalización", *Desarrollo Económico*, vol. 40, N° 159, octubre-diciembre, pp. 387-424, Buenos Aires, Instituto de Desarrollo Económico y Social (IDES).

– (2000c), "Los dos ejes de la Tercera Vía en América Latina", *América Latina hoy. Revista de Ciencias Sociales*, N° 26, número especial sobre Globalización y Sociedad, pp. 41-55, Salamanca, Instituto de Estudios de Iberoamérica y Portugal, Universidad de Salamanca.

– (2000d), "Poverty, Inequality, and Growth in Latin America: Searching for the High Road to Globalization", *Latin American Research Review*, vol. 35, N° 3.

KUTTNER, Robert (2001), "NAFTA-Style Trade Deal Bad for Democracy", *The American Prospect Online,* 23 de abril.

LANDIM, Leilah (1993), *A Invenção das ONG - do serviço invisível à profissão sem nome*, Programa de Pós-Graduação em Antropologia Social do Museu Nacional, Universidade Federal do Rio de Janeiro, mimeo.

– (1998), "Experiência militante: histórias das assim chamadas ONG", en Leila Landim (comp.), *Ações em sociedade. Militância, caridade, assistência etc.*, Río de Janeiro, Instituto de Estudos da Religião (ISER) y Editorial NAU.

LARA, Claudio y Coral PEY (eds.) (2000), *El ALCA y la ciudadanía. Participación de la sociedad civil en los procesos de negociaciones comerciales*, Santiago de Chile, FLACSO-Chile y ACJR.

LARRAÍN, Sara (2001), "Haciendo las conexiones apropiadas entre el comercio, la sustentabilidad y las políticas de participación social", ponencia presentada en la "Conferencia Internacional sobre Comercio, Ambiente y Desarrollo Sustentable: perspectivas para América Latina y el Caribe", México, 19-21 de febrero.

LEADERSHIP COUNCIL FOR INTER-AMERICAN SUMMITRY (LCIAS) (1999), "From Talk to Action: How Summits Can Help Forge a Western Hemispheric Community of Prosperous Democracies", en Richard E. Feinberg y Robin L. Rosenberg (eds.), *Civil Society and the Summit of the Americas: The 1998 Santiago Summit*, Coral Gables, Florida, North-South Center Press, University of Miami.

– (2001), *Advancing Toward Quebec City and Beyond*, Coral Gables, Florida, The Dante B. Fascell North-South Center.

LEE, Marc (2001), "Inside the Fortress: What's Going on at the FTAA Negotiations", Canadian Centre for Policy Alternatives, Ottawa.

LEFF, Enrique y Mindahi BASTIDA (coord.) (2001), *Comercio, medio ambiente y desarrollo sustentable: perspectivas de América Latina y el Caribe*, México, DF, UNAM-Programa de las Naciones Unidas para el Medio Ambiente (PNUMA).

LE PRESTRE, Philippe (2001), *Ecopolítica internacional*, São Paulo, SENAC.

LEVITSKY, Steven (1996), "Populism is dead! Long live the Populist Party. Labor Based Party Adaptation and Survival in Argentina", ponencia presentada en el Taller Economic Reform and Civil Society in Latin America, David Rockefeller Center for Latin American Studies, Harvard University, 12 de abril.

LIPSCHUTZ, Ronnie (1992), "Reconstructing World Politics: The Emergence of Global Civil Society", *Millennium: Journal of International Studies*, N° 21, pp. 389-420, Londres, London School of Economics.

MACE, Gordon y Hugo LOISEAU (2002), "Summitry in the Americas and the Institutionalization of Hemispheric Regionalism: A Missing Link?", ponencia presentada ante 2002 International Studies Association (ISA) Annual Convention, New Orleans, 23-27 de marzo.

MADRID, Javier Esteinou (1999), "Democracia, medios de información y final del siglo XX en México", en *Razón y Palabra. Primera Revista Electrónica en América Latina Especializada en Tópicos de Comunicación*, año III, N° 12, octubre-enero, Zaragoza, México, Departamento de Comunicación, Instituto Tecnológico de Monterrey, Campus Estado de México.

MAINWARING, Scott y Timothy SCULLY (1995), "Introduction. Party Systems in Latin America", en Scott Mainwaring y Timothy Scully (eds.), *Building Democratic Institutions. Party Systems in Latin America*, Stanford, California, Stanford University Press.

MANN, Michael (1993), *Sources of Social Power*, vol. II: *The Rise of Classes and Nation-States*, 1760-1914, Nueva York, Cambridge University Press.

MARTENS, Kerstin (2000), "NGO Participation at International Conferences: Assessing Theoretical Accounts", *Transnational Associations*, N° 3, pp. 115-127. Bruselas, Union of International Associations (UIA).

MARTÍNEZ NOGUEIRA, Roberto (1994), "Interacción negociada: las ONG y el gobierno municipal en Rosario, Argentina", en Charles A. Reilly (ed.), *Nuevas políticas urbanas: las ONG y los gobiernos municipales en la democratización latinoamericana*, Arlington, Virginia, Fundación Interamericana.

MAYORAL, Alejandro (1999), "Expectativas empresariales ante el proceso de integración", en Jorge Campbell (ed.), *Mercosur. Entre la realidad y la utopía*, *Buenos Aires,* Centro de Economía Internacional (CEI)-Grupo Editor Latinoamericano.

McGUIRE, James W. (1995), "Political Parties and Democracy in Argentina", en Scott Mainwaring y Timothy Scully (eds.), *Building Democratic Institutions. Party Systems in Latin America*, Stanford University Press.

McLARTY, Thomas (1998) (U.S. Special Envoy to Latin America), Discurso en la Conferencia sobre Reforma Judicial, Washington DC, BID, marzo.

MELLO, Fátima y Sergio SCHLESINGER (2000), "Brasil: integração regional, democracia, justiça social e sustentabilidade", en *Alca e Meio Ambiente*, Rio de Janeiro, Projeto Alca e Meio Ambiente y FASE.

Memoria de la Cumbre de los Pueblos de las Américas, 15-18 de abril de 1998 (1999), Santiago de Chile, Ediciones Cumbre de los Pueblos de América.

MILET, Paz (ed.) (ed.) (1996), *Chile-Mercosur: una alianza estratégica*, Santiago de Chile, FLACSO-Chile y Editorial Los Andes.

– (2001), *Estabilidad, crisis y organización política. Lecciones de medio siglo de historia chilena*, Santiago de Chile, FLACSO-Chile.

MILLÁN, Henio (1998), "Neoliberalismo y transición en México", *Avances de Investigación*, N° 2, México, DF, El Colegio Mexiquense.

MORDEN, Cheryl (1995), "Postscript: The Measured and Unmade Promises of the Summit", en Robin Rosenberg y Steve Stein (eds.), *Advancing the Miami Process: Civil Society and the Summit of the Americas*, Coral Gables, Florida, North-South Center Press, University of Miami.

MOTTA VEIGA, Pedro da (1997), "A Infra-Estrutura e o Processo de Negociação da ALCA", *Texto para Discussão*, N° 507, Brasilia, Instituto de Pesquisa Econômica Aplicada (IPEA).

– (2000), *O Brasil e os Desafios da Globalização*, Rio de Janeiro, Relume Dumará Editora.

MUJICA, Pedro, Andrea SANHUEZA y Cindy CLARK (1998), *Resultados del Proyecto Participación Ciudadana en el contexto de la Cumbre de las Américas*, Santiago de Chile, Corporación PARTICIPA.

MUNCK, Gerardo (1991), "Social Movements and Democratization in Latin America: Theoretical Issues and Comparative Perspectives", ponencia presentada ante el XV Congreso Mundial de Ciencia Política, International Political Science Association (IPSA), Buenos Aires, 21-25 de julio.

MURILLO, Victoria (1997), "Union Politics, Market Oriented Reforms, and the Reshaping of Argentine Corporatism", en Douglas A. Chalmers *et al.* (eds.), *The New Politics of Inequality in Latin America. Rethinking Participation and Representation*, Nueva York, Oxford University Press.

MUSTAPIC, Ana M. y Mariana LLANOS (2000), "El papel del Congreso argentino en el tratamiento del presupuesto y el Mercosur", en Gerardo Caetano y Rubén Perina (coord.), *Mercosur y parlamentos*, Montevideo, CLAEH, Unidad para la Promoción de la Democracia (UPD), Organización de los Estados Americanos (OEA).

NAIM, Moises (1994), "Latin America: The Second Stage of Reform", *Journal of Democracy*, octubre, pp. 32-48, Washington, Johns Hopkins University.

NASCIMENTO, Sandra *et al.* (2001), "Empresas antecipam estratégias para integração", *Gazeta Mercantil*, 19 de abril.

NELSON, Paul (1995), *The World Bank and Nongovernmental Organizations: The Limits of Apolitical Development*, Nueva York, St. Martin's Press.

NORTH-SOUTH CENTER (1995), "Policy Proposals on Democratic Governance", en Robin Rosenberg y Steve Stein (eds.), *Advancing the Miami Process: Civil Society and the Summit of the Americas*, Coral Gables, Florida, North-South Center Press, University of Miami.

O'BRIEN, Robert *et al.* (2000), *Contesting Global Governance: Multilateral Economic Institutions and Global Social Movements*, Nueva York, Cambridge University Press.

OBSERVATORIO SOCIAL DE AMÉRICA LATINA (OSAL) (2000), "Resistencias y alternativas a la mundialización neoliberal", *Revista del Observatorio Social de América Latina*, N° 3, enero, Buenos Aires, CLACSO.

O'DONNELL, Guillermo (1998), "Polyarchies and the (Un) Rule of law in Latin America", en Juan Méndez, Guillermo O'Donnell y Paulo Sérgio Pinheiro (eds.), *The Rule of Law and the Underprivileged in Latin America*, Notre Dame, University of Notre Dame Press.

OLIVERA, Alberto J. (2001), "Movimientos sociales prodemocráticos, democratización y esfera pública en México: el caso de la Alianza Cívica", *Cuadernos de la Sociedad Civil*, Xalapa, México, Universidad Veracruzana e Instituto de Investigaciones Histórico-Sociales.

ORGANIZACIÓN DE LOS ESTADOS AMERICANOS (OEA) (1998), *Informe del secretario general sobre la ejecución de las Iniciativas de la Cumbre de Bolivia*, Washington, OEA.

– (2000), *Estrategia Interamericana para la Promoción de la Participación Pública en la Toma de Decisiones sobre Desarrollo Sostenible*, Washington, OEA.

– y Comisión Interamericana para el Desarrollo Sostenible (CIDS) (1999), "Formulación de la Estrategia Interamericana para la Promoción de la Participación Pública en la Toma de Decisiones sobre el Desarrollo Sostenible (ISP)", Informe 4/99, 21 de septiembre, mimeo.

– y Grupo de Trabajo sobre la Cooperación de la OEA a la Conferencia Cumbre sobre Desarrollo Sostenible (1996), "Revisión de «Hacia el desarrollo sostenible en las Américas»", documento presentado por la misión de Estados Unidos ante la OEA, GT/CCDS-39/96, 3 de octubre.

– y OFICINA DE SEGUIMIENTO DE LAS CUMBRES (1998), *Documentos Oficiales del Proceso de Cumbres de Miami a Santiago*, vol. 1, Washington, OEA.

OYHANARTE, Julio (1972), "Historia del Poder Judicial", *Todo es Historia*, N° 61, mayo, Buenos Aires.

PAGÉS, Marisol (2000), "La sociedad civil en el ALCA: transparencia y participación", en Bruno Podestá, Manuel González y Francine Jácome (coords.), *Ciudadanía y mundialización: la sociedad civil ante la integración regional*, Madrid, CEFIR, Centro de Comunicación, Investigación y Documentación Europa-América Latina (CIDEAL), Instituto Venezolano de Estudios Sociales y Políticos (INVESP).

PALOMINO, Héctor (1995), "Quiebres y rupturas de la acción sindical: un panorama desde el presente sobre la evolución del movimiento sindical en la Argentina", en Carlos H. Acuña (comp.), *La nueva matriz política argentina*, Buenos Aires, Nueva Visión.

PÁSARA, Luis (1996), "Reforma judicial: urgencia y desafío", *Boletín Informativo Techint*, N° 285, enero-marzo, Buenos Aires, Techint.

PASTOR, Manuel y Carol WISE (1994), "The Origins of Sustainability of Mexico's Free Trade Policy", *International Organization*, N° 48, 3 (verano), pp. 459-489.

PEÑALOZA, Andrés y Alberto ARROYO (1998), *Espejismo y realidad: el TLCAN tres años después. Análisis y propuestas desde la sociedad civil*, México, RMALC.

POLANYI, Karl (1957), *The Great Transformation: The Political and Economic Origins of Our Time*, Boston, Beacon Press.

PRAKASH, Assem y Jeffrey A. HART (eds.) (1999), *Globalization and Governance*, Londres-Nueva York, Routledge.

PRATT, Susan (2001), "A Rationalist Approach to Transnational Politics: A Study of INGOS", trabajo preparado para Annual International Studies Association Conference, Chicago, 23 de febrero.

PRILLAMAN, William C. (2000), "Judicial Reform", mimeo.

PROGRAMA DE LAS NACIONES UNIDAS PARA EL DESARROLLO (PNUD) (2000), *Desarrollo humano en Chile*, Santiago de Chile, PNUD.

PRZEWROSKI, Adam (1991), *Democracy and the Market. Political and Economic Reforms in Eastern Europe and Latin America*, Cambridge University Press.

PUBLIC CITIZEN (2001), "A Ten-Point Plan to Fight for the Americas: No to FTAA - No NAFTA for the Americas", Washington, Public Citizen.

PURYEAR, Jeffrey M. (ed.) (1997), "Socios para el progreso. La educación y el sector privado en América Latina y el Caribe", Lima, Consejo Empresario de América Latina-The Inter-American Dialogue.

– y Benjamín ÁLVAREZ (2000), *Implementing the Education Agreements of the Santiago Summit*, Miami, LCIAS.

QUIJANO, José Manuel (2002), "La integración y la sociedad civil: algunas experiencias del caso uruguayo", en BID, Inter-American Dialogue y Munk Centre for International Studies, *El proceso de formulación de la política comercial. Nivel uno de un juego de dos niveles: estudios de países en el hemisferio occidental*, Serie INTAL-ITD-STA, documento de divulgación 13, Buenos Aires, BID-INTAL.

REILLY, Charles A. (1994a), "Las políticas públicas y la ciudadanía", en Charles A. Reilly (ed.), *Nuevas políticas urbanas: las ONG y los gobiernos municipales en la democratización latinoamericana*, Arlington, Virginia, Fundación Interamericana.

– (1994b), "Los topócratas, los tecnócratas y las ONG", en Charles A. Reilly (ed.), *Nuevas políticas urbanas: las ONG y los gobiernos municipales en la democratización latinoamericana*. Arlington, Virginia, Fundación Interamericana.

REIMERS, Fernando (ed.) (2000), *Unequal Schools, Unequal Chances. The Challenges to Equal Opportunity in the Americas*, Boston, Massachusets, Harvard University Press.

– y Noel MCGINN (1997), *Informed Dialogue. Using Research to Shape Education Policy Around the World*, Westport, Connecticut, Londres, Praeger Publishers.

REINICKE, Wolfgang H. y Francis DENG et al. (2000), *Critical Choices: The United Nations, Networks, and the Future of Global Governance*, Ottawa, International Development Research Centre.

REYGADAS ROBLES GIL, Rafael (1998), *Abriendo veredas: iniciativas públicas y sociales de las redes de organizaciones civiles*, México DF, Convergencia de Organismos Civiles por la Democracia.

RISSE-KAPPEN, Thomas, Stephen C. ROPP y Kathryn SIKKINK (eds.) (1999), *The Power of Human Rights: International Norms and Domestic Change*, Nueva York, Cambridge University Press.

RIVERO, José (1999), *Educación y exclusión en América Latina. Reformas en tiempos de globalización*, Buenos Aires, Miño y Dávila.

RMALC (1991), *¿Libre comercio o libre explotación?*, México, RMALC.

ROBB, Cairo A. R. (ed.) (2001), *Trade and Environment,* International Environmental Law Reports (IELR), vol. 2, Cambridge University Press.

ROGERS, Kathleen, Mary MINETTE y Susan MURRAY (1995), "Postscript: The National Audubon Society: Our Views on the Summit", en Robin Rosenberg y Steve Stein (eds.), *Advancing the Miami Process: Civil Society and the Summit of the Americas*, Coral Gables, Florida, North-South Center Press, University of Miami.

ROJAS ARAVENA, Francisco (ed.) (1998), *Globalización, América Latina y diplomacia de cumbres*, Santiago de Chile, FLACSO-Chile-Latin American and Caribbean Center (LACC).

– (2000a), "Rol y evaluación de la diplomacia de cumbres. Construyendo el multilateralismo cooperativo", en Francisco Rojas Aravena (ed.), *Multilateralismo. Perspectivas latinoamericanas,* Caracas, Nueva Sociedad y FLACSO-Chile.

– (2000b), *Multilateralismo: perspectivas latinoamericanas*, Caracas, Nueva Sociedad y FLACSO-Chile.

ROSENBERG, Robin, y Steve STEIN (eds.) (1995a), "Foreword", en Robin Rosenberg y Steve Stein (eds.), *Advancing the Miami Process: Civil Society and the Summit of the Americas*, Coral Gables, Florida, North-South Center Press, University of Miami.

– y Steve STEIN (eds.) (1995b), *Advancing the Miami Process: Civil Society and the Summit of the Americas*, Coral Gables, Florida, North-South Center Press, University of Miami.

ROSENBERG, Robin (2001), "The OAS and the Summit of the Americas: Coexistence or Integration of Forces for Multilateralism?", *Latin American Politics and Society*, N° 43, 1, primavera, pp. 79-102, Coral Gables, Florida, University of Miami North-South Center for the Institute of Interamerican Studies.

ROZENWURCEL, Guillermo (2001), "Los países del Mercosur en busca de su lugar en el mundo", Buenos Aires, Fundación Friedrich Ebert, mimeo.

RUGGIE, John Gerard (1982), "International Regimes, Transactions, and Change: Embedded Liberalism in the Postwar Economic Order", *International Organization*, N° 36, 2, primavera, pp. 379-415, Cambridge, The MIT Press.

– (1993), "The Anatomy of an Institution", en John Ruggie (ed.), *Multilateralism Matters: The Theory and Practice of an Institutional Form*, Nueva York, Columbia University Press.

SÁEZ, Sebastián (2002), "La formulación de la política comercial en Chile: una evaluación", en BID, Inter-American Dialogue y Munk Centre for International Studies, *El proceso de formulación de la política comercial. Nivel uno de un juego de dos niveles: estudios de países en el hemisferio occidental*, serie INTAL-ITD-STA, documento de divulgación 13, Buenos Aires, BID-INTAL.

SALAZAR, Hilda y Laura CARLSEN (coords.) (2001), *Impactos socioambientales del TLCAN: respuestas sociales ante la integración*, México, RMALC.

SANHUEZA, Andrea (2000), "Participación ciudadana en las cumbres de las Américas", Santiago de Chile, Corporación PARTICIPA.

SANTANA, Helton Reginaldo Presto (2000), "Área de Livre Comércio das Américas (ALCA), Determinantes Domésticos e Política Externa Brasileira", disertación de maestría defendida ante el Instituto de Relações Internacionais, PUC-Rio de Janeiro.

SCHVARZER, Jorge (1995), "Grandes grupos económicos en la Argentina. Formas de propiedad y lógicas de expansión", en Pablo Bustos (coord.), *Más allá de la estabilidad. Argentina en la época de la globalización y la regionalización*, Buenos Aires, Fundación Friedrich Ebert.

SENÉN GONZÁLEZ, Santiago y Fabián BOSOER (1999), *El sindicalismo en tiempos de Menem*, Buenos Aires, Corregidor.

SEOANE, José y Emilio TADDEI (2001a), "De Seattle a Porto Alegre. Pasado, presente y futuro del movimiento de anti-mundialización neoliberal", en José Seoane y Emilio Taddei (comps.), *Resistencias mundiales. De Seattle a Porto Alegre*, Buenos Aires, CLACSO.

– (comps.) (2001b), *Resistencias mundiales. De Seattle a Porto Alegre*, Buenos Aires, CLACSO.

SERBIN, Andrés (2001), "Globalifóbicos vs. globalitarios", *Nueva Sociedad*, N° 176, Caracas, Nueva Sociedad.

SERNA, José María, (1999), *Estudio comparativo de la reforma jurídica en México y Brasil*, México, DF, Instituto de Investigaciones Jurídicas.

SEYMOAR, Nola Kate (1999), "Civil Society Participation in the Summit of the Americas", en Richard E. Feinberg y Robin L. Rosenberg (eds.), *Civil Society and the Summit of the Americas: The 1998 Santiago Summit*, Coral Gables, Florida, North-South Center Press, University of Miami.

SHAMSIE, Yasmine (2000), "Engaging with civil society. Lessons from the OAS, FTAA, and Summits of the Americas", Ottawa, The North-South Institute, FOCAL e International Centre for Human Rights and Democratic Development.

SILVA, Eduardo (1993), "Política económica del régimen chileno durante la transición: del neoliberalismo radical al neoliberalismo pragmático", en Paul Drake e Iván Jaksic (eds.), *El difícil camino hacia la democracia en Chile (1982-1990)*, Santiago de Chile, FLACSO-Chile.

SMITH, Jackie (1999), "Global Civil Society? Transnational Social Movement Organizations and Social Capital", *American Behavioral Scientist*, N° 42, pp. 93-107, Thousand Oaks, Londres, Sage Publications, Inc.

–, Charles CHATFIELD y Ron PAGNUCCO (1997), "Social Movements and World Politics: A Theoretical Framework", en Jackie Smith, Charles Chatfield y Ron Pagnucco (eds.), *Transnational Social Movements and Global Politics: Solidarity Beyond the State*, Syracuse, Nueva York, Syracuse University Press.

SMITH, William C. y Roberto Patricio KORZENIEWICZ (1997), "Latin America and the Second Great Transformation", en William C. Smith y Roberto Patricio Korzeniewicz (eds.), *Politics, Social Change, and Economic Restructuring in Latin America*, Coral Gables, Florida, North-South Center Press, University of Miami.

SMULOVITZ, Catalina (1995), "Constitución y Poder Judicial en la nueva democracia argentina. La experiencia de las instituciones", en Carlos H. Acuña (ed.), *La nueva matriz política argentina*, Buenos Aires, Nueva Visión.

STORY, Dale (1990), *Industria, Estado y política en México: los empresarios y el poder*, México, Grijalbo y Consejo Nacional para la Cultura y las Artes.

STRANGE, Susan (1988), *States and Markets. An Introduction to International Political Economy*, Londres, Pinter Publishers.

STUBBS, Richard y Geoffrey R. D. UNDERHILL (2000), *Political Economy and the Changing Global Order*, Nueva York, Oxford University Press.

THOME, Joseph R. (1998), "Searching for Democracy: The Rule of Law and the Process of Legal Reform in Latin America", trabajo preparado para el taller "Reforma judicial, motivaciones, proyectos, caminos recorridos, caminos por recorrer", Instituto de Sociología Jurídica, Oñati, Guipúzcoa, 6-7 de abril.

THOMPSON, Andrés A. (1994), *"Think Tanks" en la Argentina*, Buenos Aires, Centro de Estudios de Estado y Sociedad (CEDES).

– (1995a), *El "tercer sector" en la historia argentina*, Buenos Aires, CEDES.

– (1995b), *Políticas públicas y sociedad civil en la Argentina: el papel de las organizaciones sin fines de lucro*, Buenos Aires, CEDES.

– (1995c), *¿Qué es el tercer sector en la Argentina? Dimensión, alcance y valor agregado de las organizaciones sin fines de lucro*, Buenos Aires, CEDES.

– (1999), "Una visión sistémica sobre la responsabilidad social empresaria", documento presentado ante el Seminario Internacional "Inversión Social para una Sociedad Sustentable", Santiago de Chile, 7-8 de enero.

THORUP, Cathryn L. (1995), "Building Community Through Participation: The Role of Non-Governmental Actors in the Summit of the Americas", en Robin Rosenberg y Steve Stein (eds.), *Advancing the Miami Process: Civil Society and the Summit of the Americas*, Coral Gables, Florida, North-South Center Press, University of Miami.

TIRAMONTI, Guillermina (2001), *Sindicalismo docente y reforma educativa en la América Latina de los 90*, Santiago de Chile, PREAL Documentos.

TUOZZO, María Fernanda (1999), "Opportunities and Limits for Civil Society Participation in Multilateral Lending Operations: Lessons from Latin America", Serie de Documentos e Informes de Investigación del Proyecto *Strenghtening the Role of Civil Society in Local and Global Governance: the Looming Reform Agenda of Multilateral Development Banks*, N° 11, Buenos Aires, FLACSO-Argentina.

TUSSIE, Diana (coord.) (1998), *Argentina and the* WTO*: As Good As it Gets*, Buenos Aires, FLACSO-Argentina, Proyecto conjunto Conferencia de las Naciones Unidas sobre Comercio y Desarrollo (UNCTAD)/CEPAL.

– (comp.) (2000a), *Luces y sombras de una nueva relación. El Banco Interamericano de Desarrollo, el Banco Mundial y la sociedad civil*, Buenos Aires, Temas.

– (ed.) (2000b), *The Environment and International Trade Negotiations: Developing Country Stakes*, Londres, Macmillan Press.

– y Miguel LENGYEL (2002), "Developing Countries: Turning Participation into Influence", en Bernard Hoekman et al. (ed.), *Development, Trade, and the* WTO*, A Handbook,* Washington, DC, The World Bank.

UNITED STATES TRADE REPRESENTATIVE (USTR) y COUNCIL ON ENVIRONMENTAL QUALITY (2000), *Guidelines for Implementation of Executive Order 13141*, Washington, USTR.

VILLASANTE, Tomás (1998), *Del desarrollo local a las redes para mejor-vivir*, t. 1 y 2, Buenos Aires, Lumen-Humanitas.

VALENZUELA, Arturo (2001), "Autoridad de promoción comercial: ¿una victoria pírrica para el libre comercio y el ALCA?" (www.nuevamayoría.com, sitio visitado el 10 de diciembre de 2001).

VARAS, Augusto (1998), "La democracia en América Latina: una responsabilidad ciudadana", en Raúl Urzúa y Felipe Agüero (eds.), *Fracturas en la gobernabilidad democrática*, Santiago de Chile, Centro de Análisis de Políticas Públicas, Universidad de Chile.

VIGEVANI, Tullo y João Paulo VEIGA (1995), *Mercosul: interesses e mobilização sindical. Coleção Documentos-Série Assuntos Internacionais*, Nº 38, São Paulo, Universidade de São Paulo e Instituto de Estudos Avançados.

– y Karina L. PAQUARIELLO MARIANO (1998), "Os atores sociais e a ALCA," en José Augusto Guilhon Albuquerque y Henrique Altemani de Oliveira (comps.), *Relações Internacionais e sua Construção Jurídica,* Serie ALCA, vol. 1: ALCA: Aspectos históricos, jurídicos e sociais, São Paulo, Editora FTD.

VIGUERA, Aníbal (1998), "La política de la apertura comercial en la Argentina, 1987-1996", Universidad Nacional de La Plata, mimeo.

VILAS, Carlos (1997), "Participation, Inequality, and the Whereabouts of Democracy", en Douglas A. Chalmers *et al.* (eds.), *The New Politics of Inequality in Latin America. Rethinking Participation and Representation*, Nueva York, Oxford University Press.

VILLAMAR, Alejandro (2000), "Violación de compromisos ambientales regionales e internacionales", en Alberto Arroyo Picard y Andrés Peñaloza (coords.), *Derechos humanos y tratado de libre comercio México-Unión Europea*, México, RMALC.

VIOLA, Eduardo (2000), "La participación de la sociedad civil en las iniciativas ambientales de las cumbres americanas", mimeo.

WALLACH, Lori (2000), "Lori's War", *Foreign Policy Magazine*, Nº 118, primavera, pp. 28-57, Washington, The Carnegie Endowment for International Peace.

– y Michelle SFORZA (1999), *Whose Trade Organization? Corporate Globalization and the Erosion of Democracy*, Washington, Public Citizen.

WILLIAMSON, John (1990), *Latin American Adjustment: How Much Has Happened?*, Washington, Institute for International Economics.

WOLFENSOHN, James (1999), *Keynote Address at the IMF Institute Conference on Second Generation Reforms*, Washington, DC, 8 de noviembre.

WOODS, Ngaire (2000), "The Political Economy of Globalization", en Ngaire Woods (ed.), *The Political Economy of Globalization*, Londres, Macmillan.

WORLD BANK (1991), *Urban Policy and Economic Development: An Agenda for the 1990s*, Policy Paper, Washington, World Bank.

– HUMAN DEVELOPMENT NETWORK (1999), "Education and Training in Latin America and the Caribbean", mimeo.

WORLD SOCIAL FORUM (2001a), "Parliamentary Forum Final Declaration", 29 de febrero.

– (2001b), "Carta de Princípios do Forum Social Mundial", 9 de abril.

– (2001c), "Porto Alegre Call for Mobilization", 20 de abril.

ZAPATA, Francisco (1995), *El sindicalismo mexicano frente a la restructuración*, México, El Colegio de México.

Sobre los autores

Diana Tussie. Directora del Programa de Estudios sobre Instituciones Económicas Internacionales (PIEI) y coordinadora de la Red Latinoamericana de Comercio en la Facultad Latinoamericana de Ciencias Sociales (FLACSO-Argentina). Profesora de FLACSO-Argentina y del Instituto del Servicio Exterior de la Nación. Investigadora independiente del Consejo Nacional de Investigaciones Científicas y Técnicas (Conicet). Miembro del Consejo Editorial de *International Studies Quarterly, The World Economy, Global Governance, Journal of InterAmerican Studies and World Affairs, Progress in Human Geography*. Fue designada Distinguished Fulbright Scholar in International Relations en ocasión del 50° Aniversario de la Comisión Fulbright (1996).

Mercedes Botto. Investigadora adjunta del PIEI en FLACSO-Argentina. Profesora en cursos de maestría en la Universidad de Buenos Aires (UBA), FLACSO-Argentina, Universidad del Salvador (USAL) y Centro de Estudios Avanzados (Universidad Nacional de Córdoba). Becaria del Conicet y de la UBA. Asistente de investigación y gestión en el Centro de Estudios de Estado y Sociedad (CEDES) y en la Asozziazione Mediterranea-Latinoamericana, Italia.

Carlos H. Acuña. Director de la Maestría en Administración y Políticas Públicas de la Universidad de San Andrés. Investigador titular del CEDES, coordinador latinoamericano del Programa de Comisiones y Grupos de Trabajo del Consejo Latinoamericano de Ciencias Sociales (CLACSO) e investigador adjunto del Conicet.

Gabriela Alonso. Doctor in Science of Law (J.S.D.), Yale Law School, especialización en Filosofía del Derecho y Teoría Constitucional. Profesora adjunta en el Departamento de Humanidades de la Universidad de San Andrés. Ha sido Senior Research Associate en Yale Law School y ayudante docente de la Facultad de Derecho de la UBA. Becaria del Programa de Investigación UBACyT (UBA).

Marcela Gajardo. Codirectora del Programa de Promoción de la Reforma Educativa en América Latina y el Caribe. Consultora y evaluadora en temas de educación para distintas instituciones: Organización de las Naciones Unidas para la

Educación, la Ciencia y la Cultura-Oficina Regional para América Latina y el Caribe; International Development Research Centre-Latin American and Caribbean Regional Office; Programa Regional de Desarrollo Educativo/Organización de los Estados Americanos, entre otras.

Tonatiuh González. Candidato a doctor en Ciencias Políticas, Centro de Investigación y Docencia en Humanidades del Estado de Morelos. Asistente de Investigación en el Programa Interdisciplinario de Estudios del Tercer Sector del Colegio Mexiquense.

María Clelia Guiñazú. Investigadora en el Departamento de Política y Gobierno, Universidad Nacional de General San Martín. Consultora en el Ministerio de Cultura y Educación/Banco Mundial y en el Instituto de Relaciones Europeo-Latinoamericano. Profesora en el Massachussets Institute of Technology, UBA y USAL. Becaria Ford Foundation/MIT, Center for International Studies, Stanford University, FLACSO, CLACSO, Corporación de Investigaciones Económicas para Latinoamérica, Universidad Católica de Chile y Conicet.

Antonio José Junqueira Botelho. Coordinador de Investigación en el Instituto Gênesis para Inovação e Ação Empreendedora, Pontifícia Universidade Católica do Rio de Janeiro. Co-coordinador del Grupo Brasileiro de Estudos Sociais da Ciência e da Tecnología. Consultor en distintas instituciones: International Development Research Centre, Telebrás (Brasilia), Organización Internacional del Trabajo, Organización de las Naciones Unidas para el Desarrollo Industrial, Organización de los Estados Americanos, entre otras.

Roberto Patricio Korzeniewicz. Profesor asociado en el Departamento de Sociología, University of Maryland. Senior Research Associate, The Dante B. Fascell North-South Center, University of Miami. Profesor visitante en la Universidad Nacional de San Martín y en el Departamento de Sociología, Johns Hopkins University. Consultor del Banco Mundial y de la Organización Internacional del Trabajo.

Alejandro Natal. Coordinador del Programa Interdisciplinario de Estudios del Tercer Sector del Colegio Mexiquense. Presidente del Colegio de Posgraduados e Investigadores en Estudios del Desarrollo. Fue distinguido con el McNamara Fellowships Program del Banco Mundial. Investigador invitado en el Colegio de México.

Coral Pey. Magíster en Estudios Sociales y Políticos, mención en Relaciones Internacionales, Universidad Alberto Hurtado. Secretaria Ejecutiva de la Alianza Chilena por un Comercio Justo y Responsable.

Francisco Rojas Aravena. Director de FLACSO-Chile. Codirector del Programa Paz y Seguridad en las Américas. Profesor en Stanford University, Santiago Campus y profesor adjunto en San Diego State University. Ha sido Profesor Fulbright del Latin American and Caribbean Center, Florida International University. Asesor y consultor para organismos internacionales y gobiernos de la región. Director de la revista *Fuerzas Armadas y Sociedad*. Miembro del Comité Editorial de la revista *Estudios Internacionales* de Guatemala y del *Journal of Interamerican Studies and World Affairs, University of Miami.*

William C. Smith. Profesor de Ciencias Políticas, School of International Studies, University of Miami. Editor de *Latin American Politics and Society.* Fue profesor visitante en el Instituto de Relações Internacionais y en el Programa de Grado, Departamento de Ciencia Política, Universidade Federal de Mato Grosso do Sul. Profesor Asociado en Graduate School of International Studies y Department of Political Science, University of Miami. Miembro del Comité Ejecutivo de Center for Latin American Studies, coordinador de Comparative Studies y Latin American Studies Program, School of International Studies, University of Miami.

Marisa von Bülow. Coordinadora del Curso de Pós-Graduação em Políticas Públicas, Instituto de Pesquisa en Políticas Públicas, Universidade de Brasília. Profesora del Departamento de Ciência Política, Instituto de Ciência Política e Relações Internacionais, Universidade de Brasília. Consultora independiente de la Organización de las Naciones Unidas para el Desarrollo Industrial y del Programa de las Naciones Unidas para el Desarrollo.